杨东莼论著选

杨东莼/著　罗福惠　王倩/编

华中师范大学120周年校庆丛书

华大经典文库

HUADA JINGDIAN WENKU

华中师范大学出版社
HUAZHONG SHIFAN DAXUE CHUBANSHE

新出图证（鄂）字 10 号

图书在版编目（CIP）数据

杨东莼论著选/杨东莼著；罗福惠，王倩编. — 武汉：华中师范大学出版社，2023.8

（华大经典文库）

ISBN 978-7-5769-0080-4

Ⅰ. ①杨…　Ⅱ. ①杨…　②罗…　③王…　Ⅲ. ①杨东莼（1900-1979）—文集　Ⅳ. ①C53

中国国家版本馆 CIP 数据核字（2023）第 052212 号

编 辑 室： 综合编辑室
电　　话： 027-67867370
责任编辑： 张晶晶
责任校对： 骆　宏
封面设计： 甘　英　胡　灿
出版发行： 华中师范大学出版社有限责任公司
社　　址： 湖北省武汉市洪山区珞喻路 152 号
销售电话： 027-67861549
邮　　编： 430079
网　　址： http://press.ccnu.edu.cn
印　　刷： 湖北新华印务有限公司
督　　印： 刘　敏
开　　本： 710mm×1000mm　1/16
印　　张： 29.25
字　　数： 400 千字
版　　次： 2023 年 8 月第 1 版
印　　次： 2023 年 8 月第 1 次印刷
定　　价： 118.00 元

序*

章开沅

慎之兄病逝后，我曾赠以挽联：“父为恩师，子乃挚友，两世交谊深似海；江夏论学，岳麓寻古，史坛更替望新人。”慎之的父亲就是前华中师院院长、中国早期的马克思主义者、著名教育家和历史学家杨东莼先生。

东老是 1954 年春从广西大学调来华中师范学院的。当时武汉地区许多高校正在纠正知识分子工作中某些“左”的偏向，以东老这样富有办学经验的老教育家前来就任我院院长，人们都对他寄予很大希望。记得东老在全校师生欢迎大会上讲话，一开头自我介绍说：“我叫杨东蓴，名字取得不好，‘蓴’字形体既繁又容易读成‘專’，没有群众观点。”学者的风貌和妙趣横生的语言，立刻赢得了华师师生的信赖与亲近，仿佛是一阵春风吹拂着校园。由于时隔太久，我已记不清他在这次会上讲话的全部内容，但对有句话的印象却特别清晰：“建设社会主义要靠真才实学。”这句话，我以后也曾多次听他讲过，特别是 1963 年借调北京在他身边工作以后，耳提面命，濡染渐深，遂成为我一生服膺的座右

* 此序是章开沅为华中师范大学出版社 1997 年出版的《杨东莼学术论著选》所作，照录于此，作为代序。

铭。它如晨钟暮鼓，时时发我深省。

1954年是华师一个重要转折点，他的办学思想逐渐从干校模式转向正规大学，教学、科研明确地成为学校的主体工作，1955年的批判胡适、胡风和肃清反革命运动虽然来势甚猛，但毕竟还是“肃反、教学两不误”，不再是单打一地从事政治运动。特别是1956年突出重视知识分子问题并提出“双百”方针以后，校园里的学术空气更为浓厚，华师学报的创办和新中国成立以后首次全校科学报告会的举办都是在这些年进行的。这些转变当然主要是由于党的政策调整，但作为一校之长的东老也做了大量卓有成效的工作。我认为，对于重点高校的发展来说，校长在学术上的大家风范毕竟是至关重要的。

东老在华师任职时间不算很长，1957年夏即奉调入京，任国务院副秘书长（主管文教）并当选为民主促进会中央副主席。全院师生都为这位熟悉高等教育的老院长的离去而感到惋惜。他离校之际，我由于课忙，未能前往送行。可是他在极端繁忙之际却没有忘记派人给我送来一大箱书，都是他用过的有关中国近代史的参考书。其中有李六如老人亲自赠送给他的《六十年的变迁》，他还特地用宣纸毛笔为我写了对李老的介绍，如书中主人公“季交恕即李六如”等。这些细微之处，都体现着前辈学者对青年的殷切期望。

离开武汉以后，东老对华师的关怀与热爱一如既往。只要是华师的人去看望，他总是满腔热情地接待；只要是华师托办的事，他总是想方设法办到。1963年他根据胡乔木的建议，代表全国政协文史资料委员会（他是该会副主委）与中国科学院近代史研究所联合筹建中国近代社会历史调查委员会，还特地把华师列为唯一的协办单位。也是在这一年，他把我借调到北京，协助他征集北洋军阀史料与筹建社会历史调查委员会。在他身边工作，对我来说是很难得的机遇，使我从此进入一个更为宽阔的学术天地。

东老公务很忙，而且还具体负责若干高层统战对象的联络工作，但只要稍得空间，他总是欢喜与年轻学人交往，李侃、陈庆华和我都可以说是他的忘年之交。他从不以领导和前辈自居，大家在他面前也从不感到拘束。他随身带的“中华”烟（专为高干配给，那时市面上买不到），常被李侃等“老枪”嘻嘻哈哈抢吸一空，而东老总是笑眯眯地吩咐司机：“再去拿一包。”他一贯以奖掖后进为己任，对我更是关怀备至。以辛亥革命研究而言，他不仅介绍我到北京图书馆等单位阅读善本珍籍，而且还安排我与章士钊、溥仪、曾毓隽、邓汉祥等一大批当事人经常接触，使我增加了许多比较真切的感性认识。就资产阶级研究而言，他不仅亲自率领我们前往天津，检阅商会档案等宝贵文献资料，还为我们引见全国工商管理局和统战部工商处等单位的负责人，向从事实际工作的干部学习。他还通过各项业务活动，让我有很多机会向在京一些前辈学者请教，并且以自身的严谨学风和刻苦精神不断熏陶着我。东老是马克思主义理论界的少数前驱者之一，又具有很高的文化学术素养，但直到晚年仍然孜孜不倦地钻研经典著作，一丝不苟地对待各项学术工作。记得 1964 年在北京举行首次中国近现代史学术会议，大家请他做关于社会历史调查的报告。我亲眼看到他花了很长时间准备这个报告，曾重新通读《列宁全集》，并在有关各卷夹上许多记有心得的纸条，报告前还就若干理论见解征询了我与刘望龄的意见。所有这些优良作风都深深地影响着我此后的为人和治学。

在京城内外，知识界很多人都佩服东老的博学多才、见多识广，但他却从来没有以此自负，更不愿率尔操觚。据我所知，他已搜集了不少有关《苏报》主办人陈范的资料，也曾有志于编辑《宁调元集》，但却没有写过一篇有关陈范与宁调元的文章，因为他自觉研究得还不够充分。他是摩尔根名著《古代社会》的中文首译者，且因此享有大名，译本在新中国成立前后又曾多次再版。但他对原译本很不满意，1971 年读到美国哈佛大学 1964 年版由摩尔根著作研究专家怀特（Leslie A. White）编校的《古代社会》后，便不顾自身的衰病与环境的恶劣，与马雍、马巨兄弟（著名学者马宗霍之子）合作，穷数年之功终于在1976年初全部重译完毕，为我们留下了将近50万字更为准确、流畅的新译本。早在1927年冬流亡日本期间，他已开始翻译狄慈根的重要哲学著作，新中国成立以前亦曾发表过部分译文。但他认为原译文过于粗糙，于是又根据1961年柏林新版本全面重译（共20余万字），然后才定名为《狄慈根哲学选集》交由三联书店出版。甚至在疾病困扰的晚年，他还在孜孜不倦地翻译狄慈根的《对话录》，直至临终。

东老博通古今，学贯中西，掌握德、英、日三种外文，加以历经世变，见多识广，本来应该有更多的学术硕果留传。但除在30年代出版的《本国文化史大纲》《中国学术史讲话》《高中本国史》外，新中国成立以后30年间除翻译外竟无新的学术专著问世。这除了他本人律己甚严、过于谨慎之外，恐怕与公务极端繁忙也有很大的关系（他的翻译工作是在“文革”后期“靠边站”时进行的）。1957年以前他一直担任大学校长，1957年以后则主要从事高级知识分子的统战工作，并负责全国政协文史资料委员会的具体领导。对于组织上分配的各项工作，他都是兢兢业业，全力以赴，力求完成得更好一些。平心而论，他做知识分子工作堪称得心应手，因为他本身就是知识分子，并没有因为地位的变化而丢掉知识分子的本色。他从来都是待人以诚，平易近人，努力为别人排难解忧，具有极为慈祥谦和的魅力，因而赢得众多知识分子的信赖与爱戴。据我所知，他虽然早已调离广西，但每年春天人大、政协开会，广西的人大代表、政协委员都要邀请东老去叙旧座谈，交换意见。他特别同情那些横遭贬谪而又确有真才实学的知识分子，尽可能在自己的工作范围内信任和使用了一批在政治运动中的受害者，并且以推诚相见和平等待人的态度温暖了他们的心。即使少数与时代潮流相距甚远的老学者，也很乐意与东老沟通。思想陈旧如章士钊，直至60年代还把共产党的基层党委称为“党部”（过去国民党时代的称呼），但对东老则无所不谈，视若亲人。陈寅恪性格更为孤僻，许多前往探访的高层人士往往吃闭门羹，或话不投机半句多，弄得双方都很不愉快。但 1963 年春东老以民进中央副主席身份造访时，陈寅恪却向他尽情倾吐内心的抑郁，以“左丘失明，孙子膑足，日暮西山”来概括自身命运，并表示想写玄奘西天取经历史，愿与向达合作。东老在纾解安慰之余，立即向有关领导部门反映情况，以求改善陈寅恪的生活、工作条件，并建议中山大学邀请向达讲学，为陈、向提供磋商合作研究的机会。向达也是东老关切甚深的受难者，与此相类似的还有原《大公报》著名记者徐盈等一大批人。我无法在这篇短文中逐一叙述东老为知识分子所做的各项实事，其中也包括为我的成长和解除我的困厄所花费的心血。我所想说的只有一句话：东老为他人想的、做的太多，而为自己着想的却又甚少。

东老自责甚严，经常为自己在“反右”期间发表的那些违心文章（有的是别人代笔）而深感内疚，同时也为自己目睹“左”祸肆虐而无能为力悲愤不已，有时甚至声泪俱下。他曾在 1975 年国庆前夕给文学家张毕来写信，信上有两首和诗，其一是：“自愧平生一无长，书在手边辄浅尝；香花毒草各有趣，悟到真谛喜欲狂。五十年来走四方，处处为人打杂忙；甘草一味价诚贱，汤头歌诀不能忘。”以甘草自喻自然未免过谦，但毕竟远胜于可能致人于死的天雄大黄之猛剂。此诗大体上可看作东老一生的平实写照。东老的临终遗言是：我死之后，一、不要搞遗体告别；二、不要开追悼会；三、不要留骨灰。他堪称终生自奉甚简、自律甚严、表里如一、贯彻始终的模范。我曾在一篇纪念文章中，以“不占人间一抔土，愿化春雨育新苗”两句诗表示我的无限景仰与永恒追思，深愿后世的读书人都能从东老的一生中吸取精神力量。

早就有为东老出纪念文集的想法，但却迟迟没有着手，这是我有愧于恩师的疏懒之处。幸好华师出版社总编王先霈教授倡议将东老文集作为《桂岳书系》之一种编辑出版，罗福惠教授勇于任事、知难而上，东老亲属又热情给以协助，终于在很短时间内使之付梓问世，实现了我多年未竟之愿。

谨向所有为此书出版付出辛勤劳动的人们致以最诚挚的感谢!

目 录

CONTENTS

上篇　本国文化史大纲

目录

CONTENTS

目录

CONTENTS

目　录

CONTENTS

上篇　本国文化史大纲*

* 据北新书局1937年版，杨东莼著。

绪　论

一、什么是文化

普通学者每每有一种偏见，以为文化就是指学术思想而言，并且认为文化是崇高而特殊的东西。果真如此，则文化的领域未免过于狭隘，而所谓野蛮民族似乎不应有文化。但是，事实所告诉我们的，却与此正相反。第一，学术思想，固然是属于文化领域以内的东西，而经济生活、政治生活、社会生活以及社会风尚等等，又何曾不是属于文化领域以内的东西呢？文化这个名词，不过是代表人类各方面的生活之总称。所以，文化就是生活。第二，文化既然就是生活，则不拘文明民族与野蛮民族，都应当各有其自身的文化，不过文化的程度各有不同罢了。例如美洲印第安人，固然是野蛮民族；但是，印第安人却有其固有的文化，而为所谓“古文化”的代表之一①。由此看来，文化便是极普遍而通常的东西，并不是崇高而特殊的东西。总括一句话：表现人类生活的东西，都可以叫做文化，而人类生活是多方面的，所以其文化也是多方面的；同时，即令各民族的生活方式，各有文野高低之不同，但是，因为只要是一种民族，都自有其生活方式，故此就自有其自身的文化。

---

① 莫尔甘（今译摩尔根，以下不另注——编选者注）的《古代社会》，对于印第安人的文化，有详细的叙述。

由上所述，则一般认为文化就是指学术思想而言的这种见解，就显然是一种偏见，是一种错误。并且，认为文化是崇高而特殊的东西，也足以阻碍自己的文化之进展，同时，对异民族的文化抱着一种蔑视的心理。例如我国人每喜自夸，说中国是文化的古国，而鄙视日本的文化为各种文化的混合物。其实，只要生活方式一有变动，则文化随着变动。力倡保存中国固有文化的国粹派，难道能够不随着生活方式的转变，而抱残守缺地固持着过去时代的中国文化么？人家能够随着生活方式的转变而转变其文化，且英勇地向前发展着，难道我们能够故步自封，不随着生活的转变，而高唱着赞美中国古文化之歌，以求自娱么？果真如此，则这些都是衰颓的现象，没落的先兆，我们不但不能自夸为古文化国家的国民，而且人家行将驱逐我们于世界文化舞台之外。所以文化这个名词，如果不能得到正确的解释，则由此错误的见地而产生的心理，很足以引导我们入于迷途而不知自觉。

适才说过："文化就是生活"，"只要生活方式一有变动，则文化随着变动"。但是，生活方式又是由什么而决定的呢？不用说，生活方式是由社会的生产关系而决定的。人类的文化，即人类的生活，是人类的社会所创造的。换句话说，即人类的生活，不是孤立的个人所能办到的。人类要生活，就必得在社会内谋相互的分工合作，这种社会内相互的分工合作，就叫做社会的生产关系。人不是神，不是超人，所以人人都不能离开这种社会的生产关系，而且，必得加入于这种社会的生产关系。但是，社会的生产关系，又是由什么而决定的呢？不用说，社会的生产关系，是由生产方法而决定的，而后者，又是由生产工具而决定的，所以生产工具是经济基础之基础。由社会的生产关系所产生出来的物质的生活方式，如衣、食、住、行，便叫做物质文化。由社会的生产关系所产生出来的精神的生活方式，即由社会的生产关系所反映出来的意识形态，如法律、政治、艺术、哲学，便叫做精神文化。要这样去解释文化这个名词，才能获得这名词的真义。

二、什么是文化史

由上所述，文化既然就是生活，则文化史的内容，就不能离开生活上的叙述。而且，因为生活是多方面的，所以文化史的内容，也必得是多方面的。如果把文化史的内容，规定为学术思想，则这就是学术思想史，而不是文化史。总括一句话，文化史乃是叙述人类生活各方面的活动之记录。

三、中国文化之特征

世界各民族都各有其不同的文化，例如条顿民族的文化，绝不和斯拉夫民族的文化一样；印度人的文化，绝不和中国人的文化一样。这些不同的处所，便是民族文化之特征，换句话说，即各民族的文化都各有其特征。但是，为什么各民族的文化会各自不同呢？我们的答案就是：因为各民族的生活方式之不同，所以各民族的文化就不同。可是，生活方式又依从哪样的动力而发生转变呢？我们的答案就是：因为经济的基础发生转变，所以生活方式也随着转变①。如果经济的基础是资本主义的，则其文化也必然是资本主义的；如果经济的基础是封建的，则其文

① 诚然，地理的形势，也决定一民族文化的特征［如英国史家巴克尔（Buckle）于其所著《英国文明史》（*History of Civilization in England*）中就说“欧洲地理的形势，是适宜于人的控制天然，这是欧洲文明发展的主因”。如李守常于其所著《东西文明根本之异点》中就说“溯诸人类生活史而求其原因，殆可谓为基于自然之影响。盖人类生活之演奏，实以欧罗细亚为舞台。欧罗细亚者，欧、亚两大陆之总称也。欧罗细亚大陆之中央有一凸地曰‘棹地’（Table Land），此与东西文明之分派至有关系。因其地之山脉不延于南北，而亘乎东西，足以障碍南北之交通。人类祖先之分布移动乃以成二大系统，一为南道文明，一为北道文明。……南道文明者东洋文明也，北道文明者西洋文明也。南道得太阳之恩惠多，受自然之赐予厚，故其文明为与自然和解与同类和解之文明。北道得太阳之恩惠少，受自然之赐予啬，故其文明为与自然奋斗与同类奋斗之文明”］。但是，决定一民族文化特征的主要原因，却依然是经济的基础，更直率地说，就是生产关系。

化也必然是封建的[①]。中国的经济的基础，从来就是手工业的农业的经济，带着很浓厚的封建的色彩。故此，中国文化之特征，就是农业经济之下的山林文化。

只是说中国文化之特征是山林文化，似乎过于抽象而不切实。最好，我们拿东西文化的特征之比较，以显示中国文化的特征之所在。陈仲甫（即陈独秀——编选者注）[②] 说："西洋民族以战争为本位，东洋民族以安息为本位。西洋民族以个人为本位，东洋民族以家族为本位。西洋民族以法治为本位，以实利为本位，东洋民族以感情为本位，以虚文为本位。"[③] 李守常（即李大钊——编选者注）说："东西文明有根本不同之点，即东洋文明主静西洋文明主动是也。……一为自然的，一为人为的；一为安息的，一为战争的；一为消极的，一为积极的；一为依赖的，一为独立的；一为苟安的，一为突进的；一为因袭的，一为创造的；一为保守的，一为进步的；一为直觉的，一为理智的；一为空想的，一为体验的；一为艺术的，一为科学的；一为精神的，一为物质的；一为灵的，一为肉的；一为向天的，一为立地的；一为自然支配人间的，一为人间征服自然的。"[④] 陈李二氏对于东西文化的比较，虽不能谓为完全正确，然东西文化相异的概观，却可以在此中窥见出来。总括一句话，中国文化是以家族为本位，着重于保守与因袭，而为农业经济之反映；所以上面说，中国的文化是山林文化。

---

① 纯粹的社会形态是不会有的，所以在资本主义的社会中，多少残留着封建社会的痕迹。尤其是中国社会，更为复杂，因为自受国际帝国主义的压迫以后，固有的经济基础固然日趋于崩坏，然代之而起的经济基础却不曾确立起来，故此，相应而生的文化，也就五花八门光怪陆离。但是，中国文化的主要特征，依然未曾脱却山林文化的色彩。

② 本著中，为便于读者理解，编选者以括注形式加上简短说明，不特一一指出。

③ 参看《新青年》第一卷第四号《东西民族根本思想之差异》。

④ 参看民国七年《言治季刊》载《东西文明根本之异点》。李氏在同篇中更说："南道之民族因自然之富，物产之丰，故其生计以农业为主。其民族为定住的。北道之民族因自然之赐予甚乏，不能不转徙移动，故其生计以工商为主。其民族为移住的。唯其定住于一所也，故其家族繁衍；唯其移住各处也，故其家族简单。家族繁衍故行家族主义；家族简单故行个人主义。"李氏立说，盖全以自然支配文化一点为根据。其实，如果生产关系一经变动，则经济组织也随着变动，同时，建立在经济基础之上的文化也随着变动。

四、中国文化起源的根据地

埃及文化起源于尼罗河，印度文化起源于恒河，美索不达米亚文化起源于底格里斯河与幼发拉底河，中国文化则起源于黄河。古代文化的起源，与河流有这样深切的关系，完全是由于地势与地质使然的。单拿黄河流域来讲，其所以能够成为中国文化根据地的原因，不外以下数点：第一，黄河两岸的地带，都属于黄土层，便于耕种。第二，黄河流域地势甚高，不像长江流域之为沼泽一样，所以适于居住。第三，黄河两岸都是平原，不像长江两岸之多崇山峻岭一样，所以便于交通。既适于居住便于耕种，则人民易于团集；既便于交通，则彼此多接触的机会。团集既久，接触日多，则文化必然相应而生。

其次，拿上古诸王建都的传说来看，也足以证明黄河流域为中国文化起源的根据地。如庖牺都陈（河南陈州），神农亦都陈，后迁曲阜（山东曲阜县），黄帝都涿鹿（河北涿鹿县），颛顼都帝丘（河北濮阳县），帝喾都亳（河南偃师），帝尧都平阳（山西临汾），帝舜都蒲坂（山西永济），大禹都安邑（山西安邑县），都无不在黄河流域。不过庖牺、神农既已奠居黄河下游的沃壤，为什么以后的尧、舜、禹三帝，反居山西寒瘠之地呢？关于这个问题，很为重要，可以引用梁启超的话，来作答案。他说："吾确信高等文化之发育，必须在较温腴而交通便利之地。黄河下游为我文化最初枢核，殆无可疑；尧、舜、禹之移居高原，其唯一理由，恐是洪水泛滥之结果。孟子称舜为'东夷之人'，其所留史迹之地如历山，如负夏，学者多考定在今山东。夏代诸侯国之见于史者，如有穷、有仍、斟灌、斟寻等，其地亦在河南、山东间。吾侪因此种暗示，可推想虞、夏之交，我族一切活动，实以此域为中心。中间遭值水祸，去湿就燥，不过一时现象；水土既平之后，旋复其故也。"①

① 见《梁任公近著第一辑》下卷，《中国历史上民族之研究》。

由此看来，黄河流域固为中国文化起源的根据地，而今山东、河南一带，则更为中国古代文化起源的枢核[①]。

五、其他文化枢核

上古时代，除汉族[②]占有黄河流域以蔚成自具体系的文化以外，其他各地，则为异民族所据，而成为诸种文化的枢核。因当时山河阻隔，交通不便，各民族彼此间没有往来接近的机会，随之其生活方式确保其固有的特性，所以各各遂其独自的发展，而形成种种不同的文化。

如长江流域今湖北、湖南、江西一带，便是苗族[③]文化的枢核。苗族在当时即已发明刑法、兵器以及宗教，且后来汉族所用的五刑、兵器及所信奉的鬼神教，也大概是为苗族所首创而为汉族所因袭的东西；由此看来，苗族在当时即具有相当程度的文化，便是无疑之事。

其次，如山东濒海半岛及安徽、江苏之淮河流域，便是东夷族的文化枢核。史书上所谓嵎夷、莱夷、岛夷、淮夷以及徐戎等，都是东夷族的别支。《史记》上说："太公至国，修政，因其俗，简其礼；通商工之业，便鱼盐之利；而人民多归齐，齐为大国。"太公望是在武王定天下之后封于营邱（山东昌乐县）的齐国祖先，太公既因其俗简其礼，则山东地方在很久以前，便已具有其特有的文化，乃系自明之事。

再其次，如四川便是巴蜀族的文化枢核。巴蜀本是属于氐族的，

---

① 一八九八年与九年之交，在河南省安阳县西北五里的小屯，于黄土层下掘发了无数龟甲兽骨的破片。骨片上多刻有极原始的文字。文字的内容是三四千年前殷代的王室占卜的记录。又最近在山东地方，也有古代遗物的发掘。由这些的发掘，不特明证黄河流域为中国文化起源的根据地，而且明证今山东、河南一带实为中国古代文化起源的枢核。

② 古代没有汉族的名称，自汉代扩张领土播扬国威以后，四邻诸国才称我国人为汉人；这和称我国人为唐人是一样的。后来因为史家都沿用这汉族二字以代表我国人，所以汉族二字才成为种族的名称。

③ 据吕思勉的考证，苗是国名而不是种族名。他说："三苗是古代的一个国名，不是种族之名；他的民族，却唤做'黎'；黎族的君主，起初是蚩尤，后来才是三苗。"见吕氏所著《白话本国史》第一册第 13 页。夏曾佑也说："案蚩尤为九黎之君。……其时，黎民踊踏江湖之外，为我所鄙贱。"见夏氏所著《中国历史教科书》第一册第 17 页。

《三国志·魏书》引《魏略·西戎传》："氐……其种非一，称槃瓠之后，或号青氐，或号白氐，或号蚺氐，此盖虫之类而处中国，人即其服饰而名之也。"足见巴蜀族在最早为图腾社会（Totem Society），而以虫做他们的氏族的标帜。《尚书大传》说："惟丙午，王逮师前，师乃鼓鼗噪，师乃慆，前歌后舞。"足见巴蜀族从来就善于歌舞，所以在周武王伐纣的时候，就有巴蜀的人替武王的军队歌舞①。并且，依地势来讲，四川地居温带，雨量丰富，适于农耕；又四周有大山，中央有平原，而岷江、涪江流贯于其间，所以不易受到外界的侵略，而宜于初民的繁殖。由此看来，四川地方在当时为巴蜀族文化的枢核，便是显而易见的事实。

此外，如浙江、福建、广东为百越族的文化枢核，山西、河北的大部分为狄族的文化枢核，辽东及河北的大部分为山戎、北戎的文化枢核，都是在史书上可以找到明证的。

六、构成中国文化的诸民族

中国文化的主干，自然要推汉族。但是，汉族是中国的土著呢？还是从他处迁徙而来的呢？一般学者对于这问题的讨究，多半说汉族不是土著，却是从他处迁徙而来的，就中尤以汉族西来说为最有力量。大抵太古时代，葱岭、帕米尔高原一带，为人类栖息之所，后来分向东西迁徙，向西者成为今日的白种，向东者成为今日的黄种，而汉族即系黄种之一族②。汉族入中国的途径，是由今新疆经甘肃，而广播于黄河流域，以蔚成自具体系的中国文化。

① 《华阳国志》说："周武王伐纣，实得巴蜀之师，巴师勇锐，歌舞以凌之。殷人倒戈，故世称武王伐纣前歌后舞也。"

② 王桐龄著《中国民族史》说："黄色人种下了帕米尔高原以后，便分道往东南、东北两方面进行；往东南方面进行的有三族，历史家称之为南三系，往东北方面进行的亦有三族，历史家称之为北三系。南三系中第一族……称之为交趾支那民族。第二族……为汉族。第三族……称之为藏族。北三系中第一系……称之为满族。第二系……称之为蒙族。第三系……称之为回族。"

但是，今日之所谓汉族，绝不是单纯的汉族，实在是经过多数民族的混合与同化而形成的一种共名；因此，中国文化虽以汉族为主干，然中国文化的构成分子，却早已包含了多数其他民族的种种文化；今就史书上有确证的诸民族，分述如下。

第一为东夷。东夷在春秋前后最显著的有莱夷、徐戎二者。莱夷在今山东环海半岛登、莱、青一带地方，自齐太公封于营邱以后，数百年间，已次第同化于汉族，到战国时候，就业已没有莱夷的痕迹了。徐戎在今淮水中流即江苏西北部。至周穆王时，徐偃王极强，为周宣王所败。“秦并六国，其淮泗夷皆散居为民户。”[①] 所以自汉以后，这一带地方就没有夷之名了。

第二为荆吴。荆吴之最显著的，为楚与吴二者。春秋时楚、吴两国本与诸夏为异族[②]，这是用不着说明的。楚以势力发展的结果，蚕食诸夏[③]；但是诸夏文化，原要较楚为高；所以楚欲统治其所灭的国家，就不得不自进而与之同化。春秋中叶以降，楚与晋“狎主夏盟”，此后就成为中华民族的一主要成分。吴的先世，据《史记》上说：“吴太伯，太伯弟仲雍，皆周太王之子，而王季历之兄也。……太王欲立季历以及昌，于是太伯、仲雍二人乃奔荆蛮，文身断发，示不可用。……太伯之奔荆蛮，自号句吴。荆蛮义之，从而归之千余家，立为吴太伯。”由此可见吴地人民，都是断发文身的未开化民族，自太伯奔吴至春秋中叶五百余年，吴地实在汉族文化圈外为独立的发展，直到“楚之亡大夫申公巫臣怨楚将子反而奔晋，自晋使吴，教吴用兵乘车，令其子为吴行人，吴于是始通于中国”[④]。到战国时候，吴因争霸中原，以其文化低弱，也就完全同化于汉族了。

---

① 参看《后汉书·东夷传》。

② 《史记·楚世家》里面，有两处记载楚人之言曰：“我蛮夷也。”即此便足以证明楚人在春秋初期还没有加入中华民族。

③ 《左传》上说：“汉阳诸姬，楚实尽之。”

④ 见《史记·吴太伯世家》第一。

第三为苗蛮（此处延用《史记》的称呼——编选者注）。此族与汉族交涉最早，而运命也最长。在太古时代，苗为汉族劲敌，其部长蚩尤，和黄帝战于涿鹿之野①，为黄帝所擒。以后经历代的放逐，苗族就愈窜而愈南，最后竟窜至云、贵、广西、湖南边界的深山穷谷中②。至其大部分，则已同化于汉族。

第四为百越。百越之最显著的，有越、瓯越、闽越、南越、山越五者。越的先祖，据《史记》上说：越之先世，“其先禹之苗裔，而夏后帝少康之庶子也。封于会稽（今浙江省绍兴市），以奉守禹之祀。文身断发，披草莱而邑焉”。由此足见当时的越，也是未开化的民族。到战国时候，越因争霸中原，以其文化低下，卒为汉族所同化。到战国以后，就再没有越这个异族的痕迹了。瓯越与闽越，在汉初为两国，武帝时“东瓯请举国徙中国，乃悉举众来处江、淮之间”③。从此，这两族就同化于汉族。南越又作南粤，即今广东。自秦始皇殖民南越以后④，南越人种，即已混杂。汉武帝平南越以后，又数次徙南越人民于江、淮间。由此看来，南越一族，也早就和汉族同化了。山越在今江苏、安徽一带地方，汉以前不见于史书，直到三国时候，才为吴孙权所讨平；自此以后，此族就不复见了。

第五为藏族即氐羌。此族与汉族交涉也很早。《商颂》上说：“昔有成汤，自彼氐、羌，莫不敢来享，莫敢不来王。”由此以来，氐羌族在商时就已经在羁縻之列。此族在春秋时代，有秦⑤、巴、庸、蜀诸系；

---

① 《史记·五帝本纪》上说：“黄帝者，少典之子，姓公孙，名曰轩辕。……蚩尤作乱，不用帝命。于是黄帝乃征师诸侯，与蚩尤战于涿鹿之野，遂禽杀蚩尤。”

② 历代用兵征苗，强迫同化。自汉以来，代有是举；前清两次“改土归流”，更属雷厉风行。苗族的变为汉族，大部分都是循着这条途径。

③ 见《后汉书·东夷传》。

④ 《史记·秦始皇本纪》上说：“三十三年，发诸尝逋亡人、赘婿、贾人，略取陆梁地（《正义》：‘岭南之人，多处山陆，其性强梁，故曰陆梁。’）为桂林、象郡、南海，以适遣戍。”

⑤ 梁启超说：“秦人虽自称出颛顼，而《史记》已称‘其子孙或在中国或在夷狄’；秦之先即所谓夷狄者也；其最少必有一部分氐、羌混血，盖无可疑。”（见《梁任公近著第一辑》下卷，《中国历史上民族之研究》）。

秦、汉以后，即已与汉族同化。此后如两晋时代的前秦、后秦、后凉、仇池，唐代的吐蕃、党项，宋代的西夏，以及清代的大小金川，都属于氐羌族。中经五胡之乱、党项的归化①，其大部分就同化于汉族；只有大小金川，因它僻处徼外，所以不曾完全同化。

第六为满族。满族的根据地为东三省。唐虞三代的肃慎，汉代的扶余，东汉、三国、两晋、南北朝以及隋、唐时代的高丽百济，唐代的渤海，宋代的女真，明代的满洲，都是属于此族。此族常与汉族交通，女真（即金）自迁汴以后，即已完全同化于中国。满洲入主中国，更加沾染了汉族的文化，而丧失其固有的文化。

第七为蒙古族。蒙古族的根据地在外蒙古。三代的獯鬻、猃狁、鬼方、昆夷、犬戎，秦、汉时代的匈奴，两晋时代的前赵、后赵、夏、北凉，宋代的蒙古，元代的帝室，明代的鞑靼、瓦剌，现今的内外蒙古与青海诸部，都属于此族。獯鬻、猃狁自商、周以来累为边患；到战国之末，秦、赵武功极盛，各筑长城以为塞，于是今长城所界，西自宁夏，东至大同，其南殆无匈奴。此族与汉族交通也很久，其中必有一部分已同化于汉族②。中经五胡之乱，与汉族往来益密；唯此族民性很强悍，所以元亡以后，此族还能保持其固有的文化，而不甚受同化。

第八为回族。回族的根据地在阿尔泰山附近。秦、汉时代的丁零、月氏、乌孙，南北朝时代的高车、铁勒，隋、唐时代的突厥、回纥、薛延陀、沙陀，都属于此族。此族累为中国边患，故接触之时，此族与汉族两者的文化，多少有混合的机会；但此族除沙陀、突厥为短时间的割

---

① 党项最晚出而最强，后建立西夏国，历二百五十年。西夏末叶完全与汉族同化。《宋史》称："其设官之制，多与宋同；朝贺之仪，杂用唐、宋；而乐之器与曲则唐也。"又记其"建国学设弟子员三千，尊孔子为帝"。

② 梁启超说："此族人与诸夏错居垂千年，其间必有一部分同化于我，此事理之至易推见者。据可信之史料，则此族有姓曰'隗'，而与我族广通婚姻。周襄王有狄后，亦称隗后，晋文公出亡居狄，狄人赠以二女叔隗、季隗，文公娶季隗，以叔隗妻赵衰，生盾，然则后此之赵氏，盖已混狄血之一半。……要之春秋二百余年中，群狄之次第同化者必不少，而晋实筦其枢。今山西、直隶之中华民族，其与匈奴混血，盖在二千五六百年以前矣。"（见《梁任公近著第一辑》下卷，《中国历史上民族之研究》）。

据华夏而外，始终未曾一度为中国的主权者，所以此族受汉族的同化亦较少，唯唐代将帅颇有此族人。

第九为满蒙混血族。此族的根据地在热河。秦时的东胡，汉代的乌桓、鲜卑，三国、晋初的辽东、辽西，两晋、南北朝时代的前燕、后燕、西燕、南燕、西秦、南凉、后魏、北周、北齐、吐谷浑、柔然，隋、唐时代的奚、契丹，宋代的辽与西辽，都属于此族。东汉末叶，乌桓屡为寇暴，为曹操所破，首虏二十余万人，余众都徙居中国为齐民，由是燕、代一带的中华民族，就吸收很多的乌桓分子。后魏与南朝中分中国，将近三百年，颇用华俗，就中改鲜卑姓为汉姓，更加是促进民族混合的大政策。至于契丹，则原有部落本甚微弱，部民都以汉人为多数，所以自辽室亡后，契丹族就不复存在了。

由上所述看来，今日之所谓中国文化，固属是以汉族为主干；但是，经过几千年来民族间不断地混合，中国文化的本质，就已经是极度的复杂的了。第一，在人种上来说，今日的汉族，已经不是太古的汉族，换句话说，即汉族之中，已经参加了异种族的成分；反过来说，许多异种族之中，也参加了汉族的成分。第二，从生活上来说，不论是饮食、衣服、起居，经过这几千年融合的结果，都无不带着几分“混合物”的性质。其他如风俗、习惯、艺术等，同样也起了重大的变化，而绝不是汉族当日的本来面目。根据以上所说，所以我们现在研究本国文化史，脑袋中就不可有一种偏见，以为我们是汉族，以为我们是黄帝的苗裔，而具有超出其他民族的崇高而特殊的文化。其实，中国的文化，久已是一种“变质”的东西，最少也是一种“杂质”的东西。我们现在研究中国文化史，就在于打破这种偏见，而要还它一个本来面目。因此，如果这一步不能做到，则我们愈研究而愈入于迷途。

第一编　经济生活之部

第一章　初民的生活状况

一、初民生活状况之一般

研究古代社会的最有权威的著作，要算是莫尔甘（Morgan）的《古代社会》（*Ancient Society*）。莫尔甘身居亚美利加土人印第安民族里面，前后经过数十年的考察，才把社会的演进与初民的生活状况系统地阐明出来。印第安民族是保存着“古文化”最完全的一种民族，所以拿它来做人类古代社会演进的代表，是很恰当的。

莫尔甘把初民生活的进化阶段，分为两大时代：蒙昧时代与野蛮时代。而此两大时代之中，各随其生活方法之进步，又各分为：初期、中期与高期。

蒙昧时代的初期——这是人类最幼稚的时期。人类在这时期，只是以自然界的果物、树根与胡桃为食物，唯其如此，所以热带森林，在太古最适宜人类住居。现在存在着的一切民族，它们的远祖，都无不经过此种最幼稚的时期，这就是人类跳出动物时代所必得经过的一个过渡。

蒙昧时代的中期——这个时期开始发明用火[①]，火的发明，是人类

① 由石头打石头，便是火的发明之起因。

生活进化的一大阶段。同时，人类在这个时期，又知道拿鱼类作食物。鱼类和自然界的植物不同，是要煮熟才能吃食的；因此鱼与火是同时发明使用的。人类自从经过这两大发明以后，就渐次地沿着江河去找生活，而广布到大地的上面。但是，生活状况是随着生产方法而改进的，而生产方法又是随着生产工具而改变的，所以生活状况和生产工具有极密切的关系。人类在这个时期，有件极重要的生产工具，就是粗糙的石器。制造这种石器的方法，大概是用石头去打碎石头；那尖锐的石片，便是刀斧，用以去打禽鸟或小兽，这就是原始的武器。随着原始的武器的发明，人类又渐次地知道狩猎；所谓渔猎生活，就是在这个时期中形成出来的。

蒙昧时代的高期——在蒙昧时代的中期，由狩猎所获的食物，不一定很多，这就是因为生产工具的笨拙的缘故。后来经过长期间的经验，才发明弓箭。弓箭的发明，便是蒙昧时代的高期之特征。生产工具既有了这样的改进，于是禽兽就成为日常的食品，狩猎就成为日常的劳动。并且，在这个时期，木工亦渐次地发明，而能制造独木舟以及木器用具；同时，又渐次知道用树枝树干以建造简单的房屋，而脱离从前穴居野处的生活；最后，在这个时期，极幼稚的纺织工也渐次地发明，如用手纺树皮纤维以及用树皮等编织篮篓。

野蛮时代的初期——人类自从习惯于狩猎生活以后，积聚着长期间的经验，又渐次地知道饲养家畜。因为由狩猎所获得的食品，依然是没有定规的，而家畜的饲养，却可以得到定规的食品，所以，家畜饲养的发明，便是野蛮时代的初期之特征。既然要饲养家畜，则饲养家畜上所必需的几种植物之种植，也就必然随着产生。

野蛮时代的中期——家畜繁殖成为大群以后，因为当时对于饲养家畜上所必需的几种植物之种植，还不足以应付成为大群的家畜之需要，所以人类就离开其祖先所居住的森林地带，逐水草而居，以转入到游牧生活。由渔猎生活进展到游牧生活，便是在这个时期中完成的。这个时期的生产工具，依然是石器，不过铜器业已发明了。

野蛮时代的高期——铸铁的发明，是这个时期的特征，并且是人类进到文明时代的渡桥。由铸铁的发明，人类才知道使用铁器。自从人类使用铁器以后，人类的生活状况就别有一种新生面。第一，因为铁器的使用，耕种的地面，才会渐次增大，荒野僻地，都逐次开垦为耕地与牧场，而使人类向着农业生活进展。第二，因为铁器的使用，就增加了人类的生活方法与活动能力。

以上所述，便是初民——先史的民族——的生活进化状况之一般，全世界无论哪一种民族，其祖先都无不经过此种进展的历程；故此，以下就中国古史的传说，以证明此种进展的历程①。

二、传说中中国初民的生活状况

《白虎通》上说："古之时，未有三纲六纪；民人但知其母，不知其父；能覆前而不能覆后；卧之法法，行之吁吁，饥即求食，饱即弃馀；茹毛饮血，而衣皮苇；于是伏羲仰观象于天，俯察法于地；因夫妇，正五行，始定人道；画八卦以治下，下伏而化之，故谓之伏羲也。谓之神农何？古之人民，皆食禽兽肉；至于神农，人民众多，禽兽不足；于是神农因天之时，分地之利；制耒耜，教民农作；神而化之，使民宜之，故谓之神农也。谓之燧人何？钻木燧取火，教民熟食；养人利性，避臭去毒，谓之燧人也。"

《易经·系辞传》上说："古者庖牺氏之王天下也，仰则观象于天，俯则观法于地；观鸟兽之文，与地之宜；近取诸身，远取诸物；于是始作八卦，以通神明之德，以类万物之情。作结绳而为网罟，以佃以渔。……庖牺氏没，神农氏作。斫木为耜，揉木为耒；耒耨之利，以教天下。"

司马贞《三皇本纪》上说："太皞庖牺氏，风姓，代燧人氏继天而

---

① 关于此种进展历程，其详细可以参看莫尔甘所著的《古代社会》，倘若没有时间去看莫尔甘的大著，就可以参看蔡和森著的《社会进化史》（上海民智书局发行），因为蔡氏这部书，就是莫尔甘的《古代社会》之缩写。

王。……结网罟以教佃渔，故曰宓牺氏。养牺牲以充庖厨，故曰庖牺。……女娲氏……代宓牺，立号曰女希氏。……女娲氏没，神农氏作。……斫木为耜，揉木为耒，耒耨之用，以教万人。”

以上三种记载，当然是传说，不是真正的史实。司马迁说：“学者多称五帝，尚矣。然《尚书》独载尧以来，而百家言黄帝，其文不雅驯，荐绅先生难言之。”当时对于黄帝，尚且是“难言之”，则黄帝以前的三皇，就益加用不着说了。但是，以上所说的三皇——普通都以燧人氏、伏羲氏、神农氏为三皇；而三皇的次序，当以《尚书大传》为准，即燧人在前，伏羲居中，神农在后——确实代表初民生活状况的三个时代。

第一，燧人氏代表渔猎生活的时代。“太古之初，人吮露精，食草木实。穴居野处，山居则食鸟兽，衣其羽皮，饮血茹毛；近水则食鱼鳖螺蛤，未有火化。”所谓“人吮露精，食草木实”，便明明是蒙昧时代的初期，还只知道吃食自然界的植物。到了“山居则食鸟兽，近水则食鱼鳖螺蛤”，则已进化到蒙昧时代的中期；在这个时期中，粗糙的石器，必已发明了。有了石器，然后发明火，故谓“于是有圣人以火德王，造作钻燧出火”。这时期的钻燧，绝不是金属，而是石头；所谓“钻燧出火”，便是钻与木因摩擦而生高热，至发火点则燃烧。既有石器，又已发明了火，于是渔猎就随着发达，并且，由渔猎而获得的食品，从此成为日常的食品，而且熟食。

第二，伏羲氏代表游牧生活的时代。所谓“结网罟以教佃渔”，还未脱掉渔猎的生活；直到“养牺牲以充庖厨”——庖牺氏就是伏羲氏——才正是进到游牧的生活，而知道家畜的饲养。既能养牺牲，则必有用以去养牺牲之物，所以在这个时代，某几种植物的种植，也必定随着发明了。拿社会进化史的眼光来看，则伏羲所代表的这个时代，大约是蒙昧时代的高期与野蛮时代的初期并中期。

第三，神农氏代表农业生活的时代。有了家畜，自然就要种植饲养家畜的某几种植物，唯其如此，所以初步的农业也就发生出来了。不过我们要认清楚：这时代仍旧是以游牧为主，农业不外是一种副业而已。

因为农业的发达，是要依靠铁器的，而在神农这个时代，并不曾发明铸铁，则又哪能产生发达的农业呢？所以“斫木为耜，揉木为耒”，始终不曾脱掉木器的工具之使用，从而即令当时已有农业，也就不过是极初步的农业而已。拿社会进化史的眼光来看，则神农氏这个时代，还不曾脱离野蛮时代的中期，换句话说，即不曾进化到野蛮时代的高期。

三、打破历史上的一种偏见

上面说过：生活状况是随着生产方法而改进的，而生产方法又是随着生产工具而改变的。根据这一点，所以由蒙昧时代进到野蛮时代，由渔猎时代进到游牧时代，更由游牧时代进到农业时代，其间推进的原动力，都是生产工具。倘使没有石器的发明，则渔猎的生活，便无从发生。倘使没有铸铁的发明，则农业的生活，便无从发达。故此，这种生产工具，实在是经济基础的基础。旧派史学家或唯心派史学家，不懂得这种道理，从而每每在历史上发生一种偏见：他们以为生活的演进，是由一种超人的人，或半神体的人来主宰的，好像没有这种人来主宰，则人类生活就无从演进。因此，他们便肯定真有“钻木燧取火，教民熟食”的燧人氏，“作结绳而为网罟，以佃以渔”的伏羲氏，以及“制耒耜，教民农作”的神农氏。其实，拿社会进化史的眼光来看，历史上绝没有这样超人的人或半神体的人。所谓燧人氏，不过是火的发明之象征；所谓伏羲氏或庖牺氏，不过是畜牧的发明之象征；所谓神农氏，不过是农业的发明之象征。一样事物的发明，绝不是一个人的能力与才智所能办得到的，而是经过若干年积聚的经验所产生出来的。所以火的发明，网罟的发明以及耒耜的发明，都是由长期的经验之积聚的结果，绝不是古代圣哲所创造出来的。要明白这一点，才能够去研究文化史，才能够理解到人类文化演进之所由来。故此，上面所说的这种偏见，是不得不打破的。

第二章　农　业

一、农业的发明

《白虎通》上说："古之人民，皆食禽兽肉；至于神农，人民众多，禽兽不足；于是神农因天之时，分地之利，制耒耜，教民农作。"由这段话看来，似乎农业发明的原因，就在于"人民众多，禽兽不足"。不错，生齿日繁，素来用禽兽肉作食品的这种办法，无从应付，而迫着不得不另寻生活的途径——农业的发明，或者就是由这样来的。但是，因家畜的饲养对于种植的启示，却要较"人民众多，禽兽不足"这种原因，还要来得确切些；因为饲养家畜需要植物的种植，是积聚着长期间的经验而发生的。所以莫尔甘在叙述野蛮时代的初期，就说到因为家畜的饲养，而某几种植物的种植也随之开始。不过到了以后因为人类与牲畜所需要的食品渐渐增加，农业的生产的要求，才随着逐渐扩大。这种说法，却是近于情理的。

二、农业的发达

以上所述，便是农业的发明之原因，现在进而要谈到农业的发达。假定神农时代，就业已发明了农业，可是当时的农业，不外是一种最初步的，这是可以断言的。因为当时所使用的工具，就只有木制的耒耜，耜以起土，耒为其柄；由耜的形式看来，不但没有使用铁器，而且不能利用兽力。拿我们现在的情形来看，如果要开垦一块土地——姑无论其是否为荒土——以适于耕种，又岂是这种木制的耒耜所能办得到的么？即令办得到，然而用人力去推挽耒耜，人类整天地从事于劳动，其所得也是有限。根据这个说法，所以敢于断定神农时代的农业是最初步的而没有呈现出发达的情形；甚至神农以后，到所谓“三代”，也是如此。

农业的发达，实在是始于周代①，因为在周代才发明铸铁，才知道以铁制成工具。江淹《铜剑赞》的序文上说：“古者以铜为兵……春秋迄于战国，战国至于秦时，攻争纷乱，兵革互兴，铜既不充给，故以铁足之，铸铜既难，求铁甚易，是故铜兵转少，铁兵转多。”《国语》上说：“美金以铸剑戟，试诸狗马；恶金以铸鉏夷欘斤，试诸土壤。”② 从这两段文献看来，便知道在周代以前，并无所谓铁制的工具。有了铁制的工具，所以才能“鉏夷欘斤，试诸土壤”。故此，我们说到了周代农业才发达。

上面说过，农业到了周代才发达，唯其如此，所以周代才设草人、稻人、司稼等官，以监察农事。草人“掌土化之法以物地（占其形色），相其宜而为之种，凡粪种：骍刚（赤色之土）用牛（以牛骨殖渍其种也），赤缇（缥色之土，浅绛曰缥）用羊，坟壤（无块曰壤，特起曰坟）用麋（似鹿而大），渴泽（故水处也）用鹿，咸潟（水已泻去，其地为咸卤）用貆（俗名猪獾，穴地食虫蚁），勃壤（土之粉解者）用狐，埴垆（土之黏疏者）用豕，强檃（音喊，土之坚强者）用蕡（烧麻取灰而用之），轻爂（音猋，土之轻脆者）用犬”。稻人“掌稼下地（以水泽之

① 周代姬姓这个部落，原来就是发明农业最早的民族，所以《史记》上所谓“周后稷名弃……及为成人，遂好耕农”，便是它以农神“后稷”做自己的祖先。后来农业逐渐发达，由古公而王季而文王，三代之间竟一天一天地隆盛起来，闹到“三分天下有其二”的地步，终于代殷而有天下。

② 美金就是铜，恶金就是铁。

地种谷也）”。“凡稼泽，夏以水殄草而芟夷之，泽草所生，种之芒种（泽有水及咸卤，皆不生草，即不宜稼，故择生草之泽，以种之芒种。芒种，稻麦也）。”司稼“掌巡邦野之稼而辨穜稑之种（先种后熟曰穜，后种先熟曰稑），周知其名（百谷之名），与其所宜地以为法，而县于邑闾；巡野观稼，以年之上下出敛法；掌均万民之食，而周其急，而平其兴（兴，所征赋也）”①。由上所述，便知道肥料学与土壤学，在周代即已昌明，倘使农业不发达，这些学术又焉得昌明呢？又《公羊传》何注说：“种谷不得种一谷，以备灾害。田中不得有树，以妨五谷。”这便是当时的耕种方法。《孟子》上说：“五亩之宅，树之以桑，五十者可以衣帛矣。鸡豚狗彘之畜，毋失其时，七十者可以食肉矣。”这便是当时除农耕之外，还讲究蚕桑与家畜的情形。

三、代田法与牛耕法

随着农业的发达，又产生出农业的改良。汉武时搜粟都尉赵过所设的代田法与牛耕法，便是农业改良上最重要的事实。代田，就是把一亩作为三甽——古亩字，即广一尺深一尺的沟——每年易其甽而耕种的意思。他又作田器，教民耕种与养苗之法。结果用力少而收获多，他的代田法就为当时的农民所采用了②。其次，是牛耕法。以前的耕种方法，叫做耦耕，即两人相并从事耕种之意。这种方法，专凭人的劳力，自然其收获是有限的。赵过改用牛耕，便是利用兽力以代替人力。但是要用牛耕，则以前的耒耜这种工具就不适用，而必然要拿犁来代替耒耜。所以犁的使用，是农业上的一大改进③。牛耕法，就是“三犁共一牛，以

① 均见《周礼》。本节所引用者，系根据赵玉森著《本国史参考书》的引用文。

② 当时行代田法的结果，便是平时有田 8 275 036 顷（百亩为顷），以当时户数 11 233 000 分配之，每户可得 67 亩 46 步余。见高桑驹吉著《中国文化史》（此处原文或计算有误，以田亩与户数相除，每户应有 73 亩余——编选者注）。

③ 犁上面起土的耜，依现在的犁的形式看来，都是铁做的，所以有人疑惑在周代就已有犁这种工具。

一人将之，下种挽耧”①。像这种耕种法，其于劳动的效力与收获的结果，自然要特别增进，所以此法沿用至今，无大改变。

四、水利

与农业的发达最有关系的，又有水利。南北朝时，对于农田水利，即很讲求。到了宋代，益加进步。宋太宗时，于河北诸州，开水利田，起堤堰，设斗门，以便灌溉。神宗时，更遣使四出，考察农田水利，并于州县可兴水利的地方，建造塘堰，自熙宁三年至九年（1070—1076 年）六年之间，计修水利一万零七百九十三处，田数凡三十六万一千一百七十八顷。自此以后，历代对于水利，都极留意。明末，西洋农法传入中土，徐光启因参酌西法著《农政全书》六十卷，就中水利一项，特采熊三拔所著《泰西水法》，更与我国农业的改良，有密切的关系。

五、农业的破产

我国数千年来，以农立国，所以从来对于农政，都异常讲究。但自受国际资本帝国主义的侵略以来，情形就剧变了。一方面，因资本帝国主义的侵略，使农业经济日趋破产，从而发生农业手工业的失业者。他方面，因资本帝国主义怂恿中国的内乱，致使连年战争，“闾阎为墟”。更加以河道淤塞，旱蝗相继；于是弄到田地荒芜，土匪成群，结果就是农业的破产。据民国三年（1914 年）北京农商部统计，我国耕地面积，除外蒙古、青海、西藏不计外，共有十五亿七千零五十二万五千二百七十亩，而荒地面积，据民国十一年（1922 年）统计，则为八亿一千八

① 参看赵玉森著《本国史参考书》卷上之一，178 页的引用文。

百九十八万三千零三十四亩。由这统计看来，便足以明证农业的破产。所以从来以农立国的我国，到现在农产品反要仰给于外国①。

① 据最近调查，米麦与面粉的进口，便如次表所示：

	民国十三年（1924年）	民国十四年（1925年）	民国十五年（1926年）
米担数	13 194 103	12 639 440	18 536 534
米两数	63 262 156	67 077 144	89 512 942
麦担数	5 167 234	700 205	4 156 378
麦两数	17 765 669	2 655 385	17 965 194
面担数	6 622 736	2 782 718	4 268 093
面两数	30 119 385	14 628 334	23 522 993
杂粉担数	74 054	133 090	1 362 812
杂粉两数	343 005	599 906	3 549 838
共计担数	25 058 127	16 255 453	28 323 817
共计两数	111 490 215	84 960 769	134 550 967

由上表看来，便证明最近我国仰给于外国农产物的趋势。

第三章　土地制度与赋税制度

一、传疑的井田制度

井田制度的有无，是历史上的一个大疑问。《孟子》上说："夏后氏五十而贡，殷人七十而助，周人百亩而彻，其实皆什一也。……夫世禄，滕固行之矣。《诗》云：'雨我公田，遂及我私'"，又说："夫滕，壤地褊小，将为君子焉，将为野人焉；无君子莫治野人，无野人莫养君子。请野，九一而助；国中，什一使自赋。卿以下，必有圭田，圭田五十亩，余夫二十五亩。死徙无出乡；乡田同井；出入相友，守望相助，疾病相扶持，则百姓亲睦。方里而井，井九百亩；其中为公田；八家皆私百亩，同养公田；公事毕，然后敢治私事；所以别野人也。"《通考》上说："昔黄帝始经土设井，以塞争端；立步制亩，以防不足。使八家为井，井开四道而分八宅，凿井于中。一则不泄地气，二则无费一家，三则同风俗，四则齐巧拙，五则通财货，六则存亡更守，七则出入相司，八则嫁娶相媒，九则有无相贷，十则疾病相救。是以情性可得而亲，生产可得而均。均则欺凌之路塞，亲则斗讼之心弭。既牧之于邑，故井一为邻，邻三为朋，朋三为里，里五为邑，邑十为都，都十为师，师七为州。夫始分于井，则地著；计之于州，则数详。迄乎夏殷，不易其制。"

以上所述，系井田制度的内容。现在，进而要研究井田制度的性质。在原始氏族公产社会中，其土地必为全社会成员所公有，即人人有土地的使用权而无所有权。等到由氏族社会进到奴隶制国家，土地私有权即已确立。这时候贵族是土地的所有者，奴隶却是替贵族种田的农夫。所谓“卿以下必有圭田”，圭田便是贵族的世禄；所谓“无野人莫养君子”，便是奴隶替贵族耕田以奉养贵族。《国语·晋语》上也说：“公食贡，大夫食邑，士食田，庶人食力。”这里所谓公、大夫、士，便是贵族；所谓庶人，就是奴隶。由此看来，井田制度似乎是奴隶制国家下的一种土地制度。如果认定井田制度是氏族社会中的公产制，则贡、助、彻的什一之税，又有什么意义呢？并且，《孟子》上还说“经界不正，井地不均，谷禄不平”，“经界既正，分田制禄，可坐而定也”，便明明是说均井地的目的，在于平谷禄，而非均其利于民。这与公产制，又有什么关系呢？要之，井田制度的性质，大约就是这样：（一）土地为贵族全体——即所谓君子——所有；（二）贵族为欲榨取农民的劳力，乃将田授于民，夏时一夫五十亩，殷时一夫七十亩，周时一夫百亩；（三）农民耕种的收获，分一部分给贵族——即所谓小人养君子——所分出的部分，便是十分之一，即所谓贡、助、彻。

其次，要研究井田制度究竟行于什么时候？据最近考古学研究的结果，尧舜以前，似乎都是氏族社会——关于此点，留到第二编再说——似此，则黄帝时代决不曾施行井田制度，而《通考》上所引述的这一段话，或者是出自后儒的向壁虚造。夏殷二代，已由氏族社会进到奴隶制的国家，因此，井田制度或许始于夏代。《诗经》上说：“信彼南山，维禹甸之。”郑康成《毛诗笺》说：“六十四井为甸，甸方八里。”《周礼》上说：“九夫为井，四井为邑，四邑为丘，四丘为甸。”这些都足以证明井田制度始于夏代这一说法。不过，这种制度，至多也只推行到少数地方，绝非推行遍天下，因为沟洫的划分与测量，在当时是不容易办到这样整备与普遍的。殷代也是奴隶制的国家，周代的前半期依然存有奴隶制国家的残渣，准此，井田制度或许也行于殷代与西周。同时，因为夏殷周三代所领的土地与人民的多少各异，所以授田的亩数，也不一致，唯井田制度的根本精神，却是一贯的——以上所述，都是先假定有井田制度，然后才有这样的推论。但是，这种制度的有无，古今聚讼，莫衷一是，故此，本节的叙述，都只是一些推定，并未厘成定说；他日考古学进步，从古物上得到实在的明证，然后这个悬而未决的大问题，才可以得到究极的解答。

最后还有一点要说明的，就是井田制度的崩坏。吴贯因在其所著《中国经济史眼》上说明井田制度崩坏的原因是这样的："第一，井田之制，不能尽地利，盖全国土地，其位置不同，肥硗各异，于是甲地之田，宜于小农制者，乙地之田，又或宜于大农制，缘此之故，国家授民以田，万不能取均一之制；而井田之法，则一夫授田若干亩，划一而不能变通，坐是，土地之利，多因以不举。不特此也，人类之智愚勤惰，万有不齐，其智而勤者，耕稼之能力，实超越此数，而为井田之制所限，其接壤之地，虽有旷土，不能取而经营之。其愚而惰者，耕稼之能力，实不及此数，而为井田之制所限，其领耕之地，虽半荒芜，他人亦不能起而代耕之。既妨害人类自由竞争，使不得尽地利，社会一进步，觉人力与地力，必使之各如其分量，以为调和，则此阻碍调和之物，自必归于淘汰，此乃经济之进化使然，初无待商鞅之开阡陌，其制始全破坏也。……第二，井田之制，严格行之，则全国经济界，每岁必生一大变动，不特民不堪其扰也，而国亦将受其敝。盖在井田制度之下，全国土地，亦既方里而井，一夫各授田百亩矣。然人口之滋生，逐岁增加，假令一旦新添若干人焉，其将依据定制，各授以百亩之田耶？则土地之面积有定，非能随时增加，何从得田而与之？既为此天然之面积所限，欲求土地分配之公平，势不得不取诸众人，以予此新添之人，于是井田之经界，必须变更；……年年如是，不独靡费之多也，即农业亦必因而不举，劳民伤财之事，宁有过此？"从经济进化言，井田制度既有此二病，所以不得不归于崩坏；而商鞅开阡陌，也就不过应时势之需要罢了。

二、富豪的兼并与王莽的改革

《史记·秦本纪》上说：“卫鞅说孝公……为田开阡陌。”王莽说：“古者设井田，则国给人富而颂声作。秦为无道，坏圣制，废井田。”从这些话看来，似乎井田制度是坏自秦国。但是，据《孟子》所说：“夫仁政，必自经界始。经界不正，井地不均，谷禄不平；是故暴君污吏，必慢其经界。”与朱熹所说：“《汉志》言秦废井田，开阡陌。说者之意，皆以开为开置之开，言秦废井田而始阡陌也。……按阡陌者，旧说以为田间之道；盖因田之疆畔，制其广狭，辨其纵横，以通人物之往来。……当衰世法坏之时，则其归授之际，必不免有烦扰欺隐之奸；而阡陌之地，切近民田，又必有阴据以自私，而税不入于公上者。是以一旦奋然不顾……悉除禁限……听民兼并卖买；……使民有田即为永业，而不复归授，以绝烦扰欺隐之奸；使地皆为田，田皆出税，以核阴据自私之幸；……故《秦纪》《鞅传》皆云：‘为田开阡陌封疆而赋税平。’”蔡泽亦曰：“决裂阡陌，以静生民之业而一其俗。”以及《文献通考》所说：“然所袭既久，反古实难。欲复封建，是自割裂其土宇，以启纷争；欲复井田，是强夺民之田亩，以召怨讟。书生之论，所以不可行也。随田之在民者税之，而不复问其多寡，始于商鞅。”则井田制度之坏，并不始自秦，而贵族的侵占私有致使井田经界陷于混乱，却是自孟子以前就是如此的。并且，根据这一点，足见商鞅的“为田开阡陌”，乃是原于要“使地皆为田，田皆出税，以核阴据自私之幸”。

由上看来，在秦的当时，土地久已集于富豪；从“富者田连阡陌，贫者亡立锥之地”这两句话看来，便知道当时已形成有地主与佃户两个阶级。佃户耕作地主之田，而纳其收获十分之五于地主，是所出之税较井田制约为五倍之多。唯其如此，才有贫无立锥的数百万力役，替秦始皇修长城，才有贫无立锥的七十万力役，替秦始皇经营骊山皇陵与阿房宫。

到了汉代，或许察知人民的痛苦，乃减其税率，只征十五分之一，其后又减到只征三十分之一，并且文帝十二年减其田租之半，翌年又全免之，然是时佃田而耕者多，所以这种减轻的利益，只是给了地主。地主得着这种利益，他们的实力，就更加扩大起来，而佃户的苦痛，就愈加深重。所以董仲舒说："富者田连阡陌，贫者亡立锥之地。又颛川泽之利，管山林之饶，荒淫越制，逾侈以相高。邑有人君之尊，里有公侯之富。小民安得不困？又加月为更卒，已复为正；一岁屯戍，一岁力役，三十倍于古。田租口赋盐铁之利，二十倍于古。或耕豪民之田，见税什五。故贫民常衣牛马之衣，而食犬彘之食，重以贪暴之吏刑戮妄加；民愁亡聊，亡逃山林，转为盗贼。……汉兴，循而未改。"当时地主与佃户两个阶级既如此悬殊，因之，董仲舒的办法就是："古井田法虽难卒行，宜少近古，限民名田，以赡不足。塞并兼之路，盐铁皆归于民。去奴婢，除专杀之威。薄赋敛，省徭役，以宽民力，然后可善治也。"像董仲舒这种办法，便是对于大地主的一种限制，而不是根本办法。到了王莽即位，便取断然处置，他下诏道："今更名天下田曰王田，奴婢曰私属，皆不得卖买。其男口不过八，而田满一井者，分余田与九族乡党。"王莽这种处置，就是国家社会主义的政策，即"土地国有""均产"，其目的就在于"均众庶，抑并兼"。但是，大地主的势力已经根深蒂固，王莽这种快刀斩乱麻的处置，是难得通行的，当时中郎区博就谏王莽曰："井田虽圣王法，其废久矣。周道既衰，而民不从。秦知顺民之心可以获大利也，故灭庐井而置阡陌，遂王诸夏。讫及海内未厌其敝，今欲违民心，追复千载绝迹，虽尧、舜复起而无百年之渐，弗能行也。天下初定，万民新附，诚未可施行。"所以王莽纵有这种改革的决心，但是因他敌不过大地主的势力，结果不久又下诏道："诸民食王田，皆得卖，勿拘以法。"于是轰轰烈烈的土地革命，就声销迹匿了。

王莽死后，代表地主政治的光武帝又上了舞台，所以东汉的土地制度，与西汉原无二致，光武时的赋税，也是三十取一，其所受利益的，依旧是大地主。到灵帝时，始加天下田税，每亩钱十文，叫做"修宫钱"。不过终两汉之时，田税之外，有几种赋税是人民都不能免的，尤其是佃农不能免。第一是口赋，分为二种，一为算赋，人民从十五岁起，至五十六岁止，每人每年出钱百二十文，谓之一算，以治库兵、车马。一为口钱，人民从七岁起，至十四岁止，每人二十钱，以食天子，谓之口钱。第二是更赋，《昭帝纪》注引如淳说："更有三品：有卒更，有践更，有过更。古者正卒无常，人皆当迭为之，一月一更，是为卒更也。贫者欲得顾更钱者，次直者出钱顾之，月二千，是谓践更也。天下人皆直戍边三日，亦名为更，律所谓徭戍也。虽丞相子，亦在戍边之调。不可人人自行三日戍，又行者当自戍三日，不可往便还。因便往，一岁一更；诸不行者，出钱三百入官，官以给戍者，是为过更也。"这种更赋，就是古代力役之征，富豪固然可以出钱了事，但是贫农与佃农，却不得不身亲徭役。

三、授田制度与杨炎的两税法

晋、魏、唐的土地制度，都具有同一的倾向，因为都是从两汉"兼并之风"所产生出来的反响。晋代所行的制度，叫做"占田制度"。晋武帝平吴以后，定男子一人占地七十亩，女子三十亩——这是指一户而言——其外丁男课田五十亩，丁女二十亩，次丁男半之，女则不课。男女年十六以上至六十为正丁；十五以下至十三，六十一以上至六十五为次丁，十二以下六十六以上为老小，不事。像这样，便是按人民的男女与老幼而课以一定额的土地。他方面，对于王公田宅及品官占田，则加以限制。至于人民的义务，则“丁男之户，岁输绢三匹，绵三斤；女及次丁男为户者半输”。

后魏所行的制度，叫做“均田制度”。即丁男课露田四十亩，丁女课露田二十亩，又别课桑田二十亩，奴婢准良丁之例。男女俱以十八受田，六十还田，而每年一月则为还受之期，但桑田为世业，所以没有还受的限制。至于征税，则公田每亩征五升，私田每亩征一斗。北齐仿后魏的制度，丁男课田八十亩，丁女课露田四十亩，又别课世业田二十亩；至于征税，则每年征粟二石五斗，绢一匹，绵二两；奴婢受田纳租，俱为良丁之半。

唐代所行的制度，叫做“班田制度”，是参酌后魏的均田制度而成功的。凡男子年十八以上的，给田百亩，以二十亩为永业，传之子孙；其余八十亩为口分，止限于一代。狭乡——田少的地方——授田，例得减于宽乡——田多的地方——之半。将田妄行卖买、典质，都在犯禁之列；但因移住他乡或因贫困不能举葬者，得卖去其永业田；又从狭乡移住宽乡者，得卖其口分田，唯既卖之后，则不复再授以田。至于租税，则定立租庸调制。受田者，每年输粟二石，叫做租。从其乡之所产，或纳绢、绫、缯各二丈，绵二两，或纳布二丈四尺、麻三斤，叫做调。力役每年二十日，逢闰年加二日，不役者，每日折输绢三尺，叫做庸。由上看来，所以租就是田租，调就是户税，庸就是口税。

以上所述晋、魏、唐的三种制度，在性质上讲，都是想办到地权平均这一步。晋代承汉末战乱相寻之后，后魏承五胡十六国大乱之后，唐代承隋末群雄割据之后，当时人民流亡，土地榛芜，无主之田很多，所以推行这些制度，并不感到困难。但是，晋、魏、唐在大乱以后，要整顿一切，便非谋赋税的收入不可。因此，这种制度的实施，或者就是由于一种租税政策。晋代定立占田制度之后，不多时天下又是大乱，故此种制度是否曾经推行，还是疑问。后魏的均田制度，虽推行于北方一带，但到北周的时候，却除掉年征粟五斛、绢一匹、绵八两不计外，还有所谓入门税、入市税以及盐池、盐井之禁，租税繁多，所以虽有意限制“豪强兼并”，可是农民实际上的负担，反倒加重了。至于唐代的班田制度，到唐代中叶，就完全绝迹了。因为唐代中叶，所谓节度使，便是封疆天子，手握土地、兵马、财赋、行政的大权，俨然一个独立的国家；在这样的封建社会之下，土地的兼并，已成必然的事实，而要想推行班田制度，岂不是空话？并且，唐代的班田制度及租庸调制之推行，是和户口的数目有密切关系的，如果户口不准确，则不但无法授田，并且无法征税。在班田制度开始推行的时候，每三年必造乡账——户籍，每一年必造计账——赋课的账簿；然至安、史乱后，版籍荡然，而因战事所生的烦苛的赋役，又使人民相率逃徙，于是赋敛无定则，而租庸调制也就行不通了①。在这样的情形之下，才发生杨炎的两税法。其法：夏输无过六月，秋输无过十一月，“户无主客，以见居为簿，人无丁中，以贫富为差”。这种以人的贫富，定税额的多少，确实是救济当时的良法。但是，人的贫富，不易测定，所以推行的时候，也要发生许多弊病，陆贽所说“两税以资产为宗，少者税轻，多者税重，然而有藏于襟怀囊箧，物贵而人莫能窥；有场圃囷仓，物轻而众以为富；有流通蕃息之货，数少而日收其赢；有庐舍器用，价高而终岁寡利，计估算缗，失平长伪”，便是指这一点而言。不过杨炎的两税法，很为简易，所以宋、元、明、清都沿用此法，没有重大的改变。

四、土地问题的紧迫与孙中山的平均地权说

自唐中叶班田制度破坏以后，中经宋、元、明、清以至民国，千余

---

① 《文献通考》上说：“中叶以后，法制隳弛，田亩之在人者，不能禁其卖易；官授田之法尽废；则向之所谓输庸调者，多无田之人矣；乃欲按籍而征之，令其与富豪兼并者，一律出赋，可乎?”这便是说班田制度已坏，结果，人民不仅不曾得到人人有田之益，反要担负无田而须纳税之苦。

年间，除对于农民痛苦略有解除，对于田赋制度略有改进①外，至对于土地问题，则均取放任政策，谈不到调剂均平这一步。然而，因生齿日繁，谋活不易，而酿成的千余年间屡次的农民骚动，却正是由于土地问题不曾得到究极的解决之结果。而百余年来，缘于资本帝国主义之侵略而暴发的农村经济的破产，又更使土地问题益加紧迫起来。据日本人1917年的统计，则中国尚为小农制度，如下表所示：

所有面积	户数
十亩未满	17 805 125
十亩以上	13 248 473
二十亩以上	10 122 214
五十亩以上	5 348 314
百亩以上	2 835 464
合计	49 399 590②

但是，因为兵祸天灾的影响与生活的不易，便有大多数的小农出卖田地变为佃农或工钱劳动者的趋势，结果就是土地集中，如下表所示：

	1917年	1918年	1919年
十亩以下户数	17 805 125	17 914 231	11 829 123
十亩以上户数	13 248 473	11 303 570	8 281 187
二十亩以上户数	10 122 214	6 712 366	4 959 899
五十亩以上户数	5 384 314	4 137 136	3 022 101
百亩以上户数	2 835 464	2 273 355	11 456 219
共计	49 399 590③	42 345 658④	39 548 529

① 从来都有力役之征，自宋代王安石行免役法，人民才解除为国家服力役的义务。又，明代神宗时行一条鞭法，总括一州县的赋役，量地计丁，凡地丁之赋及其他杂项支纳，总括为一，叫做一条鞭，都是计亩征银，由官代办，不必分缴粟米、绢布等物——这可以叫做田赋制度的一种改进。清代乾隆时，将丁税合地税为一，称为地丁，所以今日的田赋，就只计田收租，而丁税、户税，则已免除。

② 疑有误，但原文如此。

③ 疑有误，但原文如此。

④ 疑有误，但原文如此。

更据最近调查，中国约有农民三亿三千六百余万人，然此三亿三千六百余万人中，其有土地的农民，却只占全农民人数的百分之四十五，如下表所示：

	亩数	人数	占有土地
小农	一亩至十亩	44%	6%
中农	十亩至三十亩	24%	13%
富农	三十亩至五十亩	16%	17%
小地主	五十亩至百亩	9%	19%
大地主	百亩以上	5%	43%

（表中人数、土地百分数之和均为98%，尚有2%为何则不明。——编选者注）

但是，简直没有土地的，却占全农民人数的百分之五十五；再加上小农，则现在需要土地的农民，就占全农民人数的百分之七十五了①。

由上所述看来，可知土地问题，已到严重的地步，而必得予以最后的解决。孙中山看到这一点，所以力倡“平均地权”“耕者有其田”之说②。

① 据表，则与行文中数据无法对应，疑是数据有误，抑或算法不甚明了。——编选者注

② 参看熊得山著《中国社会史研究》。

第四章　农业经济下的民生

一、奴隶制国家下的民生

在氏族社会中，其根本精神，就是氏族联带的公产制。当时的一个社会，和现在的一个家庭一样，都是“各尽所能，各取所需”，决不容许财产私有。《礼运》上说：“大道之行也，天下为公，选贤任能，讲信修睦，故人不独亲其亲，不独子其子，使老有所终，壮有所用，幼有所长，鳏寡孤独废疾者皆有所养。男有分，女有归。货恶其弃于地也不必藏于己，力恶其不出于身也不必为己。是故谋闭而不兴，盗窃乱贼而不作，故外户而不闭，是谓大同。”① 这虽是孔子缅怀所谓“大同”生活的说法，其实，氏族社会下的生活，从大体上说，却是这个样子。

但是，自从产业发达，氏族公产制——财产公有——就不得不崩坏，其结果：就是私有财产之确立与奴隶制国家之形成。大约，中国在夏、商时代，这种奴隶制的国家，即已完成②。等到奴隶制的国家

① 《礼运》中这几句话，是否为孔子所说，尚是疑问；但是，就大体上说，这几句话却道破了氏族社会的秘密。其详，可参看郭沫若著《中国古代社会研究》第278～279页。

② 据郭沫若著《中国古代社会研究》，则西周以前，都属于氏族社会，西周时代属于奴隶制的国家；但郭氏此说，尚在研究的途中，并未成为定论，所以本书依旧采用一般人的见解，即认为夏、商时代属于奴隶制的国家，周代属于封建制的国家。

形成以后，于是氏族的族长就成为君主，氏族社会的社会成员就成为奴隶，而全社会因之分成贵族与奴隶的两大阶级。这时的奴隶，便是贵族的榨取对象，试看《禹贡》一书①，近于王畿的地方则贡农产物，其他远于王畿的地方则贡方物，这不明明是贵族榨取奴隶的办法么？由此看来，后儒赞美夏、商为治化之极的盛世，便似乎是欺人之谈。

二、封建制度确立以后的民生

自周代封建制度确立以后，身份的阶级，就愈加显明：在政治方面，便有官僚与人民；在农业方面，便有地主与农民；在商业方面，便有师傅与徒弟。在这样阶级对立的时候，站在被压迫一面的，当然是苦不堪言。试看《诗经·魏风·伐檀》所谓“坎坎伐檀兮，置之河之干兮。河水清且涟猗。不稼不穑，胡取禾三百廛兮？不狩不猎，胡瞻尔庭有县貆兮？彼君子兮，不素餐兮！”便是当时被压迫者为压迫者所榨取的一种活跃的写照。

秦废封建为郡县，论理，封建制的社会结构，应当在秦代告终；但是，事实上，我国的社会结构，却依然不曾脱离封建制②。不仅如此，并且，从春秋时代以来，富人阶级即已抬头③，而土地亦渐趋集中。秦始皇统一六国以后，便和富人及大地主勾结，用以剥削农民，去巩固自

① 《禹贡》的本身之真假，很成问题；但是，在奴隶制的国家中，奴隶确是贵族的榨取对象。

② 秦废封建为郡县，一般史家就认定这是封建制度的终结，其实，这完全是一种错误的见解。汉代的诸王，唐代的藩镇，明末的三藩，清代的督抚，民国的督军，都总民政财政于一身，难道说这就不是封建制的表现吗？

③ 如猗顿之以盬盐，郭纵之以冶铁，都起自氓庶与王者埒富。又如弦高，竟以商人而干预军国大事。

己的地位。然而，农民受不起这种剥削与压迫①，所以就爆发了陈胜辈所领导的农民反秦运动。

到了汉代，大地主与富人的地位，益加重大，同时，农民的生活，就日加困迫。《汉书·食货志》晁错所说“今农夫五口之家，其服役者不下二人，其能耕者不过百亩，百亩之收不过百石。春耕，夏耘，秋获，冬藏；伐薪樵，治官府，给徭役；春不得避风尘，夏不得避暑热，秋不得避阴雨，冬不得避寒冻；四时之间，亡日休息；又私自送往迎来，吊死问疾，养孤长幼在其中。勤苦如此，尚复被水旱之灾，急政暴虐，赋敛不时，朝令而暮改；当其有者，半贾而卖；亡者取倍称之息；于是有卖田宅，鬻子孙，以偿债者矣。而商贾大者积贮倍息，小者坐列贩卖；操其奇赢，日游都市；乘上之急，所卖必倍。故其男不耕耘，女不蚕织；衣必文采，食必粱肉；亡农夫之苦，有阡陌之得；因其富厚，交通王侯，力过吏势，以利相倾；千里游敖，冠盖相望；乘坚策肥，履丝曳缟；此商人所以兼并农人，农人所以流亡也”。——这不明明是大地主富人勾结王侯来剥削农民的情形么？生计的困迫既如此，但是，生活的出路，又是什么呢？据《史记·货殖列传》上所说，便是这样的：“故壮士在军，攻城先登，陷阵却敌，斩将搴旗，前蒙矢石，不避汤火之难者，为重赏使也。其在闾巷少年，攻剽椎埋，劫人作奸，掘冢铸

① 如乌氏倮，以畜牧起家，“秦始皇帝令倮比封君，以时与列臣朝请”。又如巴寡妇清，擅丹穴之利，“秦始皇以为贞妇而客之，为筑女怀清台”。——均见《史记·货殖列传》。他如徙天下富豪十二万户于咸阳——当时的京师。这些，都是始皇勾结地主与富豪以剥削农民的把戏。（不错，始皇之所以对待他们如此优渥，从他方面说，也为的是怕他们据地称雄，不服正朔。）《史记·秦始皇本纪》上说：“三十二年……始皇乃使将军蒙恬发兵三十万人北击胡，略取河南地。……三十三年，发诸尝逋亡人、赘婿、贾人，略取陆梁地。……三十五年……隐宫徒刑者七十余万人，乃分作阿房宫，或作骊山。……二世皇帝元年……复作阿房宫……尽征其材士五万人为屯卫咸阳，令教射狗马禽兽。当食者多，度不足，下调郡县转输菽粟刍藁，皆令自赍粮食，咸阳三百里内不得食其谷。用法益深刻。七月，戍卒陈胜等反故荆地……山东郡县少年苦秦吏，皆杀其守尉令丞反，以应陈涉……不可胜数也。”由这段看来，便知道当时失业者之从军与充戍卒的人数之多，所以等到压迫到极点而秦政解纽时，就揭竿而起以反秦了。

币，任侠并兼，借交报仇，篡逐幽隐，不避法禁，走死地如骛者，其实皆为财用耳。今夫赵女郑姬，设形容，揳鸣琴，揄长袂，蹑利屣，目挑心招，出不远千里，不择老少者，奔富厚也。游闲公子，饰冠剑，连车骑，亦为富贵容也。弋射渔猎，犯晨夜，冒霜雪，驰坑谷，不避猛兽之害，为得味也。博戏驰逐，斗鸡走狗，作色相矜，必争胜者，重失负也。医方诸食技术之人，焦神极能，为重糈也。吏士舞文弄法，刻章伪书，不避刀锯之诛者，没于赂遗也。农工商贾畜长，固求富益货也。此有智尽能索耳，终不余力而让财矣。"读了司马迁这段话，便知道因为当日兼并的炽烈，就产生出无田可耕无业可执的失业者，这些失业者为着要穿衣吃饭，才不得不去替统治阶级冒矢石，到了没有兵当的时候，便顾不到法禁，而不得不去做土匪；妇女们没有饭吃，就不得不去卖淫，又哪能顾及贞节与廉耻？替公家服务的人，眼见得人家"累巨万"，"衣必文采，食必粱肉"，又哪能顾及科禁，而不去贪赃枉法呢？民生的困迫，到了这种地步，所以只要机会一到，就群起骚动：或者利用统治阶级纲纪解纽的时候，例如赤眉绿林的起兵；或者利用饥荒为导火线，例如黄巾的起兵①。不过农民每一次的骚动，都为狡黠者所利用，立刻变成一种新的支配阶级②。因此，朝代只管改变，而封建制度的经济组织与政治组织，却依然无恙，结果，被压迫的被剥削的，仍旧是农民。总括一句：从秦、汉起直到清亡前止，中国的民乱——农民的骚动——

---

① 《后汉书·五行志》载：建宁四年（公元 171 年）三月，大疫。熹平元年（公元 172 年）六月，大水。熹平二年春正月，大疫。熹平四年夏四月，大水；六月，螟。熹平六年夏四月，大旱，蝗。光和二年（公元 179 年）春，大疫。光和五年春二月，大疫。光和六年夏，大旱。中和元年（公元 184 年）春二月，黄巾贼张角等起义。又《桓帝纪》载：元嘉元年（公元 151 年）夏四月，京师旱；任城梁国饥民相食。永兴元年（公元 153 年）秋七月，郡国三十二蝗，河水溢；百姓饥穷，流亡道路，至有数十万户，冀州尤甚。永寿元年（公元 155 年）春二月，司隶冀州饥，人相食。又《灵帝纪》载：建宁三年（公元 170 年）春三月，河内人妇相食，河南人夫相食。这些都是"黄巾贼"造反的导火线。

② 因为经济组织是封建制的，而市民阶级不曾建立起来，所以变来变去，自秦以来，依旧是代表大地主的利益的做了支配阶级。

都无不是由这样而起的，也无不是由这样而终的①。因此，封建制度的经济组织与政治组织，如果不根本推翻，则民生问题，永无解决之可能。

三、国际资本主义侵略以来的民生

近百年来，因国际资本主义的侵略，震撼了中国全部的社会组织，它首先以粗制工业与纤维工业，侵蚀农村的纺织业与家庭手工业；其次，以精制工业与重工业，使中国急速地殖民地化。农村的经济，受着这样的侵蚀，于是纺织业与家庭手工业就迅速地崩坏起来，同时，被迫而为佃农与雇农的人就日益加多，土地问题随而严重。其次，因中国的殖民地化，更使失业的农民，成为国际资本主义的劳动者，由是，中国全体农民的生活，直接间接都操诸国际资本主义的掌握中。但是，因为封建制所加于农民的剥削，不特较以前没有减轻，而且更要加重，所以农民就处于两重压迫之下：即外受国际帝国主义的侵略，内受封建制的代表土、劣、贪、污的榨取。农民的生活，既处在夹攻之中，于是在北方就爆发为原始的反帝国主义之义和团运动，在南方就爆发为洪秀全所领导的太平天国革命运动②。直到现在，要谋民生问题的解决，依旧是：对外要打倒国际资本帝国主义，对内要铲除封建势力。

① 唐末的黄巢“作乱”，便是由于“赋敛愈急，百姓困穷”而来；元末的韩林儿等“作乱”，便是由于“横征暴敛”……而来；明末张献忠、李自成“作乱”，便是由于饥馑而来，而“骤增田赋”，却益加使流寇得势。总之，民生困迫，就要铤而走险，以上所举，不过是其荦荦大者而已。又民生困迫，势必失业者多，失业者多，就会“借交报仇，篡逐幽隐，不避法禁”，就会歃血为盟结拜兄弟，就会假托神教惑众倡乱。清代政府看到这一点，所以保甲门牌上，就列有“立会烧香，立有教会名目，妄言祸福，聚众敛钱者治罪”，“结拜兄弟歃血为盟者治罪”两条禁章。

② 洪秀全定都金陵以后，就规定：土地田亩，不许私有，金钱不许私藏，藏银十两、金一两者，为私藏犯法。所以，他在当时，对于土地问题与民生问题之关系，有深切的了解。

第五章 商业 货币 杂税

一、商业的发生

《易经·系辞传》上说："包牺氏没，神农氏作，……日中为市，致天下之民，聚天下之货，交易而退，各得其所。"这几句话，似乎是指中国商业之始而言。拿社会进化史的眼光来看，则商业的发生，大约在由渔猎生活推移到游牧生活的时候。因为在这个过渡时候，由于生产方法的各异，就发生物品有无的区别：渔猎部落，有的是鱼类及野物，无的是牛羊；游牧部落，有的是牛羊，无的是鱼类及野物。由于物品有有无的区别，才各各发生"以其所有易其所无"的需要。在这种"以物易物"的当儿，商业就发生了。

进而，从文字学上的研究，也足以证明这个说法。古代原始的货币，是贝类，故凡财、货、买（買）、卖（賣）、贡、贿、赂、贷、贳、贾、赋诸字，都从贝，钟鼎文中记"王锡贝"者很多。贝是产于水滨之物，因此，可以推想：原始的货币之发明，是由于渔猎部落。渔猎部落所富有的是贝类、鱼类以及野物，但所缺少的却是游牧部落所富有的牛、牛皮、牛奶以及牛身上的一切有用物品。故此，牛就成为一切物品代表，所以物字从牛。由这种文字学上的研究，我们可以推想：大约渔猎部落，以其所富有的贝类，去掉（调）换游牧部落所富有的牛，便是交易——商业——之始①。

但有一点要注意，即是在这个过渡时候，并无所谓商人阶级来从事“懋迁有无”的买卖。商人阶级的发生，是要在社会的分业已经专门化的时候。

二、商业的发达

商业的发达，是以农业与手工业的发达为前提条件的。因为农业与手工业的发达，才会促成社会分业的专门化；分业到达专门化的地步，彼此交易的事件，才会纷繁；交易愈纷繁，则素来的“以其所有易其所无”的直接交易，就应付不来。在这个当儿，便需要一种人，站在生产者与消费者的中间，来担负交易的工作——这种人，就叫做商人。有了商人这个居间的阶级，商业才会发达起来。

第三章说过，农业的发达，是在周代；同时，又可以推定：手工业的发达，也是在周代。关于这个推定的证明，且待第六章来说。周代的农业与手工业既已发达，则社会的分业就必然到达了专门化的地步。文王在程，作《程典》以告周民，他说：“士大夫不杂于工商。商不厚，工不巧，农不力，不可以成治；士之子不知义，不可以长幼；工不族居，不可以给官；族不乡别，不可以入惠；族居乡别，业分而专：然后可以成治。经国大猷，无过于此矣。”后文王在鄗，作《文传》，以训武王，也说：“山林以遂其材，工匠以为其器，百物以平其利，商贾以通其货，工不失其务，农不失其时，是为和德。”《管子·小匡篇》上也说：“士农工商四者，国之石民也；不可使杂处；杂处则其言哤，其事乱；是故圣王之处士必于闲燕，处农必就田野，处工必就官府，处商必就市井。”由这些话看来，就很可以证明：社会的分业，在周代已到达专门化的地步。根据这一点，所以断定：商业的发达，

① 参看郭沫若著《中国古代社会研究》。

是在周代。

周代商业既已发达，于是基于事实上的需要，就发生主持商政的官吏，《周官》中有司市之官，掌市的治教、政行，以禁止华靡的物品，杜绝诈伪的风气；又有肆长之官，以监督陈列的货物，不许有美恶混淆之弊；又有贾师之官，以厘定货物的价值，使无贵贱不清之弊。对于买卖的物品，更有种种的限制，《礼记·王制》上说："有圭璧金璋，不鬻于市。命服命车，不鬻于市。宗庙之器，不鬻于市。牺牲不鬻于市。布帛精粗不中数，幅广狭不中量，不鬻于市。奸色乱正色，不鬻于市。锦文珠玉成器，不鬻于市。衣服饮食，不鬻于市。五谷不时，果实未熟，不鬻于市。木不中伐，不鬻于市。禽兽鱼鳖不中杀，不鬻于市。"以上这些限制，都是有用意的：或者为的是维系社会的阶级身份，或者为的是维系社会上的秩序与风俗，或者为的是保证人民的健康。至于市，则有大市朝市夕市之别：大市以百族为主，行于日昃；朝市以商贾为主，行于早晨；夕市以贩夫贩妇为主，行于晚间。此外更有旅商，周游各处，以从事买卖。规划精详到这个地步，自然是要在商业发达的时候才会有的。

商业既已发达，则由商业而获巨富的人，在社会上自必取得重要的地位。《诗经·小雅·十月之交》说："择三有事，亶侯多藏。"——这便是说，有钱的人，也能够做官。但是，当时做官的人，无不出身世家贵族，现在既缘于金钱的力量，素不见重于社会的人，也可以做官，自然，在这种情势之下，一方面要惹起贵族怀恨富人①，他方面贵族目击着钱能通神，也就顾不到原来的世家身份，而要起来经营商业了。所以《诗经·大雅·瞻卬》上说："如贾三倍，君子是识。"以上还是春秋时代以前的事。春秋中叶以后，郑国商人弦高，却能拿他的货品以纾国难，在政治舞台上，表现他的力量；并且郑的国君，还要和商人

① 《诗经·正月》所谓："佌佌彼有屋，蔌蔌方有谷，民今之无禄，天夭是椓。哿矣富人，哀此惸独！"便是当时对富人诉不平的表现。

订盟誓①。像这样的事实，不明明确证了商人在社会所取得的重要地位么？

三、商业资本何以不曾代替土地资本——重农抑商的政策

到了战国时代，商业更加发达，各国的大都会，都成为商业的中心②。在这个时候，商业资本益形重要，如猗顿以贩盐起家，郭纵以冶铁为业，都无不与王侯埒富，至于魏国的白圭，却更以商人而兼政治家。《史记·苏秦列传》上说："周人之俗，治产业，力工商，逐什二以为务。"《史记·游侠列传》上说："周人以商贾为资。"《史记·货殖列传》上说："鲁俗好儒，及其衰，好贾趋利，甚于周人。"《汉书·地理志》上说："周人之失，巧伪趋利，贵财贱义，贵富下贫，喜为商贾，不好仕宦。"由这几段话看来，足见当时经商的风气是很厉害的。但是，商业资本既生出这样重大的效力，却为什么不能代替土地资本，而走入另一个阶段即中国的产业革命上面去呢？关于这个问题的解答，且待讲完重农抑商的政策之后再说。

重农抑商政策的首倡者，大约就是秦国的商鞅。《通典·食货·田制》上说："秦孝公用商鞅，制辕田，开阡陌。鞅以三晋地狭人贫，秦地广人寡，故草不尽垦，地利不尽出；于是诱三晋之人，利其田宅，复三代，无知兵事，而务本于内……任其所耕，不限多少，数年之间，国富兵强。"由这段话看来，便可以知道商鞅重农抑商政策之所自来。所

① 《左传》昭十六年载子产对韩宣子说："昔我先君桓公，与商人皆出自周。庸次比耦，以艾杀此地，斩之蓬蒿藜藿，而共处之。世有盟誓，以相信也，曰：尔无我叛，我无强贾，毋或匄夺。尔有利市宝贿，我勿与知。"

② 秦的咸阳、齐的临淄、赵的邯郸、魏的大梁，都是当时的大都会。《战国策》记苏秦说："临淄七万户，车毂击，人肩摩，连衽成帷，举袂成幕，挥汗成雨。"虽很铺张，但亦足以见到当时都会繁昌的大概。

以《史记·商君列传》说："大小勠力本业耕织，致粟帛多者，复其身；事末利及怠而贫者，举以为收孥。"① 到了汉代，商人阶级的气焰，更有不可一世之概②。所以汉高祖既定天下之后，就令"贾人不得衣丝乘车，又重租税以困辱之"；惠帝则令"市井子孙，不得仕宦为吏"；至于武帝，却更用盐铁榷酤之法，王莽则设六筦之令③以实现国家专卖政策，而防止商人的垄断。自此以后，抑商政策，几乎代代皆有，如晋代政府"欲使力农，故重征商税"，隋高祖禁工商不得仕进，唐高祖定工商杂类与于仕伍，明代更颁布贱商之令④，清代则以重税病商——凡此，都是一脉相承的重农抑商政策。

重农抑商政策，就是代表土地资本的统治阶级，用以维持封建势力的唯一方法。中国历史，自秦汉以至民国成立，其间每当更迭朝代的时候，便有所谓"群雄并起"，这种"群雄"，就是封建的割据之代表人物，他们都是些狡黠者，利用朝代更迭人民骚动的时机，来攫取统治阶级的地位，以保持地主阶级宰割天下的局势。所以朝代只管更迭，却依旧不曾脱离封建社会，而走入另一个阶段上面去。但是，为什么不能脱离封建社会呢？最简单的答案，就是：因为中国的产业没有发达⑤。产业没有发达，所以即令有势力雄厚的商业资本，其力量也只足以摇动封建社会的秩序⑥，却不能代替土地资本，而使中国的经济结构与社会结

---

① 但自吕不韦以阳翟大贾相秦以后，又力主重商主义。

② 参看第四章第二节晁错所说的话。

③ 盐铁之法——汉初，人民可以自鬻盐铁。武帝时，用孔仅做大农丞，使领盐铁事，收盐铁入官。禁止人民私铸铁器鬻盐。榷酤之法——酒由官酤酿，人民不复得酤。六筦之令——一为盐，二为酒，三为铁，四为名山大川，五为均赊贷，六为铜冶，每一筦，申明科禁，犯者罪至死。

④ 《农政全书》上说："太祖加意重本折末，令农民之家，许穿䌷纱绢布；商贾之家，只许穿布。农民之家，但有一人为商贾者，亦不许穿䌷纱。"

⑤ 中国产业不发达的原因：第一由于地域广阔，东西横亘山脉过多，交通不便；第二由于北方民族长时间的侵入与入主中原，阻碍中国的进化；第三由于地主阶级的掌握政权，力倡重农尊孔。

⑥ 春秋时代，因富人阶级的兴起，贵族的地位，即已发生动摇。到了以后，贵族阶级就趋于倾坏，所以《诗经》说："式微！式微！胡不归？微君之躬，胡为乎泥中？""琐兮尾兮，流离之子！叔兮伯兮，褎如充耳！"便是亡国的诸侯卿大夫，有时连奴隶都比不上了——这就是商业资本动摇封建社会的秩序之明证。

构走到另一个阶段上面去。一部二十四史的政权推移，翻来覆去，都不能跳出封建社会的圈子外面，其根本原因，即在于此。

四、中西通商之始及其发达

汉武帝武功极盛，自通西域以后，遂有与外国通商之事，然当时尚局限于亚洲方面。桓帝时，大秦（即罗马）王安敦（Marcus Aurelius Antoninus）遣使经印度洋及日南（即安南），献象牙犀角玳瑁于汉，以求缉布，是为中西通商之始，时在公元 166 年。汉代以后，中西交通不振，但与西域诸国的通商，则经南北朝至隋，还没有中断。隋时，武威、张掖这些地方，便是中西互市的集合点。唐代，因武威的结果，中西的通商就盛极一时了，兹分述如下：

（一）陆路的通商——唐置安西都护府于焉耆，中亚细亚及天山以南的商途就因此开辟了。西域诸国来中国营商者日多，而华商到波斯、印度者也日益增加。当时精于商务的犹太人，就乘机勃起，西至欧、非，东至印度、中国，商权都归他们掌握。他们或从红海经印度洋来中国南海，或从地中海东岸经天山南路而至中国长安。及大食国兴，亚拉伯（今译阿拉伯）人才代犹太人掌握商权。

（二）海路的通商——唐置安南都护府于交州，由是我国商途对西方作积极的进行：或经锡兰沿西印度海岸而入波斯湾，或沿亚拉伯海岸而至红海湾口的亚丁。当时锡兰岛为世界通商的中心地，中国人、印度人、马来人、波斯人、犹太人都集聚此岛，以经营商务。及大食国隆盛，西亚与北非诸沿海港湾及印度河口相继为它所有，更进而东向，经南洋诸国，以与中国通商；中国旧日在亚洲全境的航海权，遂为亚拉伯人所夺。到武后时，亚拉伯人之到广州、泉州、杭州诸港通商者，均以数万计。唐因设提举市舶司，征收海关诸税。

又当时与日本交通也很频繁，自隋至唐，日本累遣子弟来中土入学，中国文化由是大被东岛。

宋代海外贸易的中心地为杭州、庆元（即宁波）、泉州，都置有提举市舶使，征收海关诸税。当时海关税率为十分之一，香料及宝货两种，则由官收买，更由官卖出。凡往海外经商者，必赴两浙市舶司领官券，如有违误，则没收其货。至于极东海上贸易地的枢核，便是三佛齐（即今苏门答腊岛的拔莲般），其时三佛齐与泉州之间，每年有两次定期航海，商务之盛，由此可以推想。又今菲律宾群岛之一部分，因当时中国商人的从事海上贸易，就业已为中国人所知，据此，则麦哲伦之发见是岛，当后于中国人五百年。

蒙古勃兴以来，于欧亚两洲建立空前的大帝国，许多割据的小国，都为它所并吞，交通往来，乃得自由；加以基于政治与军事上的目的，又新开官道，设驿站，商旅来往，因之无所阻碍；故元代东西交通很为频繁。当时陆路都启程于西亚细亚及欧洲，一经中央亚细亚天山南路，一经西伯利亚南部与天山北路，以达到喀喇和林与燕京。海路则启程于波斯、印度的海岸，经印度洋、中国海而到达泉州、杭州诸港。而泉州一地，在是时实为世界第一的贸易港，亚拉伯人、波斯人来此地者很多。其时东西交通既很频繁，西洋学术遂渐次流布中土，而中国的罗盘针与活版术，或许亦于此时传入欧洲，是为中西文化的交流。又当时，意大利人马可·波罗（Marco Polo）仕于元室，逗留中国共十七年，归著《马可·波罗游记》，欧人读之，遂启东渐的野心。

明代和唐、宋一样，也于宁波、泉州、广州设提举市舶司。但是，南洋诸岛，却因郑和的下西洋——出使前后计七次，共二十五年——来归复中国的，便有三十余国。南海贸易由是特盛。在这样交通频繁的时候，中国人到南洋去经商做工的，一定很多。时日既久，就渐次养成一种势力，如《明史》所载：吕宋的潘和五、婆罗的王、爪哇新村的村主、三佛齐的梁道明、陈祖义，竟借着这种势力，做了海外的“蛮夷大长”，而为今日闽粤人经营南洋者种下深固的基础。不幸，这种殖民，内无政府的保护，外受列强的高压，所以没有飞跃的进展。

以上所述，可以划为一个时期，因为自明代中叶以后，缘于新航路的发现，全世界就别开了一个新局面。

五、东西新航路的发现

《马可·波罗游记》广播于欧洲以后，欧人东来者益众，然而自土耳其人陷君士坦丁堡以后，地中海航路，因而不通①，故欧人欲谋到达东方，就不能不另辟新航路。兹分述其重要事实如次：

（一）印度新航路的发现——1486年，葡萄牙政府命的雅慈（Bartholomeu Diaz）航行非洲，至其南端，名曰好望角。1497年，华斯哥加马（Vasco da Gama）奉命探印度，由好望角，经莫三鼻给、墨林达，驶至印度西南岸的加利库特（Calicut），印度新航路由是被发现。

（二）麦哲伦的环游地球一周——1519年，葡萄牙人麦哲伦（Magellan），奉西班牙王命，西航大西洋，过南美麦哲伦海峡，入太平洋，1521年发现菲律宾群岛，旋为土人所杀。1522年，其从者西航归本国。地为球状，至是才得证明。

东西新航路被发现以后，葡萄牙人遂由印度新航路以到达东方，西班牙人则循麦哲伦所走之路以到达东方，荷兰人及英国人继之而起，由是世界局面为之一新，而中国遂渐次成为国际贸易的角逐场。

六、国际资本主义侵入以后的商业

自明季欧人东渐以来，葡萄牙人就首先租借澳门，以作东方海上贸易的根据地。以后西班牙人、荷兰人、英国人相继东来。清初，专持闭关主义，到康熙二十四年（公元1685年），才开放海禁，于澳门、漳

① 以前欧人东来，都是由地中海，至君士坦丁堡上岸，再取陆程。

州、定海、云台山四处，设立税关。以后，又只留澳门一处，为外人通商之所，其他三处则一概停罢，同时对于外商，又加以种种制限①。但欧人因资本主义的发达，急欲寻找市场，而唯一的良好市场，又只有中国，所以当时虽受种种限制，却始终不能忘怀于这块良好的市场。

果然，中国自鸦片战争（1840—1842 年）失败以后，于是不平等条约就束缚着中国，而国际资本主义，却挟其倾山倒海的力量，来侵略中国。第一，中国因条约的制限，关税不能自主，于是外货充溢各地，以排斥国货。第二，列强根据条约，有在中国租借土地之权，于是列强就在中国建立工场，以中国的原料，用中国的劳力，制成商品，转售于中国人。结果，中国的手工业破产，而所谓商业，就无异乎是替列强做中介人。中国的商业，到了这个地步，就等于破产。今以清季十年内的海关贸易册比较如下，就可以看到这种破产的趋势。

年份	洋货进口（以银两为单位）	土货出口（以银两为单位）
光绪二十八年（1902 年）	315 383 905	214 081 584
光绪二十九年（1903 年）	326 739 133	214 352 467
光绪三十年（1904 年）	341 060 608	239 486 683
光绪三十一年（1905 年）	471 100 791	227 888 197
光绪三十二年（1906 年）	410 270 082	236 456 739
光绪三十三年（1907 年）	416 401 369	264 380 697
光绪三十四年（1908 年）	349 505 478	276 660 403
宣统元年（1909 年）	418 158 067	338 992 814
宣统二年（1910 年）	462 964 894	380 833 328
宣统三年（1911 年）	471 503 943	377 338 166

① 当时外人通商，最不自由，不仅不许他们直接和人民通商，而且不许和普通商人通商。一切货物，都要卖给“公行”，再由公行卖给普通商人。此外更订有管束外商章程，规定：外国商人，除做买卖的时候，不许到广东；做买卖的期限，一年只有四十天，又定要住在公行所代备的商馆里面；住在商馆里面的外商，不得携带家眷；出外不得乘轿；要上禀帖，只能托公行代递，不准和官厅直接交涉。他如官吏征税的横暴，又益加使外商怀恨。其详，参看吕思勉著《白话本国史》。

以上所列，系清季十年中的情形，至于民国时代，则入超之数，更为可惊，兹表列如下：

年份	洋货进口净数（以银元为单位）	土货出口净数（以银元为单位）	入超数额
民元（1912年）	473 097 031	370 520 403	102 576 628
民二（1913年）	570 162 557	403 305 546	166 857 011
民三（1914年）	569 241 381	356 226 629	213 014 752
民四（1915年）	454 475 719	418 861 164	35 614 555
民五（1916年）	516 406 995	418 797 366	34 609 629
民六（1917年）	549 518 774	462 931 630	86 587 144
民七（1918年）	554 893 082	485 883 031	69 010 051
民八（1919年）	646 997 681	630 809 411	16 188 270
民九（1920年）	762 250 230	541 631 300	220 618 930
民十（1921年）	906 122 439	601 255 537	304 866 902
民十一（1922年）	945 049 650	654 891 933	190 157 717
民十二（1923年）	923 402 887	752 917 416	170 485 471
民十三（1924年）	1 018 210 677	771 784 468	246 426 209
民十四（1925年）	947 864 944	776 352 937	171 512 007
民十五（1926年）	1 224 221 253	864 249 771	359 926 482
民十六（1927年）	1 012 931 624	918 619 662	94 311 962

由上表看来，我国在国际贸易上，无年不是入超，而且入超之数，年年加大。自同治三年（1864年）起，六十余年间，海关表中，仅当年及同治末年以及光绪初年间为出超，其他五十余年，无一不是入超，计在过去六十年中，平均每年入超，约为一万万元，六十年合计，约五十余万万两。而且输出之货，多为原料品；输入之货，多为精制品，其损失之大，更无待说。中国的商业到了这个地步，不明明是破产么？所以欲谋中国商业的振兴，以抵制外货，自非取消不平等条约不可。

七、货币的发生及其沿革

相传黄帝范金为币，为中国货币之始，其实不然。《周礼·太宰》

郑司农注：“货，珠贝自然之物也。”《大行人》注：“货，龟贝也。”本章第一节中，也说到渔猎部落的原始货币就是贝。所以我们断定贝为货币之始，是极有根据的。至于范金为币，却是以后的事，后儒认定黄帝为中国开国之祖，故一切制作，都集中于黄帝一人，而所谓“黄帝范金为币”，也就是由这种心理推想出来的。

最初的货币是贝类，这已经是用不着怀疑的事情，后来或者由真贝而珧贝而骨贝而铜贝（即蚁鼻钱），或者又用布，所以《史记·平准书》上说：“虞、夏之币，金为三品：或黄，或白，或赤；或钱，或布，或龟贝。”但是，年代久远，当时制度的内容，已不可考，因此，《汉书·食货志》就说：“凡货，金钱布帛之用，夏、殷以前，其详靡记云。”

关于货币真具有一定的制度的，还要算周代，因为商业的发达，始于周代。《食货志》说：“太公为周立九府圜法。黄金方寸而重一斤；钱圜函方，轻重以铢；布帛广二寸为幅，长四丈为匹。”但是，我们征之殷墟上所发掘的东西以及周代的铜器文字，就知道贝货尚通行于殷代以至西周，根据这一点，西周时代是否通行铸造的货币，便依然是一个疑问①。

汉初铸荚钱。文帝时，荚钱多而轻，因又铸四铢钱，钱上面有“半两”二字，并许民间私铸，币制由是紊乱。武帝时，乃铸五铢钱，为汉代通行的货币。当时武帝因县官空虚，又以白鹿皮为皮币，值四十万，为后世商界行用纸币的先声；更造银锡白金，有龙文、马文、龟文白金三品，为后世商界行用银币的先声。王莽改制，作金、银、龟贝、钱布

① 梁启超《先秦政治思想史》上说：“近顷在彰德附近之古殷墟发见骨制之贝，人造货币现存者，当以此为最古。其后渐以铜仿制，俗所称蚁鼻钱，即铜贝也。是为金属货币之始。再进则以铜仿制为刀形为农器形。为刀形者，今钱谱家所谓刀币也；为农器形者，彼辈所称‘方足布’‘尖足布’等皆是。……‘钱’为小农器，如今之锄或铲，方尖足布即仿其式。……当人类发明用铜之后，社会最贵重者，即为铜制之刀及农具；常以他种实物如牲畜、谷米、布帛之类与之交换，其后渐用之为价值公准；于是仿其形而缩小之以为代表。则一定量金属货币之所由起也。刀及钱皆仿缩原物，而加上一环，穿孔以便贯串。用之既久，其公准为社会所公认，则并其刀与钱（农器）之原形而去之，仅留一圆环；其后更将环之内孔易圆为方……则后世制钱之所由成立也。”梁氏这一段话，可以说是货币演进史。

之品，叫做宝货，共五物（金、银、铜、龟、贝）六名（钱货、金货、银货、龟货、贝货、布货）二十八品（钱六品、金一品、银二品、龟四品、贝五品、布十品）。后因民间不通行，于是只以小钱值一，和大钱五十并行。

晋代用钱。但至南朝梁初，钱所通行的地方，仅限于三吴荆江湘梁益，其他各处，则以谷帛为交易媒介，武帝因之作五铢钱，彼又罢铜钱改铸铁钱，时私铸者多，价格无定。陈时用两柱钱鹅眼钱，而岭南诸州，尚以盐米布帛，代用货币。北朝，则后魏有永安五铢钱；北齐有常平五铢钱，但当时冀州之北，尚在以绢布代货币；北周所通用的钱币，则为后魏的五铢钱与五行大布钱等。

唐代最通行的，是高祖时所铸的开元钱。后来又有飞钱。玄宗时，令庄市交易，先用绢布、绫罗、丝绵等，但市价至一千以上的，可以钱物交用。以后，因钱的缺少，禁止持钱出关，并限制私人储钱的数目。结果：商人大困，而飞钱以起①。飞钱之法，即后世钞币的权舆。

宋、元、明三代，便是钞法盛行时代。宋代铜钱、铁钱并用，蜀人因铁钱太重，就私行发出一种纸币，叫做“交子”。每一交计钱一缗；每三年，将旧的收回，另发新的一次，叫做“一界”。后来主持其事的富户因为穷困下来，不能兑现，就弄到争讼屡起。于是转运使薛田，就请设“交子务”，来管理这种纸币，并改民间私发为官发。后来又改名“钱引”，其义和茶盐钞引相同，暂以代钱，实为兑现纸币。但是，因为滥发而无兑现准备的缘故，就弄到一缗只值钱十余文。南渡以后，也用交子，又有“会子”和“关子”，同样由于不兑现的缘故，以致价格低落。

元代钞法，不拿铜钱做标准，却拿丝与银做标准。世祖时，发行中统交钞九种——十文、二十文、三十文、五十文、一百文、二百文、三

---

① “商贾至京师，委钱诸道院及诸军诸使富豪家，以轻装趋四方，合券乃取之，名曰飞钱。”

百文、一贯（一千文）、二贯（二千文）——以丝为本位，即用丝钞一千两代银五十两。其价是：中统交钞一贯＝银$\frac{1}{2}$两＝金$\frac{1}{20}$两。

以后因物重钞轻，又有至元钞（至元钞一贯等于中统钞五贯）与至大银钞（至大银钞一两等于至元钞五贯）。但是因为滥发的缘故，结果也是钞价大落。

明太祖鉴于前代钞法的弊病，因停止交钞而铸洪武通宝。但是，一因需费太多，国家负担陡然加重；二因令民间输铜，民间深以为苦；三因商人嫌铜钱太重，不便携带；四因私铸铜钱者多，所以又用钞法，发行一百文、二百文、三百文、四百文、五百文、一贯六种，其价是：

钞一贯＝钱1 000＝银一两＝金$\frac{1}{4}$两。并令一百（文）以下用钱。后钞价跌落，至于只有千分之一二，结果：停止钞法，代之而起的，就是银两[①]。

清代自开国以来，历代都铸有铜钱，又许以银块当货币使用，故此，清代的货币，可以说是银铜并用。银块重量不一，成色不均，所以行使之时，每多不便。光绪时，因设厂铸银币，分一元、半元、二角、一角四种。后各省多开厂自铸，唯所铸银币，成色颇不一致，以致价格不等，行使不便。至于纸币，则多由商家私发，至光绪末年，因外国纸币充斥各地，始设立大清银行，发行纸币。

民国以来，关于币制，多仍清旧。但自军阀割据以来，币制愈不统一。军阀霸占一省，即擅自发行纸币，此种纸币，至多仅能通行于本省，而军阀一倒，纸币也就成为废纸了。同时，各省又私铸铜币，因所含铜质的多少，以致铜币价格亦不一致，有以银币一元可折铜元二千六百文者，有以银币一元可折铜元五千文者，更有十千文以上者。至于外

① 以银为本位铸造货币，是清末之事，而在明、清两代，银不外是用作为称量货币之物而已。至于外国银币——墨西哥银币——之输入，则始于明末，由西班牙人营商而携来的。

国纸币，则充斥各地，虽有本国银行与之竞争，然以外国银行资本雄厚，深得一般人民的信用，也就无法和它抗衡了。

总观以上所述，可知：（一）中国货币始终未跳出铜币时代，（二）最近三百年来，始进于铜银并用时代，故当今日全世界通行金本位之时，我国所受国际贸易的损失，极为重大。因此，今后的币制问题，就在于：（一）如何使全国币制归于划一，（二）如何由银本位制以进于金本位制。

八、杂税制度的沿革

我国税收，在唐以前，原以田赋为主；唐代以后，始认杂税为国家大宗收入。所谓杂税，就是指田赋以外的一切收入而言。依其性质，可分物税（盐税、酒税等）与商税（厘金、关税等）二种。上古时代，无所谓杂税；春秋以后，工商业发达，于是杂税始占重要地位。如管仲治齐，即着重盐铁政策，而以盐铁的收入，为国家收入的大宗①。到了汉武帝的时候，因东西征伐国用不给的缘故，于是有商贾之算、酒酤之榷诸种杂税，更置盐铁官以专卖盐铁②。

到了唐代，藩镇割据，地方赋收都不解送中央，所以杂税就成为国家收入的正宗。唐代杂税很多，兹将重要者分述如下：（一）盐税——汉代官盐之法，为隋初所废；至唐肃宗时，始征盐税。时第五琦做盐铁使，变盐法：于产盐各地，设立盐院，令民自煮盐，叫做盐户。盐户煮成以后，卖与大商人，再由大商人转卖各地，叫做“通商法”。政府则自大商人抽取盐税。唐代宗末年（公元 779 年），盐税为六百余万缗，占天下赋税的半数。五代以后，多仍唐制。元初更定引地的制度，于是食盐更有地域的制限，明、清以来，都沿用此法。（二）酒税——酒税

① 齐地临海，宜于工商，而不宜于农业，故其工商业很发达。

② 商贾之算，即“令诸贾人末作，各以其物自占，率缗钱二千为一算”。

自汉时即已有之，但不占国家收入的重要地位。唐代宗以后，课税于酒户，叫做“榷酤”，后此沿用，就成为定例了。宋代用官酿之法，置“务”以酿酒，但民间亦得私酿。官卖者，叫做榷酒；民卖者，叫做税酒。明代以后，则榷酒之制全废。（三）茶税——唐以前没有茶税，茶税实始于唐德宗时。唐文宗时，宰相王涯始变茶法：禁民栽茶制茶，将民间所植的茶树移到官场，官自焙制，卖与商人。宋代则采民制官卖政策，植茶的地方，叫做山场；采茶的人，叫做园户，都是由政府所特许的。所出的茶，除供租税外，都由官收买，再在各处立“榷货务”，转卖人民。商人要领茶售卖，则于京师榷货务纳钱，取得引卷，到政府所指定的地方领茶。元代，商人售茶，依旧要得到官厅许可，领取交引，但当时商人已直接向种茶者采买，却不按定规要由榷货务转买了。明、清以后，茶禁渐废，政府不外照值抽税而已。（四）矿税——唐、宋二代，凡取得采取矿产的特许者，叫做坑户，而受官厅监督。宋徽宗时，又仿照税盐之法，令官置炉冶，收铁给引，招人通商。元代以后，矿产的采取，都是官民并管，至于铸器物以及售卖，则皆任民自由，不受官厅限制。

唐代以后，除以上四种税收外，还有其他各种物税，如香料、矾、硝矿、木材等，均征收税课，并且宋代对于香料与矾两物，则收归官卖。然官卖之法，流弊很多，未能久行，所以至今只有盐依旧用通商之法，官督商卖，人民不得私售，其他则都已解禁。民国以来，烟酒二物，又行官卖之法，然实效甚少，而流弊反多。

元、明以后，官卖之法已不能维持，因此，商税代物税而起，成为国家收入的大宗，兹就其要者分述如下：（一）营业税——汉武帝时所行的商贾之算，即营业税的权舆。东晋时，凡货物田宅有文卷，率钱一万输值四百入官，卖者三百，买者一百。北魏时，凡入市者，人出一钱，叫做“市税”。凡此，都是属于营业税的税收。但自唐、宋以来，则征收特重，商人交易大约每千钱征收三十。民国以来，又有印花税，也是属于营业税的一种。（二）通行税——通行税大概始自唐末①。宋初，“过税”每千钱抽二十。南宋以后，国用日绌，对于过税，益加苛刻。明宣宗时，始置钞关与收钞官，在沿河交通便利的地方以及城门，置官监守，凡经过商人，均须照章纳税。通行税就从此加重了②。到了清代洪杨革命时，又有厘金，本说乱平之后，即行裁撤；其后借口地方善后，就此相沿不废。凡各省内地，均设关卡，商人经过，层层征税，商人由是大困。最近国民政府，始有裁厘之令。（三）海关税——唐、宋、明三代的市舶司所征收的税，就是今日的海关税，即专指对外贸易征收之税而言，清代自鸦片战争以后，外人根据中英《天津条约》，规定税务司由外人充任；税额，则洋货入口与土货出口，均值百抽五，叫做进出口正税；土货转运别口者，值百抽二点五，叫做复进口半税；洋货转运别口者，在三十六个月之内免税，过期依正税之额完纳，叫做复进口正税；外商运货入内地，以及洋商入内地购买土货，均值百抽二点五，叫做内地半税。像这样的税则，叫做协定税则，换句话说，就是我国无关税自主权。其有损于我国利益，自不待言。但国民政府，正努力于关税自主，如最近中、日关税协定，即已取得关税自主云。

① 五代后周太祖，曾令诸道州府，不得征收牛畜经过税，据此，则通行税至少是始于唐末。

② 宣宗时，因钞法不通，于各水陆冲衢，设关收钞，叫做钞关，其初本说钞法流通以后，即行停止，但后此却沿袭不废。

第六章 工 业

一、工业的发生

工业是生活的基础，因为生活的演进，全靠工业来做原动力。没有网罟，便无从渔猎；没有石头做的刀斧，就无法砍伐树木；没有耒耜，就无由耕种。这样看来，最粗笨的手工业——或者说是最粗笨的工艺，在渔猎部落中，早就发生了。《易经·系辞传》上说："庖牺氏……作结绳而为网罟，以佃以渔。……神农氏作，斫木为耜，揉木为耒……黄帝、尧、舜氏作……刳木为舟，剡木为楫；……断木为杵，掘地为臼；……弦木为弧，剡木为矢。"这里所谓网罟、耒耜、舟楫、杵臼、弧矢，便是我国最古而最粗笨的工业；但是，年代久远，已经不可详考了①。

古殷墟中所掘出的龟甲兽骨，总算是最可信的古代史料，由这种史料所得的研究的结果，是绝无错误的。据郭沫若《卜辞中之古代社会》的研究，证明了商代的工业，已经发展到了相当的程度；郭氏从便宜上把当时的工业分作四项：（一）食器——鼎、尊、敦、卣、盘、甗、壶、爵；（二）土木——宫、室、宅、家、牢、圂、舟、车；（三）纺织——

① 关于古代的工业，可参看郭沫若著《中国古代社会研究》第39～40页。

丝、帛、衣、裘、巾、幕、斿、旒；（四）武器——弓、矢、弹、箙、戈、钺、函、箙。郭氏接着说道："就这些文字上面已很可看出当时手工技术的盛况。特别是食器一项，那已经超过了粗制的土器和石器的时代，而进展到青铜器的时代了。……一方面青铜器虽已发达，而另一方面则石器骨器尚盛见使用，《殷墟古器物图录》中之各种石骨器即其铁证。而且尤可注意者则殷墟中无铁器的出现。……由此种种证据，可断然作一结论，便是殷墟时代还是考古学上所说的'金石并用时代'。"由上所述，便明证殷代的手工技术颇为发达；但是，因为在这个时代，社会的分业还没有专门化，换句话说，即是尚在自给自足的时代，唯其如此，所以工艺是人人所当为，并不曾成为独立的生活手段；最低限度，我们可以说：在这种奴隶制国家中，工艺便是奴隶童仆所专攻的，却没有成为一定的分业；工艺没有成为一定的分业，自然就够不上说工业的发达。

上面说过，社会的分业，到了周代，才进到专门化。在这样的时代，自足自给是办不到的。不错，在农业社会中，家庭手工业，占着重要地位，如《汉书·食货志》所谓"女修蚕绩，则五十可以衣帛"，便明证纺织在家庭手工业中的地位。但是，其他的工业，却不能由一个家庭负担起来，所以《考工记》上就有"凡攻木之工七，攻金之工六，攻皮之工五，设色之工五，刮摩之工五，抟埴之工二"。甚至蚕织，大约也逐渐地成为专业，试看《诗经·小雅·大东》所谓"小东大东，杼柚其空。纠纠葛屦，可以履霜？佻佻公子，行彼周行。既往既来，使我心疚"。《诗经·魏风·葛屦》所谓"纠纠葛屦，可以履霜？掺掺女手，可以缝裳？要之襋之，好人服之。好人提提，宛然左辟，佩其象揥。维是褊心，是以为刺"，以及《诗经·豳风·七月》所谓"七月流火，八月萑苇。蚕月条桑，取彼斧斨，以伐远扬，猗彼女桑。七月鸣鵙，八月载绩。载玄载黄，我朱孔阳，为公子裳"，多少就可以证明出来。到了春秋时代，铁的用途，业已由耕器推广到手工业上面去了①，于是工业就益加发达，而分业也益加专门化②。

二、手工业

中国的工业，几千年来，并未跳出手工业时代，在中国历史上，找不出工业革命——产业革命的事实来。这种现象的原因，在上面已经说过了③，现在只就二三项重要工业来说说。

瓷业——古代有陶器，只看“陶之得姓由于职业”可知。至于瓷，则始于唐代。《瓶花谱》云：“古无磁，瓶皆以铜为之，至唐始尚窑器。”到了宋代，瓷产渐广。宋有柴窑、定窑、汝窑、官窑、哥窑、龙泉窑、吉州窑等，产品都很精良；而尤以景德镇所产为最。到了明代，更有永乐、宣德二窑，制品亦精。

蚕丝——相传黄帝元妃嫘祖始教民育蚕，治丝以供衣服。《汉书·食货志》也说“女修蚕绩”，足见蚕丝发明最早。自此以后，历代对于蚕丝均很重视。今日的江、浙，即丝织物产额最多、产品最良的地方。

此外如铜器、铁器、漆器、玉器，则皆发明最早，而制品亦良。在海禁未开以前，这些工业，都占极重要的位置。但是，我们所最应注意的，就是这些工业，虽然相传数千年，经过无数的改良，可是都不曾脱离手工业时代，还是使用少数人力的小规模手工业，因为这个缘故，所以自受国际资本主义侵略以来，这些手工业就受不起狂浪的打击，而逐渐地破产了。

---

① 《管子·海王篇》上说：“今铁官之数曰：一女必有一针一刀……耕者必有一耒一耜一铫……行服连轺辇者必有一斤一锯一锥一凿。”便足以明证铁已使用到手工业方面。《管子》一书，固然不一定是管仲所作，但是，这部书总不失为齐国的国史。

② 《管子》上所谓“士之子恒为士，农之子恒为农，工之子恒为工，商之子恒为商”，便暗示着当时工商业的发达情形，因为如果工商业不发达，则社会的分业之专门化便不如是之严整。

③ 参看第一编第五章第三节第43页注⑤。

三、国际资本主义侵略之下的中国工业

中国工业，自受国际资本主义侵略以后，就发生两种现象：一为固有的手工业之破产，一为外铄的工业革命之发生。

中国固有的手工业，在生产方法上，在生产手段上，以及在生产额上，自然敌不住国际资本主义的机器工业，因此中国手工业的破产，乃是必然的结果。第五章里面，曾经说到自受国际资本主义侵略以后的中国商业，其中关于洋货入口超出土货出口一项的统计，即足以明示中国手工业破产的趋势。即如从来视为大宗输出商品的蚕丝，近年以来，因为外国人造丝的发达，也就宣告破产了。

近代中国的工业革命是外铄的，就性质上讲，是属于前资本主义的。自鸦片战役（1840—1842年）、英法联军之役（1858—1860年）以后，国人目击西人的船坚炮利，曾国藩遂设军械所于安庆，李鸿章设制炮局于上海，是为近代机械输入中国之始。以后更有制呢局、织布局之设立。但是，自机械输入中国以后，约三十余年之久，于中国工业，并无显著的进展。至欧战时期（1914—1918年），欧人不暇东顾，日人亦转入战争漩涡，于是中国工业始有飞跃的长进。第一，由机械入口的数量之增加，可以明证中国工业的长进：

年份	购入机械值（以银两为单位）
民国二年（1913年，欧战前）	4 650 001
民国八年（1919年，欧战后）	14 100 439
民国九年（1920年）	12 266 256
民国十年（1921年）	55 647 780
民国十一年（1922年）	49 413 423
民国十二年（1923年）	26 677 796
民国十三年（1924年）	22 069 315
民国十四年（1925年）	15 578 087

第二，由工业公司的资本之增加，可以明证中国工业的长进：

年份	公司数	资本总数（以银元为单位）
1912	531	54 808 202
1913	565	49 875 160
1914	641	62 108 218
1915	644	106 901 214
1916	685	132 779 808
1917	557	128 243 727
1918	533	108 902 811
1919	425	192 221 247

然最近数年来，却呈现相反的现象，如纺织业在大战中及大战后，都有飞跃的进展，但最近则不特无进展，而且趋于倒闭；这第一是因为国内的战争阻碍产业的发达，第二是因为列强自身的工业，于最近数年间，已超过战前的水准，故进而重整旗鼓，以侵略中国。由此看来，中国的产业革命，尚站在两难的境地。

由于国际资本主义的侵略，而促成中国固有手工业的破产，其结果，则发生大群的手工业的失业者①；由于国际资本主义的刺激，而促成中国的产业革命，其结果，又发生大群的产业工人②。同时，工业的发展，又不能相应于手工业的失业者人数之增加率，其结果，便是失业者流于盗匪。盗匪愈多，而内乱又不息，于是整个的经济陷于破产，其影响所及，便是工业的没落。而工业的没落，同时又影响于产业工人的生活。总括一句：在这样两难的情况之下——国内的战争与国际资本主义的压迫——中国工业，绝无发展之可言。

① 手工业的失业者，固然可以变为工钱劳动者，但是中国的产业，却没有容受这许多失业者的力量，所以他们铤而走险，流为盗匪，便是必然的结果。

② 据《新生命》调查，中国现有产业工人 2 750 000 人。

第二编 社会政治生活之部

第一章 中国社会之演进及其结构

一、社会演进之一般的法则

社会形态的演进，是由原始公产制而奴隶制，由奴隶制而封建制，最后，由封建制而资本制。原始公产制的组织体，就是氏族社会。照近代科学来讲，不拘过去或现在，都不曾有过离社会而独立生活的人。即在原始时代，也已有人类间的纽带。当时的人，如果无他人的帮助，则不能行生存竞争。不过当时社会的结合，极其微弱。其能为着协同举行生存竞争而团结的，就只限于具有血缘关系的人。其无血缘关系的人，便不能为着生产活动而行自由结合。原始人因为生存竞争的激烈，使他们对于那些不与自己同生同居结合一起的人，一概以敌人看待。因此，原始时代的社会组织，就是血缘结合，或氏族的形态。氏族的根本生产关系，为单纯协业。其后，氏族内部，发生了某种程度的分业。最初，这分业是建立在有性或年龄之差别上的，即男子担任狩猎，妇女儿童担任采取果实。分配各人的劳动，不能让各人自由选择，因为对于自然的激烈斗争，不许这样办。为了避免劳力的浪费，那劳动者的活动，必然要保持严密的调和。劳动的组织，必定要依照氏族的共同利益，遵从氏族的一般意志。原始氏族的分配形态，完全适应其生产关系。因为生产中的劳动分配，不依据个人而依据集团的意志，所以那劳动生产物的分配，亦必须是集团全体的责任。集团依照各人必要而给予各人（各取所需）。因此，原始的分配，带了有组织的公产主义的性质。那时没有什么个人私有财产的形迹。共同生产，共同分配。分配的东西，马上消费掉，没有所谓蓄积①。以上所述，便是以石器铜器为生产手段，以渔猎牧畜为生产本位的氏族社会；而氏族的血缘结合，又是以母系为主体，因此，氏族社会莫不以母系为中心。

但是，这种社会可以说因为铁器的发明便完全破坏了。盖铁器的发明促进了农业的进化，母系中心的社会便不能不转变为父系中心的社会。牧畜与农业的发明，都是男子的事体。男子由渔猎中发明牧畜的事业，由牧畜的刍秣中又发现禾黍菽麦的种植。照原始的习惯，各人随身的工具归各人所私有：男子有渔猎用的弓矢，女子便有家庭。到牧畜种植发明以后，男子也相沿领有六畜和五谷。这样生产的力量愈见增加，女子的家庭生产便不能不降为附庸，而女子也就由中心的地位一降而为奴隶的地位，这在社会的表现上，便是男权的抬头，私有财产制的成立，奴隶的使用，阶级的划分，帝王和国家的出现。在国家开始成立的时候，是纯粹的一种奴隶制。奴隶的来源是什么？便是被征服的异民族和同族中落伍的弱者。这时候的阶级，可以说只有贵族和奴隶两种。贵族是奴隶的所有主，奴隶是贵族的所有物。贵族是支配阶级，奴隶是被支配阶级。这时候的氏族的成分，可以说还严密地保存着，即贵族阶级至少是一氏一族。但到铁的冶金术愈见发达，农业愈见进展，而异民族的被同化者愈见加多，同族中的落伍者也愈见激增，血族的成分就渐次稀薄下来。以前的贵族久于养尊处优的习惯，日见与生产相离；而产业的生产权却操纵在多量的奴隶阶级的手里。这时候，便不能不来一个社

① 参看施存统译蒲格达诺夫（今译普列汉诺夫——编选者注）著《经济科学大纲》第一篇第一章第二节。

会变革，即贵族的倒溃，奴隶阶级中的狡黠者之抬头，这自然会成为一种分析的地方割据的局势。在农业上便有庄园制的产生，在工商业上便有行帮制的出现，在政治的反映上便成为封建诸侯，于是奴隶制的社会又一变而为封建制的社会。封建制的社会和奴隶制的社会并无多大的悬殊；不过奴隶制是氏族社会的孑遗，多量的含有血族的成分，而封建制则是多量的含有地域成分的奴隶制。农业上与地主对立的农夫，行帮制下与师傅对立的徒弟，行政上与封建诸侯对立的臣庶，事实上只是变相的奴隶。但是，自从蒸汽机发明了以来，产业更进展到一种更新的阶段；大规模的生产，大资本的集中，海外大殖民地的发现等等——在封建社会的胎内生出它怎么也容纳不下的一个胎儿，于是社会上又来了一次变革。即封建制度逐渐崩溃了，在那封建社会的废墟上高耸出近代资本制的组织①。

以上所述，便是社会演进之一般的法则；而社会演进的原动力，却在于生产关系的进展。

二、中国社会之演进

上面所述的社会演进之一般的法则，也符合中国社会演进的程序。不过中国古代社会，差不多是个不可究诘的谜，使我们的研究很难于着手。第一，古史的本身，已经不确定；例如三皇五帝之说，就聚讼纷纭，莫衷一是。有以天皇、地皇、泰皇为三皇，黄帝、颛顼、帝喾、帝尧、帝舜为五帝者，如《史记》；有以伏羲、神农、黄帝为三皇，少昊、颛项、高辛、陶唐、有虞为五帝者，如《尚书序》；他如《白虎通》则谓伏羲、神农、燧人为三皇，《皇王大纪》又谓天皇、地皇、人皇为三皇，《月令篇》则谓大昊、神农、黄帝、少昊、颛项为五帝，《皇王大纪》又谓庖牺、神农、黄帝、尧、舜为五帝。这些说法，都含有不少的

① 参看郭沫若著《中国古代社会研究》第5～7页。

传说和神话的成分，其可信赖的程度，也因时代的愈古而愈减。综括一句，所谓三皇五帝，实未必确有其人，不过为汉民族国民思想之反映之架空的理想人物而已。因此，要拿不可信赖的古史，去解释中国古代社会的演进，便不免陷于臆断的境地了。第二，中国古史的本身，既不确实，又加以后儒的渲染，就益加不足信赖的了。孔子删《书》，断自唐、虞，故儒家言政治者，必法尧、舜；尧、舜经过儒家的渲染，便成为儒家理想中的尧、舜，而绝对不是本来的尧、舜了。所以《韩非子·显学篇》就说："孔子、墨子，俱道尧、舜，而取舍不同；皆自谓真尧、舜，尧、舜不复生，将谁使定儒墨之诚乎？"

中国古史的本身，既这样的不可信赖，因此，拿古史去说明中国古代社会的演进，便是一种不可靠的方法。唯一可靠的方法，就只有从事于考古学而努力于地下发掘之一条大道。至于断断于文字记载的争辩，却不是研究古史的良法了。

1898年与1899年之交，在河南安阳西北五里的小屯，于黄土层下掘发了无数龟甲兽骨的破片。骨片上多刻有极原始的文字。经罗振玉与王国维的考证，断定这些文字是三四千年前殷代王室占卜的记录。最近十年来，关于这样的掘发，也时有所闻。如1923年，德国古生物学专家德日进（P. Teilhard de Chardin）与教士桑志华（E. Licent）在陕西榆林县南油坊头、甘肃宁夏县南水东沟及鄂尔多斯东南角萨拉乌苏沟发现旧石器时代的大宗石器，都以石英、石矽质灰石及其他坚致岩石做成；1925年夏，美国纽约博物院外蒙古调查团，在纳尔逊（N. C. Nelson）博士指导之下，发现旧石器时代的过渡期的石器；1921年，农商部矿政顾问安特生（J. G. Anderson）先后在辽宁锦西县沙锅屯与河南渑池县仰韶村采掘，得石器、骨器、单色陶器及彩色陶器等，断为新石器时代的遗物①；1923至1924年，安特生又先后在甘肃洮沙县新店附近、狄道县寺洼山、西宁县下洼及镇番县沙漠等地发现石器、陶

① 这时期的遗物，又屡屡在别处发现，现总称为"仰韶时代"或"仰韶期"。

器及少数铜器，断为新石器时代末期与铜器时代初期的遗物。不过这十年来的发掘，因为考证困难，还无明确的论断，可与古代的记载互证；至于安阳县所出现的龟甲兽骨的破片，则经学者的考订，可以得到以下几个论断：

（一）商代已有文字，但其时文字百分之八十以上为极端的象形图画，而且书法不一，一字有多至四十五种书法者，于字的构成上或倒书或横书，或左或右，或正或反，或数字合书，或一字析书。而文的构成上亦或横行或直行，横行亦或左读或右读，并无一定。由此可知其时文字的产生还不甚久，文字尚在形成的过程中。

（二）商代以牧畜为主要生产，卜辞中用牲之数多至三四百以上，即其明证。农业虽已发明，然当时的耕器还是蜃器或石器，所以当时的农业很幼稚。

（三）商代族与族间的攘夺行为，异常剧烈，卜辞中为征伐贞卜的事项甚多。既有征伐，则战败者自然降为奴仆，卜辞中有奚、奴、臣、仆等字即其证据。奴隶的用途，在于牧畜耕作。并且，奴隶的私有，在当时即已萌芽。因此，阶级制度，在当时或已成立。

（四）私有财产制度，在商代业已成立，卜辞中有锡朋的记载①，古金中每多锡贝朋之事，即其明证。当时王侯既能以少数的货贝宝物赐予其臣下，则族的公有物便成为王的私有物了，而臣庶也能有私有物的公然的权利。

由上所述，便知商代最多也不过是奴隶制的国家，而正是由氏族转变到国家的一个重要变革时期。其次，根据王国维的《殷周制度论》，则夏、商、周三朝实为三个不同的种族或部落，其发展的途径是平行的；但旧史每视为同种族之三个朝代的更迭，而误为一直线的继承②。王氏此说，虽未可断为定论，但夏代与商代为平行的两个部落，则或许

---

① 朋为古人之颈饰。

② 参看王国维著《观堂集林》卷十，《殷周制度论》。

实有其事。根据此点，故夏代亦或许是奴隶制的国家。夏商既是奴隶制的国家，则不可究诘的由黄帝至尧、舜这个时代，其为氏族的公产社会，便可断言。

但是，关于此项问题，尚在研究的途中，并未厘成定说。他日考古学的进步，对于此项问题，必然有个究极的解答。现在不过就前人的考订与论断，作一个这样的假定罢了。其次，更有一点应当注意，即“无纯粹的社会现象”。因社会的演进，前一社会形态的残渣，或多或少必留存在后一社会形态中。所以奴隶制的国家里面，必存有氏族社会的孑遗，而封建制的国家里面，也必存有奴隶制的国家的残余。

真正封建制的国家，实始于周代。相传禹会诸侯于涂山，执玉帛至者万国；商汤受命，只余三千；周武王观兵孟津，只余八百；春秋之时，见于记载的，仅百六十三国。这些国家，实系各自独立的部落，所谓诸侯，亦不过是部落的酋长，绝非如周代所封的诸侯一样。周代的封建制度，便是这样的，《礼记·王制》：“王者之制爵禄：公、侯、伯、子、男，凡五等。诸侯之上大夫卿、下大夫、上士、中士、下士，凡五等。天子之田方千里。公、侯田方百里。伯七十里。子、男五十里。不能五十里者，不合于天子，附于诸侯，曰附庸。”此外，军队的编制，方伯二师，诸侯一师，天子自统六师①。周代的封建，原来有两个步骤：最初为广封先王之后②，后来才“众建亲贤以屏藩周”③。前者是承认旧部落，后者才是新封的诸侯。

上面说过：封建制的国家里面，存有奴隶制的国家的残余。西周本来是封建制的国家，但其中正存有不少的奴隶制的残余。《书经》《诗经》

---

① 禄的区别，据经古文说便是：公方五百里，侯方四百里，伯方三百里，子方二百里，男方百里。至于公、侯方百里，伯方七十里，子、男方五十里，却是经今文说。军队的编制，据经古文说便是：天子六军，大国三军，中国二军，小国一军；此处所引，却是经今文说。

② 广封先王之后，如封黄帝之后于蓟，帝尧之后于祝，帝舜之后于陈，是为三恪；如封禹后于杞，纣子武庚于殷，并为二王之后。

③ 语见《左传》僖公二十四年。计封兄弟之国十五人，以周公旦为之首，封于鲁；同姓之国四十人，以召公奭为之首，封于燕；异姓之国二十人，以师尚父为之首，封于齐。

中，便记载着周代使用奴隶来大兴土木，开垦土地以及供徭役征战的事情。《今文尚书》中，又记载着周公骂殷人“蠢殷”“戎殷”“庶殷”以及“殷之顽民”这一类的话语，并且周公还征发那些“庶殷”来作洛邑。这些，便明证当时尚存有奴隶制的国家的残余。

周代的封建制度，在周平王东迁洛邑以后，便发生动摇。经过春秋时代二百多年的长期纷争以后，所谓诸侯之国，合并的合并，灭亡的灭亡，到战国时代，只剩下齐、楚、燕、秦、韩、赵、魏七个大国。秦灭六国，封建制度在形式上归于消灭，统于一尊的政治组织乃继而开始。封建制度在形式上虽归于消灭，但是，因为中国的经济组织没有经过产业革命这个时期，所以实质的封建制度——或者说封建势力——却依然存在：农业方面地主和农夫对立的庄园制以及工商业方面师傅和徒弟对立的行帮制，固然是真正的封建制度之产物，即政治方面汉代的诸王、唐代的藩镇、明末的三藩、清代的总督以及民国的督军，又何曾不是真正的封建制度之产物呢？这样看来，中国的封建制度，实在是近百年来才发生根本的动摇，换句话说，即在资本帝国主义侵入以后才发生根本的动摇。

中国自受资本帝国主义的侵略以后，手工业的农村经济日趋没落，农村中的失业者才跑到城市做工场的工钱劳动者，因此，才产生资本家与工人的对立的关系，虽然其关系不十分明显而资本家与工人的数目又属有限。但是，中国近百年来的产业革命是外铄的而不是内发的。在欧战期间，中国自身的轻工业，虽有长足的进展，然而欧战以后，毕竟受不住资本帝国主义的狂风暴雨一般的摧击，也就没落下来了；因此，中国的经济状况，始终不曾脱离殖民地的地位。

其次，就上面所述的“无纯粹的社会现象”一点来说，则今日的中国社会形态，便不纯粹是资本制的，而封建制的地主与农夫对立关系以及师傅与徒弟对立关系，却依然占着重要的地位，不过从大体上来说，中国的社会形态已经进到资本制的了。

三、中国社会之结构

在氏族社会中，其结合的纽带为血缘，各氏族成员都立于平等的地位，故其社会结构，无阶级的差别。等到由氏族社会进到奴隶制国家的时候，阶级的划分就显明出来了。盖族与族斗争，战胜者自然居于统治阶级的地位，而战败者却居于被统治阶级的地位，降为奴隶，替统治阶级开垦土地以及从事征战等。就是同族中的人，如果成为落伍的弱者，其结果也必然和异民族的被征服者一样，而降为奴隶的地位。这样的阶级的对立——贵族和奴隶——便是奴隶制社会的结构关系。

夏曾佑说过："……若论其宏纲巨旨，则莫如百姓与民之辨。盖凡优种人，战胜劣种人，而占其地，奴其人，欲其彼此相安，视为定命，则必创一宗教，谓吾与若，所生不同，本非同类，原无平等之义，如是则一切人权，所享大殊，不啻皆天之所命，而无可质矣。故亚利安种据印度，必造婆罗门人，从大梵顶生；刹帝利人，从大梵臂生；吠奢人，从大梵股生；戍陀人，从大梵足生之说。百姓与民之义，亦正如此。……帝王皆上帝之子，故明堂大祭，祭其祖之所自出，而以其祖配之也。百姓者，王公之子孙，亦即天子之子孙矣。百姓之义如此。至于民者冥也，言未见人道，因彼族三生凶恶，故著其事，而谓之民。故民字专为九黎有苗而设。如推其种所从出，则羌，羊种也；蛮，蛇种也；闽，亦蛇种也；貊，豸种也，貊之言貉，貉，恶也；狄，犬种也，狄之为言，淫辟也——其言异族之从出如此。百姓与民，既有天神与虫豸之别，故所享利权，因之大异，其纲要为礼不下庶人，刑不上大夫。案《礼经》所传者，莫完整于《仪礼》十七篇，皆为士礼，礼皆行于庙，庶人无庙（庶人即民），故无礼也。而《书·吕刑》，述民与刑之源流，最为详尽。其对民之处，皆称皇帝，与对本族称帝有别。盖所谓墨、劓、刵、宫、大辟诸刑，本黎民苗民之法，即以其人之法，还治其人之身；今欧人之驭殖民地之土人，莫不然也。”①

又《书·尧典》上说：“克明峻德，以亲九族。九族既睦，平章百姓。百姓昭明，协和万邦。黎民于变时雍。”

以上两段，固未可尽信②，但百姓与民的划分，正暗示着奴隶制国家里面阶级对立的关系。殷人在快要被征服的时候说道：“商今其沦丧，我罔为臣仆。”③ 这正是说怕在被征服时，一一都要遭杀戮，要想做奴隶都办不到；并且，这两句话，又表明出商代贵族与奴隶对立关系之显明。由上所述，我们便可以推定夏、商时代的社会结构，或许就建立在贵族与奴隶这个阶级对立的关系上面。

这个社会结构，也明白地表现于西周时代——虽然封建制度始自西周。被征服的殷人，固然降为奴隶；即当时从事耕种的农夫，又何曾不是奴隶？“倬彼甫田，岁取十千。我取其陈，食我农人。”④ 这不明明是把农夫做榨取的对象，而贵族坐享其成，以其剩余陈腐的谷米给农夫吃么？“经始灵台，经之营之。庶民攻之，不日成之。经始勿亟，庶民子来。”⑤ “天子命我，城彼朔方。”⑥ 这不明明是要农夫去做工事供徭役么？“击鼓其镗，踊跃用兵，土国城漕，我独南行。”⑦ 这不明明是农夫被征发去从军么？这就叫做农工兵三位一体，在平时从事耕种，便是农夫；在大兴土木时去供徭役，便是工人；在战时去从军，便是军人。这样一来，农夫便成为奴隶了。

周室东迁以后，贵族统治逐渐崩坏，而所谓奴隶中的狡黠者也得乘机抬头。但自从这个时候起，封建制度就愈见确立起来了。在政治方面，

---

① 见夏曾佑著《中国历史教科书》第一篇第一章第十四节《黄帝之政教》。

② 黄帝本身带有传说的性质，故未可尽信。又上面说过，商代文字尚在形成的途中，故《尧典》这段文章，亦未可尽信。

③ 见《商书·微子》。

④ 见《诗经·小雅·甫田》。

⑤ 见《诗经·大雅·灵台》。

⑥ 见《诗经·小雅·出车》。

⑦ 见《诗经·邶风·击鼓》。

如韩愈所说，便是："君者出令者也；臣者行君之令，而致诸民者也；民者出粟米、麻丝，制器皿，通货财以事其上者也。君不出令，则失其所以为君；臣不行君之令，则失其所以为臣；民不出粟米、麻丝，制器皿，通货财以事其上，则诛。"① 如《孟子》上所说，便是："或劳心，或劳力。劳心者治人，劳力者治于人。治于人者食人，治人者食于人。"所谓君，所谓治人者，便代表统治阶级的全体；所谓民，所谓治于人者，便代表被统治阶级的全体；所谓臣，则调和于二者之间，为统治阶级与被统治阶级的中间物，即仕而优则学、学而优则仕的智识分子全体。统治阶级凭借其政治权力剥削被统治阶级，以维持自己的生存；被统治阶级运用其经济手段直接或间接从事于生产，养活自己，兼供养活统治阶级全体；智识分子则不事生产，专依附统治阶级的权力，直接或间接以攫取被统治阶级的生产物。至于农业方面，则有地主榨取农夫，而又有所谓乡绅依附地主以欺压农民。在工商业方面，则有师傅榨取徒弟。中国社会的结构，从周室东迁以后直到最近百年前，便完全是这样的。

最近百年来，因资本帝国主义的侵入，中国社会的结构，起了剧变。在政治方面，固然和以前一样，统治阶级、被统治阶级以及智识分子，为构成社会的三大柱石。但在工业方面，却因外国资本主义之侵入与本国资本主义之逐渐发展，而呈现出资本家与工人的对立关系；同时，买办阶级②之发生，更是在资本帝国主义侵入中国以后的现象，这

---

① 见韩愈《原道篇》。

② 沙为楷编《中国之买办制》上说："买办云者，乃华人与外商根据互订之契约，在一定报酬之下，充外商之使用人；居于外商与华商之间，以外国商人之名义，与华商交易。一方面纳保证金，或具保证人；关于一切交易，须负无限保证之责任，于交易成就之后，而得其规定之佣金者也。是以买办一方立于外人之使用人地位，他方根据互订之特约，于所定职务权限之范围内，以完成其营业为目的。举凡一切交易，对于外商皆立于保证地位也。例如一般商店之买办，由店中给与一定之月薪，使之周旋各种交易，保证华人顾客之信用，并负顾主纳款之责任。或则处理货物之购入卖出等手续，而得相当之佣金。轮船公司买办，则在一定薪俸之下，使之招徕货物及乘客，并作缴纳水脚之保证。银行买办，则受银行一定薪俸，以一己之责任及利害，掌管一切出纳事物。凡经由买办之手，所有对于华人之汇兑买卖货款承受等，均负完全保证，同时由银行给以相当之佣金是也。"要之，买办阶级之发生，是由以下三种原因而来的：（一）中外语言之不同；（二）中外习惯之不同；（三）营业上的特别需要。

就是因为买办阶级完全是外国资本家剥削中国人的工具的缘故。在农村方面，则因资本主义的压迫，整千整万的农民，又流为无产者，而跑到都市去做工钱劳动者。在都市方面，除资本家与工人、商人与店员之外，更加上新式的智识分子，如大学教授、新闻记者以及律师等。

第二章　政治制度之变迁

一、氏族社会的政治制度

根据莫尔甘《古代社会》的研究，辛尼加（Seneca）氏族社会的政治制度之特征便如次所示：

（一）各氏族有酋长及临时性的军侯，由氏族成员中选出，唯军侯可选异姓。酋长之子不能继任为酋长，因系母系社会，男子应归于他族。

（二）一姓人得自由罢免酋长与军侯。

（三）同姓人有评议会，为一切成员之民主的集会，各人均有同等的表决权。由此评议会选举并罢免酋长与军侯。

黄帝以前不可考，我们率性不去理它；但自黄帝至尧、舜这个时代的政治制度，却颇与氏族社会的政治制度相似。

第一，相传尧以子丹朱不肖，而禅位于舜；舜以子商均不肖，而禅位于禹。普通史家，认为此系不传子而传贤，称曰揖让之世。其实，尧、舜、禹，或许都是由氏族成员公选出来的。我们在《帝典》中看那些四岳十二牧在皇帝面前推举，便明明是各姓的酋长军侯在开氏族评议会去选举新的酋长或诸侯。并且，在氏族社会中，父权并没有成立，所以父子还不能相承①。

第二，相传帝挚既立，才到九年光景，就被废了，改立帝尧。这在后世史家看来，便成为大逆不道；其实，在氏族社会中，这样的废立，却是通常的事体。

由上所述，则这个时代的政治制度，和氏族社会的政治制度颇有类似之处；不过这种解释，是从社会进化史的观点而来的，并且，因其尚在研究的途中，所以未可断为定论。

二、神权政治

神权思想是初民社会必然的产物。初民思想简单，对于自然界各种现象都不知其所以然，认为一切现象都可惊异，都含有神秘性，由此一切都神化了。不用说，初民社会之所谓神，必须是多神。但到奴隶制成立以后，人间权力统于一尊②，于是天上的神权也就必得归于一统。神权政治（Theocracy）的思想，便是这样产生出来的③。

表现神权政治思想最显明的书，要算《洪范》。《洪范》这一篇是箕子作的，而《洪范》九畴相传是大禹治水时所得的《洛书》。现在我们就来考究《洪范》中所表现的神权政治思想。

---

① 又如少昊不能传位于其子，而昌意之子颛顼却能出而代之；颛顼不能传位于其子，而玄嚣之孙帝喾却能出而代之，亦足与此说相印证。夏曾佑说："大约天子必选择于一族之中，而选举之权，则操之岳牧。"——见夏曾佑著《中国历史教科书》第一篇第一章第十八节。

② 夏代天子的权威，实较前代为重，盖此时似已由氏族社会推移到奴隶制的国家。又从历史上，亦可考见夏代天子权威之重，如会稽之会，防风氏后至，竟为大禹所戮；如启继禹为天子，有扈氏不服，竟为启所灭，而天下诸侯为所慑服；都无不是天子权威加重之表示。

③ 《国语·楚语》观射父之言曰："古者民神不杂。民之精爽不携贰者；而又能齐肃衷正；其知能上下比义；其圣能光远宣朗；其明能光照之；其聪能听彻之；如是则明神降之。在男曰觋，在女曰巫。是使制神之处位次主，而为之牲器时服。而后使先圣之后之有光烈，而能知山川之号，高祖之主，宗庙之事，昭穆之世……而敬恭明神者以为之祝。使名姓之后能知四时之生，牺牲之物……坛场之所，上下之神，氏姓之出，而心率旧典者为之宗。于是乎有天地神民类物之官，谓之五官。各司其序，不相乱也。民是以能有忠信，神是以能有明德。"像这样的政治，便是巫觋政治，即神权政治。

第一，《洪范》的立足点，就是首先承认存有一个唯一的人格神，即“天”或“帝”。所以《洪范》上说：“唯天，阴骘下民，相协厥居。……我闻在昔，鲧堙洪水，汨陈其五行。帝乃震怒，不畀洪范九畴，彝伦攸斁。鲧则殛死，禹乃嗣兴。天乃锡禹洪范九畴，彝伦攸叙。”这个人格神，便是左右一切的主宰者，地上的天子之父，所以《洪范》上又说：“天子，作民父母以为天下王。”这就无异乎说：所谓天子，一面为天之子，一面又为民之父母。这个天子，就是替天行道的地上唯一主宰者。唯其如此，所以庶民只有拥戴天子服从天子，而无反抗天子之理。至于“天乃锡禹洪范九畴”，这《洪范》九畴，便是天给予天子的治国平天下的九条大法，这就是一个整齐划一的神权政治的体系。

第二，《洪范》五行——水、火、木、金、土，原来是初民解释自然的五大原素，初民思想简单，以为万事万物都是由这五大原素演化出来的。由五行演化出来，就有五事（貌、言、视、听、思）；所以“在天为五行，在地为五事”，天人相感，便形成休咎的五征（雨、旸、燠、寒、风）。这样由天上的五行去支配地上的人事，便是神权政治的中心结构。

第三，有了人事，自然就有刑政来处理人事，根据这个次序，才产生八政（食、货、祀、司空、司徒、司寇、宾、师），这就是国家组织之起源。

天子既要替天行道，作威作福，固然有刑政来范围庶民，但要贯彻他的神权政治，就不得不用占卜来欺骗庶民。《洪范》上说“汝则有大疑，谋及乃心，谋及卿士，谋及庶人，谋及卜筮”，便可见龟筮与天子、卿士并举，而获得一票表决权了。《洪范》上又说“汝则从，龟从，卿士逆，庶民逆，吉”，便可见凡事只要龟筮赞成，纵令卿士、庶民持异议，而天子也可以独行[①]。天子既是替天行道，又有这种方法来欺骗庶

① 河南安阳殷墟所发现的龟甲兽骨的破片，其中多数是殷代卜占的繇辞，足见神权政治，在殷代是很盛行的。

民，自然他就可以为所欲为，而把政权与教权合于一尊了。

三、贵族政治与封建政治

由氏族社会推移到奴隶制的国家的时候，便产生出贵族与奴隶两个划然不可相逾的阶级。这时的贵族，实际上就是政治上强有力的主动人。夏、商二代，固然是神权政治很盛行的时候，但当时的贵族，却居重要地位；所以关于出师用众迁国授官诸大事，都没有不先询之于父老托之于宗室的。西周虽行封建政治，然它以亲亲立国，所以贵族在政治上也表现出很可观的力量。常乃德著《中国政治制度小史》上说："王朝之内，则周、召二公，世为辅政，皆周之同姓，其余世卿若单、刘、虢诸氏，皆贵族之最著者，故厉王出奔，则周、召二公共和为政；平王东迁，则晋、郑二国是辅是依，皆贵族政治之证也。其余诸侯亦多效周制，或以同姓宗室为辅政，如鲁之三桓，郑之七穆，或以异姓世卿为辅政，如齐之高国，晋之六卿是也。盖其时贵族皆父子递传，世守其官，有一定之采地，有相当之属民，与君主地位相差不远。"① 又梁启超也说："若夫贵族平民两阶级，在春秋初期以前，盖划然不相逾。百姓与民对举，大夫、士与庶人对举，君子与小人对举，经传中更仆难数。乃至有'礼不下庶人，刑不上大夫'等语。似并法律上身分亦不平等。关于此方面真相如何虽未敢确答；要之政权恒在少数贵族之手，则征之《左传》中所记诸国情事，甚为明白。盖封建与宗法两制度之结果，必至如是也。"② 由上所述，便知西周贵族政治之盛。

其次，关于贵族政治之动摇与崩坏，梁启超也说过。他说："……虽然，此局（指贵族政治）至孔子出生前后，已次第动摇。'陪臣执国命'，各国所在多有。如齐之陈氏，本羁旅之臣，卒专齐政而有齐国。

① 见常乃德所著《中国政治制度小史》第3页。
② 见梁启超所著《先秦政治思想史》第76页。

即以孔子论，彼明言‘吾少也贱’，尝为委吏乘田，盖‘庶人在官者’之流亚耳，然其后固又为鲁司寇参大政。然则政权并非由某种固定阶级永远垄断，在春秋中叶已然。贵族政治之完全消灭，在春秋以后。……然而环境之孕育此变化，实匪伊朝夕。其主要原因，则在智识之散布下逮。封建初期，政治教育与政治经验，皆少数贵族所专有。一般平民，既无了解政治之能力，复无参加政治之欲望。及其末期，则平民之量日增，而其质亦渐变。第一，小宗五世则迁，迁后便与平民等。故平民中含有公族血统者日益多。第二，当时贵族平民，互相通婚，故实际上两阶级界限颇难严辨。第三，各国因政变之结果，贵族降为平民者甚多。例如前文所举‘栾、郤、胥、原，降在皂隶’。第四，外国移住民，多贵族之裔。例如孔子之祖孔父，在宋为贵族，而孔子在鲁为平民。此等新平民，其数量加增之速率，远过于贵族，而其智识亦不在贵族之下。此贵族政治不能永久维持之最大原因也。”[1] 梁氏此说，大抵近是，然贵族政治崩坏的究极原因，却在于当时产业的发达，而贵族平日习于养尊处优不事生产，故其生活日与生产事业相离，并且逐渐趋于没落；反之，奴隶在开垦荒土中，在使用为兵士向四方征服中，却逐渐获得自行制造私产的机会，而成为暴发户。“东人之子，职劳不来。西人之子，粲粲衣服。舟人之子，熊罴是裘。私人之子，百僚是试。”[2] 这不明明是说当时下等社会的人，往往有些暴发户，会爬到社会的上层去么？贵族既然在产业上趋于没落，必须在政治上不能占着重要的地位；而饭牛的宁戚、卖作奴隶的百里奚、郑国商人弦高以及起于罪隶的管仲，反能跳上政治舞台，建功立业。到了这个地步，所以贵族政治不能不由动摇而趋于崩坏。

---

① 见梁启超所著《先秦政治思想史》第76～77页。
② 见《诗经·小雅·大东》。

再其次，请言封建政治。以前说过，封建制度，始于周代①。此制度，除列爵、锡土而外，尚有朝觐、巡狩、会同②等方法以维持主属的关系。如果照这样做去，则周室便是大一统的王廷，使全国的政治权力集中于一点。然而在实际上周室的权力，却不能逮及于诸侯，故其结果，所谓封建政治，竟为贵族政治造出一个大舞台。从而所谓封建政治，就无异乎是贵族政治。但是，封建制度是由宗法制度而来的，因此，最后还有一点要说明的，就是宗法与贵族的关系。我们说过夏、商二代是神权政治很盛行的时代，而殷代更有尚鬼尊祖的风习，所以周初建国，就利用这种报本尊祖的观念，把家族主义与政治结合为一，使中央王室与同姓诸侯形成一个大规模的家族，而产生所谓宗法。宗法组织的梗概，据《礼记・丧服小记》及《大传》所述，便是："别子为祖，继别为宗，继祢者为小宗。有百世不迁之宗，有五世则迁之宗。"

宗法的组织，如下图所示，这组织的要点，是"宗子"的地位和"大宗""小宗"的分别。"宗子"为"始祖"之代表。譬如某人征服了某地，而做了这个地方的王，他就是"始祖"；他的嫡长子，继承其王位，便称"大宗"；大宗以外的诸子，就称"小宗"。小宗又受封为诸侯，则其子孙复奉之为"始祖"，即所谓"别子为祖"；其嫡长子继为诸侯者，亦名"大宗"，即所谓"继别为宗"；而其他诸子，亦称"小宗"，即所谓"继祢者为小宗"。因此小宗对祖国称小宗，而在所封国则为大宗。普通的小宗，高祖以上即迁入祧庙，没有时享，故曰"五世则迁"；至于大宗，则因其为始祖之后，所以"百世不迁"。被迁的小宗的族人，均由大宗收抚；故宗子有收抚同族之义务，而族人亦有尊奉宗子之义务，这就是《大传》上所说的"同姓从宗合族属"。

---

① 参看第二编第一章《中国社会之演进》节。

② 《孟子・告子篇》上说："天子适诸侯曰巡狩，诸侯朝于天子曰述职。"

宗法图

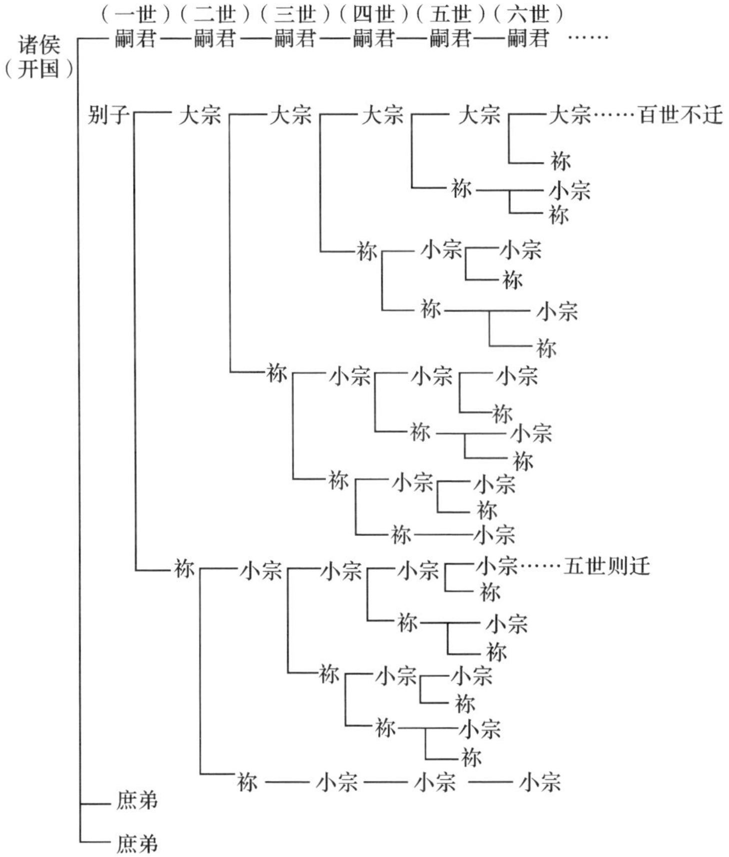

宗法组织既如此缜密，所以贵族阶级的团结就愈见坚固；进而，他们同族，不但均有分地，并且一有分地，就要互相扶持，使其永久不失，这便是《大传》上所说的“兴灭国，继绝世”。由此看来，便可以知道封建制度是由宗法制度发达而成的，并且，宗法与贵族的关系之密切，也可从此窥见了。

《大传》上又说：“人道，亲亲也。亲亲故尊祖，尊祖故敬宗，敬宗故收族，收族故宗庙严，宗庙严故重社稷，重社稷故爱百姓。”这就无异把一国之事，视同一家之事。以家族组织，作为政治上的骨干，这便是宗法制度精神之所在[①]。

又宗法不但行之于贵族间，即一般平民亦有之。梁启超说："宗法又不唯行于王侯之支庶而已，一般平民亦有之。《左传》所记，'晋有翼九宗'，有'怀姓九宗'，翼九宗为晋之支庶，怀姓即隗姓，乃当时狄种也。《传》又记'楚人执戎蛮子，致邑立宗以诱其遗民'。又记'梗阳人有狱，魏戊不能断，以狱上其大宗也'。此可见凡民皆各有宗，且可以随时增立，而宗之所在，即民之所归也。"[②] 族人宗法之制，既行于一般平民，于是家族主义遂成为社会组织之重要原素，此实农业社会所必有的现象[③]。所以直到今日，一般人仍重视家族，而不知有国家。

四、专制政治与秦之废封建为郡县

当贵族政治盛行的时候，只有秦国一国，始终不曾行贵族政治，盖秦贵族势力素来薄弱，不足以把持政治。孝公用商鞅，实行变法；而商鞅以法治主义为政治骨干，所以努力压抑贵族。变法令中所谓"宗室非有军功，不得为属籍"，便是论功行赏的办法。因此，虽属贵族，但若无功，依然不及爵秩。这不明明是压抑贵族么？又太子犯法，商鞅就说"法之不行，自上犯之"；在要法太子的时候，因为太子是嗣君，不可施刑，就只好"刑其傅公子虔，黥其师公孙贾"。这不明明是要实行法律平等，以打破前此贵族在法律上所具有的特殊保障么[④]？商鞅这样压抑贵族，其结果，就形成了秦国进到专制政治的准备阶段。

到了秦始皇的时候，他目击周室的衰弱与封建诸侯的强大，成了尾

---

① 《中庸》上说："明乎郊社之礼，禘尝之义，治国其如示诸掌乎?"《孟子》上说"天下之本在国，国之本在家"。《大学》上说"欲治其国者先齐其家"。这都是家族主义在政治上所表现的精神。

② 见梁启超所著《先秦政治思想史》第 66 页。

③ 龚自珍说："礼莫初于宗，唯农为初有宗。"

④ 前此贵族政治时代的法律是不平等的。如贵族犯法，有"议亲""议贵"等说的减轻刑名，有"刑不上大夫"的特殊保障，有"公族无官刑"的特殊宽免。

大不掉的情势，便毅然废封建行郡县①，以实现其大一统的理想。至是，中国的政治制度，就别开一新局面，而过渡到定于一尊的专制政治。夏曾佑说："秦自始皇二十六年并天下，至二世三年而亡，凡十五年，时亦促矣！而古人之遗法无不革除，后世之治术悉已创导，甚至专制政体之流弊，秦亦于此匆匆之十五年间尽演出之。诚天下之大观也。今试举前节所引，一一复案之，即可得其实证。并天下，一也。（三代之王，仅易一王室耳，前代之诸侯自若也。）号皇帝，二也。自称曰朕，三也。命为制，令为诏，四也。尊父曰太上皇，五也。天下皆为郡县，子弟无尺土之封，六也。（并天下，为尽取人之所有；废封建置郡县，为不复共之于人，故其事为二，非一事也。）夷三族之刑，七也。相国、丞相、太尉、御史大夫、奉常、郎中令、大夫、卫尉、太仆、廷尉、鸿胪、宗正、内史、少府、詹事、典属国、监御史、仆射、侍中、尚书、博士、郎中、侍郎、郡守、郡尉、县令，皆秦官，八也。朝仪，九也。律，十也。此十者，皆秦人革古创今之大端也。"② 始皇所创的这些新刑政，其目的在于使国家权力集中于中央，而实现其大一统的集权制。但是，从这大一统的集权制出发的设施，尚不止此，第一，他又把天下富豪，迁到咸阳，收天下兵器，铸为"钟""鐻"与十二个铜人，以灭杀地方反抗之势；第二，他又统一度、量、衡等法度以及文字，使全国人民有所遵从③。专制政治到了这个地步，可算登峰造极的了。

---

① 初并天下时，丞相王绾等奏请："六国初破，燕、齐、荆地远，不为置王，无以填［镇］之，请立诸子，唯上幸许。"始皇下其议，群臣皆以为便。独廷尉李斯曰："周文、武所封子弟同姓甚众；然后属疏远，相攻击如仇雠；诸侯更相诛伐，周天子弗能禁止。今海内赖陛下神灵，一统皆为郡县。诸子功臣，以公赋税重赏赐之，甚足易制。天下无异意，则安宁之术也。置诸侯不便。"始皇曰："天下共苦战斗不休，以有侯王。赖宗庙，天下初定，又复立国，是树兵也；而求其宁息，岂不难哉？廷尉议是。"始皇深知天下共苦战斗不休，就为的是有王侯，所以他毅然废封建而分天下为三十六郡。

② 见夏曾佑著《中国历史教科书》第二篇第一章第五节。

③ 许慎《说文解字序》说："其后诸侯力政，不统于王；恶礼乐之害己，而皆去其典籍。分为七国，田畴异亩，车途异轨，律令异法，衣冠异制，言语异声，文字异形。秦始皇帝初兼天下，丞相李斯乃奏同之，罢其不与秦文合者。"

秦始皇厉行专制政治，心想天下从此太平，可以把皇统传到万世以至于无穷。谁知不胜力役之苦的陈胜、吴广等，揭竿而起，却把秦室推翻了①。这一次的革命，有人说是封建政体的反动，其实，革命的主力军，却是响应陈胜辈的农民、佚徒、浪子、流民。所以像这样反统治阶级的革命，便只好说是平民革命。

五、封建郡县并行制

当革命军纷起反秦的时候，六国后裔多有被人拥立为王者，如魏人张耳、陈馀立赵国后裔歇为赵王，如魏人周市立魏国公子咎为魏王。等到项羽刘邦快要纷争的时候，项羽竟自己分封诸侯②。这样一来，封建制度似乎又有复活的趋势。后来刘邦得帝，很得力于当时强有力者之背楚归汉，所以他为着要有求于人，更不得不论功分封。像他这样的行封建制度，实系出自当时环境的要求，而他的本心，却很怕异姓诸王强大，于己不利；因此六七年间，他竟把异姓诸王，或诛或废③，独长沙王芮以国小得久存（至文帝末年，以无后国除）。这便叫做“飞鸟尽，良弓藏”。但是，刘邦的矛盾心理，却又认为秦亡之速，或者由于孤立，而似乎有行封建之必要，不过异姓诸王不可靠，若改封同姓，便可以措一家的天下如磐石之安了。所以在他陆续废黜异姓诸王的时候，就大封子弟同姓为王④，并立誓“非刘氏不得王”。然权利所在，又哪能禁人觊觎，故景

---

① 其时起兵反秦，固有六国遗臣，图复灭国之仇者；然革命之主力军，仍为陈胜辈迁徙之徒。

② 初楚怀王与诸将约：“先入定关中者王之。”项羽不听，竟自立为西楚霸王，封刘邦为汉王、章邯为雍王、司马欣为塞王、董翳为翟王、魏王豹为西魏王、韩王成为韩王、申阳为河南王、司马昂为殷王、赵王歇为代王、张耳为常山王、英布为九江王、吴芮为衡山王、共敖为临江王、燕王广为辽东王、臧荼为燕王、齐王市为胶东王、田都为齐王、田安为济北王。

③ 杀楚王韩信与梁王彭越，逼反淮南王黥布，废辱赵王张耳之子敖，燕王卢绾亦亡入匈奴。

④ 当时刘氏王者有九国，即齐王肥、楚王交、赵王如意、梁王恢、淮阳王友、代王恒、淮南厉王长、吴王濞、燕王建。其中吴为高祖兄子，楚为高祖弟，余皆高祖庶子。

帝时竟有吴、楚七国之乱。乱平之后，中央对于封国多所压抑，不但削弱王国的土地，而且小国的列侯，也多留置京师，不使就国。至是，封建制度，便有名无实；而外戚政治，反继之而起①，竟移汉室的国祚。

汉初行封建制的时候，同时又行郡县制，使郡国杂处，犬牙交错，以相牵制。汉初，以秦郡过大，析为六十二郡，然南海、闽中、象郡、桂林已非汉力所及。武帝拓疆，境内郡国相间，计一百零三郡，二百四十一国，所属县邑一千三百十四②，而统摄于十三部③。除畿辅置司隶校尉外，其他各州均设刺史，以监督郡国的守相。后来国数愈减，郡数愈增，刺史的实权因之益大。自是以州统郡，以郡统县，由郡国制而变为州郡制。中央集权，从此益加确立。不过汉末大乱，州郡并得便宜行事，于是州牧④之权特重，而开据地自雄之风。降至三国，魏刺使任重者，得加“使持节都督”的名目，其任轻者，亦得加“持节”的名目，遂开后世藩镇之端。所以梁启超说：“及其衰世，而小小反动起焉，曰州牧。晚汉州牧，实中唐藩镇之先声也。其土地初本受诸帝室，非封建也。乃传诸子孙，与封建无异矣。故前此诸侯王诸列王，无封建之实，而有其名；此州牧无封建之名，而有其实。”⑤

---

① 夏曾佑说：“古者天子崩，太子即位，谅阴（谓三年不言也）三年，政事决之冢宰，未有母后临朝者也。母后临朝之制，至汉大盛，其事遂与中国相终始。然其事亦不起于汉，七国时已有之。案《史记·赵世家》，赵惠文王卒，孝成王初立，太后用事。又《范雎传》，范雎曰：‘臣闻秦有太后穰侯，不知有王也。’此皆为汉太后临朝之先声也。推其原理，大约均与专制政体相表里。盖上古贵族政体，君相皆有定族，不易篡窃；故主少国疑，不难委之宰相。至贵族之制去，则主势孤危，在朝皆羁旅之臣，无可信托者，猝有大丧，不能不听于母后。而母后又向来不接廷臣，不能不听于己之兄弟，或旧所奔走嬖御之人，而外戚宦官之局起矣。”见夏曾佑著《中国历史教科书》第二篇第一章第二十节。夏氏说明外戚宦官专权之理由，可称近是。西汉末叶，大政全为外戚把持，卒之，王莽起而代汉。东汉一代，外戚与宦官交构，结果，何进、袁绍竟以外戚之力，尽杀宦官而造成诸侯割据之局。

② 其中通蛮夷之县邑称为“道”，计三十二。

③ 汉十三部，属于黄河流域者有司隶校尉部、豫州刺史部、徐州刺史部、青州刺史部、兖州刺史部、凉州刺史部、并州刺史部、冀州刺史部、幽州刺史部，属于长江流域者有益州刺史部、荆州刺史部、扬州刺史部，属于西江流域者有交州刺史部。

④ 成帝时，改刺史为州牧。

⑤ 见梁启超著《中国专制政治进化史》（见《新民丛报汇编》）。

六、封建政治之再现与军阀政治

晋武帝即位之初，惩魏室因孤立而亡，大封宗室，令诸王皆得自选国中长吏，拜诸王为都督，遣就国，各徙其国，使与州相近，由是诸王得典兵。卒之，诸王势力强大，惹起了八王之乱①。并且，因八王之乱，又引起五胡乱华，晋室天下，就从此破碎不堪了。封建政治，至是遂告一结束②。

其次，请言军阀政治。中国政治，自两晋南北朝经隋、唐以至五代十国，有一个特殊现象，即是军阀政治。曹魏、司马晋，其初都是军阀，不必论了。东晋废除封建，任州镇诸将募兵以后，政权不归于宗室而下移于镇将，军阀政治的局面，由是确立。东晋一代，元帝时王敦之乱③，成帝时苏峻之乱④，末年桓氏之乱⑤，都是军阀政治的表演。卒之，军阀刘裕迫帝禅位，代晋而有天下。刘裕既立，改国号曰宋，八传被篡于齐高帝萧道成；齐传七帝，被篡于梁武帝萧衍，梁传四帝，被篡于陈武帝陈霸先；陈传五帝，又为杨坚⑥所灭，这一系列的篡夺，又是

① 八王为汝南王亮、楚王玮、赵王伦、齐王冏、长沙王乂（yì）、成都王颖、河间王颙、东海王越。

② 唐代虽行封建，有亲王、郡王、国公，郡县开国公、侯、伯、子、男九等之号，然无官土，且王侯不必亲临其国，不过在京师衣食租税罢了。金、元宗室诸王势力很大，故其帝位时有攘夺之事，然此系异族所特有，与我国固有的封建制度无关。明初也行分封，且屡起变乱，然诸王力量，已不及汉之七国、晋之八王了。所以说“封建政治，至是遂告一结束”。

③ 王导及其从兄王敦，同事元帝。王导为相，王敦为将。故时人为之语曰：“王与马，共天下。”后王敦果作乱，为苏峻所平。

④ 苏峻平王敦之后，威望渐著，遂潜有异志。及成帝以年幼初立，峻遂举兵反，后为温峤所平。

⑤ 桓氏仕晋，始自桓彝，彝长子温，幼时为温峤所赏，后温官至荆州刺史，屡立战功。孝武征温入朝，温至，有位望者咸震慑失色，其势力之大可知。温死，其弟冲代领其众，时慑于谢安、谢玄之威，故不敢反。冲死后，桓玄又继其业，时谢安已卒，桓玄遂因时变，得自署总百揆、都督内外诸军事，录尚书事、扬州牧，领徐、荆、江三州刺史，后自称为楚相国，受安帝禅，国号大楚。后为刘裕、刘毅所平。

⑥ 杨坚先代，世仕北朝。坚幼以父（杨忠）荫，官散骑常侍，至定州总管。后坚入总朝政，都督内外诸军事，遂代北周而有天下。旋命韩擒虎、杨素等灭陈。

军阀政治的表演。隋统一天下，传至炀帝，又为太原留守李渊所篡。唐初统一中国，本有中央集权的力量[①]，然自玄宗设十节度使以后[②]，政治权力，遂由中央转移于地方的节度使，其结果，竟惹起了安、史之乱。安、史乱平，肃、代二宗，又专事姑息，诸镇节度使或由军士拥戴，或自由割据，或婚姻相结，或父子世袭，中央更无控制的能力。等到黄巢乱平，朱全忠竟以功任宣武节度使而篡唐。降至五代十国[③]，军阀益加横行，所谓五代，仅经五十四年，竟易八姓十三主，其纷乱可知。等到宋代统一天下，军阀政治，始告终局。

七、魏晋以后的门阀

上面说过，魏晋以后，是军阀政治的时代，但是，从魏晋至唐中叶，所谓世族门阀，却间接影响于政治者甚大，所以要在这里将它叙述一下。关于门阀的起因，夏曾佑说得很好，他说："魏之于中国，其关系亦大矣！案魏文延康元年，以陈群之议，立九品官人之法。其法于州郡县，俱置大小中正，各取本处人，在诸府公卿及台省郎吏，有才德者充之，区别所管人物，定为九等，吏部不复审定，但委中正，铨第等级，凭之授受。其弊也，唯能知其阀阅，非复辨其贤愚，所谓下品无高门，上品无寒士也。南朝至于梁、陈，北朝至于周、隋，选举之法，虽互相损益，而九品及中正，终为定制。又因其时，匈奴、羯、胡、鲜

---

① 初唐统一中国，分地方行政区域为十道，以道隶州，以州隶县，而以州刺史为地方重要行政长官。同时行府兵制，全国设六百三十四折冲府，关内道占二百六十一，每年由各府轮流宿卫京师。当时军民分治，而总集大权于中央政府。

② 节度使之设，始于睿宗时任贺拔延嗣为凉州都督河西节度使。玄宗时，于边境设十节度（平卢、范阳、河东、朔方、陇右、安西、河西、北庭、剑南、岭南），往往加兼按察、安抚、度支等使，以统辖各州。由是民政、财政、军政都入于藩镇之手。

③ 十国中除南唐李昪与北汉刘崇外，其余皆起自节度使，如吴杨行密于唐时为淮南节度使，前蜀王建于唐昭宗时为西川节度使，楚马殷于唐时为武安节度使，闽王审知于唐昭宗时为威武节度使，吴越钱镠于唐昭宗时为镇海节度使，南汉刘隐于唐昭宗时为靖海节度使，后蜀孟知祥于后唐庄宗时为西川节度使，荆南高季兴于后梁太祖时为荆南节度使。

卑、氐、羌诸族，深入禹域，与诸夏杂处，婚嫁不禁，种族混淆，衣冠之族，不能不自标异。积此诸因，遂不得不由征辟之世，倒演而归于门阀之世。其所以与三代不同者：三代与政治相连，此不必与政治相连耳。”① 门阀的起因是如此，但其阶级制度又是怎样的呢？关于这点，也可以引用夏氏的话，他说：“其时士庶之见，深入人心，若天经地义然。今所见于史传者，事实甚显。大抵其时士庶，不得通婚。故司马休之数宋武曰：裕以庶孽，与德文嫡婚，致兹非偶，实由威逼。沈约之弹王源曰：风闻东海王源，嫁女与富阳满氏，王满联姻，实骇物听。此风勿翦，其源遂开。点世尘家，将被彼屋。宜置以明科，黜之流伍。可以见其界之严矣。其有不幸而通婚者，则为士族之玷。如杨佺期自以杨震之后，门户承籍，江表莫比；有以其门第比王珣者，犹恚恨。而时人以其过江晚，婚宦失类，每排抑之。然庶族之求俪于士族者，则仍不已；不必其通婚也，一起居动作之微，亦以偕偶士族为荣幸。而终不能得。如纪僧真尝启齐武曰：臣小人，出自本州小吏。他无所须，唯就陛下乞作士大夫。帝曰：此事由江斅、谢瀹，我不得措意，可自诣之。僧真承旨诣斅，登榻坐定。斅命左右：移吾床，让客。僧真丧气而退，告帝曰：士大夫固非天子所命也。其有幸而得者，则以为毕生之庆。如王敬则与王俭同拜开府仪同，曰：我南州小吏，侥幸得与王卫军同拜三公，夫复何恨？甚至以极凶狡之夫，乘百战之胜，亦不能力求。如侯景请娶于王、谢。梁武曰：王、谢高门非偶，当朱、张以下访之。积此诸端观之，当时士庶界限，可以想见。……此皆南朝之例。若夫北朝，则其例更严。南朝之望族，皆与皇族联姻。其皇族，如彭城之刘，兰陵之二萧，吴兴之陈，不必本属清门。唯既为天子，则望族即与联姻，亦不为耻。王、谢二家之在南朝，女为皇后，男尚公主，其事殆数十见也。”② 此风至唐中叶以后，还很流行，所以《唐书・杜羔传》说：“文宗欲以

① 见夏曾佑所著《中国历史教科书》第二篇第二章第三十八节。
② 见夏曾佑所著《中国历史教科书》第二篇第二章第三十八节。

公主降士族，曰：民间婚姻，不计官品，而尚阀阅；我家二百年天子，反不若崔、卢耶?”世族在阶级上既有这样的名贵，所以在这种情势之下管理政事者，当然不是寒门卑贱之流。纵偶有出自寒门而通显者，亦只可视为例外。然此种制度，自隋、唐行科举以后，即已日在动摇之中，加之天宝乱后，“赐姓”与“义儿制度”盛行，而门阀之习，就因此破坏无余了。

八、专制政治之成熟

自秦迄唐，从大体上言，都是专制政治。然专制政治之成熟，则自宋始。宋太祖以归德节度使而为天子，亦如前代诸帝，为军士所拥立。他目击这种风气不利于己，所以力求减杀军人的特权，以实现中央集权的专制政治。他的办法便是：一，罢功臣典禁兵；二，以文臣知州事，各州皆设通判；三，命节度所领支郡皆直隶京师，得自奏事；四，设转运使，收诸路财政权于中央；五，选诸道兵入补禁卫，立更戍法，分遣禁旅戍守边城。这样一来，民政、财政、军政，才一统于中央，专制政治，到了这个地步，便可算到达极点了。至于明代，废除丞相，分其职于六部（吏、户、礼、兵、刑、工），则更是集大权于天子一人，以便凡事亲裁，他人不能措手，其专制程度，较诸宋代，却又进一步了。他如金、元、清入主中国，则以异族之故，猜防特严，专制程度，并不减于宋、明。要之，从宋至清，可以说是专制政治之成熟期。

第三章　中央官制与地方官制之演变

一、官制之始

不论哪种民族，只要它的社会组织到达相当程度之后，就必有官职之设立。换句话说，就是要维护这社会之组织与生命，必得有主持维护责任的人。在氏族社会中，族长为一族之主祀者，同时又为一族之政治首长，以形成政教合一的体制。当时，民智未开，特重神权，所以巫觋之辈，成为全社会之最高主权者。太古各民族最初的职官，都是这样发生的。甄克思说："所考者：盖一，所以建立祭司大巫之神权，大巫号毕诃罗格；二，所以颂叹先灵，收其众，使亲附，有舞蹈之节，为歌诗，状述太古之事，曰阿尔赤灵阿；三，男女及年格者，于此受图腾之秘，若东方之冠笄，施洗割之礼，其事甚痛楚，往往数日始克蒇事，或为其人文身黥刻，谓可不逢不若，便认识，终之乃命其所归之图腾，所居之辈行：凡此皆大巫之事，所定于是会者（按即指社会成员辈行序次时所举行之神闷之会），终身不易也。"[①] 观此，便可想见大巫权力之大。

今考中国古代社会，亦莫不如此。前章所引《国语·楚语》观射父之言，即其明证。所以梁启超在引用观射父之言之后，接着就说："吾

① 见严复所译甄克思的《社会通诠》第11页。

侪今日读此，孰不以巫觋祝宗等为不足齿之贱业。殊不知当时之‘巫’，实全部落之最高主权者。其人‘聪明圣智’，而‘先圣之后’‘名姓之后’皆由彼所‘使’以供其职；而所谓‘五官’者，又更在其下。盖古代政教合一之社会，其组织略如此。彼时代殆无所谓政治理想。藉曰有之，则神意必其鹄也。”① 此风在商、周，还颇盛行；准此，则尧、舜以前，就用不着说了②。

等到产业愈见发达，社会渐趋繁复，而私有财产制度又已确立的时候，这种设立官职之需要，也就日益迫切了。以下先述中央官制之演变，次述地方官制之演变。

二、中央官制之演变与中央政权之推移

相传虞舜设官，有司空（禹为之，掌平水土）、后稷（弃为之，掌播百谷）、司徒（契为之，掌敷五教）、士（皋陶为之，掌刑）、共工（垂为之，掌主百工）、虞（益为之，掌驯草木鸟兽）、秩宗（伯夷为之，掌礼）、典乐（夔为之，掌乐）、纳言（龙为之，掌出入王命）九官，分掌职务，为三代所因依；然此多附会之说，未可全信。夏代中央官制，据《王制》所传，便是“天子三公，九卿，二十七大夫，八十一元士”③，但此系指封建制度而言，夏既未行封建制度，则此等官职之设，其不足信，就无待多说了。又《礼记·曲礼（下）》：“天子建天官，先六太：曰太宰，太宗，太史，太祝，太士，太卜，典司六典。天子之五

① 见梁启超著《先秦政治思想史》第33～34页。

② 《尚书·尧典》：“尧命羲仲宅嵎夷，命羲叔宅南郊，命和仲宅西，命和叔宅朔方，以观象授时。”此盖注重于历象天文，以为人神之沟通。故少昊命官，首及历正；唐尧分职，先命羲和。又商代有巫咸、巫贤，《周官》有司巫之官，其流行可知。

③ 郑玄注《王制》，谓“天子三公，九卿，二十七大夫，八十一元士”为夏制。他的根据，是《明堂位》的“有虞氏官五十，夏后氏官百，殷二百，周三百”。盖合三公、九卿、二十七大夫、八十一元士，得百二十之数，抹除二十，只说一百，合于古人举成数之例。然以《明堂位》一书，本不足信；则夏制之可疑，就无待多说了。（《王制》《明堂位》均为《礼记》中篇名——编选者注）

官：曰司徒，司马，司空，司士，司寇，典司五众。天子之六府：曰司土，司木，司水，司草，司器，司货，典司六职。天子之六工：曰土工，金工，石工，木工，兽工，草工，典制六材。”郑玄注指此为殷时制，然亦与封建制度有关，殊未可信。但是，夏、商二代，既已由氏族社会进到奴隶制国家，则官职之设，较前代为繁复，却是可以相信的。

周代行封建制度，其中央官制可考者，如《五经异义》所说：“古《周礼》说：天子立三公：曰太师，太傅，太保，无官属，与王同职；故曰：坐而论道，谓之三公。又立三少以为之副，曰少师，少傅，少保，是为三孤。冢宰，司徒，宗伯，司马，司寇，司空，是为六卿之属。大夫、士、庶人在官者，凡万二千。”至其所任职务，则伪《古文尚书·周官》说：“立太师、太傅、太保，兹惟三公，论道经邦，燮理阴阳，官不必备，惟其人。少师、少傅、少保，曰三孤；贰公宏化，寅亮天地，弼予一人。冢宰掌邦治，统百官，均四海；司徒掌邦教，敷五典，扰兆民；宗伯掌邦礼，治神人，和上下；司马掌邦政，统六师，平邦国；司寇掌邦禁，诘奸慝，刑暴乱；司空掌邦土，居四民，时地利；六卿分职，各率其属，以倡九牧，阜成兆民。”以上所述，固属于古文家之说，不可尽信，然其言六卿，却颇合于《左传》上的记载。

夏曾佑说：“三代之时，国国皆自成风尚，虽有天子，王朝之政，不能逮于诸侯。故当时官制，其见于《左传》《国语》《战国策》者，各国不同，而秦、楚两国，尤其特异者也。自秦人并六国，夷诸侯为郡县，天下法制，乃定于一，于是天下之官，皆秦制矣（秦官亦皆沿其国之旧，非始皇所创）。汉兴，高祖起亭长，萧曹皆刀笔吏，无学术，不能深考古今，定至良之法，而唯知袭亡秦旧制，喟然而叹皇帝之贵，此神州所以不复振也。考两汉官制，亦稍有不同：前汉皆袭秦旧，后汉则袭王莽，高祖、光武能取嬴氏、新室之天下，而不能革其制度，其皆学问不及故欤！”[1] 由夏氏之言，可知中国官制，至秦始定于一，而汉制又多沿秦旧；

① 见夏曾佑著《中国历史教科书》第二篇第一章第六十六节。

故秦制实开中国刑政之创局。考秦制取三权分立：以丞相总大政，太尉掌兵马，御史大夫司黜陟。丞相之下，又设奉常掌祭祀，郎中令掌宫殿掖门，治粟内史掌钱谷出入，卫尉掌门卫屯兵，宗正掌皇族宗籍，廷尉掌刑法狱讼，典客掌宾客之事，太仆掌舆马服御，少府掌山泽租税。前汉制度，全与秦同，不过九卿之名略有更改而已①。后汉沿王莽之制，废除丞相与御史大夫，而以太尉、司徒、司空为三公，分部九卿②，三公九卿之制，由是确立。此种九卿制度，沿及魏、晋、六朝，无有更易；至北周用苏绰之议，仿《周礼》作六官，而后六部始代九卿而起。

唐的官制，集三国、两晋、六朝之大成③，而与秦、汉不同。然唐制多沿于隋，且较隋为完备，故以下仅就唐制述之。唐制中央政府，固有三师三公之设④，然徒拥尊位，并无实权。握有中央实权者，则为三省与六部。三省就是门下、尚书、中书：中书省掌宣奉诏敕，门下省掌审查诏敕，中书宣奉、门下审查之后，尚书省始以之施行天下。尚书省之下，设左仆射，统吏、户、礼三部，又设右仆射，统兵、刑、工三部。由是九卿实权⑤，尽移于六部，是为六部制度。此制历宋、元、明、清，相沿无改⑥。

---

① 汉之九卿为：太常（秦之奉常）、光禄勋（秦之郎中令）、卫尉（有时亦称中大夫）、太仆、廷尉（后更名大理）、大鸿胪（秦之典客）、宗正（后改为宗伯）、大司农（秦之治粟内史，有时改为大农令）、少府。

② 即太尉之下有太常、光禄勋、卫尉，司徒之下有太仆、廷尉、大鸿胪，司空之下有宗正、大司农、少府。

③ 唐之六部，系出自北周之六官；而六官之分，其议创自苏绰；苏氏之议，又出自《周礼》天、地、春、夏、秋、冬六官。又吏部初名选部，三国魏始改今名。兵部起于魏之五兵尚书，后魏又名七兵，隋始有兵部之名。户部原名度支，三国吴始有户部之名。礼部原名祀部，北周始有礼部之名。其他如工部，在三国魏名左民尚书，隋始有工部之名；如刑部始于晋之三公尚书，至隋始有刑部之名。

④ 唐代太师、太傅、太保三师，不主事，不置府，但与天子坐而论道；太尉、司徒、司空三公，参议国事，置府僚，无其人则缺。

⑤ 唐代称九卿为九寺，即太常、光禄、卫尉、宗正、太仆、大理、鸿胪、司农、太府。

⑥ 宋虽行六部制度，然于六部之外另立专职以分其权。如财政则有盐铁、度支二使，与户部合称三司，分理其事。军政则于兵部之上，又置枢密使，其权较兵部更大。故宋制：中书制民，三司理财，枢密治兵，其将财政军政独立于民政之外，盖含有集权之意。其制度之发生，则皆由于唐末藩镇跋扈，任意创制之结果。要之，宋之官阶，但以定禄秩而已，其所掌职务如何，全视临时差遣而定。见常乃德著《中国政治制度小史》第22页。

清代中央官制，除理藩院为增设机关外，其余多仍前代之旧。末叶，因外交频繁，始设总理各国事务衙门。至光绪二十七年（1901年），又改为外交部。变法以后，改订新官制，设外务、吏、民政、度支、礼、学、陆军、农工商、邮传、理藩、法十一部。宣统元年（1909年），又增设海军部。民国成立，南京政府时代，取总统制，设交通、外交、内务、财政、军务五部。正式政府成立，又增设海军、司法、教育、农林、工商五部。其后并农林、工商二部为农商部。国民政府成立，改行五院制，曰行政、立法、司法、考试、监察，而以各部隶属于行政院。

中央官制之演变既如上述，进而叙述中央政权之推移。

运用政治的枢纽，在于内阁。我国历史上内阁之名，虽起自明代，然秦、汉时之丞相，其权却与后世之内阁相等。我国“丞相”“相国”之名，起自秦代。秦代相国与丞相，为“掌丞天子助理万机”之官，其权力之大，可想而知；而相国较丞相尤为尊重。汉初，丞相之权很重，至武帝时，天子亲揽庶政，九卿更进用事，于是丞相之权始轻。成帝时，置尚书省，以贵戚重臣领尚书事，于是政权渐由丞相府移至尚书省。后汉以太尉、司徒、司空为三公，而机要仍决于尚书台。

丞相一职，在汉代已失其实权。盖专制政治，君主不欲以政权委诸丞相，而丞相实权遂为君主左右所潜夺。尚书得势，其理即在此。尚书本一卑职，在少府之下，以掌秘书。然自武帝以宦官典尚书事，其权遂重。后汉光武，惩王莽以三公篡，故杀三公权，而专任尚书。明帝以后，三公录尚书者，才得预闻大政，由是三公成为虚职，而尚书反成为实际上的丞相了。魏文帝设中书监与中书令，尚书之权，复移至中书。晋始置尚书、门下、中书三省，而门下省之侍中（门下省之最高长官），为最有权，因侍中掌侍从傧相之事，极与天子接近。六朝侍中掌诏令机密，由是大权集于门下省。要之，自汉武至六朝，政权为尚书、中书、门下所迭掌。

隋初，设尚书、门下、内史（即中书）三省，同行宰相职权，由是中央政权从一省独掌，变为三省同掌。唐因隋制，设尚书、门下、中书三省，以其长官尚书令、侍中、中书令为宰相。中书面受机务，门下省掌封驳，尚书承而行之。三省在当时，并非各自独立的机关，却是合在一个政事堂内议事，所以中央政权，为三省所同掌。唯尚书令初为太宗兼领，不以授人，遂以次官"仆射"，改为尚书省之长官；后来又不甚真除，但就他官加以"同中书门下三品""同中书门下平章事"等名目，便算做宰相。此种三省合掌政权制度，沿及宋代，无有改易。至元代撤废二者，唯以中书独掌政权，却是官制上的一大变革。

明初仍元制，设中书省以为宰相，后因宰相胡惟庸反，遂废去中书省，以天下大政，分隶六部，而天子以一人总其成①。后此，以嗣君庸懦无能，殿阁学士遂起而握宰相的大权②。结果，权臣如严嵩辈，遂以阁老而掌政权。清初以文华殿、武英殿、文渊阁、体仁阁大学士各一人，协理大学士二人，同掌政务，其制与明代相似。雍正用兵西北，特设军机处，其后军机大臣遂夺内阁的实权，而成为实际上的宰相。末年立宪议起，始设内阁总理及各部大臣共议国政，是为吾国责任内阁制度实行之始。

三、地方制度与地方官制之演变

地方制度与地方官制是相关联的，所以二者要并做一处来说。

自周以前的地方制度，有两种标准，一是"服"的里数，一是"州"的划分。服的说法，《禹贡》上有"五百里甸服：百里赋纳总，二百里纳铚，三百里纳秸服，四百里粟，五百里米。五百里侯服：百里

① 明太祖废去相职后，并谕群臣："……以后嗣君……毋得议置丞相。臣下有奏请设立者，论以极刑。"

② 殿阁学士，即指中极、建极、文华、武英四殿之学士而言。又文渊阁及东阁，"以其授餐大内，常在天子殿阁之下……故亦曰内阁"。殿阁学士，原为文学侍从之臣，管"票拟""批答"等事。明初废去丞相，殿阁学士接近人主，遂起而承此职之乏。

采，二百里男邦，三百里诸侯。五百里绥服：三百里揆文教，二百里奋武卫。五百里要服：三百里夷，二百里蔡。五百里荒服：三百里蛮，二百里流”。《周礼》上有“乃辨九服之邦国：方千里曰王畿，其外方五百里曰侯服，又其外方五百里曰甸服，又其外方五百里曰男服，又其外方五百里曰采服，又其外方五百里曰卫服，又其外方五百里曰蛮服，又其外方五百里曰夷服，又其外方五百里曰镇服，又其外方五百里曰藩服”。此即所谓“五服”“九服”之说。州的划分，在《禹贡》上便是“冀州，济、河惟兖州，海、岱惟青州，海、岱及淮惟徐州，淮、海惟扬州，荆及衡阳惟荆州，荆、河惟豫州，华阳黑水惟梁州，黑水、西河惟雍州”；在《尔雅·释地》上便是“两河间曰冀州，河南曰豫州，河西曰雍州，汉南曰荆州，江南曰扬州，济、河间曰兖州，济东曰徐州，燕曰幽州，齐曰营州”；在《周礼》上便是“东南曰扬州，正南曰荆州，河南曰豫州，正东曰青州，河东曰兖州，正西曰雍州，东北曰幽州，河内曰冀州，正北曰并州”。此即所谓“九州”之说。

五服、九服以及九州之说，都是后儒附会的，不可相信。第一，中国古代的疆域，只在黄河中部，直隶、山西的北部是北狄，陕西的大部分是西戎，黄河下流是东夷，直到周宣王时候，长江流域的中部，还是荆蛮、南蛮，淮河流域还是淮夷、徐夷，似此，则《禹贡》上九州的划分，又怎样可能呢？第二，土地要划分得整齐，便要测量学，并且要经纬度，而测量学与经纬度，却是晚近的产物，似此，则每服规规整整的五百里，又怎能办到呢？第三，我们说过，铁是在周代才有的，然而梁州的贡赋上便已经有了铁，这不是后儒的附会又是什么呢？

五服、九服以及九州之说既不足信，则周礼《王制》上所说，“凡四海之内九州，州方千里。州建百里之国三十，七十里之国六十，五十里之国百有二十，凡二百一十国；名山大泽不以封，其余以为附庸间田。八州，州二百一十国。天子之县内方百里之国九，七十里之国二十有一，五十里之国六十有三，凡九十三国；名山大泽不以朌；其余以禄士，以为间田。凡九州，千七百七十三国；天子之元士，诸侯之附庸不与”，便益加不足信了。因为即使有州，而各州面积广狭不齐，其间土著国家，原有多少，亦不相等，似此，则每州定为二百一十国，便显系后儒的附会了。

要之，五服、九服与九州之说，都是后儒泥于封建制度之成见，始有此整齐划一的区分，其不足信，无待赘述。

秦兴，废封建，为郡县①。最初分全国为三十六郡，后又增置四郡②。郡之下有县，郡置守，掌民事；置尉，掌军事；置御史，掌监察；县各置令尉，分理民事与军事。……是为地方两级制③。汉初，分天下为六十二郡，其制亦同于秦④。

等到武帝拓疆之后，始分天下为十三部⑤，除司隶校尉一部外，每部均设刺史，督察郡、县行政⑥。汉末，罢刺史，置州牧，选列卿尚书以本秩居之，总揽一州的民政军政财政，统辖郡守国相，地方三级制的基础，由是确立。晋初，分天下为十九州⑦，州下有郡、国，郡、国之

① 郡县之制，不始于秦，春秋时，赵简子誓众，有上大夫受县、下大夫受郡之语；战国时，秦惠文十一年，有魏纳上郡十五县的记载。

② 秦三十六郡：在今陕、甘者五：即内史、汉中、上郡、北地、陇西；在今山西者五：即河东、上党、太原、代郡、雁门；在今直、奉者七：即邯郸、巨鹿、东郡、渔阳、上谷、辽西、辽东；在今特区者三：即右北平、云中、九原；在今山东者三：即齐郡、薛郡、琅琊；在今河南者三：即三川、颍川、南阳；在今江、浙者五：即砀郡、泗水、九江、会稽、鄣郡；在今四川者二：即巴郡、蜀郡；在今两湖者三：即南郡、长沙、黔中。后增设闽中、南海、桂林、象郡四郡，在今闽、粤一带。

③ 秦制军民分治，又有御史以司监察，且郡守、县令均由天子简任，故中央集权之势特强。

④ 汉行郡国制：郡设太守理民政，都尉主兵柄；国有相以监理国政，内史以理民政；郡国之下有县，设令长为亲民官。

⑤ 参看第二编第二章第五节第 81 页注③。

⑥ 刺史的任务，与秦之御史相同，专司监察。汉制十二部各置刺史，以六条督察所部：(一) 强宗豪右，田宅逾制，以强凌弱，以众暴寡；(二) 二千石不奉诏书，遵承典制，背公向私，侵渔百姓，聚敛为奸；(三) 二千石不恤疑赦，风厉杀人，怒则任刑，喜则任赏，烦扰刻暴，剥截黎元，为百姓所嫉，山崩石裂，妖祥讹言；(四) 二千石选署不平，苟阿所爱，蔽贤宠顽；(五) 二千石子弟，怙恃荣势，请托所监；(六) 二千石违公下比，阿附豪强，通行货赂，割省正令。可见当时刺史并无行政之权。

⑦ 十九州：司州（司隶改名）、兖州、豫州、冀州、幽州、平州、并州、雍州、凉州、秦州、梁州、益州、宁州、青州、徐州、荆州、扬州、交州、广州。

下有县；州设都督刺史，总揽民政军政财政全权，郡设太守，国设内史，县设令长。隋代废诸郡名号，以州统县，其上复置总管府，设总管统辖诸州。唯总管非常设之官，时置时废，故名为三级制，实则仍为两级制。唐初，因山川形势之便，分天下为十道①，玄宗时，复分为十五道②，其下有府十五，州三百一十三，县千五百一十三。道设采访处置使，两畿以中丞领之，余皆以刺史领之，为监察官，非常设。道下有府、州，府、州之下有县。府设尹，州设刺史，县设令。大抵以道统府、州，府、州统县，为虚三级制。沿边又设六大都护府③，以统辖诸羁縻府州。开元以后，节度使擅权，遂俨然成为实三级制度，而十五道之制就因之破坏了。要之，自汉末至唐，所谓刺史、州牧、都督刺史以及节度使，都带有藩镇的性质，与地方制度本身根本无关，而隋之总管与唐之采访处置使，又非常设之官，故其时地方制度虽名为三级制，实则仍为两级制。

宋代惩唐代及五代藩镇跋扈之弊，实行中央集权制，尽罢诸藩镇，分天下为十五路④，后又分为十八路，神宗时复增为二十三路，废地方常置官，仅以朝臣出守各郡，称为“权知州军事”，以缩小地方权力。当时地方制度略分三级，路设转运使⑤，路下有府州军监，府州军监下有县，各设知事为亲民官⑥。

---

① 十道：关内、陇右、河东、河北、河南、山南、剑南、淮南、江南、岭南。

② 十五道：京畿（治西京）、都畿（治东都）、关内（京官遥领）、河南（治汴州）、河东（治蒲州）、河北（治魏州）、陇右（治鄯州）、山南东道（治襄州）、山南西道（治梁州）、剑南（治益州）、淮南（治扬州）、江南东道（治苏州）、江南西道（治洪州）、黔中（治黔州）、岭南（治广州）。

③ 六都护府：（一）安东治平壤；（二）安南治交州；（三）安西治龟兹；（四）北庭治庭州；（五）安北治金山；（六）单于治云中。

④ 京东、京西、河北、河东、陕西、淮南、江南、湖北、湖南、两浙、福建、四川、陕西、广东、广西为十五路。真宗时，分陕西为利州、夔州二路，分四川为梓州、成都二路，分江南为东西二路，合计十八路。神宗时，河北、京东及淮南各分为二路，京西分为南北二路，陕西分为永兴、秦凤二路，合计二十三路。

⑤ 宋代初无“监司”，后于各路设转运使以总财赋及其他诸事，又置提点刑狱，使属于转运使而分其权。

⑥ 所谓“权知州军事”“知某某州军监事”“知某某府事”“知某某县事”，都含有差遣的性质，并不是正官。此外有专管一事由中央所委派者，则称使或提举，如发运使、宣抚使、市舶提举等，谓之“厘务官”。

我国地方制度，总上所述，可分为秦、汉之两级制度、由汉至唐之虚三级制度以及宋代中央集权主义下之特殊的地方制度，降至元代，始有行省制度之设立。元代设中书省一；又设行中书省十一①，分辖各地方，略称为行省。……是即今日行省制度之所自始。省下有路府，路府下有州县，然府亦有隶属于路，州亦有统县者。……是为实三级制度。明代因元之旧，改行中书省为承宣布政使司，计分全国为十五区②。十五区中，以北直隶、南直隶为中央政府及行在政府所在地，以六部长官分理地方行政，其余十三布政使司，则各设布政使理民政，按察使司纠察，都指挥使主兵柄……是为三司。布政使司以下有府州县，府设知府，州设知州，县设知县，为亲民官。布政使司统府州，府州统县，为实三级制度。其后三司以上，复设总督、巡抚等官，总揽军政民政；三司以下，又设分守、兵备诸道，以巡察地方，或统领地方军政；由是三级制度渐变为五级制度了。清代分全国为二十二行省③，各省设总督或巡抚，以揽一省民政，而以布政司理财，按察司司刑。省下有府州厅县，府设知府，州设知州，厅设同知，县设知县，大抵以省统府州厅，以府州统县，为实三级制度。民国成立，制度虽时有变迁，然依旧不能离三级制度与两级制度二者④。

---

① 十一行中书省：陕西、四川、甘肃、江浙、江西、湖广、云南、征东、辽东、岭北、河南。

② 北直隶（北京顺天）与南直隶（南京应天）二区之外，尚有十三区，即：浙江、江西、福建、湖广、山东、山西、河南、陕西、广东、广西、四川、云南、贵州。

③ 二十二行省：直隶、山东、山西、河南、陕西、甘肃、新疆、西藏、江苏、安徽、江西、湖北、湖南、四川、福建、浙江、广东、云南、贵州、奉天、吉林、黑龙江。

④ 民国成立，各省设都督，为一省行政长官，罢府州厅，以县直隶于省，设县知事为亲民官，是为二级制。袁世凯秉政，又分省为道，遂变为三级制。袁氏死后，一省设督军以掌军政、省长以理民政，省以下有道，设道尹，道以下有县，设知事，仍为三级制。国民政府成立，各省皆设主席，以县直隶于省，又改为二级制。

第四章　乡治制度之演变

一、古代之传疑的乡治制度

马端临的《文献通考》上说："昔黄帝始经土设井，以塞争端；立步制亩，以防不足。使八家为井，井开四道而分八宅，凿井于中。一则不泄地气，二则无费一家，三则同风俗，四则齐巧拙，五则通财货，六则存亡更守，七则出入相司，八则嫁娶相媒，九则有无相贷，十则疾病相救。是以性情可得而亲，生产可得而均。均则欺凌之路塞，亲则斗讼之心弭。既牧之于邑，故井一为邻，邻三为朋，朋三为里，里五为邑，邑十为都，都十为师，师七为州。……迄乎夏殷，不易其制。"

《尚书大传》上也说："古八家而为邻，三邻而为朋，三朋而为里，五里而为邑，十邑而为都，十都而为师，州十有二师焉。"

《孟子》上也说："死徙无出乡。乡田同井，出入相友，守望相助，疾病相扶持，则百姓亲睦。"

古代这种乡治制度，是根据井田制度而发生的；汉儒更衍其意，以构成理想的乡治社会："夫饥寒并至，虽尧舜躬化，不能使野无寇盗。贫富兼并，虽皋陶制法，不能使强不凌弱。是故圣人制井田之法而口分之：一夫一妇，受田百亩。……五口为一家。公田十亩。……庐舍二亩半。八家……共为一井，故曰井田。……井田之义：一曰无泄地气，二曰无费一家，三曰同风俗，四曰合巧拙，五曰通财货。因井田以为市，故曰市井。……别田之高下善恶，分为三品。……肥饶不得独乐，垸埆不得独苦，故三年一换土易居……是谓均民力。在田曰庐，在邑曰里。一里八十户。八家共一巷。中里为校室。选其有耆老有高德者名曰父老，其有辩护伉健者为里正；皆受倍田得乘马。父老比三老孝悌官属；里正比庶人在官者。民春夏出田，秋冬入保城郭。田作之时，父老及里正，且开门坐塾上。晏出后时者不得出，暮不持樵者不得入。五谷毕入，民皆居宅。里正趋缉绩，男女同巷，相从夜绩，至于夜中，故女功一月得四十五日。作从十月尽正月止。男女有所怨恨，相从而歌：饥者歌其食，劳者歌其事。男年六十女年五十无子者，官衣食之。使之民间求诗，乡移于邑，邑移于国，国以闻于天子。故王者不出牖户，尽知天下所苦，不下堂而知四方。十月事讫，父老教于校室。八岁者学小学，十五者学大学。其有秀者移于乡学。……三年耕，余一年之畜；九年耕，余三年之积；三十年耕，有十年之储。虽遇唐尧之水，殷汤之旱，民无近忧。四海之内，莫不乐其业。故曰什一行而颂声作矣。”①

井田制度之有无，在今日依然是个未决的问题，准此，则以上所述的乡治制度，便不足信了。

二、《周礼》上之传疑的乡治制度

古代言乡治制度最详尽的书，莫过于《周礼》。案《周礼》：王城之外为乡；乡之外为郭；郭之外为近郊；近郊之外为遂；遂之外为野；野之外为甸；甸之外为稍；稍之外为小都；小都之外为大都。甸、稍、小都、大都之地，均属采邑，行贡法；惟乡遂距王城近，足为诸侯之国的模范，故其乡治制度特详。乡以五家为比，五比为闾，四闾为族，五族为党，五党为州，五州为乡。比长为下士，闾胥为中士，族师为上士，

① 见《公羊传·宣公十五年》，何注。

党正为下大夫，州长为中大夫，乡大夫即是卿。遂以五家为邻，五邻为里，四里为酂，五酂为鄙，五鄙为县，五县为遂。遂大夫，县正，鄙师，酂长，里宰，均比乡官递降一级，而邻长无爵。总计凡六乡六遂。六乡之吏：乡大夫六人，州长三十人，党正百五十人，族师七百五十人，闾胥三千人，比长万五千人；六遂之吏，其数目同于六乡之吏。故六乡六遂合计，共有吏三万七千八百七十二人。至于职掌，则乡遂之吏略同，即：（一）调查户口；（二）征敛赋税；（三）调度人民对于国家的服役；（四）监督乡遂教育；（五）悬布法令，使民公览，且教民读法；（六）联络人民的相互交际。

《周礼》上的乡治制度之内容，既如上述；然因《周礼》为伪书，则其所言之制度，自未可置信。

三、军国主义下的乡治制度

西周以前的乡治制度，由上所述看来，都是难以置信的。然至春秋以后，关于乡治制度，却存有可考的事实。当时提倡乡治最力的，便是齐国的管仲与秦国的商鞅。管仲与商鞅，都是法家，着重军国主义，因此，其所提倡的乡治制度，很有军国主义的精神。

《管子·立政篇》说："分国以为五乡，乡为之师；分乡以为五州，州为之长；分州以为十里，里为之尉；分里以为十游，游为之宗；十家为什，五家为伍，什伍皆有长焉。筑障塞匿，一道路，博出入，审闾闬，慎筦键。筦藏于里尉，置闾有司，以时开闭。闾有司观出入者，以复于里尉。凡出入不时，衣服不中，圈属群徒不顺于常者，闾有司见之，复无时。若在长家子弟臣妾属役宾客，则里尉以谯于游宗；游宗以谯于什伍；什伍以谯于长家。谯敬而勿复。一再则宥，三则不赦。凡孝悌忠信，贤良俊材，若在长家子弟臣妾属役宾客，则什伍以复于游宗；游宗以复于里尉；里尉以复于州长；州长以计于乡师；乡师以著于士师。……三月一复，六月一计，十二月一著。凡上贤不过等；使能不兼官。罚有罪不独及，赏有功不专与。”

《管子·小匡篇》说：“五家为轨，轨有长；十轨为里，里有司；四里为连，连有长；十连为乡，乡有良人；三乡一帅。”又说：“政既成，乡不越长，朝不越爵。罢士无伍，罢女无家。士三出妻，逐于境外；女三嫁，入于舂谷。是故民皆勉为善士：与其为善于乡，不如为善于里；与其为善于里，不如为善于家。是故士莫敢言一朝之便……皆有终身之功。……是故匹夫有善，可得而举；匹夫有不善，可得而诛。政成国安，以守则固，以战则强。”

这种制度，在当时是否完全实现，尚属疑问，但军国主义的精神，却活跃地表现在这种制度里面，所以江永的《群经补义》说：“管仲参国伍鄙之法：制国以为二十一乡：工商之乡六，士乡十五，公帅五乡，国子、高子，各帅五乡；是齐之三军，悉出近国都之十五乡，而野鄙之农不与也。五家为轨，故五人为伍，积而至于一乡。二千家，旅二千人，十五乡三万人为三军。是此十五乡者，家必有一人为兵。其中有贤能者，五乡大夫有升选之法，故谓之士乡，所以别于农也。其为农者，处之野鄙，别为五鄙之法。三十家为邑，十邑为卒，十卒为乡，三乡为县，十县为属，五属各有大夫治之，专令治田供税，更不使之为兵。”

商鞅所定的乡治制度，便是这样的：令民为什伍（五家为保，十家为连），而相收司连坐（相收司即相纠发，一家有罪，九家举发，不纠发，则十家连坐），告奸者与斩敌首同赏，匿奸者与降敌同罚；有军功者，各以率受爵；为私斗者，各以轻重被刑①。这种乡治制度，明白地表现着军国主义的精神；秦之所以强大，其主要原因，或许就在这里。

四、秦汉的乡治制度

秦汉时代，十里为亭，亭有长；十亭为乡，乡有三老、啬夫、游

① 见《史记》。

徼。三老掌教化；啬夫职听讼，收赋税；游徼掌徼循，禁盗贼。《汉书·高帝纪》："二年五月癸未令……举民年五十以上，有修行，能帅众为善，置以为三老，乡一人。择乡三老一人为县三老，与县令丞尉，以事相教。"这时候的三老，或者是些年高有德的人，其所作所为，或许能够符合乡治制度的精神；但是，汉代以后的乡治制度，却名存实亡，而所谓里胥乡正，就成为官衙的爪牙了。

五、汉代以后的乡治制度

刚才说过，汉代以后的乡治制度，名存实亡，所以下面但就组织上的变化，略为叙述。

晋制：每县户五百以上，皆置乡，三千以上置二乡，五千以上置三乡，万以上置四乡。乡置啬夫一人；乡户每千以下置治书吏一人；千以上置吏佐各一人，正一人；五千五百以上置吏一人，佐二人；县率百户置里吏一人。

唐制：诸户为里，五里为乡，四家为邻，三家为保，每里设正一人。在城市者为坊，别置坊正一人。在田野者为村，别置村正一人。其村满百家者，增置一人。

宋制：设衙前以主官物，里长、户长督赋税，耆长、弓手、壮丁逐捕盗贼，承符、人力、手力、散从以驱使。而衙前、里长，累民特盛，往往倾家不能给。王安石目击此种差役之害，遂改为募役；同时，行保甲之法①。

明制：以一百一十户为里，推丁多者十人为长，以百户为甲，甲凡十人，岁轮里长一人，管摄一里之事，城中曰坊，城外曰乡，乡都曰里。每里编为一册，首篇为一图，鳏寡孤独不任役者，则代管于百十户

① 保甲之法：以十家为一保，保有长；五十家为一大保，有大保长；十大保为一都保，有都保正。教保长以武艺，使以转教保丁，以轮流备盗。

之外，而列于图后。

组织上虽有这许多变化，但设立这种制度的目的，却不外：（一）防御盗贼，纠察非违；（二）催督赋役，劝课农桑。至于元、清两代，以异族入主中国，则于此制度之中，更寓有防备汉人造反之意。里胥乡正这些人，既有权纠察非违，便可以滥用威权，去欺压农民；既有权督课赋役，便可以滥用威权去剥削农民；加以他们出入衙署，上下其手，于是包揽词讼，就成为他们发财的坦道。所以顾炎武在《日知录》上便说："明初，以大户为粮长，掌其乡之赋税，多或至十余万。运粮至京，得朝见天子。洪武中或以人材授官。至宣德五年闰十二月，南京监察御史李安及江西庐（陵）陵吉水二县耆民；六年四月，监察御史张政，各言粮长之害。谓其倍收粮石，准折子女，包揽词讼，把持官府，屡经禁饬，而其患少息。然未常以是而罢粮长也。"又明仁宗洪熙时，巡按四川监察御史何文渊也进言道："天下州县，设立老人，必选年高有德，众所信服者。……比年所用，多非其人：或出自隶仆，规避差科，县官不究年德如何，辄令充应。使得凭借官府，妄张威福，肆虐乡闾；或遇上司官按临，巧进谗言，变乱黑白，挟制官吏。"所谓老人，既然出自隶仆，则年高有德者，自然退避不遑；而愿充老人的，便多半是地痞流氓，结果就愈弄而愈糟。所以顾炎武在《日知录》上又说："近世之老人，则听役于官，而靡事不为。故稍知廉耻之人，不肯为此。而愿为之者，大抵皆奸猾之徒，欲倚势以凌百姓者也。"①

---

① 本来乡治制度，是统治阶级所运用的政治制度这一架机器之一个小轮盘，这制度充分地表现着封建政治的性质，而与近代民主政治下的地方自治制度不同。所以柳子厚《封建论》上便说："有里胥而后有县大夫，有县大夫而后有诸侯，有诸侯而后有方伯连帅，有方伯连帅而后有天子。"顾炎武的《日知录》上也说："天下之治，始于里胥，终于天子，其灼然者矣。"汉文帝的诏书，对于这制度的性质，更说得明白。他说："乡里乡党之制，所由来久。欲使风教易周，家至日见；以大督小，从近及远；如身之使手，干之总条。然后口算平均，义兴讼息。"从而，如果这制度运用得法，结果便是"口算平均，义兴讼息"，否则，便是"妄张威福，肆虐乡闾"。

第五章　参政制度之演进

一、《王制》上之传疑的参政制度

《王制》上说："命乡论秀士，升之司徒，曰选士。司徒论选士之秀者，而升之学，曰俊士。升于司徒者，不征于乡，升于学者，不征于司徒，曰造士。乐正崇四术，立四教，顺先王诗书礼乐以造士。春秋教以礼乐，冬夏教以诗书。王大子、王子、群后之大子、卿大夫元士之适子、国之俊、选，皆造焉。……将出学，小胥、大胥、小乐正，简不帅教者，以告于大乐正，大乐正以告于王。王命三公、九卿、大夫、元士皆入学。不变，王亲视学。不变，王三日不举，屏之远方，西方曰棘，东方曰寄，终身不齿。大乐正论造士之秀者，以告于王，而升诸司马，曰进士。司马辨论官材，论进士之贤者，以告于王，而定其论。论定，然后官之；任官，然后爵之；位定，然后禄之。"①

由《王制》所说的看来，似乎平民在当时也可以由乡学升入大学而为进士。其实，夏、商以及西周，都是贵族政治最盛的时代，在这个时代，教育都为学官所掌，舍学官外无所谓学问，贵族阶级就是智识分

---

① 此外更有两种制度：一曰贡士，《礼记·射义》说："古者天子之制，诸侯岁献贡士于天子，天子试之于射宫。"一曰聘士，《白虎通》说："诸侯所以贡于天子者，进贤劝善者也。天子聘求之者，贵义也。……故月令，季春之月，开府库，出币帛，周天下，勉诸侯，聘名士，礼贤者。……及其幽隐，诸侯所遗失，天子所昭，故聘之也。"

子，而平民对于学问，实无从问津。在这样情况之下，平民又怎能由国学以取得进士呢？即令取得进士，也未必能和那些由贵族出身的人一样，能够获得官爵。要之，在贵族阶级专政的时候，他们都是世禄世官，平民绝无参政的机会。从而《王制》所说的选举方法，在当时便不见得实行过。

战国时代，贵族政治已经崩坏。且诸侯并立，互相竞争，都各延揽人才以自佐，于是平民中有一技之长者，皆可以立致宦达，如苏秦、张仪、商鞅、范雎、庞涓之徒，都无不是以匹夫崛起而为大国将相。然此系一时的现象，并非确定的参政制度。降至汉代，而后有辟举制之发生。

二、辟举制之发生及其演变

上面所述的战国时代平民参政的特殊现象，到了秦、汉统一的时候，便渐次地消失了。当时教育之途既狭，由学校出身以致仕宦，是办不到的。国家需用人才，在当时情况之下，就只好采用辟举制。汉高祖统一中国以后，即下诏求贤士大夫，与共安利天下。文帝时，诏诸侯王公卿郡守，举贤良能直言极谏者。武帝时，更诏举孝廉及博士弟子。武帝制郡国人口二十万以上，岁举一人；四十万以上二人；六十万三人；八十万四人；百万五人；百二十万六人；不满二十万，二岁一人；不满十万，三岁一人。限以四科：一曰德行高妙，志节清白；二曰学通行修，经中博士；三曰明习法令，足以决疑；四曰刚毅多略，遭事不惑[①]。当时举人之权操诸郡国之手，试验之权操诸丞相、御史等官之手，其至要者或由天子亲自策问。……故就此制之性质言，颇与古代

① 当时虽限以四科，然实际上所举者，不外贤良方正、孝廉、博士弟子三者。此外更有文学高第、明兵法、有大虑及茂才异等可为将相及使绝域者，其名甚多，然非常制。

“诸侯贡士”之制相似①。后汉冲帝时尚书令左雄因举人太滥，乃设限年之格，非年至四十以上者，不得被举，而且儒者须试以经学，文吏须试以章奏。……是即辟举制过渡到考试制之先声。

魏文帝时，用陈群之议，废限年之格，州郡置中正官以选择人物，依学行的差别而有上上、上中、上下、中上、中中、中下、下上、下中、下下九品之别，各授以官，是谓九品官人之法。至是举人之权不操诸郡国守令，而另有中正以专司其事②。其后两晋南北朝虽略有变更，然大体上依旧通行九品官人之法③。

三、科举考试制之发生及其演变

科举考试制发生，是辟举制与九品官人法的反动。在实施辟举制的时候，人民参政之权，完全操诸官吏之手，士虽有奇才异能，倘不为官吏所知，即不能参与政治。魏、晋、南北朝实施九品官人之法，于是举人之权，操诸中正之手。当时中正多半是本地方的人，他们都有亲朋戚旧，徇私趋势的事情，自然不能免除。结果：中正“专称门阀，所论必门户，所议莫贤能”，有力者当然占有便宜，而贫寒之士，就永无出人头地之日了④。辟举制既不能使平民表现其奇才异能以参与政治，九品官人之法又弄到“上品无寒门、下品无世族”，于是科举考试制始代之而起。

隋炀帝时，设进士科，以试诗赋取士，是为科举考试制之始。唐因隋制，定取士之法为三种：（一）从京师诸学馆（国子学、大学、四门

① 后汉时设选部专理辟举之事，为日后吏部之先声。

② 九品官人之法，先由郡邑小中正定人材之品，乃上之大中正；大中正检其实，乃上之司徒；司徒再检，乃付尚书；然后加以选任。

③ 南北朝时，大抵沿袭魏制，而稍有变更：时梁有限年之法，州置州重，郡置郡崇，乡置乡豪，专司举荐之事，大抵年满三十者，始得入仕。

④ 辟举制与九品官人之法，都要取决于一般的舆论，其举士始得公平；如果舆论为有力者所操纵，则举官便只有仰其鼻息，徇私趋势而无所谓公平了。

学、律学、算学、弘文馆、崇文馆）与州县各学校，送其诸生之成业者于尚书省而使之受试者曰生徒；（二）不由学校出身而先在州县受试，及第再赴京师应尚书省试者曰乡贡；（三）天子数年诏行一次而以待非常之才者曰制举。生徒与乡贡的科目很多，最著者有秀才、明经、进士、俊士、明法、明字、明算等名，然而取之最多者，却只有进士、明经两科。其试法：秀才试方略策五道，以文理精通为主；明经先试帖经[①]墨义[②]，后答时务策三道；进士试时务策五道，又试帖经，其后改重诗赋；明法试律令十条；明字先口试，后乃墨试《说文》《字林》；明算先口试，后乃试以各算书。此外尚有武科，始于武后长安二年，亦用乡贡之法，由兵部主其事。

以上所说，是取士之法。但登科以后，并不即授以官，还要试于吏部，谓之“释褐试”。通过了释褐试，才授之以官[③]。

授官之制，多沿前代，五品以上有册授，有制授，六品以下皆旨授。凡旨授官，悉由于铨选。铨选有文武，文选属吏部，武选属兵部。武选取其躯干雄伟，有骁勇才可为统帅者。文选择人以四事：一曰身，取其体貌丰伟；二曰言，取其言词辨正；三曰书，取其楷法遒美；四曰判，取其文理优长。玄宗时，始移举士于礼部，而吏部仅举官。于是举士与举官，分为两途[④]。玄宗又用吏部尚书裴光庭之议：授官但循资

① 《文献通考》说：“帖经者，以所习经，掩其两端，中间开惟一行；裁纸为帖。凡帖三字，随时增损；可否不一。或得四，或得五，或得六为通。后举人积多，故其法益难，务欲落之。至有帖孤章绝句，疑以参互者以惑之。甚者或上折其注，下余一二字，使寻之难知，谓之倒拔。”

② 《文献通考》说：“愚尝见……吕许公夷简应本州乡举试卷，因知墨义之式。盖十余条。有云：作者七人矣，请以七人之名对。则对云：七人，某某也，谨对。有云：见有礼于其君者，如孝子之养父母也，请以下文对。则对云：下文曰：见无礼于其君者，如鹰鹯之逐鸟雀也，谨对。有云：请以注疏对者，则对云：注疏曰云云；有不能记忆者，则只云对未审。”

③ 一登进士第，即授之以官，系宋制。

④ 案唐制吏部之属，有考功郎中掌考课，考功员外郎掌贡举，玄宗以员外郎望轻，遂移贡举于礼部。

格，限年蹑级，毋得逾越，非负谴者，皆有升无降①。自是有司只勘资例，考课遂成死法。

宋制与唐制大同小异，除进士明经诸科外②，别有制科③。进士试诗赋论及帖经墨义，诸科专试帖经墨义。诸生每秋由诸州发解，冬集礼部，春考试。开宝中，有进士诉知举官用情取舍，太祖始择中选者，亲御讲武殿别试，自是殿试遂成永制④。但是，诗赋之弊，流于浮华，不切实际；帖经墨义之弊，陷于记诵，不合实用。于是改革科举考试制度的声浪，就渐次高起来了。

仁宗时，范仲淹等更张贡举，先策论而后诗赋，使文士留心于治乱得失，罢帖经墨义而问大义，使执经者不专于记诵。就已经有改革科举考试制度的倾向，不过未曾实现罢了。等到神宗时，王安石出来变法，才实行改革这种制度。王安石的本意，不赞成用科举取士，却主张由学校养士，所以当他握政的时候，便增修大学，立三舍之法：初入学者为外舍生，定额七百人，后增为二千，以次升入内舍、上舍，内舍三百人，上舍百人。上舍试分三等：上等不须殿试，而命以官；中等免礼部试；下等免解试。这就是渐次用学校代科举的办法，不过行之不久罢了。王安石的以学校代科举的办法，既然行之不久，结果，就只有改革科举制度。改革的扼要处，就是罢诸科独存进士科，废除诗赋而改帖经墨义为大义。这种改革，其目的在于使士子不专于记诵，而着重于学问。同时，置《诗》《书》《周礼》三经义局，以王安石为之提举，颁发

① 此法本于北魏崔亮所立的停年之格。其法：凡补用之人，一以其停罢后岁月为断。是即以资格用人之始。

② 明经诸科，即九经、五经、通礼、三礼、三传、三史，学究一经等。

③ 宋初制科有三：（一）贤良方正；（二）经学优深；（三）详闲吏理。皆袭周世宗时之制。真宗时，改为六科：（一）贤良方正；（二）博通坟典；（三）才识兼茂；（四）详明吏理；（五）识洞韬略；（六）材任边寄。仁宗别增三科：（一）高蹈丘园；（二）沉沦草泽；（三）茂材异等。哲宗立十科：（一）师表；（二）献纳；（三）将帅；（四）监司；（五）讲读；（六）顾问；（七）著述；（八）听讼；（九）治财；（十）能谳。

④ 宋太祖对近臣说："昔者科名多为势家所取，朕今临试，尽革其弊矣。"可见当时举官用情取舍的情形。

他自己所撰的《三经新义》以试举子。当时应科举的，都迎合举官的心理，于是所谓“问大义”，就弄到举子只会说《三经新义》上的话，而不能发抒自己的心得。所以王安石自己也叹道：“本欲变学究为秀才，不料变秀才为学究。”[①] 改革运动，到了这个厄境，也就不能不归于失败了。结果，哲宗时，依旧恢复诗赋，与经义并行，至是进士分为诗赋与经义两科，终南宋之世，无有改易。

科举制度，至明清又一变，我们可以称这个时代为“以八股取士”的时代。明制有乡试、会试、殿试三种：凡子午卯酉之年，于各省试士，是谓乡试，中试者为举人。明年（丑未辰戌之年）举人至京师，应礼部试，是谓会试。中试者由天子试于殿中，是谓殿试，殿试及第者分三等：一等为一甲，限三名，第一曰状元，第二曰榜眼，第三曰探花，皆赐进士及第；二等为二甲，赐进士出身；三等为三甲，赐同进士出身；二等三等无定员。状元除翰林院撰修，榜眼、探花除翰林院编修，二三甲选用庶吉士者，皆为翰林官，其他或授给事中、御史、主事、中书行人、太常博士，或授府推官、知州、知县。至于科目，则仅有进士一科。初场试四书义三道，五经（《易》《诗》《书》《春秋》《礼记》）义四道；二场试论一道，判五道，诏、诰、表内科一道；三场试经史，时务策五道。乡会试同，唯殿试策一道。所试经义的格式，颇与宋代相同，然有两个特殊之点：（一）经义一尊程朱之说[②]；（二）体用排偶，即所谓八股[③]；由是思想定于一宗，不敢稍自违异，而八股文体，更使

---

① 秀才为唐科举制中之最高科目，应此科者，均须真有学问之人。学究则只习于帖经墨义。

② 明自太祖以来，即尊重程、朱之说。成祖时，更令胡广、杨荣诸儒，采宋、元诸儒之说，撰《四书大全》《五经大全》《性理大全》，命应举者依此立言。

③ 顾炎武《日知录》说：“经义之文，流俗谓之八股，盖始于成化（明宪宗年号）以后。股者，对偶之名也。天、顺（即天启顺治，天启为熹宗年号，顺治为清世祖年号）以前，经义之文不过敷衍传注，或对或散，初无定格，其单题亦甚少。成化二十三年会试，‘乐天者保天下’文：起讲先题三句，即讲乐天；四股过接四句，复讲保天下；四股复收四句，作大结。弘治（孝宗年号）会试，‘责难于君谓之恭’文亦然：每四股中，一反一正，一虚一实，一浅一深。其两对题，扇扇立格，则每扇之中有四股，次第之法，亦复如之，故今人相传谓之八股。”此外关于体用排偶的原因，可参看吕思勉著《白话本国史》第四册，第 84 页。

举子精力消磨殆尽。科举制度至此，已届末运。清兴，其制大抵仍明代之旧①。唯康乾时所开的博学鸿词科与光绪时所开的经济特科②，则系前代制科之类。清末，以国势不振，始废科举③。

综上所述，表面上似乎是参政制度，其实在专制政体之下，不拘辟举制抑为科举制，其结果，至多都不外是替帝室选拔一群人才，做他们统治人民的工具，而平民实际参与政治，却是一句空话。盖参政制度，系民主政治之产物。其参与政治之人物，非由人民直接选举，无由实现。

---

① 清制有岁试、乡试、会试、殿试之别：岁试士民先应县试及第，始应府试，又及第始受学政使亲试，其及第者称秀才；乡试每三年于各省会集省属各府之秀才而施行之，其及第者称举人；会试每五年在北京举行，各省举人皆应试，及第者称进士；殿试在会试之后，各进士皆对策于保和殿，其及第者所分等甲，与明制同。其所试项目，与明略异，即二场不试论判及诏、诰、表，而于头场试四书文三篇，五言试帖诗一首，二场试五经文三篇，三场试策论五道。

② 康熙十八年（1679年）及乾隆元年（1736年），开博学鸿词科，以备著作上的顾问。光绪二十九年（1903年），开经济特科。

③ 戊戌变法，曾废八股，以策论经议试士。孝钦垂帘之后，又复八股；辛丑又废八股，试策论经义。光绪三十一年（1905年），因袁世凯奏请，始从丙午科起，废止科举。

第六章　教育制度之演进

一、古代教育之权柄于官府

上古教育事业，是宗教事业的附庸。当时所谓教育，带着浓厚的宗教色彩。所以俞正燮说："虞命教胄子，止属典乐。周成均之教，大司成，小司成，乐胥，皆主乐。《周官》大师乐，乐师，大胥，小胥，皆主学。……子路曰：何必读书，然后为学。古者背文为诵，冬读书，为春诵夏弦地，亦读乐书。《周语》召穆公云：瞍赋矇诵，瞽史教诲。《檀弓》云：大功废业，大巧诵。……通检三代从上，书乐之外，无所谓学。"① 唯其如此，从而当时学校中所重的科目，就不出诗书礼乐四者。礼为仪文节目，乐为歌咏舞蹈，诗为乐之歌词，皆所以事神者。至于书，则系宗教中的古典。在这个时代，掌理教育事业者，当然是些"巫祝"之辈，而且只有他们，才是些智识分子：这种现象，正和欧洲中世纪教会柄世政的情形相同②。等到贵族执政的时候，教育的大权，就过渡到官府的手中，而官府以外，便无所谓学术。所以章炳麟说："古之学者多出王官。世卿用事之时，百姓当家则务农商畜牧，无所谓学问

---

① 见俞正燮著《癸巳存稿》卷四。

② 欧洲在中世纪时，教会柄世政，凡才秀之士，多为祭司神甫，而书籍亦多聚于寺院。因此，当时求学者，都以祭司为师。从而教育之权，全为教会所握。

也。其欲学者，不得不给事官府，为之胥徒；或乃供洒扫为仆役焉。故《曲礼》云：宦学事师。学字本或作御。所谓宦者，谓为其宦寺也。所谓御者，谓为其仆御也。……《说文》云：仕，学也。仕何以得训为学？所谓官于大夫，犹今之学习行走耳。是故非仕无学，非学无仕。”①“宦于大夫，谓之宦御事师（《曲礼》宦学事师，学亦作御）。言仕者又与学同；明不仕，则无所受书。”② 由这一段话看来，便知道当时教育之权，为官府所掌握。在这个时候，能够有机会去研究学问的，只有贵族阶级，至于平民，却不敢问津。因此，《汉书·艺文志》所谓“儒家者流盖出于司徒之官……道家者流盖出于史官……阴阳家者流盖出于羲和之官……法家者流盖出于理官……名家者流盖出于礼官……墨家者流盖出于清庙之守……纵横家者流盖出于行人之官……杂家者流盖出于议官……农家者流盖出于农稷之官……小说家者流盖出于稗官……”③，便不见得毫无根据了。但是，到了春秋战国时代，一方因贵族阶级之崩坏，一方因自由讲学之风的特盛，于是智识始下逮普及于民间。

二、上古之传疑的教育制度

上古教育制度之较详者，当推周代。王桐龄于其所著《中国史》第一编中，叙述周代教育制度很有系统，他说：“有虞时代大学曰上庠，小学曰下庠，庠者养也。夏代小学曰西序，大学曰东序，序者叙也；夏重射，射以叙为主，故以名其学。殷代小学曰左学，大学曰右学，亦曰

① 见章炳麟著《诸子学略说》（刊在丙午年《国粹学报》）。

② 见章炳麟著《检论·订孔（上）》。

③ 《汉书·艺文志》的根据，是刘歆的《七略》。《七略》中除《辑略》为诸书之总要外，其《六艺》一略，与《诸子略》中之儒家相重复。《诸子略》中，分儒、道、阴阳、法、名、墨、纵横、杂、农、小说十家，除去小说家，谓之九流。此外四略为：《诗赋》《兵书》《术数》《方技》。各家学说，从来都以为出自王官，其所推未必尽是，然按诸当时政治情况，则不能谓无所根据。至于反对这种说法的，则有胡适的《诸子不出于王官论》（刊在胡著《中国哲学史大纲》附录中），可供参考。

瞽宗；殷重鬼，祭祀则尚乐，故以名其学也①。周代兼用之，其制之可考者有七事：（甲）类别：有乡学国学二种②，二种中又各有大小之别③。（乙）地址：天子小学在王宫东，诸侯小学在宫南之左，庶民小学随处有之；天子大学在国中，诸侯大学在郊，天子大学有在西郊者，乡学也。（丙）名称：大学在国内者有五：辟雍在中，为周制；其余在南之成均，黄帝制也；在东之东序，夏制也；在西之瞽宗，殷制也；在北之上庠，虞制也。在乡者：乡有校，州有序，党有庠，亦兼各代之名④。小学则闾有塾。诸侯之大学曰泮宫。（丁）教授：以养老教德行为主。大学教六艺及修己治人之道；小学教洒扫应对进退之节。军人凯旋，受俘献馘，亦于大学，以厉其尚武敌忾之气；不率教者，则有移郊移遂屏远方及夏楚以收威之法⑤。（戊）生徒：国学为王太子、王子、群后世子、卿大夫元士适子及国内俊选之士学习之所；乡学为庶民子弟

① 编者按：《礼记·王制》："有虞氏养国老于上庠，养庶老于下庠；夏后氏养国老于东序，养庶老于西序；殷人养国老于右学，养庶老于左学；周人养国老于东胶，养庶老于虞庠。"这里所谓上庠、东序、右学、东胶，便是虞、夏、殷、周四代大学之专称；下庠、西序、左学、虞庠，便是四代小学之专称。这些都是教贵族子弟的学校。

② 编者按：《周礼》："师氏掌国中失之事以教国子弟，凡国之贵游子弟学焉。"注云："国子、公卿大夫之子弟，师氏教之，而世子（天子诸侯之太子）亦齿焉。教之者使识旧事也。中，中礼者也；失，失礼者也。"又"大司乐掌成均之法，以治建国之学政，而合国之子弟焉。凡有道者有德者使教焉"。注云："国之子弟，公卿大夫之子弟，当学者谓之国子。""道，多才艺者。"这种国学，便是贵族进的。至于乡学，则"家有塾，党有庠，州有序"（见《礼记·学记》），这便是平民进的。

③ 国学中有大学、小学之别，见本页注①。编者按：《公羊传·宣公十五年》何休注："一里八十户，八家共一巷，中里为校室。选其耆老有高德者，名曰父老。……十月事讫，父老教于校室。八岁者学小学，十五者学大学。"便是乡学中的大小学之别。

④ 编者按：《孟子》："夏曰校，殷曰序，周曰庠。"故王桐龄说："兼各代之名。"

⑤ 编者按：《周礼》师氏以三德教国子："一曰至德，以为道本。二曰敏德，以为行本。三曰孝德，以知逆恶。教三行：一曰孝行，以亲父母。二曰友行，以尊贤良。三曰顺行，以事师长。"故王桐龄说"以养老教德行为主"。又保氏养国子以道，乃教之六艺：一曰五礼，二曰六乐，三曰五射，四曰五驭，五曰六书，六曰九数。朱子《大学章句序》："人生八岁，则自王公以下，至于庶人之子弟，皆入小学，而教以洒扫应对进退之节，礼乐射御书数之文。及其十五年，则自天子之元子众子，以至公卿大夫元士之适子，与凡民之俊秀，皆入大学，而教之以穷理正心修己治人之道。"故王桐龄说"大学教六艺及修己治人之道，小学教洒扫应对进退之节"。又《王制》："命乡简不帅教者以告。耆老皆朝于庠，元日习射上功，习乡尚齿。大司徒帅国之俊士，与执事焉。不变，命国之右乡，简不帅教者移之左；命国之左乡，简不帅教者移之右。如初礼；不变，移之郊，如初礼；不变，移之遂，如初礼；不变，屏之远方、终身不齿。"故王同龄说"不率教者，则有移郊移遂屏远方之法"。

学习之所；天子乡学，亦以待俊选及诸侯之贡士者也。（己）教师：国学有师保、大乐正、小乐正、大胥、小胥、太师、大司成等教之，乡学以乡之有德行道艺者教之，小学或有易子而教者。（庚）学龄：小学自八岁至十四岁，大学自十五岁至二十四岁。”①

然此等传说，多系儒家改制所托，在当时并不见得有此种整齐划一的教育制度；即令有之，但以教育权柄诸贵族，平民也就不见得有受普及教育的机会。

三、教育之解放

在贵族政治时代，教育之权，柄于贵族，平民不敢问津；到了春秋战国时代，贵族政治崩坏，于是智识下逮普及，而教育因之解放。章炳麟说：“自老聃写书征藏②，以诒孔氏，然后竹帛下庶人。六籍既定，诸书复稍出金匮石室间，民以昭苏，不为徒役。九流自此作，世卿自此堕；朝命不擅威于肉食，国史不聚歼于故府。”③ 以前为官府所藏的书籍，便这样地下移到民间④。

---

① 编者按：《尚书大传》：“古之帝王者，必立大学小学，使王太子、王子、群后之子以至公卿大夫元士之适子，十有三年，始入小学，见小节焉，践小义焉；年二十入大学，见大节焉，践大义焉。”又“大夫、士七十而致仕，老于乡里；大夫为父师，士为少师。……岁事已毕，余子皆入学。十五始入小学，见小节，践小义；十八入大学，见大节，践大义焉”。此与王氏所说不合。唯《公羊传·宣公十五年》何休注：“八岁者学小学，十五者学大学。”则与王氏所说相合。

② 夏曾佑说：“九流百家，无不源于老子。老子楚人，周守藏室之史也。周制：学术、艺文、朝章、国故，凡寄于语言文字之物，无不掌之于史。故世人之谘异闻，质疑事者，莫不于史。史之学识，于通国为独高，亦犹之埃及、印度之祭司也。”见夏曾佑著《中国历史教科书》第一篇第二章第五节。

③ 见章炳麟著《检论·订孔（上）》。

④ 官府所藏的书籍，虽由孔子下布于民间，然刘向、刘歆传播书籍之功，亦不可没，故章炳麟曰：“书布天下，功由仲尼；其后独有刘歆而已。微孔子则学皆在官，民不知古，乃无定臬。然自秦皇以后，书复不布。汉兴，虽除挟书之禁，建元以还，百家尽黜，民间唯有《五经》《论语》，犹非师授不能得。自余竟无传者。东平王求《史记》于汉廷，桓谭假《庄子》于班嗣，明其得书之难也。向、歆理校雠之事，书既杀青，复可移写，而书贾亦赁鬻焉。故后汉之初，王充游洛阳，书肆已见有卖书者。其后邠卿章句之儒，而见《周官》；康成草莱之氓，而窥《史记》；则书之传者广矣。”见《订孔（上）》注文。

周室衰微以后，学校不修①，王官失守，于是民间始有聚徒讲学之事，负笈从师之人。聚徒讲学之风，开自孔子。他一方面受学于老子，一方面删诗书，订礼乐，系《周易》，作《春秋》《孝经》，就俨然集前此文教之大成，而为当时学术界的领袖。他又以有教无类的精神，以打破前此教育上之阶级性②，故其弟子多至三千人③。墨子继之，其讲学亦以有教无类为主④。教育解放，到了这个程度，所以百家并起，各持一说，而从来所谓某官之守，就一变而为某家之学了。

书籍既已下移民间，自由讲学之风又特盛，更加以列国并立互竞，礼贤下士⑤，于是教育解放达于极点，而思想自由之结果，遂使东周以后的学术界形成一划时期的运动。

四、学校制之继起

秦统一中国，采取愚民政策，把民间书籍焚烧殆尽，而仅留“博士官所职”的书籍⑥。汉兴，诸事皆在草创之时，亦无暇建立学校；直到

---

① 《诗经·郑风·青青子衿》序云：“《子衿》刺学校废也。”又《左传·昭公十八年》云：“秋，葬曹平公，往者见周原伯鲁焉，与之语，不说学。归以语闵子骞。闵子骞曰：‘周其乱乎？夫必多有是说，而后及其大人。’”足见当时学校不修，人不说学的情况。

② 子张驵侩，颜涿聚大盗，均学于孔子。

③ 孔子弟子三千，通六艺者七十二人，其最著名者有四科中之十哲，即“德行：颜渊、闵子骞、冉伯牛、仲弓；政事：冉有、季路；言语：宰我、子贡；文学：子由、子夏”。见《论语》。

④ 大盗禽滑厘，学于墨子。

⑤ 当时如秦孝公、齐威王、宣王、梁惠王、燕昭王，乃至孟尝、平原、春申、信陵之四公子，都无不以礼贤下士为务；而游士为利禄所动，亦以讲求学问为务，所以苏秦竟说：“且使我有洛阳负郭田二顷，吾岂能佩六国相印乎？”见《史记》本传。

⑥ 普通史家认为始皇尽焚天下书籍，所不去者，唯医乐卜筮种树之书。此实一种错误的说法。案《史记·秦始皇本纪》“非博士官所职，天下敢有藏诗书百家语者，悉诣守尉杂烧之”诸语，则当时所烧者，只是民间的书籍，而博士之诵诗书百家自若也。又汉初诸经师多故秦博士，亦足证明当时博士之师承传授并未断绝。

武帝用公孙弘之议，始建太学置博士①。光武中兴，特重儒术，建立太学；中经明帝、章帝的提倡②，学术益昌；故至质帝时太学诸生竟达三万余人，而太学亦因之成为政治言论的中枢③。学校之制虽兴，然聚徒讲学之风，尚流行当时④。

两晋、南北朝，因干戈扰乱之故，学校不修。唯北朝、后魏建国子大学，四门小学，造明堂、辟雍，以奖励经学，而学术稍振。唐袭隋制，学校制度始臻完备。唐制：京师有国子学（以三品以上的子孙为主，定额三百人），大学（以四品以上的子孙为主，定额五百人），四门学（以七品、八品的子孙及庶民的俊秀为主，定额五百人），律学（以八品以下的子弟及庶民之通于其事者为主，定额五十人），书学（同上，定额三十人），算学（同上，定额三十人），以属于国子监；更有弘文馆、崇文馆（宗室及功臣的子孙，皆可就学），以属于门下省。各地方又有府学、县学、州学。由上所述，唐代教育，似乎很盛。然以当时士子视线，集中于科举一途，故学校教育空有其表，而书院制遂不能不代学校而起。

五、书院制之代起

自隋、唐实施科举以后，所谓学校便不外徒拥虚名而已。当时士子皆骛于荣利，所学不出科举考试之范围以外，更和学校制度的主旨相

---

① 公孙弘奏请“为博士官置弟子五十人，复其身。太常择民年十八以上，仪状端正者，补博士弟子。郡、国、县、道、邑，有好文学，敬长上，肃政教，顺乡里，出入不悖所闻者，令相、长、丞，上属所二千石。二千石谨察可者，当与计偕，诣太常，得受业如弟子”。武帝因置博士弟子五十人；昭帝时增为百人，宣帝时增为二百人，成帝末年增至三千人。至于书籍，则惠帝时已解挟书之令；武帝时又开献书之路，置写书之官以求业已散亡的书籍；更经河间王德之搜求先世经典，与刘向、刘歆父子之专理校雠，于是学术为之大振。

② 明、章两帝均尊崇儒学，车驾屡幸太学。章帝更会诸儒论经书异同，作《白虎通》。

③ 当时太学诸生多贵游子弟，每每替外戚结党，以攻击宦官，结果激成党锢之祸。

④ 如马融、郑玄，皆以私人而聚徒讲学。

违；故其反动，遂为书院制之代起。

晚唐之时，渐有私立书院以讲求学术之风。五代至宋，益加普及，当时最著名的书院有四：（一）白鹿洞书院，在九江庐山，始于南唐；（二）石鼓书院，唐宪宗时李宽所建，在湖南衡阳；（三）应天书院，在河南商丘，宋真宗时应天府民曹诚所建；（四）岳麓书院，宋初潭州守朱洞所建。这些书院，均系地方所立，不为国家学制所限，故能充分发挥其自由研究自由讲习的精神，有宋一代理学之盛，其原因或由于此。元、明、清三代，书院的设立，更加普遍，凡文风稍盛之地，虽乡镇市集，也几乎遍立书院。当时书院，由地方聘请硕儒主持，叫做山长；学者寄宿其中，有膏火之费，以作补助，故能安心从事学术的探究；然因科举尚在盛行，学者所志唯在举业，故书院的精神，亦随而消失。

六、现代的学校之兴起

这里所谓现代的学校，是资本主义的产物，而与我国前此的学校完全不同。原来在太平军平定以后，当时要人如李鸿章辈，深知中国兵力，确实不能和外国比较①，于是在乱平之后，就注重练兵②。“中学为体，西学为用”的口号，遂广播于全国。但是，经过中法、中日两次战役以后，朝野之士，又深知只是仿效外人的物质文明——坚舰利炮——还不足以自强，而自强的唯一方法，却在于变法。当时康有为辈，认定变法的项目中，尤以废科举立学堂为最要紧。后来因为戊戌政变，轰动

① 太平军起事时，上海被刘丽川攻陷，法兵助清军克复县城。当时，英人已组成义勇队，以为防卫租界大计。内地富人，多聚集上海，亦共同集款，与外国人合商保卫之法。由是美人华尔与白齐文，始募欧人百名，马尼亚（今译马尼拉——编选者注）人二百名，组成常胜军。华尔死后，由戈登代为统率，收复昆山、太仓，并随李鸿章克复苏州。当时中兴诸将，由是知中国兵力不如外国，而着手于练兵。

② 当时中兴诸将如李鸿章，所知道的，只是外国的坚舰利炮，因此，他练兵的第一要着，就是设船政局与制造局。后来选派幼童赴美留学，以及兴办铁路、轮船、电报等等，都无不是由于惊叹西洋的物质文明所致。

一时的变法运动也就烟消云散了。等到八国联军之役以后，清室始正式废除科举，改书院为学堂。

当时学制，仿自日本与西洋，有初等小学、高等小学、初级师范学堂、优级师范学堂、中学、高等学堂以及大学堂等名目；所有教本，亦多从日籍转译而来。民国成立以后，又有新学制之改革。大旨以着重职业教育与合于社会需要为主。

上面所述的这种新学制从外国移植国内来，已经将近三十年，但是，在今日我们并不曾见到这种教育所发生的良果，却只听见教育破产的呼声，这是什么缘故呢？造成教育破产的根本原因就是：现代的学校，原来是资本主义的产物，它的课程及其精神，都相应于资本主义的需要，所以它所造就的人才，能替资本主义服务。反之，我国的经济组织，虽然进到前资本主义时代，但是封建式的手工业生产，却在经济上仍占着重要的地位，所以纵令把资本主义的教育移植过来，却不能适应于我国社会的需要，尽管后来有新学制的改革，可是问题依然原封未动地搁着，此所以吴敬恒有洋八股之叹，社会上有轮回教育之讥，教育界有教育破产之呼声[①]。至于政治没有上轨道致使教育也不能上轨道，却还是造成教育破产的副因。

① 关于教育破产的论文，可参看1930年商务印书馆出版的《教育杂志》的各卷。

第七章　司法制度之演进

一、法之起源

所谓司法制度，通常包含下面三个项目：（一）法典之编纂；（二）刑名之规定；（三）执行法律之机关。但是，初民社会的司法制度，决不如是之繁复。在氏族社会中，各成员的结合，都以血缘为主。而且各尽所能各取所需，彼此间无所争夺。所以当时就用不着法律条文来相互约束。然而如果社会中出有破坏秩序的人，就自然要受社会的裁制。这种裁制，或者就是法之起源。法本字作灋，《说文》："灋，刑也。平之如水，从水。廌所以触不直者去之，从廌。"由此可见古代所谓法，并不是用律文以定是非曲直，却不外取决于无意识的事物而已。

等到由氏族社会进到奴隶制国家的时候，一方为着要威服奴隶，一方为着要确保私有财产制，正式定为条文的法与列成等级的刑才由此确立起来。相传古代的刑法，是我族袭用苗族的，《尚书·吕刑》所谓"苗民弗用灵，制以刑。唯作五虐之刑曰法，杀戮无辜，爰始淫为劓、刵、椓、黥"即其根据。大抵当时即用苗族之刑，以治苗族之人，换言之，即是以之治被征服的奴隶，故《吕刑》又云"报虐以威"。阶级既已确立——贵族与奴隶——被压迫阶级中的狡黠者，必然有些"乱政"；压迫阶级最怕的就是这种"乱政"，要镇压这种"乱政"，便需要刑法，所以说“夏有乱政而作《禹刑》，商有乱政而作《汤刑》，周有乱政而作《九刑》”①。所以说：“先君周公制《周礼》……作誓令曰：‘毁则为贼，掩贼为藏；窃贿为盗，盗器为奸；主藏之名，赖奸之用，为大凶德，有常无赦；在《九刑》不忘。’”② 要在这样的情形之下，刑与法才会产生出来③。

当时既有刑法的需要，则司法制度亦必渐次形成，兹分述如下：

（一）刑名。《吕刑》说：“墨罚之属千，劓罚之属千，剕罚之属五百，宫罚之属三百，大辟之罚，其属二百：五刑之属三千。”此外更有流宥、鞭扑、赎刑等名目④。

（二）审判与诉讼之法。“周制诉讼之法：以两造禁民讼，入束矢于朝，然后听之（讼谓财货相告者，造、至也；使讼者两至，既两至，使入束矢，乃治之也。不至，不入束矢，则是自服不直者也。必入矢者，取其直也。《诗》曰：其直如矢。古者一弓百矢，束矢其百个欤）。以两剂禁民狱，入钧金，三日，乃致于朝，然后听之（狱，谓相告以罪名者，剂，今券书也。使狱者各赍券书，既两券书，使入钧金者，又三日乃治之，重刑也。不券书不入金，则是亦自服不直者也。必入金者，取其坚也，三十斤曰钧）。刑事之讼，必以三刺断庶民狱讼之中：一曰讯群臣，二曰讯群吏，三曰讯万民。若决死刑时，士师受其宣告书，择日行刑。民事之讼，关于人事者，以证人为断；关于土地者，以地图为证（《周礼·小司徒》：凡民讼以地比证之，地讼以图证之）。关于钱债者，

---

① 见《左传·昭公六年》。

② 见《左传·文公十八年》。

③ 《商君书·开塞篇》说：“天地设而民生之。当此之时也，民知其母而不知其父。其道亲亲而爱私。亲亲则别，爱私则险；民生众而以别险为务，则民乱。当此时也，民务胜而力征；务胜则争，力征则讼；讼而无正，则莫得其性也。故贤者立中正，设无私而民说仁。当此时也，亲亲废，上贤立矣。凡仁者以爱为务，而贤者以相出为道；民众而无制，久而相出为道，则有乱。故圣人承之，作为土地货财男女之分。分定而无制不可，故立禁；禁而莫之司不可，故立官；官设而莫之一不可，故立君。既立其君，则上贤废，而贵贵立矣。”《商君书》此段所言，虽在于说明国家组织之起源，然法之起源，亦可于此段中窥见。

④ 至于宽宥之法，则有三宥：一曰宥不识；二曰宥过失；三曰宥遗亡。更有三赦：一曰赦幼弱；二曰赦老耄；三曰赦蠢愚。均见《周礼·小司寇》。

以约剂为重。而裁判官之对于案证，以五声听之：一曰辞听（观其出言，不直则烦）。二曰色听（观其颜色，不直则赧）。三曰气听（观其气息，不直则喘）。四曰耳听（观其听聆，不直则惑）。五曰目听（观其眸子，不直则眊）。”①

（三）贵族在法律上的特殊保障。《周礼》：“凡命夫命妇，不躬坐狱讼；凡王之同族，有罪不即布。”《礼记·文王世子》：“公族，其有死罪，则罄于甸人；其刑罪则纤刿，亦告于甸人。公族无宫刑。狱成，有司谳于公；其死罪则曰某之罪在大辟；其刑罪则曰某之罪在小辟。公曰：宥之；有司又曰：在辟。公又曰：宥之；有司又曰：在辟。及三宥，不对。走出，致刑于甸人。公又使人追之曰：虽然必赦之。有司对曰：无及也。反命于公。公素服，不举，为之变，如其伦之丧，无服，亲哭之。”《曲礼》：“礼不下庶人，刑不上大夫。”《周礼·小司寇》更有八议之法：一曰议亲，二曰议故，三曰议贤，四曰议能，五曰议功，六曰议贵，七曰议勤，八曰议宾：皆所以宽宥亲贵有功之人。所以夏曾佑说：“其时劓刵椓黥之法，唯行之于民，而贵族无之；贵族有罪，止于杀而已，其次则为执、为放。”②

至于法典，则有《九刑》与《吕刑》。以上所述，其中多杂有儒家的渲染，未可尽信；但是，刑与法之确立于这个时期，却是可以断言的。

二、战国时代司法之变革

战国时代，因贵族阶级之崩坏，而司法制度随之变革：第一，贵族阶级既已崩坏，则前此贵族在法律上所占有的特殊保障，就不能存在，而必得与平民受同一的法律制裁③；第二，当时法家辈出——如商鞅

① 见孟世杰著《先秦文化史》第 303 页。

② 见夏曾佑著《中国历史教科书》第一篇第二章第二十三节。

③ 秦太子犯法。卫鞅曰“法之不行，自上犯之”，将法太子。太子，嗣君也，不可施刑；刑其傅公子虔，黥其师公孙贾（见《史记》）。弄到要“将法太子”，则其他贵族在法律上所占有的特殊保障，就自然不能存在了。

辈——提倡法治主义，而法治的观念因之发达，所以司马谈论六家要旨就说："法家不别亲疏，不殊贵贱，一断于法。"①

但是，因为当时封建"诸侯力政，不统于王"，所以纵令法治观念发达，然而各国诸侯，都为便己起见，也就弄到"律令异法"了②。以法典而论，则魏有《法经》③，韩有《刑符》，魏有《太府之宪》。以刑名而论，则秦刑有三族（见《史记·秦本纪》），七族（见《汉书·邹阳传》），十族（见《韩诗外传》），先具五刑而后腰斩（见《史记·李斯列传》），连坐（见《史记·商君列传》），腰斩、车裂、黥、劓、迁（均见《史记·商君列传》），弃市（见《史记·秦本纪》），凿颠、抽胁（均见《汉书·刑法志》）、枭首、鬼薪（均见《史记·秦始皇本纪》），士伍（见《史记·白起列传》），齐刑有烹（见《史记·田敬仲世家》），楚刑有冥室椟棺（即活葬之法，见《古文苑·诅楚文》）、灭家（见《国策》楚四），赵刑有夷（见《史记·赵世家》），魏刑有诛、籍、戍、膑、刖、膑、宫、夷其乡、族、罚金三市、笞、罚（均见本页注③）。由此看来，足见当时律令既不统一，而刑罚反较前为残酷，等到秦灭六国，司法制度始定于一。

---

① 见《史记·太史公自序》。又《尹文子》："万事皆归于一，百度皆准于法。归一者简之至，准法者易之极。"《韩非子·难势篇》："且夫尧、舜、桀、纣，千世而一出。……中者上不及尧、舜，而下者亦不为桀、纣。抱法则治，背法则乱。背法而待尧、舜，尧、舜至乃治，是千世乱而一治也。抱法而待桀、纣，桀纣至乃乱，是千世治而一乱也。"均足以见法家之法治主义。

② 引号内文句，均见许慎《说文解字·序》。

③ 桓谭《新论》引李悝《法经正律》略曰：杀人者诛，籍其家，及其妻氏；杀二人，及其母氏。大盗，戍为守卒，重则诛。窥官者膑，拾遗者刖，曰：为盗心焉。其《杂律》略曰：夫有一妻二妾，其刑膑；夫有二妻，则诛；妻有外夫，则宫；曰：淫禁。盗符者诛，籍其家；盗玺者诛；议国法令者诛，籍其家，及其妻氏；曰：狡禁。越城，一人则诛，十人以上，夷其乡，及族；曰：城禁。博戏，罚金三市；太子博戏则笞，不止，则特笞，不止，则更立；曰：嬉禁。群相居，一日以上，则问，三日四日五日则诛；曰：徒禁。丞相受金，左右伏诛；犀首以下受金，则诛；金自镒以下，罚，不诛也；曰：金禁。大夫之家，有侯物，自一以上者族。其《减律》略曰：罪人言十五以下，罪高三减，罪卑一减；年六十以上，小罪情减，大罪理减。夏曾佑谓："此即商君所从出也。"

三、司法制度之成长

司法制度，在战国时代，是各国异法的；等到秦统一六国，才归于一致。秦代所用的法典，就是李悝所著的《法经》六篇。其用法的深刻与刑罚的野蛮，并不减于战国时代。又设廷尉之官，专司刑法狱讼；汉兴，亦沿用之①。自是以后，司法制度始进于成长时代②。

这个时代，第一件值得注意的，就是法典之增删。汉初，萧何定律，将李悝的《法经》增为九篇，叔孙通又作《傍章》十八篇，后张汤又增益二十七篇，赵禹增益六篇，共六十篇。《汉书·刑法志》谓"律令凡三百五十九章；大辟四百九条，千八百八十二事；死罪决事比万三千四百七十二事"；由此便可见当时法律之杂乱。法律杂乱，就需要一种删定。所以到魏文帝时，便命陈群等删定，为新律十八篇。晋武帝嫌其"科网太密"，又命贾充等作《晋律》二十篇，即刑名、法例、盗劫、贼律、诈伪、请赇、告劾、捕律、系讯、断狱、杂例、户律、擅兴、毁亡、卫宫、水火、厩律、关市、违制、诸侯。法典规模，至是粗具。南北朝时：南朝梁时，作《梁律》二十篇，即刑名、法例、盗劫、贼叛、诈伪、受赇、告劾、讨捕、系讯、断狱、杂律、户律、擅兴、毁亡、卫宫、水火、仓库、厩律、关市、违制。北朝北齐作《齐律》十二篇，即名例、禁卫、户婚、擅兴、违制、诈欺、斗讼、贼盗、捕断、毁损、厩牧、杂。北周又作《周律》二十五篇，即刑名、法例、祀享、朝会、婚姻、户禁、水火、兴膳、卫宫、市廛、斗竞、劫盗、贼叛、毁亡、违制、关律、诸侯、厩牧、杂讼、诈伪、请赇、告言、逃亡、系

---

① 虞舜时，皋陶作士，以明五刑，或即司法官之始；然此种传说，未可深信。战国时代，执刑之官，各国不同；至秦始以廷尉典刑，汉沿用之；以后名目虽有更改，然其官制系统，犹多袭秦、汉之旧。

② 司法制度，在西周以前，多带传说的性质；战国时代，诸侯立政，又无定法；等到秦、汉以后，始渐趋一致，而有成长与进化之迹可寻。

讯、断狱。又《齐律》中更明著重罪十条：一曰反逆，二曰大逆，三曰叛，四曰降，五曰恶逆，六曰不道，七曰不敬，八曰不孝，九曰不义，十曰内乱，凡犯此者，皆罪在不赦，此即后代十恶之名之所自起。

第二件值得注意的，就是废除肉刑。原来秦代刑罚，极其残酷，如二世刑李斯，具五刑，腰斩，复诛三族。汉高祖入关，除秦苛法，与父老约法三章：杀人者死，伤人及盗者抵罪。然此为一时之计，绝非定法，故“其大辟尚有夷三族之令。令曰：当三族者，皆先黥、劓、斩左右趾，笞杀之，枭其首，菹其骨肉于市；其诽谤詈诅者，又先断舌；故谓之具五刑。彭越、韩信之属，皆受此诛”①。直到高后时，始废夷三族之令与妖言令。至于废除肉刑一事，则在孝文帝时。《汉书·刑法志》说：“齐太仓令淳于公有罪当刑，防狱逮系长安。淳于公无男，有五女；当行会逮，骂其女曰：生子不生男，缓急非有益也。其少女缇萦自伤悲泣，及随其父至长安，上书曰：妾父为吏，齐中皆称其廉平；今坐法当刑，妾伤夫死者不可复生，刑者不可复属，虽后欲改过自新，其道亡由也。妾愿没入为官婢，以赎父刑罪，使得自新。书奏，天子怜悲其意。”遂下令废除肉刑②。此实我国法律史上之一大进化。

四、司法制度之完成

我国司法制度，完成于唐代，而唐又多沿隋旧。至于唐代以后各代

---

① 见《汉书·刑法志》。

② 当时肉刑有三：一曰黥，二曰劓，三曰刖左右趾。文帝除肉刑，始以髡钳代黥，笞三百代劓，刖则须刖左趾者笞五百，右趾者弃市。案：文帝本黄、老之治，其废除肉刑一事，实与其治术相关联；而其治术，又与当时之经济状况相关联。故夏曾佑说：“汉之盛世，实在文、景。此时距秦、楚、汉三世递续之相争，已近三十年矣。大乱之后，民数减少，天然之产，养之有余；而豪杰敢乱之徒，并已前死，余者厌乱苟活之外，无所奢望：此皆太平之原理，与地产相消息，而与君相无涉也。若为君相者，更能清静不扰，则效益著矣。”见夏曾佑著《中国历史教科书》第二篇第一章第十七节。

关于司法的设施，则不过补苴而已。兹分述唐代司法制度如下：

（一）法典之编纂。我国法典，向分为二：一曰刑法典，一曰行政法典。刑法典始于李悝的《法经》六篇，至《晋律》二十篇，已粗具规模；《唐律》十二篇出（名例、卫禁、职制、户婚、厩库、擅兴、贼盗、斗讼、诈伪、杂例、捕亡、断狱），乃成定制①。行政法典，始自何时，未能确定；要其大成，当推唐代。开元十六年，始作《六典》，经十六年而完成；凡施政的准则，无不具备；明及清两代的会典，均以此为蓝本②。

（二）刑名之确定。唐代刑名有五，即笞、杖、徒、流、死，皆沿隋旧。笞刑分五等，自十至五十，以十递加；杖刑分五等，自六十至百，以十递加；徒刑分五等，即一年、一年半、二年、二年半、三年；流刑分三等，即二千里配役二年，二千五百里配役二年半，三千里配役三年；死刑分二等，一为绞，一为斩。宋、元、明沿之，少有更易③。此外沿《齐律》有十恶之名，即谋反、谋大逆、谋叛、恶逆、不道、大不正、不孝、不睦、不义、内乱。更有八议之法，即议亲、议政、议贤、议能、议功、议贵、议勤、议宾；如所犯为十恶之列，则虽当八议之条，而亦罪在不赦④。唐太宗时，又令长孙无忌等撰律令格式⑤各若干卷，由是正律之外，更有令格式等以补律之不足。

（三）执行司法之官吏。唐制：犯罪者，以在其罪发之州县推断为例；其在京师，则杖刑以下者，委诸当局的推断；徒刑以上者，交大理

---

① 明代刑法有《大明律》三十卷四百六十条，草创之初，律令总裁官李善长议："历代之律，皆以汉九章为宗，至唐始集其成，今制宜遵唐旧。"太祖从之，由此可知《大明律》多遵唐旧。至于清代，又多遵明旧。

② 六典：一曰理典，二曰教典，三曰礼典，四曰政典，五曰刑典，六曰事典，共三十卷。

③ 宋代刑名亦分笞、杖、徒、流、死五种，每种各分五等，均与唐同；唯在此五种刑罚之外，加处臀杖脊杖二者，是谓折杖法。

④ 明、清两代，均与唐同。

⑤ 律令是尊卑贵贱之等数、国家之制度，格是百官有司所常行之事，式是百官有司所常守之法。宋代更别有"敕"，神宗时，径改为敕令格式，他说："禁于未然之谓敕，禁于已然之谓令，设于此以待彼之谓格，使彼效之之谓式。"

寺。至于决断大狱之时，则刑部尚书、御史中丞、大理卿俱集参同，是即明清两代三法司之制之所自起[①]。

五、司法制度之改革

清代司法制度，多仍明旧[②]；唯审判之时，每用非刑[③]以勒口供，名曰刑讯。自从帝国主义侵略强迫通商以来，各国便以中国法律野蛮、与中外法律不同为口实，要求领事裁判权；由是我国的治外法权，遂为各国所夺去。光绪末年，欲收回治外法权，以改良审判为入手方法。当时江督刘坤一，曾奏请流徒以下不准刑讯，修订法律大臣沈家本、伍廷芳等，又奏请轻刑禁用刑讯。虽经清廷允许，屡谕禁止，然承审各员，以非刑勒供如故。沈家本等又奉旨设立法律编译馆，编定民律、刑律、商律及民事诉讼法等草案，然均未实行而清室已亡。民国成立，沿清之旧，设四级三审制度：即初级厅、地方厅、高等厅、大理院四级，而以大理院为最高审判机关。后各县因经费困难，初级厅仍以知事兼理，而另设承审员以司诉讼。近年以来，民众反帝国主义运动甚烈，收回治外法权的声浪，随之增高，列强思欲缓和民气，遂开法权会议于北京，并派代表至内地各处考察司法情况，均谓我国司法制度不完备，目前不能撤废领事裁判权，惟当时我国代表对于此种报告，已宣言否认。今国民政府成立，正以革命外交为手段，从事于治外法权之收回运动。

---

① 明制：掌刑狱之官，京师有刑部、都察院、大理寺，叫做三法司。刑部受天下刑名，都察院掌纠察，大理寺掌驳正。地方则知县、知州、知府、按察使，均有处决罪犯之权；如被告不服，得依次上诉，以至于都察院。清制亦与明同。

② 明代镇抚司、锦衣卫、东西厂，并起而操刑狱之权，更有廷杖的苛刑；至清则已废止。

③ 非刑即非法之刑，官吏用之以勒供。其用意在于使犯人受肉体上的苦痛，至于求生不得欲死不能之时，不得不隐忍承认而后已。

第八章　兵制之演进

一、兵之起源与上古之传疑的兵制

在氏族社会中，无所谓兵，因为社会中的成员，均处于平等地位，人人有相互扶持、相互保卫及对于外来侵害的共同复仇之义务，从而就用不着特设一种兵去担负此种义务。等到由氏族社会进到奴隶制的国家的时候，才有所谓兵。兵的发生之唯一原因，就是战争；而战争发生之唯一原因，又是私有财产之确立，盖私有财产制一经确立，则一方不能不需要兵以保障此种财产制，他方又不能不利用兵的力量抢劫邻族的财产以富裕己族的私有①。大概在由氏族社会推移到奴隶制的国家的行程中，就已经有了“武人”，而且这时的武人都是氏族中的男子②。男子在这个时候，既然占有重要地位，前此以女性为中心的社会必然就转变为以男性为中心的社会，国家的组成亦必从而开始。国家既已组成，于是统治阶级便益加需要兵来保障其统治，来侵略邻近的部落。此时的社会，已经分为贵族与奴隶两个阶级，随之服兵役便是奴隶所专有的义务。

① 男子既要从事于战争，自然从事于生产的时候就少，因此不得不去抢劫邻族的财产以富裕己族的私有。

② 《周易》上所谓“武人为于大君”一句，便可以窥见这时候的社会转变。

以上所述，系属于兵之起源。今请进而述上古之兵制。上古兵制，莫详于周代，而其说又有今古文家之不同。《周礼·小司徒》："乃会万民之卒伍而用之：五人为伍，五伍为两，四两为卒，五卒为旅，五旅为师，五师为军。以起军旅，以作田役，以比追胥，以令贡赋。乃均土地，以稽其人民而周知其数：上地家七人，可任也者家三人；中地家六人，可任也者二家五人；下地家五人，可任也者家二人。凡起徒役：毋过家一人，以其余为羡；唯田与追胥，竭作。"《周礼·夏官序》："凡制军：万有二千五百人为军；王六军，大国三军，次国二军，小国一军；军将皆命卿。二千有五百人为师，师帅皆中大夫；五百人为旅，旅帅皆下大夫；百人为卒，卒长皆上士；二十五人为两，两司马皆中士；五人为伍，伍皆有长。"此系古文家说。《白虎通·三军篇》："三军者何？法天地人也。以五人为伍，五伍为两，四两为卒，五卒为旅，五旅为师，师二千五百人，师为一军，六军一万五千人也。"《公羊传》隐五年何休注："二千五百人称师。天子六师，方伯二师，诸侯一师。"此系今文家说。要之，这多半是后儒的向壁虚造，未可全信。而且当时出兵的方法，和井田制度有深切的关联①；井田制度既不可信，则其军制更不可信了。

但是，我们可以决定的一点：就是当时服兵役的人，完全是些农人。《唐风·鸨羽》："肃肃鸨羽，集于苞栩。王事靡盬，不能艺稷黍。父母何怙？悠悠苍天，曷其有所！"便足以证明平时的农人就是战时的

---

① 《公羊传·宣公十五年》何休注："十井共出兵车一乘。"《汉书·刑法志》："因井田而制军赋：地方一里为井；井十为通；通十为成，成方十里；成十为终；终十为同，同方百里；同十为封；封十为畿，畿方千里。有税有赋：税以足食，赋以足兵。故四井为邑；四邑为丘；丘十六井也，有戎马一匹，牛三头；四丘为甸；甸六十四井也，有戎马四匹，兵车一乘，牛十二头，甲士三人，卒七十二人；干戈备具；是谓乘马之法。一同百里，提封万井，除山川、坑岸、城池、邑居、园囿、街路，三千六百井，定出赋六千四百井；戎马四百匹，兵车百乘；此卿大夫采地之大者也，是谓百乘之家。一封三百一十六里，提封十万井，定出赋六万四千井，戎马四千匹，兵车千乘，此诸侯之大者也，是谓千乘之国。天子畿方千里，提封百万井，定出赋六十四万井，戎马四万匹，兵车万乘，故称万乘之主。"凡此均可见当时出兵之法与井田制度有深切的关系。

军人①。盖西周仍存有奴隶制的国家之残渣，而当时所谓农人，其地位并无异于奴隶，从而服兵役也就是他们的义务了。

二、民兵制度

战国时代，列国互竞，时有征战，遂形成全国皆兵之局势，而开民兵制度之端绪。秦、汉因之，民兵制度由是确立。汉制："民年二十三为正，一岁为卫士②，一岁为材官骑士，习射御，驰战阵。年五十六，

① 又《诗经·东山》一首诗，也明示平时的农人就是战时的军人。

附春秋与战国军制之异：

夏曾佑曰："二百赋税（兵制并见于此，春秋以上，二事不可分也。）鲁制之可见者……丘甲之法（九夫为井，四井为邑，四邑为丘。丘十六井，出戎马一匹，牛三头。四丘为甸，甸六十四井，出长毂一乘，戎马四匹，牛十二头，甲士三人，步卒七十二人），三军之法，四军之法，田赋之法（哀公十二年，用田赋。杜预注：丘赋之法，因其田财，通出马一匹，牛一头；今欲其田及家财，各为一赋）。郑制之可见者：偏伍之法（战车二十五乘为偏，以车居前，以伍次之，承偏之隙，而弥缝阙漏也；五人为伍：此盖鱼丽阵法）。丘赋之法（丘十六井，当出马一匹，牛三头）。晋制之可见者：州兵之法（五党为州，州二千五百家也；使州长各缮甲兵）。毁车崇卒之法（昭公元年，《传》云：晋魏舒请毁车以为行。杜预注：为步陈也。……案此，即废车战之渐矣）。楚制之可见者：有乘广之制（宣公十二年《传》云：广有一卒，卒偏之两）。齐制可见者：有轨里连乡之法。总诸事观之，知其时田赋军旅，互相关系；而各以车为主，其战术为极拙也。僖公十八年《传》：郑伯始朝于楚，楚子赐金，既而悔之，与之盟曰：无以铸兵。遂铸以为三钟。是其时以铜为兵。而《史记·范雎传》云：铁剑利而勇士倡。则知战国已用铁为兵矣。……"（见夏曾佑所著《中国历史教科书》第一篇第二章第二十三节）又曰："战国之于春秋，军政之异，当分三途言之：一军额之异，二战术之异，三征发之异。军额之异者：周制万有二千五百人为一军，天子六军，大国三军，次国二军，小国一军。其后，五霸迭兴，此制遂见破坏。齐桓公作内政以寄军令；其法以五家为轨，故五人为伍；十轨为里，故五十人为小戎；四里为连，故二百人为卒；十连为乡，故二千人为旅；五乡为帅，故万人为一军；国有三军。晋文公城濮之战，有兵车七百乘（五万二千五百人）。楚庄王邲之战，为广乘三十乘，分为左右，广有一卒，卒偏之两（十五乘为一广，百人为卒，二十五人为两，十五乘为大偏，言一广十五乘，有百二十五人从之）。统以上所引观之，知春秋时霸国全军，皆不及十万人；至战国之世，则燕带甲数十万，车六百乘，骑六千匹；赵带甲数十万，车千乘，骑万匹；韩带甲数十万；魏武士二十万，苍头二十万，奋击二十万，厮徒十万，车六百乘，骑五千匹；齐带甲数十万；楚带甲百万，车千乘，骑万匹：是其数皆十倍于春秋也。战术之异者：周制……以车为主要；至战国时，乃废乘而骑，赵武灵王之胡服习骑射，此为古今战术之一大转关。……征发之异者：春秋以前为征兵，战国以后为召募……"（见夏曾佑著《中国历史教科书》第一篇第二章第二十四节）

② 一岁为卫士，即以一年赴京师入南北两军为兵。

衰老，乃得免为庶民，就田里。”① 此系汉代调兵之法。时京师有南北军：南军卫宫城，调之郡国，卫尉主之；北军卫京城，调之三辅，中尉主之。武帝时，更于北军置中垒、屯骑、步兵、越骑、长水、胡骑、射声、虎贲八校②；又于南军置羽林、期门③。至于郡国，则选引关、蹶张、材力武猛之人，以为轻车、骑士（即骑兵）、材官（即步兵）、楼船（即水兵）④。此为汉代军队编制之法。然东汉末年大乱，此种兵制便渐次破坏了。

三、府兵制度

晋初军制：初京师置中、后二卫及左军、右军、前军、后军、骁骑五军。平吴以后，大减州郡兵备，大郡不过武吏百人，小郡仅五十人。元帝渡江，王、谢诸大族握权，兵柄遂为彼辈所握。南朝兵制，其详不可考。至北周时，始创立府兵之制。其制：选民之魁健才力者为兵而蠲其租调，令刺史以农隙教练；合为百府，每府一郎将主之，分属二十四军。领军者叫做开府。一大将军统两开府，一柱国统二大将军：凡二十四开府，十二大将军，其上统以六柱国。隋沿其制，置十二卫将军。到了唐代，府兵之制，益加完善。唐制：于各道设折冲府，以折冲都尉领之。折冲府分三等：上府统千二百人，中府千人，下府八百人。当时天下共十道，置六百三十四府，而关内一道，独置二百六十一府。故唐初中央权势颇强。其编制：十人为火，火有长；五十人为队，队有正；三百人为团，团有校尉。见于兵籍的人民，年二十而为兵，六十而免。平

① 见《汉书·高帝纪》注。

② 武帝置八校，为募兵之始。

③ 期门是从六郡良家子孙中挑选出来者。羽林初名建章营，后又取从军死事者之子孙，养于羽林，教以五兵，名曰羽林孤儿——是即世袭兵之始。

④ 车骑用于平地，材官用于山地，楼船用于水地。

时从事耕种，教练皆在农隙①；事变起时，则待契符之下而从征；事平，各还其乡。至于将官，亦系于征伐时临时任命，征伐既终，则兵归其府，将上其印，故当时无拥兵之人。又府兵不但镇压地方，且每年轮番上交代以宿卫京师；远者稍稀，近者则轮番甚频，大约一月一交代。以上所述，均系唐初之制，但自高宗以后，此制遂坏。

四、募兵制度及其他

唐初行府兵之制，已如前述。然自高宗以后，其制渐坏，盖当时府兵屯驻一地，积日既久，因家室资业之累，其精神遂形涣散，而番役更代，多不以时。玄宗时，张说奏请召募壮夫，以供宿卫，号曰𬪩骑——是为募兵制度。安、史乱后，藩镇割据，兵制遂乱。

宋初，惩唐末藩镇拥兵跋扈之弊，行中央集权制；于是集中央精兵于京师，叫做禁军，守京城，备征伐；其老弱留各州者，叫做厢军，以供役使；此外更有乡兵蕃兵②。至于各地要塞，则由禁军出守，一年一换，叫做番戍。其后禁军日增，教练日荒，也就不堪作战了③。至神宗时，王安石变法：遂裁减禁军，改番戍之制，置将统兵，分驻各路。又行保甲法：以十家为保，保有长；五十家为大保，有大保长；十大保为都保，有都保正、副；户有二丁者，以其一为保丁；保丁中每日轮派五人以备盗；教保长以武艺，由保长转教保丁。此实含有寓兵于民之意。然以党争关系，保甲之法，卒未久行。南渡以后，又立御前五军④，诸将跋扈，几与唐末相同。

元初兵制：有蒙古军与探马赤军；前者为本族人，后者则诸部族

---

① 每岁冬季，由折冲都尉征集府兵，教以军阵进退之法。

② 乡兵职在防守，蕃兵则纠察蕃人之内附者，恐其生变，以守御之。

③ 西夏作乱时，陕西屯兵数十万，仍须倚赖民兵以作战，即此可见禁军之腐败。

④ 御前五军：杨沂中所领为中军，张浚所领为前军，韩世忠所领为后军，岳飞所领为左军，刘光世所领为右军。

人。平金入中原以后，始发民为兵，叫做汉军。平宋以后所得之兵，叫做新附军①。其成兵之法：凡男子十五以上七十以下皆为兵，十人为一牌，牌有牌头；上马则备战斗，下马则屯聚牧养。幼孩稍长，籍而为兵，叫做渐丁军——此系指蒙古军与探马赤军而言，且系通国皆兵之制。至于汉军，则无定法②。更定有兵籍，凡在籍之人，均有一定的服兵义务。其军官：则世祖时于中央立前、后、中、左、右五卫，各置亲军都指挥使，以总宿卫；外则万户（万人长）之下置总管，千户（千人长）之下置总把，百户（百人长）之下置弹压，皆总于枢密院；有征伐则立行枢密院，事毕废止。至于军器，亦多改变：日人高桑驹吉说："军器因在宋、明之际，已经使用火器，故已大改革，即战术亦从而异其方法。先是，在唐世，火药固已用之于破石、爆竹，然尚未有用之于战争者；迨宋太祖时始有火箭、真宗时始有火球之名；而金、元之战及宋、元之战，往往见有用大炮而名为震天雷者，此炮术盖自西域传来，在欧罗巴当公元1330年顷云，德意志僧人伯尔偷德·修哇兹（Beltord Schuwaltz）始发明火药，然火药之发明，实以中国人为最古；至于大炮，则我们以为系亚拉伯人所发明而传至中国及欧罗巴者。"③

明之兵制，与唐相似。其制：京师立二十六卫及前、后、中、左、右五军都督府。二十六卫系天子亲军，叫做上直卫。五军都督府设左右都督，管辖全国各地之都司、卫、所。每省设一都司，以都指挥使为长官，而统辖卫、所；然卫、所亦有属都督府直辖者。卫有指挥使为之长，统五千六百人；所分千户所与百户所二者，千户所以千户为之长，统千百二十人；百户所以百户为之长，统百十二人；百户以下，有总旗二人，小旗十人。从卫指挥使以下，官多世袭，其兵士亦父子相继。凡

① 此外更有匠军、质子军（以诸侯将校之子弟为兵）、答剌罕军（即募兵）、炮军、弩军、水手军。其守卫本地者：则辽东有纠军、契丹军、女真军、高丽军，云南有寸白军，福建有畲军。

② 汉军出兵之法：或以户之贫富论：户出一人者为独军户，合二三户而出一人者，则以一户为正军户，其他为贴军户；或以二十户出一卒；或以二十丁出一卒。

③ 见李继煌译高桑驹吉著《中国文化史》第343页。

卫、所之兵，无事从事屯田，有事则命将统率出征，事毕，将上所佩印，兵亦归还卫、所。统率之权，操之都督府；征伐调遣，则由兵部。

清初有满洲旗兵，分正黄、正白、正红、正蓝四旗。后以兵多，加镶黄、镶白、镶红、镶蓝四旗，叫做八旗。其后，降蒙古、取中国，又立蒙古八旗与汉军八旗。其编制：每旗设都统一人，副都统二人，凡辖五参领；一参领辖五佐领；一佐领统三百人。八旗兵在京师者，叫做禁旅八旗；驻守各地者，叫做驻防八旗。八旗兵均系世袭，一兵受饷，全家坐食①。此外又有绿营，均以汉人充选，有提督总兵以统之，为平定内乱之常备兵。嘉庆以后，旗兵绿营皆已腐败，故川、楚“教匪”时，又另募乡民为兵，叫做练勇。太平军兴，亦赖湘、淮练勇讨平，勇营由是成为全国兵力之重心②。中、日战后，清室深感勇营亦趋腐败，于是乃有改革兵制之议。

五、兵制之改革

中、日战后，知勇营不足恃，始裁减绿营兵额，以所省之饷，于勇营之外，挑选精壮，加饷重练，叫做练军。当初练军，仍用旧法操练。至张之洞练自强军于湖北③，始用西法。袁世凯又练兵小站④，北洋新建陆军由是成为全国兵力之重心。清末更定全国新军为三十六镇，分驻各地。又行征兵之法：于各省设督练公所，选各州县壮丁有身家者入伍

① 八旗兵，因一兵受饷，全家坐食，故均不事生产。清亡以后，八旗生计，便成问题。

② 勇营编制：步兵百人为一哨，五哨为一营；马队以五十人为一哨，五哨为一营；水师以三百八十八人为一营。

③ 编者按：“自强军”是光绪二十一年（1895 年）中日战争期间，署理两江总督张之洞在江苏编练的新式军队。次年，张之洞返任湖广总督，以五百名自强军为基础，又添募新兵设立湖北护军营，练习洋操，时称“湖北洋操队”。

④ 初，胡燏棻招练定武军十营，步队三千人，炮队一千人，马队二百五十人，工程队五百人，共四千七百五十人，参用西法教练。光绪二十一年，袁世凯于天津督练新建陆军，即以胡所练定武军为基本，加募马步各队，凑足七千人。定武军原驻离津七十里的新农镇，即津、沽间所称为小站之地。袁氏练兵小站之兵，即由此而起。

训练，为常备兵；三年归里，叫做续备兵；又三年退为后备兵；又三年始脱军籍；然未及大行，而清室已亡。

民国成立，兵制略与清同。其制：三排为连，三连为营，三营为团，三团为旅，二旅为师，各级均设长以统之，而以师为最高单位。定制：每师统步兵二旅，炮兵一团，骑兵一团，工兵一营，辎重兵一营。然以连年内战，兵制亦不统一：有合数师而成军者，更有合数军为军团者。至国民政府成立，始从事编遣。

清初只有水师，分内河、外海。湖南、湖北、江西战船，属于内河。天津、山东、福建战船，属于外海。江、浙、广东，则两者兼有。太平军兴，曾国藩督练水师，始成立长江水师。清季始创海军，于北京置海军衙门，以总理海军事务。中、日一役，海军全没，因废海军衙门。宣统末年，复立海军部；然以良好军港，多为外人租借，且短于经费，故其成绩，无甚可观。民国成立，虽略有整顿，然亦无进展。

第九章　宗　教

一、宗教之起源与上古之宗教

宗教思想为初民社会必然的产物。盖当时人类，头脑简单，对于自己之生死，对于自然界中一切现象，均不明其所以然，而认为一切均可惊异，均带有神秘性质，由是一切都归于神化。所以夏曾佑说："初民之意：观乎人类，无不各具知觉。然而人之初生，本无知觉者也；其知觉不知从何而来。人之始死，本有知觉者也；其知觉又不知从何而去。于是疑肉体之外，别有一灵体存焉。其生也，灵体与肉体相合，而知觉显。其死也。灵体与肉体相分，而知觉隐。有隐现而已，无存亡也。于是有人鬼之说。既而仰观于天，日月升沉，寒暑迭代，非无知觉者所能为也。于是有天神之说。俯观乎地，出云雨，长草木，亦非无知觉者所能为也。于是有地示（祇）之说。人鬼天神地示，均以生人之理，推之而已。其他庶物之变，所不常见者，则谓之物魅；亦以生人之理，推之而已。此等思想，太古已然。"① 案此，即宗教之所自起。

宗教起源之理既明，进而叙述吾国上古之宗教。《周礼》："大宗伯之职，掌建邦之天神、人鬼、地示之礼，以佐王建保邦国，以吉礼事邦国之鬼、神、示。"所谓天神，是指什么呢？《周礼》说："以禋祀祀昊

① 见夏曾佑著《中国历史教科书》第一篇第二章第四节。

天上帝；以实柴祀日、月、星、辰；以槱燎祀司中、司命、风师、雨师。”这些便是天神。所谓地示，又是指些什么呢？《周礼》又说：“以血祭祭社稷、五祀、五岳；以貍沉祭山林川泽；以疈辜祭四方百物。”这些便是地示。至于所谓人鬼，便是指祖先崇拜，《周礼》：“以肆献祼享先王，以馈食享先王，以祠春享先王，以礿夏享先王，以尝秋享先王，以烝冬享先王。”除上述三者之外，更有所谓物彪，即俗之妖怪。

以上所述的这些宗教思想，其起源固如夏曾佑氏所说；但是，“物本乎天，人本乎祖”[①]；则报德祈福的心理，却也是启发此种宗教思想的动力。至于祖先崇拜[②]，则与宗法有密切的关系：盖天子为大宗，有七庙；诸侯以其始封者为别子（别子为祖），不能复祖天子，就只有五庙，由是递减，大夫便只有三庙，士一庙，庶人无庙而祭于寝。又天唯天子可祭，则以天子代天宣化，故有此主祭之特权；而感生之说，亦由是而起[③]。

既有鬼神，进而又认定世间万事万物，都有鬼神主宰于其间，于是以五行之理，立术数之法，一以探鬼神之异，一以察祸福之机。术数之法：一曰天文，二曰五行，三曰蓍龟，四曰形法。除五行一项前已论及不必赘述外，兹将其他三项分述如下：

（一）天文　初民所最惊异的，便是天体的现象。他们认为天空的现象，都有神在那里主宰；天子既是代天宣化，则天上有变异，便会应征到人事方面来。如《左传》昭十年“春正月，有星出于婺女。郑禆灶曰：七月戊子，晋君将死”。昭十五年“春，将禘于武公。梓慎望氛曰：吾见赤黑之祲，非祭祥也，丧氛也，其在莅事乎？”即其例证。这和《洪范》里面的五征，是一样的道理。

（二）蓍龟　夏曾佑说：“案卜筮分为二术。卜者，龟也。《周礼》太卜掌三兆之法：一曰玉兆，二曰瓦兆，三曰原兆。其经兆之体，皆百

① 见《礼记·郊特牲》。

② 祖先崇拜，大约是在私有财产制确立以后之事，盖在原始公产社会中生民知有母而不知有父，既然父的观念都没有，则遑论祖先。

③ 感天而生的事实，可参看《史记·五帝本纪》。

有二十，其繇皆千有二百；盖以火灼龟，观其纹罅，各从其形似占之；所谓使某卜之，其繇曰云云，皆卜也。筮者，蓍也。《周礼》筮人掌三易：一曰《连山》，二曰《归藏》，三曰《周易》。其经卦皆八，其别皆六十有四；盖用蓍草四十九枚，揲之成卦，以观吉凶；所谓使某筮之，遇某卦之某卦云云，皆筮也。其不言《周易》者，皆《连山》《归藏》。”[①]《左传·庄公二十二年》：“初，懿氏卜妻敬仲。其妻占之曰：吉，是谓凤凰于飞，和鸣锵锵，有妫之后，将育于姜，五世其昌，并为正卿，八世之后，莫之与京。周史有以《周易》见陈侯者，陈侯使筮之，遇观䷓之否䷋，曰：是谓观国之光，利用宾于王。”此即可知当时用卜筮以占吉凶之术。

（三）形法　《荀子》：“古者有姑布子卿，今之世梁有唐举，相人之形状颜色，而知其吉凶妖祥。”即所谓形法，其要亦由五行推演而来。《左传·文公元年》：“王使内史叔服来会葬，公孙敖闻其能相人也，见其二子焉。叔服曰：谷也食子，难也收子；谷也丰下，必有后于鲁国。”此即以相定人将来之例。

到战国末年，神仙之说始盛。齐威、宣之时，驺衍以阴阳主运，显于诸侯；而燕齐海上之方士，又竞为神仙之说，以惑世主。齐威王、宣王、燕昭王，均信其说，使人入海求蓬莱、方丈、瀛洲三神山，谓诸仙人及不死之药在焉。未至，望之如云；及到，三神山反居水下；临之，风辄引去，终莫能至[②]。宗教思想，至此一变。

---

① 郭沫若著《中国古代社会研究》说：“《易经》全部就是一部宗教上的书，它是以魔术为脊骨，而以迷信为其全部的血肉的。‘舍尔灵龟观我朵颐凶。’‘或益之十朋之龟弗或违。’龟本来是水产的动物，公然灵化了。龟之灵化当在八卦发现以后，而且在八卦的神秘化了以后。因为龟的背文有几分和八卦类似的缘故。八卦是上帝的意旨，龟是宣传意旨的工具。所以龟便这样的通灵，谁也不敢违背。‘自天佑之吉无不利。’‘用享于帝。’至上神的观念在当时是已经有了。八卦是天人之间的通路，龟便是在这通路上来往着的宣传使者。所有人的祈愿由它衔告上天，所有天的豫兆由它昭示下民。一切的吉凶祸福，都可前知，龟当然可以成灵而谁也不敢违背了。谁敢违背，那便是凶。”郭氏所言龟之所以用作占卜的工具，颇有是处，故录之以供参考。

② 其详可参看《史记·封禅书》。

二、道教及其变革

上面说过，宗教思想，至战国末年而一变。战国以前的宗教思想，含有浓厚的入世观念①，此后的宗教思想，却带着出世的观念，由战国末年求三神山之事，即可窥见此种转变的关键。促成此种转变的唯一原因，就是战国时代的连年战争，使人民流离失所，欲生不得，求死不能，以前替他们降福的鬼神，现在并不曾拯救他们；其结果遂促成他们厌弃现世，怀疑以前的宗教思想②；在这种厌弃现世的环境之下，才会产生出出世的观念，而中国的道教，就胚胎于此时了。

原来在战国末年，就有方士大倡神仙之说。秦时，儒家已容纳方士之说，而阿谀苟合之辈，又利用之，以长生不死之术，说人主而求富贵③。汉初诸儒，以荀子持宠处位终身不厌之术④，目击人主酷好方士之说⑤，乃以阴阳五行附会于《书》《易》《春秋》，由是儒术与方士糅合为一。然自刘歆倡《六经》皆史之说，而儒术与方士分离；儒术与方士分离，即道教之原始。夏曾佑说："……谶纬盛于哀、平之际，王莽藉之以移汉祚。己既为之，则必防人之效己，此人之常情也；故有宜绝其原之命。然此时符命之大原，则实由于六艺。六艺为汉人之国教，无禁绝之理；则其为计，唯有入他说以乱之耳。刘歆为莽腹心，亲典中书，必与闻莽谋，且助成莽事。故为莽杂糅古书，以作诸古文经。其中至要之义，即六经皆史一语。盖经既为史，则不过记已往之事，不能如

---

① 上古之祀天神、地示（祇）、人鬼，盖以人生衣食，系得天时地利而来，己身所出，系由祖先而来，故其祀祭，均含有崇德报功的思想，而少有出世的观念。

② 《小雅·蓼莪》："瓶之罄矣，维罍之耻，鲜民之生，不如死之久矣！"《小雅·苕之华》："苕之华，其叶青青。知我如此，不如无生！"这便是厌弃现世的思想。《小雅·节南山》："昊天不佣，降此鞠凶！昊天不惠，降此大戾！"这便是对于天的一种责骂。

③ 参看夏曾佑著《中国历史教科书》第二篇第一章第六十节。

④ 参看《荀子·仲尼篇》。

⑤ 武帝元光二年（公元前133年），李少君以祠灶却老方见上，上尊信之，遣方士入海，求蓬莱安期生之属。

西汉之演图比谶，预解无穷矣。而其结果，即以孔子之宗教，改为周公之政法，一以便篡窃之渐，一以塞符命之源，计无便于此者。然以当时六艺甚备，师法甚明，必不能容不根之说，忽然入乎其间；于是不能不创言六经经秦火，已脱坏；河间献王、鲁恭王等，得山岩屋壁之藏，献之王朝，藏之秘府，外人不见，至此始见之云云。故秦焚书一案，又为古文经之根据也。……歆等挟帝王之力，以行儒术，其势甚顺。……桓、灵之际，党锢诸公，致命遂志，固无一毫谶纬之余习也。虽然，鬼神术数之事，虽暂为儒者所不道，而此欢迎鬼神术数之社会，则初无所变更。故一切神怪之谈，西汉由方士并入儒林，东汉再由儒林分为方术，于是天文、风角、《河》、《洛》、风星之说，乃特于六艺之外，而自成一家。后世所相传之奇事灵迹，全由东汉人开之。……及张道陵起，众说乃悉集于张氏，遂为今张天师之鼻祖。然而与儒术无与矣。”① ……此即道教之所自来。而东汉外患频繁②，戚宦柄政，不恤民瘼，则更为此道教造出一生长之地盘③。

首创道教者，是张良九世孙张道陵。他曾遍游名山，得道于龙虎山（今江西贵溪市），著《道书》二十四篇。他能为人治病降魔，人均以天师呼之。他死后，以经箓印剑传其子衡，衡传其子鲁。当时张道陵的魔力，已极风靡，灵帝时，黄巾张角④以符水惑众作乱，即其门徒。巴郡又有张修，亦以术疗病，令病者出五斗米为酬献，号曰五斗米师。时张衡已死，张鲁新得印剑，乃博采角、修之术，益以其祖父之心传，据汉

---

① 参看夏曾佑著《中国历史教科书》第二篇第一章第六十二节。

② 西羌之患，与东汉相终始，而南蛮、鲜卑、高句丽，西南夷又时寇边。

③ 《昌言·理乱篇》：“使饿狼守庖厨，饥虎牧牢豕；遂至熬天下之脂膏，斫生人之骨髓。……豪人之室，连栋数百；膏田满野；奴婢千群，徒附万计；船车贾贩，周于四方；废居积贮，满于都城；奇赂宝货，巨室不能容；马牛羊豕，山谷不能受；妖童美妾，填乎绮室；倡讴妓乐，列乎深堂。”要在这种“金樽美酒千人血，玉盘佳肴万姓膏”的情况之下，张角才能以道术乱天下。

④ 角事黄、老，自称大贤良师，以妖术教授，号太平道，咒符水以治病，十余年间，聚众数十万，“作乱”时，其徒均著黄巾为识，故时人谓之“黄巾贼”，又名为“蛾贼”。

中之地，以鬼道教民①，前后凡三十年——道教的基础由是确立。后鲁为曹操所逐，遁走巴中，使其子盛还龙虎山，奉其祖传之正一玄坛。自是张氏世居龙虎山，称天师，至民国十五年（1926年），始为革命军所废。

道教原与老子无关：驺衍之辈，只推尊黄帝，而未尝言及老子。至东汉末年，张角以符水咒说治病，始托之于黄、老。魏伯阳作《参同契》，始以《周》《易》阴阳之说，参以老子清静之谈与方士服食之法，而形成所谓炼养之术。魏、晋以后，老、庄学说盛行，于是老子就被奉为道教之教主。从而以符水咒说治病之道教，遂参有清静修养之老学。晋代道教之改革家为葛洪②，著有《抱朴子》八百一十六篇，形成道教中之丹鼎派，盛行于南方；至于北方，则张道陵以来所传之符箓勅水，仍拥有雄厚的势力，即所谓道教中之符箓派。至南齐陶弘景与元魏寇谦之③出，而符箓派益昌。然陶、寇亦未尝不言丹鼎之术。

唐代因帝室与老子同姓，益奉道教④。高祖建老子庙以祀老子，太宗列老子于释迦之上，至高宗则亲谒老子庙，奉以太上玄元皇帝之号，命王侯以下皆习《道德经》。中宗更令诸州各立道观，命道士郑晋思为秘书监，叶静能为国子祭酒，玄宗又于五岳设真君祠，长安、洛阳及诸州设玄元庙，以《道德经》冠群经之首，帝亲作注释，命士子各备一本，更于崇玄馆立玄学博士掌教授，于诸州立崇玄学生应贡举，叫做道举，道教由是成为唐代的正教。武宗尤崇奉道教，召道士赵归真等八十一人于宫中，亲受法箓，并以赵归真与刘元靖为光禄大夫，任崇玄馆学士，使在宫中修法；同时并毁佛寺排斥其他异教，道教势力至是可谓到达极点了。

---

① 张鲁据汉中，自称师君，教人以诚信不欺诈；有病自首其过；犯法者三原然后行刑。道教以其教术教民自鲁始。

② 葛洪，字稚川，师其从祖葛仙公弟子郑隐，得炼丹术，后炼丹罗浮山，自号抱朴子。

③ 陶弘景隐于丹阳、句容，为梁武帝所推尊，寇谦之为嵩山道士，修张鲁之术，为魏太武帝所推尊。

④ 相传唐高祖时，有吉善行自言于羊角山见白衣老父曰：“为吾语唐天子，吾而祖也。”

宋亦崇奉道教：真宗于京师立玉清应昭宫，赐张道陵后裔正随为真静先生，赐号之事由是常行。徽宗尤崇道教：设先生、处士等道阶，立侍宸、校籍等道官，至于道士则尊帝为教主道君皇帝；其后更建道士学，置道学博士，修道史，以排斥佛教。

元代虽奉喇嘛教，然亦优遇道士，太祖且使邱处机总领道教。当时所行道教，盖有四派：一曰正一教，为张氏所传，专行于大江以南；二曰全真教，为宋末道士王重阳所创，其门徒邱处机深得太祖尊信，专行于大江以北；三曰真大道教，为金末道士刘德仁所创，五传至郦希诚，宪宗始赐以真大道教之名；四曰太乙教，为金道士萧抱真所创，因传太乙三元法箓之术，故有是名。

明代，至世宗时，亦深信道教：于宫中建立道观，赐道士邵元节为真人，使总天下道教，又举道士陶仲文。元节仕至礼部尚书，卒谥文康荣靖；仲文仕至少保礼部尚书，卒谥荣康仲肃。其推尊道教，可谓到达极点。至于清代，则更于京师置道录司，府置道纪司，州置道正，县置道会司等官，以督统道士。降至今日，龙虎山的法坛虽被毁坏，然道教符水咒说之术，尚为一般人民所迷信。

三、佛教之输入及其流派

佛教的始祖为乔达摩·悉达多，生于印度迦比罗国。其生卒年月，颇不可详。或云去今千三百余年，或云千五百余年，或云已过九百年，未满千年。晚近西人，则谓佛约先耶稣六百年生，似此则佛当与孔子并世。佛为迦比罗国王太子，为刹帝利种，年十九，或云二十九，以不满当时种姓的阶级，见人有生老病死的痛苦，遂于三月八日或云三月十五日，逾城出家，住雪山中，剃除须发，去宝衣缨络，着鹿皮衣，苦行六年，至尼连禅河畔菩提树下，以三月八日，或云三月十五日，成等正觉[1]，

[1] 等正觉又名圆觉，即佛所悟之道，普遍彻底，无所窒碍，因有此称。

时年三十五岁。于是周游印度诸国，宣教说法四十余年。最后至拘尼耶揭罗国阿特多伐底河畔沙罗树林中，以三月十五日入无余涅槃，时年八十岁。人称之为释迦牟尼①。以上所述，便是佛一生的略史。

原来印度土著为马来种人，自亚利安人由中央亚细亚南下入印度后，马来种人即居于被征服的地位。当时分人为四种姓：一曰婆罗门种，即僧侣，世掌宗教祭祀；二曰刹帝利种，即王族，世握军民两政；三曰吠奢种，即平民，世为农工商贾；四曰戍陀罗种，即奴隶，世执贱役。前三种为亚利安人，后一种则为土著。据《阿含部经》所说：此四种人，均从梵天而生，第一种从梵口生，第二种从梵肩生，第三种从梵脐生，第四种从梵足生。出生不同，故此四种人，贵贱亦不同，执业亦各异，不通婚姻，不相往还。印度梵文，婆罗门人自以为梵天所传，其四吠陀之书：一曰《阿山吠陀》，华言曰寿，谓养生缮性；二曰《殊夜吠陀》，华言曰祠，谓享祭祈祷；三曰《婆磨吠陀》，华言曰平，谓礼仪、占卜、兵法、军阵；四曰《阿达婆吠陀》，华言曰术，谓异能、技数、梵咒、医方。婆罗门人亦自以为梵天所制。此四吠陀，婆罗门人据为经典；他们以为万物皆梵天所造，人之灵魂不死，身死之后，仍与梵天相合。至佛生前一千年左右，此种教义，始渐次失其支配能力，由是学说蜂起，派别各异，而印度人的知识始大进②。佛祖既不满意于当时种姓的阶级，又目击人有生老病死之苦，更承千年来各家学说奔放之后，故能汇通各家加以修改，而别创佛教。以上所述，便是佛教之所由起。

佛说精深，自非本节所能详述，要之：一切平等之义，无人我之见，则为佛说的扼要点。佛祖圆寂之后，其高弟摩诃迦叶等，昌大其说，会弟子五百人于王舍城，为第一次结集。后百年，邪舍陀会佛徒七百人于毗舍离，为第二次结集；诸种姓向为婆罗门人所屈服者，至是多

---

① 释迦牟尼，译言“能仁”，谓其德全道备堪济万物也。

② 当时学派甚多，有僧佉派、吠世史迦派、呢犍陀弗呾啰派等等。

皈依佛教。至周赧王时，中印度摩揭陀国阿输迦王，会僧侣千人于国都华子城，为第三次结集，并定佛教为国教，印度全境由是皆宗佛教。摩揭陀国亡，佛教顿衰。至东汉明帝时迦腻色迦王君临大月氏，好佛法，始会佛徒五百人于罽宾，是为第四次结集，而一时大月氏遂为中亚文化的中心。当时南印度佛徒不与会，佛教因此分为南北二派：南派以狮子国（即今锡兰）为大本营，传于后印度诸国及南洋群岛；北派以大月氏为大本营，后传入中国，而广布于东亚。以上所述，便是佛教的发展情形。

鱼豢《魏略·西戎传》："汉哀帝元寿元年（公元前2年），博士弟子秦景宪从大月氏王使伊存口受《浮屠经》。"案当时大月氏王丘就郤，正征服罽宾；而罽宾实其时佛教最盛之地；则大月氏使臣对于佛教有信仰，而秦景宪从之问业，或确有其事。似此，则秦景宪为中国人诵佛经之始。《后汉书·楚王英传》："英晚节更喜黄、老学，为浮屠斋戒祭祀。永平八年（公元65年），诏令天下死罪皆入缣赎。英……奉送缣帛赎愆。……诏报曰：'楚王诵黄、老之微言，尚浮屠之仁慈。洁斋三月，与神为誓。何嫌何疑，当有悔吝？其还赎以助伊蒲塞、桑门之盛馔！'"此为中国人祀佛之始。《后汉书·襄楷传》载桓帝延熹七年（公元164年）楷上疏云："闻宫中立黄老浮屠之祠。"此为帝王奉佛之始。安息人安世高于东汉桓帝初（公元160年）至洛阳，译《安般守意经》等三十九部。此为译经之始。《后汉书·陶谦传》："丹阳人笮融，在徐州、广陵间，大起浮屠寺，上累金盘，下为重楼。……作黄金涂像……"时公元195年，为中国人建塔造像之始。《历代三宝记》卷三年表中于魏甘露五年（公元260年）条下注云："朱士行出家，汉地沙门之始。"由上所述，可知佛教输入中国，当在西汉末年。至于东汉明帝求佛一事（事在永平七年，即公元64年），则因近人梁启超有力之反驳（参看《梁任公近著》第一辑中卷），故不述及。

佛教自西汉输入以后，中经三国西晋，无甚进展。东晋以后，佛教始大发达，中经南北朝而至于隋、唐，佛教才到达登峰造极的地位。宋、元以后，便不过补苴而已。考东晋后佛教发达的原因，不外以下数者：（一）东晋时代，北方有五胡十六国之乱，其君主多胡人，胡人文化落后，其自身并无固有的文化，故接受外来的文化，至为容易。胡主如后赵石勒，前秦苻坚，后秦姚兴，后魏拓跋珪、拓跋嗣，均力倡佛教，即此之故。（二）两晋清谈风之特盛，多少于佛教的发达予以助力。（三）东晋至南北朝，干戈扰攘，民不聊生，故人人欲借佛教之说以求自慰，而佛教遂因之广播中土。以下就佛教发达的事实陈述之：西晋末，天竺沙门佛图澄至洛阳，后为后赵石勒所推尊，号为大和尚，替勒力改从来的暴政；佛图澄更大建佛寺，多至八百九十三所，其弟子以万计，而以道安为最有名[①]。道安弟子有惠远者，结白莲社于庐山，定心念佛，以期往生净土，是为我国净土宗之初祖。又有法显者，以东晋隆安三年（公元399年）出发长安，求法印度，以义熙六年（公元410年）归国，计前后共历十二年，其所译有《大般泥洹经》诸书，而以所著《佛国记》为最有名。当法显出国后二年，龟兹国鸠摩罗什来长安，后秦姚兴待以优礼。鸠摩罗什译述甚多，其主要者有《中论》《百论》《十二门论》《成实论》《智度论》《十住毗婆娑论》《阿弥陀经》《法华经》等书，大乘教义由是入中土；成实宗与三论宗亦因之传入。北凉元始元年（公元412年），中印度昙无识为凉主蒙逊迎至中国，后译《涅槃经》，于是我国始有涅槃宗。南北朝时，南朝以梁武帝最崇信佛教，当时受戒者达四万八千人。梁大通元年（公元527年），达摩从天竺由海来中国，著《悟性论》《破相论》诸书，为中国禅宗的始祖[②]。武帝又幸同泰寺，行盂兰盆会，为我国有盂兰盆会之始。后西天竺真谛也由海入中国，武帝迎召于法云殿；真谛译有《大乘起信论》《摄大乘论》《唯识论》《俱舍论》诸书，俱舍宗与摄论宗由是入中国。陈代更有智颢，

---

① 以释为氏，自道安始。

② 禅宗教义：不说法，不著书，直指本心，见性成佛；衣钵传授，以为法信。

创立天台宗。至于北朝，则后魏宣武帝永平元年（公元508年），有北印度菩提流支来朝，译《十地论》《净土论》诸书，光统律师依其译本，而地论宗始入我国。时佛教特盛：来自西域的沙门多至三千余人，国内寺院达万三千余所，僧侣总数二百万人。降至隋、唐，佛教益加发达。隋代有嘉祥，为一代大师，著述甚多，其主要者有《中论疏》《百论疏》《十二门论疏》《三论玄义》等书。唐代，太宗时有杜顺，著有《五教止观》《法界观门》各书，为华严宗的始祖。又有玄奘，于贞观三年（公元629年）西行求法，贞观十九年始回国，所译经论共七十四部，一千三百三十八卷，与其高足窥基（即慈恩大师），为中国法相宗之始祖。玄宗时，金刚智及其弟子不空来中国，合译《金刚顶经》，为中国真言宗之始祖。总上所述，除律宗于魏时由印度高僧昙诃迦罗输入中土外，其他十二宗则均初起于东晋至隋唐之时，其发达情形，由此可以窥见①。以上所述，便是佛教在中国的发达情形。宋、元以后，无甚进展，故略而不述。

四、摩尼教、祆教、景教、回教之输入

隋、唐经营域外，西及于波斯、大食，南至于南洋群岛，故西方各国所崇奉的宗教，如摩尼教、祆教、景教、回教，因之输入中国。兹分述如下：

（一）摩尼教　摩尼教为第三世纪中叶波斯人摩尼所创。其教以祆教旧说为根据，更参以佛教与基督教的哲理，别成一派。摩尼死后，其教由东罗马输入西方诸国，波及非洲北岸，唐武则天朝时，由波斯人拂多诞传入中国。回纥人素奉此教，至肃宗借兵回纥，回纥人多移居内地，于是摩尼教之势渐盛。代宗时，各地多建立摩尼寺，赐额为大云光

① 十三宗中，只俱舍、成实两宗为小乘，其他均为大乘。又其中天台一宗，系中国人所自创。

明。宪宗元和二年，于河南、太原各置摩尼寺，与大秦寺、袄寺并称为三夷寺。及武宗信道教，排斥诸教，于是三夷寺同废，京城摩尼教信女七十二人皆见杀，流回纥人于诸道，死者大半，其教遂衰亡。

（二）袄教　袄教即拜火教，公元前千年为波斯人左洛阿司太（Zoroaster）所创，其经典名 Zend Avesta。其教谓世界有善恶二神：善神曰 Ahura Mazda，恶神曰 Ahriman。善神清净，为至善之本；恶神秽恶，系万恶之源。世间万有，均为此二神所统辖：善神得势，则群生幸福；恶神得势，则群生凋残。因劝世人就善神以避恶神。以火代表善神，拜火，故又名拜火教。以日为光明之源，拜日，故名袄教。其教通行于波斯及中央亚细亚一带，为波斯国教，亚历山大东征后，其势稍衰；及萨赞朝勃兴，建新波斯帝国，其势又盛。北齐、北周之际，此教曾传入中国北部，唯不甚广布。及大食勃兴，波斯、中亚皆为其所有，苛待袄教徒，袄教徒东遁，其教因之流布中国。唐高祖时，长安建立袄神祠；太宗贞观五年（公元 631 年），有波斯人何禄来长安传教，建袄祠，并设袄正、袄祝，主祀袄神。武宗排诸教独崇道教，袄教遂衰亡。

（三）景教　景教为基督教的一派。公元 5 世纪初约当南北朝宋文帝元嘉年间，有东罗马人乃司脱利安（Nestorius），谓耶稣为立教的圣人，非即上天之子，否认耶稣为神人合一之说；遂为众教徒所排斥，流放亚美尼亚而死。其徒亦遭屏弃，散处东方，其地基督教徒多从之，便形成乃司脱利安派。其教规：生不嫁娶；病不服药；死则裸葬。后流行于波斯，国王非鲁日斯竟崇之为国教。魏宣武帝、梁武帝时，其教已入中国。唐太宗贞观九年（公元 635 年），波斯人阿罗本（Olopen）赍其经典至长安，留禁中翻译经典，并建波斯寺，度僧二十一人。其徒自称其教为景教，盖取其教旨光辉发扬之义①。高宗时，更于诸州立波斯

① 大秦景教流行中国碑上，有“真常之道，妙而难明，功用昭彰，强称景教”之语，足以证明景教命名之取光辉发扬之义。

寺，以阿罗本为镇国大法王，其教大行。玄宗时，知景教之本，初非波斯而为大秦，因改波斯寺为大秦寺。德宗建中二年（公元 781 年），大秦寺僧景净等，更立大秦景教流行中国碑，其盛况可知。至武宗排异教，大秦寺与佛寺祆寺并废，碑亦埋没地中，其教遂衰亡①。

（四）回教　回教即亚拉伯人穆罕默德所创的伊斯兰教（Islam），为后世回纥人所崇拜，故中国名之曰回教②；又以其出于天方（即唐之大食，今之亚拉伯），故又名天方教。其教为严肃的一神教，本于犹太基督二教之处甚多；其经典曰《古兰经》（Koran），共三十本，三千六百段；凡经典所载法规，信徒均应遵守。其传教时有例三条：凡人民皆须信仰《古兰经》，否则纳租贡以买其信教自由权，否则以刀剑征服之。其徒布教，左手执利剑，右手执《古兰经》；故其兵威所及，教权即随之立足。后统一亚拉伯全境，建立大食国。隋炀帝大业年间（7 世纪初叶），其徒苏哈巴（一作撒哈八）等，由海入中国，于广东番州建怀圣寺，是为中国有回教寺之始。唐高宗以后，益加流行。武宗排异教，其势始衰。僖宗时，其南方教徒，多为黄巢所杀，其势益衰。至元太祖攻金时，其军中有畏吾儿人，信奉回教；于是回教在中国始渐次复兴。自是天山南路甘、陕、晋、川一带，遂为回教徒的根据地；至于南部，则其势稍弱。

五、基督教之输入

基督教最初输入中国者，为乃司脱利安派，不久中绝。元世又有也

① 此碑至明末始出土，景教在当时盛况，得从碑文中知之。

② 关于此点，更有一说，见金兆梓所编之《初级本国历史参考书》上册第 231 页。他说："世以为由回纥人奉其教，传入唐，故名回教，其说实误。盖唐时回纥人所奉者为摩尼教，由回纥人传入唐者，实为摩尼教而非回教。回纥自唐末西徙，宋时建畏吾儿（今作维吾尔——编选者注）国于今新疆东部。元兴，得畏吾儿，即用其人为兵，故《元史》有回回军，回回、回纥、畏吾儿，一音之转也。自大食之盛，其国势直逾葱岭而东，于是其教遂随而东来，盛行于今新疆之地，畏吾儿亦奉之。自元并中国，畏吾儿人亦以回回军杂居中国，其教复随之传入，回教之名，盖即起于是时。"

里可温教传入①，亦不甚流行。16世纪初叶，马丁·路德所倡导的宗教改革运动起于欧洲，新教势力特盛。罗马旧教（即天主教）遂失落其欧洲固有的地盘。当时旧教中有志卫道之士，因推洛雅拉为首领，组织耶稣会，一面谋旧教内部之革新，一面谋恢复已失的地盘。其时欧、亚海上交通发达，葡萄牙人且掌握欧、亚航海权，于东方占有多数属地；于是葡王遂请耶稣会中人担任东方传教事业。旧教因是输入中国。

明世宗嘉靖三十一年（1552年），东洋布教长方济各由印度来中国，行至广东上川岛而死，未得偿愿。神宗万历八年（1580年），意大利人利玛窦继至，居留广东肇庆，习华言，服华服，从事布教。后又至南京，结交官场，广通声气。于是信徒渐多，并于上海建立天主堂，开十字街。万历二十九年（1601年），利玛窦与其友人庞迪我至北京，贡献方物及基督圣母图。神宗礼遇甚优，令得于京内外建立天主堂。利玛窦颇富科学知识，著述亦多，又其传教时常参酌中国习俗古义以求调和，故公卿以下均乐与交接。万历三十八年（1610年），利玛窦死，南京反对基督教的声浪大作。万历四十四年（1616年），明廷下令禁止传教，并将在京教士逐回澳门。后明与满洲构兵，需用铳炮抵御，始于熹宗天启二年（1622年），从澳门召回教徒阳玛诺、罗如望等制造铳炮，明年又召用毕方济、艾儒略等，教禁遂解。其时教士留京师者，除庞迪我诸人外，尚有邓玉函、熊三拔、龙华民等，后更有德意志人汤若望，均能借科学以继承利玛窦以来的传教事业。直至明末，教徒已达数千人，思宗及永历帝母后，均一心信仰。母后并遗书罗马教皇，请其为明室祈福。原书现存罗马耶稣会藏书楼，实西教东渐之信物。

多尔衮入关后，汤若望即上书自陈中国历书之舛错②。清世祖顺治

① 也里可温为基督教的一派。陈垣有《也里可温考》登载《东方杂志》上，今编入《东方文库》中。

② 汤若望于明末来到中国。适当时所用之大统历发生舛错，汤若望精于历数，故受命修订，从事测验。思宗崇祯十四年（1641年），新历告成。越二年，八月，诏称“西法果密，即改为大统历法，通行天下”。但不久有鼎革之变，竟未及施行。故多尔衮入关以后，汤若望便上书自陈。

二年（1645年），即用汤若望的新历为时宪历，并命他掌钦天监事。旧钦天监人员，因此怀恨汤若望。圣祖康熙四年（1665年），杨光先上书攻击新法，并诬各省教士欲图谋不轨。汤若望因此下狱，各省教士亦多被拘押。杨光先便为监正，复行旧法。康熙八年（1669年），圣祖察知杨光先所言诬妄，乃改任教士南怀仁为监正；更令教士徐日升、张诚、白进、安多等，轮班进讲。时教士亦能确守利玛窦遗法，允许入教的教徒保存其从来的习惯仪式，祖先的崇拜与孔子的崇奉，概不禁阻；故清廷虽未明令允许人民信教自由，然当时信徒实已达数十万之多，天主教遂盛极一时。然利玛窦传教之法，后来为教中别派之人所反对，上书罗马教皇，谓前此传教之人，容许中国崇拜祖先，有破坏基督教的教义。康熙四十三年（1704年），罗马教皇因派铎罗至北京，发表教皇的敕书，命不从教皇命令者退出中国。圣祖震怒，逮捕铎罗，押送澳门，并令教士不守利玛窦遗法者，一概出境。自是历世宗、高宗、仁宗三代，均严禁人民信教。唯新教一派，却于仁宗时代，由莫立逊（今译马礼逊——编选者注）传入中国。

世宗、高宗、仁宗三代，虽禁止人民信教，然西教士来中国布教者，尚不乏人。等到五口通商（宣宗道光二十二年，即1842年）以后，基督教士便接踵而至。英、法联军之役，中英《天津条约》更明定"耶稣教天主教徒之安分者，中国官不得苛待禁阻"。中法《天津条约》亦明定"天主教徒得入内地自由传教，地方官必厚遇保护"（两约均成立于文宗咸丰八年，即1858年）。西教士由是倚靠帝国主义的强权，挟其倾山倒海的势力，便深入内地从事传教了。数十年来，其势力的广布，足以令人寒胆，兹陈述如次：（一）传教事业：据1907年宣教会大会报告：中国全境共有宣教会六十四所，宣教士三千四百四十四人（内英国占百分之五十二，美国占百分之四十三），中国教徒十七万八千二百六十一人，宣教地点五千零二处（内属英者百分之五十七，属美者百分之三十七）。据1922年宣教会大会报告：则中国教徒已增至三十六万六千五百二十四人，宣教地点增至八万余处，宣教会亦增加百三十所。又《圣经》售出数目，据1928年调查，为一千一百四十五万三千八百六十三本。其进展之速，可以想见。（二）教育事业：据1907年宣教会大会报告：教会所立学校共二千五百八十五所，计有学生五万七千六百八十三人。据1922年宣教会大会报告：则学校数增至七千零四十六所，学生数增至二十一万二千八百十九人。又据1927年《日本时事年鉴》所载，则教会在中国所设立的大学共有十三所，表列于次：

校名	所在地	经营者	学生数
燕　京	北平	美以美会	427
圣约翰	上海	美圣公会	609
沪　江	上海	美浸信会	320
东　吴	苏州	监理会及美长老会	350
金　陵	南京	美以美会	850
之　江	杭州	美长老会	220
汇文女子	南京	美以美会	450
文　华	武昌	美圣公会	400
雅　礼	长沙	美雅礼会	228
华　西	成都	美浸礼会	954
华南女子	福州	美以美会	248
岭　南	广州	英美系教会	300
齐　鲁	济南	各教会	300

此等大学的经费，多为大资本家所捐助，如燕京、岭南两大学每年的数十万金元，即从美国煤油大王 Rockefellow① 捐助而来，又北平协和医科大学的基金千万金元，亦系 Rockefellow② 所捐助。

欧美教会，既有帝国主义的武力为之保护，又有大资本家的金钱为之资助，故其传教事业与教育事业之进展，有一日千里之势；而教会与教士，适成为资本帝国主义侵略中国的良好工具。

① 疑有误，但原文如此。应指洛克菲勒。
② 疑有误，但原文如此。

六、喇嘛教之兴起及其改革

喇嘛教为佛教的密宗，起于吐蕃（即今西藏），专以祈祷禁咒为事。初，吐蕃在唐世，其王弃宗弄赞深信佛教，曾派人至印度求经典。唐玄宗天宝年间，其王吃嘌双提赞从印度召巴特玛撒巴巴至。巴特玛撒巴巴利用吐蕃人民“迷信”的性质，遂创立喇嘛教①。自是其教日盛，势凌国王。公元1253年，元宪宗之弟忽必烈攻吐蕃，其时正喇嘛扮底达握权，忽必烈因与扮底达言和，而国王唆火脱遂降；忽必烈乃伴扮底达之侄八思巴而归。旋忽必烈即位（即世祖），欲以喇嘛教“羁縻”吐蕃人民，遂尊八思巴为帝师，使领吐蕃地，其命令得与元室诏敕并行；自是元室历代帝王，无不崇奉其教。而八思巴之后，其继统喇嘛亦相继为帝师；其势之盛，达于极点。其后上层喇嘛横暴，无恶不作，竟成为元室灭亡的原因之一②。

明兴，亦崇奉喇嘛为帝师，使其统治西藏以服属于明。迨宗喀巴出，始改革其教。宗喀巴以明成祖永乐十五年（1417年）生于甘肃西宁卫，入雪山修行，别创格尔格（Gerg）派。以旧教衣尚红色，遂黄其衣冠以示别；故人称之为黄教，而名旧教为红教。红教不禁娶妻，故法王能生子袭衣钵；黄教则不娶妻，故法王承继，均遵宗喀巴遗言，命其两大弟子达赖、班禅，世世以呼毕勒罕③，济度众生。宪宗成化十四年（1478年），宗喀巴死，达赖一世敦根珠巴继承宗喀巴衣钵，兼有西藏

---

① 喇嘛同于梵语之郁多罗（Uttara），为“无上”之义。

② 元代喇嘛横暴，达于极点。凡喇嘛往来于中国与吐蕃者，均佩金字圆符，滥用驿传，致使地方官吏苦于应付。其在民间，则驱迫男子，奸淫妇女，强夺民田，侵占财物。其最骄横者，则推杨琏真加，其攘夺财物，计金一千七百两，银六千八百两，玉带九条，玉器百十一件，杂宝百五十二件，大珠五十两，钞十一万六千二百锭，田二万三千亩。其包庇不纳租税的农户，共二万三千户。

③ 呼毕勒罕，即转生之意。时达赖居拉萨，班禅居札什伦布。

政教之权[①]。二世根敦错，始设弟巴等官，以掌政务；而己则专理教务。三世锁南坚错，始得蒙古诸部崇奉。时漠南俺达势强，迎锁南坚错至青海漠南布教，黄教势力至是大盛。四世云丹坚错（即俺达的曾孙），其教义直推行于漠北。后漠北以离西藏过远，遂自奉宗喀巴第三大弟子哲布尊丹巴后身，居于库伦，即今外蒙活佛之始。五世罗卜坚错，其教并行于满洲。

清代亦崇奉喇嘛教。世祖顺治九年（1652 年），达赖来朝，为建黄寺，并封达赖为西天大善自在佛，使领天下释教。后来用兵西藏、青海，均得黄教之力不少。世宗更建雍和宫，以供养喇嘛。高宗时，又设金瓶掣签之法，为黄教解决继承争议的纠纷[②]。黄教经清室历代的崇奉，由是其势力遂宏布于中国本部的北方。要之：自元至清，历代均崇奉喇嘛教；其目的皆在借宗教以羁縻其人民，即至民国，亦莫不如此。

① 敦根珠巴本为吐蕃王室后裔，世为藏王，舍位出家，故得兼领西藏政教之权。

② 达赖等呼毕勒罕之时，因不能确指某人，常起争继的纠纷。高宗乃预颁金奔巴（即瓶）二个，一贮于西藏大昭寺，一贮于北京雍和宫，凡达赖、班禅、哲布尊丹巴转生时，遇有争议，即书名于签，纳入金奔巴中，然后抽定去取，分别真伪。

第十章　礼　教

一、周礼中之五礼

《说文》："禮，履也，所以事神致福也。从示从豊，豊亦声。"又"豊，行礼之器也，从豆，象形。"案禮从示从豊，其最初本义是宗教的仪节，正译当为宗教。后来礼字范围扩大，始含有处世接人的仪文的意义。第一，礼之作用，在于别上下，分贵贱，所以《礼记·坊记》上说："夫礼者，所以章疑别微以为民坊者也。故贵贱有等，衣服有别，朝廷有位，则民有所让。"所以《荀子》上说："礼者，养也。君子既得其养，又好其别。曷谓别？曰：贵贱有等，长幼有差，贫富轻重皆有称者也。"①

① 荀子欲以礼为立教之本，因推原礼的本始，说："礼有三本：天地者生之本也，先祖者类之本也，君师者治之本也。无天地恶生，无先祖恶出，无君师恶治，三者偏亡焉，无安人。故礼上事天，下事地，尊先祖而隆君师，是礼之三本也。"（见《礼论篇》）又说："礼起于何也？曰：人生而有欲，欲而不得，则不能无求，求而度量分界，则不能不争，争则乱，乱则穷。先王恶其乱也，故制礼义以分之，以养人之欲，给人之求，使欲必不穷乎物，物必不屈于欲，两者相持而长，是礼之所起也。"（见《礼论篇》）他更认定礼是人为的东西，所以又说："凡礼义者，是生于圣人之伪，非故生于人之性也。故陶人埏埴而为器，然则器生于工人之伪，非故生于人之性也。故工人斫木而成器，然则器生于工人之伪，非故生于人之性也。圣人积思虑，习伪故，以生礼义而起法度，然则礼义法度者，是生于圣人之伪，非故生于人之性也。若夫目好色，耳好声，口好味，心好利，骨体肤理好愉佚，是皆生于人之性情者也。感而自然，不待事而后生之者也。夫感而不能然，必且待事而后然者，谓之生于伪，是性伪之所生，其不同之征也。故圣人化性而起伪，伪起而生礼义，礼义生而制法度。然则礼义法度者，是圣人之所生也。故圣人之所以同于众，其不异于众者性也，所以异而过众者伪也。"（见《性恶篇》）

所以《哀公问》上也说："民之所由生，礼为大：非礼无以节事天地之神也，非礼无以辨君臣上下长幼之位也，非礼无以别男女父子兄弟之亲、婚姻疏数之交也。"第二，礼之作用，在于防恶于未然，而与法之作用在于禁恶于已然者不同，所以《大戴礼记·礼察篇》上说："孔子曰：君子之道，譬犹防欤！夫礼之塞乱之所从生也，犹防之塞水之所从来也。……故婚姻之礼废，则夫妇之道苦，而淫僻之罪多矣；乡饮酒之礼废，则长幼之序失，而争斗之狱繁矣；聘射之礼废，则诸侯之行恶，而盈溢之败起矣；丧祭之礼废，则臣子之恩薄，而倍死忘生之礼众矣。凡人之知，能见已然，不见将然。礼者禁于将然之前，而法者禁于已然之后。……礼云礼云，贵绝恶于未萌，而起敬于微眇，使民日徙善远恶而不自知也。"第三，礼之作用，在于节制人情，所以《礼运》上说："圣人耐以天下为一家、以中国为一人者，非意之也。必知其情，辟于其义，明于其利，达于其患，然后能为之。何谓人情？喜、怒、哀、惧、爱、恶、欲，七者弗学而能。何谓人义？父慈、子孝、兄良、弟悌、夫义、妇听、长惠、幼顺、君仁、臣忠，十者谓之人义。讲信修睦，谓之人利。争夺相杀，谓之人患。故圣人之所以治人七情、修十义、讲信修睦、尚慈让、去争夺，舍礼何以治之？饮食男女，人之大欲存焉。死亡贫苦，人之大恶存焉。故欲恶者，心之大端也。人藏其心，不可测度也。美恶皆在其心，不见其色也。欲一以穷之，舍礼何以哉？"要之，礼之所由起，实与当时之贵族政治有深切的关系，盖贵族政治既重阶级，则不得不重名分，使贱不得干贵，下不敢犯上，而所谓礼即为维系此种名分之别的规定。唯其如此，所以才为贵族制礼，为庶民定刑，《礼记·曲礼》所谓"礼不下庶人，刑不上大夫"，便足见礼与刑所施的对象之各异。《周礼》中的五礼，系汉代所发见者，即贵族上层所谓天子、诸侯、卿大夫的专礼；今分述如下：

（一）吉礼　即祭祀之礼。其详可参看第九章上古之宗教一节。

（二）凶礼　即丧葬之礼。周代丧葬之礼，因贵贱而异其制。天子死曰崩，诸侯曰薨，大夫曰卒，士曰不禄，庶人曰死（《礼记·曲礼》）。天子七日而殡，诸侯五日而殡，大夫、士、庶人三日而殡（《礼记·王制》）。天子七月而葬，同轨毕至；诸侯五月，同盟至；大夫三月，同位至；士逾月，外姻至（《左传·隐公元年》）。其丧具，则天子之棺椁四重，诸侯三重，皆用松；大夫二重，用柏；士一重，用杂木；又制竹器瓦器之类，纳于棺中，叫做明器。丧服分五等：为父母服斩衰三年，祖父母伯叔父母兄弟服齐衰期年，从父母兄弟大功九月，再从伯叔父母兄弟外祖父母小功五月，三从伯叔父母兄弟缌麻三月。此五服之制，至今沿用。

（三）军礼　军礼以同邦国，如动众以大师之礼，简众以大田之礼。

（四）宾礼　即相见之礼。宾来之时，有介绍以达情。主延见之时，有傧相以传命。又有挚物以将意：天子用鬯，诸侯用圭，卿用羔，大夫用雁，士用雉。其礼分三等：（甲）天子：诸侯北面见天子叫做觐。诸侯西面，诸公东面，叫做朝。时见叫做会。殷见叫做同。诸侯称宾，大夫称客。宾常飨，客当燕。飨有体荐，以礼为主。燕有折俎，以情为主。飨燕之时，有赋诗赠答之节。此外更有郊劳、赠贿、授馆、授餐等礼。（乙）诸侯：相期叫做会。不期叫做遇。使大夫往叫做聘。歃血为誓叫做盟。其他燕飨之礼宾客之称，均与天子相同。（丙）臣下：有士大夫相见之礼，有士见君之礼，有见异邦人之礼，有侍坐侍食之礼，有初见复见之礼，有执物之礼，有称谓之礼。其详见《仪礼》一书。

（五）嘉礼　即冠、婚、乡之礼，分述如次。（甲）冠礼：男子二十行冠礼，表其成人之意。（乙）婚礼：娶妻不娶同姓。男子三十而娶，女子二十而嫁。行婚礼时，有纳采、问名、纳吉、纳征、请期、迎亲之六礼。（丙）乡饮酒礼：乡大夫饮宾于庠序之礼，尊贤养老，所以明长幼之序。每三年集一乡之人而礼饮，乡大夫为主人，乡父老为宾客，推父老中齿德最尊者一人为大宾，余为众宾，皆以齿叙坐。（丁）乡射礼：州长春秋以礼会民而射于州序之礼。

以上所述的五礼，都是贵族上层所用的专礼——虽间有一二种为庶人所通用——其仪文的琐细，固未可尽信，但案诸当时贵族柄政特重阶级一点而言，则或许曾有此种制度。此外尚有现今所传的《仪礼》十七篇，其中除《聘礼》《公食大夫礼》《觐礼》三篇为朝聘礼外，他如《士冠礼》《士婚礼》《士相见礼》三篇属冠婚，《士丧礼》《既夕礼》《士虞礼》《特牲馈食礼》《少牢馈食礼》《有司彻》《丧服传》七篇属丧祭，《乡饮酒礼》《乡射礼》《燕礼》《大射礼》四篇属射飨，都无不是以士为对象，换言之，即以贵族下层之“士”一阶级为对象，而与庶人无关。

二、支配中国人心的礼教

上面所说过的五礼，原是贵族政治维持其上下名分的规定，但到贵族政治崩坏以后，所谓五礼也就渐次失其作用。当时王纲解纽，礼乐征伐已不自天子出，弄到“臣弑其君，子弑其父”的地步。孔子目击当时纷争无主的现象，回想贵族政治最盛时代井井有条的阶级社会，真有去古日远之感。八佾原来是天子的舞乐，到此时毕竟季氏也用八佾，所以《论语》说：“孔子谓季氏，八佾舞于庭，是可忍也，孰不可忍也?”此“不可忍”三字，便足以表明孔子不满意当时“乱名分”的心理①。孔子要想回复以前的治平，就不得不正名分，于是订礼乐，作《春秋》，便成为他的最迫切的工作②。《论语》说：“子路曰：‘卫君待子而为政，

① 《论语·八佾第三》：“三家者，以《雍》彻。子曰：‘相维辟公，天子穆穆；奚取于三家之堂。’”又：“子曰：‘管仲之器，小哉!’或曰：‘管仲俭乎?’曰：‘管氏有三归，官事不摄，焉得俭!’‘然则管仲知礼乎?’曰：‘邦君树塞门，管氏亦树塞门；邦君为两君之好，有反坫，管氏亦有反坫。管氏而知礼，孰不知礼?’”——孔子之讥三家与管仲，也有“不可忍”的神气。又：“子贡欲去告朔之饩羊。子曰：‘赐也，尔爱其羊，我爱其礼。’”——此足以明孔子之重礼。

② 孟子说：“世衰道微，邪说暴行有作。臣弑其君者有之，子弑其父者有之。孔子惧，作《春秋》，天子之事也。是故孔子曰：‘知我者，其惟《春秋》乎? 罪我者，其惟《春秋》乎?’”又：“昔者禹抑洪水而天下平。周公兼夷狄，驱猛兽，而百姓宁。孔子成《春秋》而乱臣贼子惧。”

子将奚先？’子曰：‘必也正名乎！’子路曰：‘有是哉！子之迂也！奚其正？’子曰：‘野哉由也！君子于其所不知，盖阙如也。名不正，则言不顺。言不顺，则事不成。事不成，则礼乐不兴。礼乐不兴，则刑罚不中。刑罚不中，则民无所措手足。故君子名之必可言也，言之必可行也。君子于其言，无所苟而已矣。’”由此看来，足见名不正之害处，竟可致礼乐不兴、刑罚不正、百姓无所措手足。所以当齐景公问政于孔子之时，孔子就对曰：“君君臣臣，父父子子。”（见《论语》）“此君君臣臣父父子子”，即孔子的正名分。

孔子生当这个变革的大时期，目击“邪说暴行”，原想借“正名分”来挽狂澜于既倒，以实现他理想中的治平之世。如果在这个大变革的时期，中国的经济组织走入另一个阶段，则孔子的教义，必不能支配中国人心至二千余年之久。但是，中国的经济仍然逗留在农村自然经济这阶段中，因此封建的统治也就依然存续下去，存续至二千余年之久，随而孔子的教义也就随着封建统治存续至二千余年之久，以后更经历代帝王之提倡，诸儒之渲染①，于是“礼教”因以确立，而为我国人一举一动之规范。

中国二千余年来的经济组织，既然不曾脱离农村自然经济这阶段，而农业的生产，又以“安土重迁”与家族成员的劳作为前提，则家族之重要，便远在个人之上，由是国家之构成元素，遂以家族为本位，而不以个人为本位。所谓国家，无异乎是家族之扩大体，或是家族之集合体。唯其如此，所以家庭道德便成为治国平天下之大本。

儒家既重家庭道德，所以说“家人有严君焉，父母之谓也。父父、子子、兄兄、弟弟、夫夫、妇妇，而家道正，正家而天下定矣”（见《易经》）。所以说“老吾老，以及人之老，幼吾幼，以及人之幼，天下可运于掌”（见《孟子》）。但家庭道德之中，又以孝悌为本。故孔子曰：

① 汉高祖以太牢祀孔子，武帝之崇儒术，以及明、清两代之崇理学，都是天子提倡儒家教义之最显著者。汉代诸儒如董仲舒等，以及宋明的理学家，都是弘布儒家教义之健者。

“其为人也孝悌而好犯上者，鲜矣；不好犯上而好作乱者，未之有也。君子务本，本立而道生；孝悌也者，其为仁之本欤!”（见《论语》）所以《论语》又说：“或谓孔子曰：‘子奚不为政?’子曰：‘《书》云孝乎。唯孝友于兄弟，施于有政，是以为政，奚其为为政?’”由此种家庭道德推广起来，便足以治国平天下。但是，个人在家庭中固有此三伦，倘若加入社会，就变成五伦了。所以子思就说：“天下之达道五，所以行之者三。曰：君臣也，父子也，夫妇也，昆弟也，朋友之交也。五者，天下之达道也。知、仁、勇三者，天下之达德也，所以行之者一也。”（见《中庸》）所以孟子也说：“父子有亲，君臣有义，夫妇有别，长幼有序，朋友有信。”此父子、君臣、夫妇、昆弟、朋友，便谓之五伦。

五伦既立，于是又立五常。此五常，便是“所以行之者”的达德。仁、义、礼、智、信，就是五常。此五者虽备于《论语》一书，然未曾以五者同时并举。至董仲舒对贤良策始谓“夫仁、义、礼、智、信，五常之道也”，五常之名，首见乎此。《白虎通·性情篇》更为此五常各立一定义，它说：“五常者何？谓仁、义、礼、智、信也。仁者不忍也，施生爱之也。义者宜也，断决得中也。礼者履也，履道成文也。智者知也，独见前闻，不惑于事，见微者也。信者诚也，专一不移也。”五伦五常之目，至是确立。然与五伦相发明者，尚有《左传》之六顺（君义、臣行、父慈、子孝、兄爱、弟敬）与《礼运》之十义（父慈、子孝、兄良、弟悌、夫义、妇听、长惠、幼顺、君仁、臣忠），亦可供参考。

适才说过，儒家是以家族为本位，换言之，即以血统关系，去组织国家社会。但家族中的道德，最重要者便是一个“孝”字，此孝字即五常之大本，即一切道德之根据，曾子发挥此理，异常精透。他说：“君子之孝也，以正致谏；士之孝也，以德从命；庶人之孝也，以力恶食；任善不敢臣三德。”——此言孝有等差。又说：“居处不庄，非孝也；事君不忠，非孝也；莅官不敬，非孝也；朋友不信，非孝也；五者不遂，灾及乎亲，敢不孝乎？”——此即社会的孝论，而以孝为一切道德之大本。又说：“夫孝置之而塞乎天地，溥之而横乎四海，施诸后世而无朝夕。推而放诸东海而准，推而放诸西海而准，推而放诸南海而准，推而放诸北海而准。《诗》云：‘自西自东，自南自北，无思不服，此之谓也。’”——此即宇宙的孝论。孝既为一切道德之大本，于是“孝为百行先”这句教条，就成为中国人一举一动的规范之规范了①。

以孝为中心的伦常既立，于是“天尊地卑，乾坤定矣；卑高以陈，贵贱位矣”。名分既已规定，由是君权、父权、夫权②，便成为天经地义万世不灭的定律。更由此推演下去，便是君要臣死臣不得不死，父要子亡子不得不亡。而所谓“三从四德”，更不能任那些没握有经济权的妇女们不接受。如果违背此等定律，则其人必为社会所不齿，而群目之为礼教的罪人、名教的罪人。由此看来，礼教支配人心之力量，其大要可想而知。综观以上所述，所谓礼教，实不承认个人在社会上自有其独自的人格，实不承认个人为组成国家组成社会之一员；反之，个人只不过是家庭中为父者之附属品而已，个人只不过是一国的帝王之奴才而已。是故礼教之戕贼个性，之窒灭人性，实无异乎杀人之刽子手。礼教之罗网既成，于是人人只知屈从，只知顺受，而不复敢反抗立异。其结果，就是“君权万岁”“父权万岁”“夫权万岁”。《吴虞文录》引日本福

① 儒家以孝为一切道德之大本，是与宗法的家族制有关的，而宗法的家族制又与中国的农业经济有关。唯其有农业经济之长期的稳定与存续，宗法的家族制才能够稳定，才能够存续下去。宗法的家族制，是以家长为一族的首领，而家长之所以能够维系其权力，就全恃乎有“孝”字来做家族成员的行动之规范。国家既是以家族为其组成之单位，则一国的皇帝，自然就是诸家长之上的一个顶大的家长。因此，皇帝所借以维系其权力的东西，固然是个“忠”字，而忠字却是从孝字推演出来的。曾子所谓“事君不忠非孝也”，所谓“孝子善事君”，即系此理。

② 儒家言孝，特重男统，此亦与我国农村自然经济有关。所谓“不孝有三，无后为大”；所谓“父在观其志，父没观其行，三年无改于父之道，可谓孝矣”；所谓“孟庄子之孝也，其他可能也，其不改父之臣与父之政，是难能也”；所谓“孝莫大于严父”，其言孝，都无一处不是从男统着眼。要如此，宗法的家族制才可以确立。宗法的家族制能够确立，所谓君权、父权、夫权才有寄托之所。

泽谕吉所说“支那旧教，莫重于礼乐[1]。礼者，使人柔顺屈从者也。乐者，所以调和民间郁勃不平之气，使之参顺于民贼之下也”。——实以一语而道破礼教之罪恶[2]。

① 孔子所谓“兴于诗，立于礼，成于乐”。荀子所谓“夫乐者乐也，人情之所必不免也。故人不能无乐，乐则必发于声音，形于动静；而人之道，声音动静，性术之变尽是矣。故人不能不乐，乐则不能无形，形而不为道，则不能无乱。先王恶其乱也，故制雅颂之声以道之：使其声足以乐而不流；使其文足以辨而不諰；使其曲直、繁省、廉肉、节奏，足以感动人之善心；使夫邪污之气无由得接焉。……故乐行而志清，礼修而行成。……且乐也者和之不可变者也，礼也者理之不可易者也。乐合同，礼别异，礼乐之统，管乎人心矣”（见《乐论篇》），都可以见到乐之作用。

② 宋、元、明三代，理学昌明，于是理学家之于礼教，其渲染益加不近人情，所谓“饿死事小失节事大”这个教条，即此一时代之产物。

第三编　智慧生活之部

第一章　先秦诸子（上）

一、智慧生活与经济基础

这里所谓智慧生活，就是指学术思想而言。通常认为学术思想，全系精神之产物，而与物质无关。结果，有时便把学术思想，当作是离开现实而独立的东西，其尤甚者，竟把学术思想，视为推动时代的原动力；像这样的因果倒置，真是玄之又玄的了。本编为着要避免这种谬见，所以首先就大胆地用智慧生活四个字，以代替学术思想四个字，使读者知道：所谓学术思想，也不外是人类生活之一种表现而已。

学术思想和宗教一样，同是观念形态之一；换言之，即同是社会上层建筑物之一。其存在根据与其发展历程，绝对不是偶然的、超时空的，却是社会经济基础上之必然的产物，而被社会经济基础所决定。社会经济基础一有变动，则学术思想亦随之而变动，因此，社会经济进展至某一阶段，则学术思想亦随之进展至某一阶段；社会经济停滞在某一阶段，则学术思想亦停滞在某一阶段。纵令有许多空想家，离开他的社会与他的时代，凭空创造某种思想，然而，正因为他的这种思想不曾在社会经济基础上获得其存在根据，所以他的思想，始终是乌托邦的空想并幻想，而必然地要消失下去。这样看来，学术思想是不能够离现实而存在的，是要适应于当时代当社会之要求的；反过来说：学术思想就是现实世界之反映，就是当时代当社会的经济基础之反映。其次，学术思想又不是超阶级的，而是阶级的工具；换言之，即无论哪种学术思想，都不能离开它的阶级的立场。要明白这些道理，才能够认识学术思想之本质。

请以哲学为例。哲学亦是观念形态之一，其存在根据与其发展，自然也不能逃出以上所述的定律。希腊哲学的第一个时期，为原始的唯物论，其主要代表如太利斯（今译泰勒斯——编选者注）、亚拿西满德（今译阿拉克西曼德——编选者注）以及德谟克利特等，都高举唯物论的旗帜，以反对旧式宗教的统治。这种唯物论之发生，绝不是偶然的，而是当时社会的经济发展之必然的产物。原来希腊于公元前六七世纪时，其经济上曾发生重大的变化，即自然经济因商品经济之扩大而陷于崩溃，同时在沿海各地因商业的繁荣又予旧式经济以极大的打击，在此种情况之下，原始的唯物论才获得它的存在根据，才会在新兴阶级突起中出现①。到了公元前四五世纪，希腊哲学又开始了一大变化，即原始的唯物论变成唯心论，柏拉图、亚里士多德的唯心论否定了原始唯物论。这一大变化，也不是偶然的，而是当时社会经济的转变之反映。原来，以前的经济发展是向上的，故商业资本表现了革命的作用，而原始的唯物论就成为进步阶级之工具。但现在的经济发展却是向下的，故唯心论成为统治阶级的武器。柏拉图、亚里士多德其自身就出自当时的统治阶级，并且帮助过统治者去支配民众，因此，他们的唯心论正是当时统治阶级的要求之反映。中世纪的经院派哲学，更明显地表现其社会阶级的作用。它的任务，在于拥护当时社会的统治阶级——僧侣、贵族及地主；它的工作，只是锻炼宗教教条与研究教会经典；因此，经院派哲学又被称为“神学的婢女”。等到中世纪末叶，资本主义的经济兴起，

① 太利斯与亚拿西满德都出自米利都，德谟克利特则出自以佛那，这两个地方都是当时的重要城市。

封建的经济濒于崩溃，从而思想界激起重大的变化，唯物论也就在新兴资产阶级反封建统治的斗争中被恢复起来了。唯物论的这种复兴，到了18世纪的法国唯物论者，已算是登峰造极。18世纪的法国唯物论，成为当时资产阶级革命之重要的武器；尤其是这唯物论的无神论思想，更震动了18世纪的法国社会，促进了法国大革命之完成。这种哲学，完全是新兴法国资产阶级的要求之反映，而当时，法国唯物论者之主要代表——百科全书派——也就是新兴资产阶级的前卫斗士。资本主义社会的发展，到了某种阶段，因它的内在的矛盾，而必然地呈现出不安定的现象。在这个阶段，黑格尔的唯心辩证法竟由费尔巴哈的过渡，而到达今日的唯物辩证法。不用说，唯物辩证法又成了反资产阶级的武器了。

以上所述，是西洋哲学发展的概略。它的发展历程以及各种哲学的发生，都无不是被各时代的社会经济所决定，而绝不是偶然的、超时空的。要详细地叙述这个历程，并不是本书的任务；我们只是在这里拿西洋哲学做例子，使读者知道连世人目为玄而又玄的哲学，也要受着社会经济基础的支配；使读者破除一切传统的唯心的偏见，去把握学术思想之本质。如果传统的谬见不被廓清，则文化史的研究，便会走入歪道；而愈研究只是愈加迷惑，愈加离开现实，其为害社会、流毒青年，真是不知要到达哪样地步。

自然，中国的学术思想之发生及其发展，也不能有例外。所以，本编就运用这种方法，去叙述中国学术思想之发生及其发展。治学，并不在于立异，并不在于惊奇，却在于从现实上从客观上去阐明学术思想的究竟与本质——这便是本书所确守的态度。

二、先秦诸子学说勃兴之原因

在第一编与第二编中，曾再三地陈述春秋战国这个长期战乱的时代，是一个伟大的转变期。这个时代的经济发展，是由奴隶经济进到商业资本；这一发展之特征，便是奴隶在经济上得到解放，以及商人阶级之抬头。经济基础既然动摇，于是建筑在经济基础之上的政治也随着动摇。政治动摇的表现，就是奴隶在政治上得到解放，贵族政治陷于崩溃，以及商人阶级起而参与政治。经济基础既有这样的激变，政治组织又随着前者之激变而有这样的激变，于是在这激变的行程中，前此支配社会的传统思想就发生动摇，并且由动摇而失去其存在根据。这个动摇，表现在《诗经》中，现在陈述如下：

（一）对于天的怨望。在奴隶制的时代，都认为天是替人民降福的，但是，这时代的长期战争，闹到人民流离失所死亡丧乱，而天并不曾出马以拯救人民，因此，就怨起天来了。例如《唐风·鸨羽》："肃肃鸨羽，集于苞栩。王事靡盬，不能艺稷黍。父母何怙？悠悠苍天，曷其有所？"《大雅·召旻》："昊天疾威，天笃降丧。瘨我饥馑，民卒流亡。"

（二）对于天的责骂。对于天怨望，还存有一个"天"在脑袋中，但是，天既不能拯救下民，就决心来责骂天。例如《小雅·节南山》："昊天不佣，降此鞠凶！昊天不惠，降此大戾！"

（三）愤懑的厌世。天既不惠，而生活又极度的不安，于是就只好厌世了。例如《小雅·蓼莪》："瓶之罄矣，维罍之耻。鲜民之生，不如死之久矣！"《小雅·苕之华》："苕之华，其叶青青。知我如此，不如无生！"《桧风·隰有苌楚》："隰有苌楚，猗傩其枝。夭之沃沃，乐子之无知！"

（四）厌世的享乐。愤懑的厌世，其结果，便只有一死；但死又不是人人所乐为的，所以在这种矛盾的生活时，就不如纵欲自恣地去享乐。例如《唐风·山有枢》："山有枢，隰有榆。子有衣裳，弗曳弗娄。子有车马，弗驰弗驱。宛其死矣，他人是愉。""山有漆，隰有栗。子有酒食，何不日鼓瑟？且以喜乐，且以永日。宛其死矣，他人入室。"

（五）人的发见。从怨望天而责骂天，从厌世而纵欲，这一切都不能逃出当时的苦痛。但是，他们已经知道天是不能替下民降福除灾的了，奴隶们要得到解放，还是靠自己；这个解放运动的起点，就要认清自己是人——这便是人的发见。例如《小雅·何草不黄》：“何草不玄？何人不矜？哀我征夫，独为匪民。”“匪兕匪虎，率彼旷野。哀我征夫，朝夕不暇。”

（六）阶级意识的觉醒。既然发见了自己是人，并不是兕和虎，但是，为什么要替人家作牛马呢？这一个疑问，便觉醒了他们的阶级意识。例如《小雅·北山》：“溥天之下，莫非王土。率土之滨，莫非王臣。大夫不均，我从事独贤。……或燕燕居息，或尽瘁事国。或息偃在床，或不已于行。或不知叫号，或惨惨劬劳。或栖迟偃仰，或王事鞅掌。或湛乐饮酒，或惨惨畏咎。或出入风议，或靡事不为。”《魏风·伐檀》：“坎坎伐檀兮，置之河之干兮。河水清且涟猗。不稼不穑，胡取禾三百廛兮？不狩不猎，胡瞻尔庭有县（同悬）貆兮？彼君子兮，不素餐兮！”①

要在传统的思想发生了动摇而且丧失其存在根据的时候，新思想才获得出生的地盘，才获得其存在根据。以上所述，便是先秦学术勃兴的根本原因。此外尚有许多次要原因，分述如下：

（一）由于教育的解放。前面说过：古代学术，柄于王官，庶民无享受高等教育之权。但到西周末年，学校不修，学术下移。老子以柱下史著书五千言，已开私家撰述之端；孔子聚徒讲学，又开私人讲学之风。而孔子教育主旨，在于“有教无类”，更加打破前此教育上的阶级制限。其后如墨子、孟子、许行，都俨然授徒设教，甚且率弟子以就食于诸侯。教育权既下移于私家，于是停滞划一的学术思想一变而为自由奔放的学术思想。

（二）由于列国的延揽人才。梁启超说：“列国并立互竞；务延揽人才以自佐。如秦孝公、齐威王、宣王、梁惠王、燕昭王乃至孟尝、平原、春申、信陵之四公子，咸以礼贤下士相尚。而处士声价日益重，而

① 参看郭沫若著《中国古代社会研究》第163～195页。

士之争自濯磨者亦日众。”

（三）由于智识交换之机会多。梁启超说：“大师之门，从者恒数百；而大都会尤为人文所萃，如齐稷下常聚数万人，或赐列第为大夫，不治而议论；他国殆亦如是。智识交换之机会多，思想当然猛进。”

（四）由于书籍传写方法之发达。梁启超说：“当时书籍传写方法，似甚发达。故苏秦发书，陈箧数十；墨子南游，载书甚多。可见书籍已甚流行，私人藏储，颇便且富。既研究有资，且相观而善，足以促成学术勃兴之机运。”①

由上所述，我们知道在这个社会转变期，传统的学术思想已经由动摇而丧失其存在根据，而替新思想形成一个出生的地盘；同时，教育之解放、列国之延揽人才、智慧之相互交换以及书籍传写方法之发达，又益加促成新思想学术勃兴之机运。故其结果：百家蜂起，诸子争鸣，各就所见，以谋社会问题与人生问题的解决。

三、道家及其流派

先秦诸子，派别繁衍。司马迁在《史记·太史公自序》里面述其父谈所论，则区为六家，其言曰：“尝窃观阴阳之术：大祥而众忌讳，使人拘而多所畏；然其序四时之大顺，不可失也。儒者：博而寡要，劳而少功，是以其事难尽从；然其序君臣父子之礼，列夫妇长幼之别，不可易也。墨者：俭而难遵，是以其事不可遍循；然其强本节用，不可废也。法家：严而少恩；然其正君臣上下之分，不可改矣。名家：使人俭而善失真；然其正名实，不可不察也。道家：使人精神专一，动合无形，赡足万物；其为术也：因阴阳之大顺，采儒墨之善，撮名法之要；与时迁移，应物变化；立俗施事，无所不宜；指约而易操，事少而功多。”《汉书·艺文志》本刘歆的《七略》，则又区为十家，其言曰：“儒

① 见梁启超著《先秦政治思想史》第104页。

家者流，盖出于司徒之官，助人君……明教化者也。……道家者流，盖出于史官，历记成败、存亡、祸福、古今之道，然后知秉要执本，清虚以自守，卑弱以自持，此君人南面之术也。……阴阳家者流，盖出于羲和之官，敬顺昊天，历象日月星辰，敬授民时，此其所长也；及拘者为之，则牵于禁忌，泥于小数，舍人事而任鬼神。法家者流，盖出于理官，信赏必罚，以辅礼制。……名家者流，盖出于礼官，古者名位不同，礼亦异数；孔子曰：必也正名乎？名不正，则言不顺；言不顺，则事不成。……墨家者流，盖出于清庙之守，茅屋采椽，是以贵俭；养三老五更，是以兼爱；选士大射，是以上贤；宗祀严父，是以右鬼；顺四时而行，是以非命；以孝视天下，是以尚同。……纵横家者流，盖出于行人之官，孔子曰：'诵诗三百，使于四方，不能颛对；虽多，亦奚以为？'又曰：'使乎使乎！'言其当权事制宜，受命而不受辞，此其所长也。及邪人为之，则尚诈谖而弃其信。杂家者流，盖出于议官，兼儒墨，合名法，知国体之有此，知王制之无不贯。……农家者流，盖出于农稷之官，播百谷，劝农桑，以足衣食……及鄙者为之，以为无所事圣王，欲使君臣并耕。……小说家者流，盖出于稗官，街谈巷语道听途说者之所造也……如或一言可采，此亦刍荛狂夫之议也。”又说，“其可观者九家而已”，故除小说家，又称为九流。但是，壁垒森严旗帜鲜明的，却只有道、儒、墨三大派。其后由三家演变汇合而突起者，又有法家一派。现在依照他们发生的先后，分述如下：

道家的开创者是老子。老子楚人，名耳，字聃，姓李氏。其生卒年月不可考，据近人胡适的考证，大约生在公元前570年，较孔子约长二十岁。他曾为周室“守藏室之史”，著书五千言，即现在的《道德经》。他的略史，大概就是这样。

老子是当时思想界的先锋，后来的诸子百家，多半源于老子。要明白老子在思想界的地位，顶好引用夏曾佑的话。他说：“鬼神术数之学，传自炎、黄，至春秋而大备。然春秋之时，人事进化，骎骎有一日千里之势；鬼神术数之学，遂不足以牢笼一切。春秋之末，明哲之士，渐多不信鬼神术数者。《左传》所引，如史嚚曰：国将兴，听于民；国将亡，听于神。子产曰：天道远，人道迩，非所及也，何以知之？仲几曰：薛征于人，宋征于鬼，宋罪大矣。自此以来，蔽障渐开，至老子遂一洗古人之面目。九流百家，无不源于老子。老子楚人，周守藏室之史也。周制：学术、艺文、朝章、国故，凡寄于语言文字之物，无不掌之于史。故世人之咨异闻，质疑事者，莫不于史。史之学识，于通国为独高，亦犹之埃及、印度之祭司也。老子以犹龙之资，读藏室之富，而丁蜕化之时，乃著书上下篇，言道德之意，五千余言而去，莫知所终。"①

老子既是当时思想界的前卫战士，故其思想的精神，偏于破坏方面。因此，夏曾佑又说："老子之书，于今具在；讨其义蕴，大约以反复申明鬼神术数之误为宗旨。万物芸芸，各归其根；归根则静，是为复命；是知鬼神之情状，不可以人理推，而一切祷祀之说破矣。有物浑成，先天地生；则知天地山川五行百物之非原质，不足以明天人之故，而占验之说废矣。祸兮福所倚，福兮祸所伏；则知祸福纯乎人事，非能有前定之者，而天命之说破矣。鬼神、五行、前定既破，而后知天地不仁，以万物为刍狗；圣人不仁，以百姓为刍狗；闷宫、清庙、明堂、辟雍之制，衣裳、钟鼓、揖让、升降之文，之更不足言也。"②

老子在当时思想界的地位及其思想的精神，既已明白，现在进而陈述他的思想内容的大概。

（一）天论。老子以前的思想界，都认为天是有意志而能主宰一切的。但至春秋战国长期战乱的时代，就对天怀疑起来了，怨望起来了，并且责骂起来了。老子生当这个时代，所以他也说"天地不仁，以万物为刍狗"。老子既不相信有天，于是标出一个"道"来，以为万物之本。他所谓道，就是："有物混成，先天地生，寂兮寥兮，独立而不改，周

① 见夏曾佑著《中国历史教科书》第一篇第二章第五节。
② 见夏曾佑著《中国历史教科书》第一篇第二章第六节。

行而不殆，可以为天下母。吾不知其名，字之曰道，强为之名曰大。”道是万物之本，所以他说：“道生一，一生二，二生三，三生万物。”道之作用，并不是有意志的，只是一个自然，所以他说：“大道泛兮，其可左右。万物恃之而生而不辞，功成不名有，衣养万物而不为主。”又说：“天法道，道法自然。”——这个“自然”，便打破前此以天作万物之主宰的迷信。

（二）无为论。老子既着重自然，则万物都有一个独立而不变、周行而不殆的道理，既不用天来作主宰，也不用人来造作安排。唯其如此，就要成为无为的放任主义。由他这个无为论，便生出他的人生哲学及其政治哲学。他的人生哲学，就是：“见素抱朴，少私寡欲。绝学无忧”；就是：“众人熙熙，如享太牢，如登春台。我独泊兮其未兆，如婴儿之未孩。儽儽兮若无所归。众人皆有余，而我独若遗。我愚人之心也哉！沌沌兮，俗人昭昭，我独昏昏；俗人察察，我独闷闷。澹兮其若海，飂兮若无止。众人皆有以，而我独顽似鄙。”他的政治哲学，就是：“民之难治，以其上之有为，是以难治”；就是：“我无为而民自化，我好静而民自正，我无事而民自富，我无欲而民自朴。其政闷闷，其民醇醇；其政察察，其民缺缺”；就是：“太上，下知有之。其次，亲而誉之。其次，畏之。其次，侮之。信不足，焉有不信。犹兮其贵言，功成事遂，百姓皆谓我自然。”他的人生哲学与政治哲学，既是无为的放任主义，所以他的理想社会就是：“小国寡民，使有什伯人之器而不用，使民重死而不远徙。虽有舟车，无所乘之。虽有甲兵，无所陈之。使民复结绳而用之。甘其食，美其服，安其居，乐其俗。邻国相望，鸡狗之声相闻，民至老死不相往来。”他的理想社会既是如此，所以当时人人所乐道的仁、义、孝、慈、忠臣、圣哲，都是必得摈弃的。他说：“绝圣弃智，民利百倍；绝仁弃义，民复孝慈；绝巧弃利，盗贼无有”；“大道废，有仁义；智惠出，有大伪；六亲不和，有孝慈；国家昏乱，有忠臣”。同样，周代所资以为治的礼，也是必得摈弃的，所以他说：“故失道而后德，失德而后仁，失仁而后义，失义而后礼。夫礼者，忠信之薄，而乱之首也。”——他这种极端的破坏主义和无为的放任主义，都是对于当时时势所发生的一种反响。

（三）无名论。老子既重无为，其结果，就会主张无名。他说：“道可道，非常道。名可名，非常名。无名，天地之始。有名，万物之母。故常无，欲以观其妙；常有，有以观其徼。此两者同出而异名。同谓之玄，玄之又玄，众妙之门。”这就是说，“无”“有”本是一件东西，不过表现出来名相不同；同的名，却叫做“玄”；天地之始，原来是“绳绳不可名”的混沌状态，所以无名，后来有“象”有“信”①，才定立名字，所以有名万物之母。这种定立名字，原是由对比而来的，所以说：“天下皆知美之为美，斯恶已；皆知善之为善，斯不善已。故有无相生，难易相成，长短相较，高下相倾，音声相和，前后相随。”但是，这种对比，是相对的，而不是绝对的，所以对比是靠不住的。因此，他又说：“唯之与阿，相去几何？善之与恶，相去何若？”这种由对比而生的名，不但因其无一定的标准而靠不住，并且有了对比的名，就会因比较而不治，故他又说：“民莫之令而自均，始制有名；名亦既有，夫亦将知之，知之所以不治。”与其有了名而乱，倒不如复归于“无名之朴”的混沌状态为好，所以他又说：“道常无为而无不为。侯王若能守之，万物将自化。化而欲作，吾将镇之以无名之朴。无名之朴，夫亦将无欲。不欲以静，天下将自定。”这就是说：要天下自定，便要无欲；要无欲，就要返于“无名之朴”的混沌状态。

统观以上所述，老子思想的内容，不外自然、无为、无名三个基本观念，而此三观念都是一系列中的三个节环，并且都是从破坏当时的现状而生的。从他的破坏现状一点来说，他是富于革命精神的；但从他的“返于无名之朴的混沌状态”一点来说，他却是违背社会进化，努力开

① 老子说：“道之为物，惟恍惟惚。惚兮恍兮，其中有象。恍兮惚兮，其中有物。窈兮冥兮，其中有精。其精甚真，其中有信。”

倒车的一位好手；他的学说之不足以支配中国人心，即在于此。

以下述道家的流派：

（一）庄周。庄周蒙人，曾做过蒙地漆园吏，其生卒年月不可考，据胡适考证，大约死在公元前 275 年。有《庄子》一书，今存三十三篇。

庄周学说，为出世主义，是从老子的无为主义推演出来的，而较无为主义更彻底。老子的无为主义，还含有处世之道的意味①，至于庄周的出世主义，却认为"天地与我并生、万物与我为一"，所以他说："今且有言于此，不知其与是类乎？其与是不类乎？类与不类，相与为类，则与彼无以异矣。虽然，请尝言之。有始也者！有未始有始也者，有未始有夫未始有始也者；有有也者，有无也者，有未始有无也者，有未始有夫未始有无也者；俄而有无矣，而未知有无之果孰有孰无也。今我则已有谓矣，而未知吾所谓之其果有谓乎？其果无谓乎？天下莫大于秋毫之末，而大山为小；莫寿乎殇子，而彭祖为夭（yāo）。天地与我并生，而万物与我为一。既已为一矣，且得有言乎？既已谓之一矣，且得无言乎？一与言为二，二与一为三，自此以往，巧历不能得②，而况其凡乎！故自无适有，以至于三，而况自有适有乎！无适焉，因是已。"（见《齐物篇》）既然天地与我并生，自然就无终无始，非有非无；既然万物与我为一，自然就非小非大，无夭无寿。各尽自得之妙，互参平等之化。庄周既认万事万物都是齐一，并无大小、夭寿、是非、有无等等对比的区别，于是他的人生观，也就随着是一种"安时而处顺""依乎天理、因其固然"的人生观，所以他说："古之真人，不知说生，不知恶死。其出不欣，其入不距。翛然而往，翛然而来而已矣。不忘其所始，

---

① 《庄子·天下篇》说："老聃，人皆取先，我独取后，曰受天下之垢；人皆取实，己独取虚，无藏也故有余……人皆求福，己独曲全，曰苟免于咎。以深为根，以约为纪，曰坚则毁矣，锐则挫矣，常宽容于物，不削于人，可谓至极。关尹、老聃乎！古之博大真人哉！"由这段话看来，足见老聃的无为主义，还含有处世之道的意味。

② 疑有误，但原文如此。

不求其所终。受而喜之，忘而复之。是之谓不以心捐道，不以人助天，是之谓真人。”（见《大宗师》）

（二）杨朱。杨朱或曰字子居，其生卒年月亦不可考，据胡适考证，他的年代约在公元前440年与公元前360年。其思想，见于《列子》中之《杨朱篇》。

杨朱的思想为为我主义，是受了老子无名主义的影响而推衍出来的①，而当时连年的战乱与人民的痛苦，正足以使此种主义发生而为人民所欢迎②。《杨朱篇》："杨朱曰：伯成子高不以一毫利物，舍国而隐耕；大禹不以一身自利，一体偏枯。古之人损一毫利天下，不与也；悉天下奉一身，不取也。人人不损一毫，人人不利天下，天下治矣。"——这便是他的为我主义的根本思想。原来他把社会当作一个大实体，而各个"我"便是构成此社会的小实体，各个"我"的身子便是表现这小实体用的，所以各个"我"的身子虽有差别，而各个小实体即"我"实无差别。如果人人各安其差别之分，以得绝对无差别之乐，则社会必定安宁。这样看来，他的为我主义，便和老子的无名主义有密切的关系。他又说："有生之最灵者，人也。人者，爪牙不足以供守卫，肌肤不足以自捍御，趋走不足以逃利害，无毛羽以御寒暑，必将资物以为养性，任智而不恃力。故智之所贵，存我为贵；力之所贱，侵物为贱。然身非我有也，既生，不得不全之；物非我有也，既有，不得不去之。身固生之主，物亦养之主。虽全生身，不可有其身。虽不去物，不可有其物。有其物，有其身，是横私天下之物，横私天下之身。其唯圣人乎。公天下之身，公天下之物，其唯至人矣！此之谓至至者也。"这一段，将为我主义说得更精密透彻。他在这里，更提出"我"和"身"、"物"的关系一个问题。他认为身是生之主，物是养之主，都是表现

① 《杨朱篇》中记杨朱弟子孟孙阳与禽滑厘问答的话，可以看到杨朱受了老子的影响，即："禽子曰：以子之言问老聃、关尹，则子言当矣。以吾言问大禹、墨翟，则吾言当矣。"

② 孟子说："杨朱、墨翟之言盈天下。"又说："天下之言，不归杨则归墨。"足见杨朱学说之受当时人之欢迎。

"我"的工具，都不为"我"所有。倘若人人不私其物不私其身，而公其物公其身，则整个的社会必定安宁。由此看来，他的为我主义，便不是损人利己的为我主义了。

（三）许行。许行生卒年月亦不可考，据梁启超考证大约其时代在公元前332年与公元前282年。其学说见于《孟子》书中。《孟子·滕文公上》："有为神农之言者许行，自楚之滕，踵门而告文公曰：'远方之人，闻君行仁政，愿受一廛而为氓。'文公与之处。其徒数十人皆衣褐，捆屦织席以为食。……陈相见许行而大悦，尽弃其学而学焉。陈相见孟子，道许行之言曰：'滕君，则诚贤君也，虽然，未闻道也。贤者与民并耕而食，饔飧而治。今也滕有仓廪府库，则是厉民而以自养也，恶得贤。'"《汉书·艺文志》将此派列为九流之一，号为农家，并批评道："以为无所事圣王，欲使君臣并耕，悖上下之序。"由此看来，许行君臣并耕之说，其宗旨在绝对的平等：即人人自食其力，人人以享自己劳作的结果为限，无上下贵贱之分。老子说："民之饥，以其上食税之多，是以饥。"许行根据这个道理，所以说"有仓廪府库"，便是"厉民自养"，很与无治主义相近。

四、儒家及其流派

儒家的开创者为孔丘。孔丘字仲尼，鲁国人。生于周灵王二十一年（公元前551年），死于周敬王四十一年（公元前479年）。孔子少贫贱，及长，做了季氏史，料量平，又做了司职吏，而畜蕃息。以后又做过鲁国的司空和司寇。但是，因为他的政策不行，就弃了官去周游列国。他在外十三年，到过宋、齐、楚、卫、陈、蔡诸国，都不曾得着行道的机会。到了六十八岁，他转回鲁国，专从事教育与著述的事业。将古代官书，删成《尚书》；删历代诗歌，成《诗》三百篇；又订定了《礼》与《乐》。更出其读《易》心得，成《易·系辞文言》；又依据鲁国的史记，作了一部《春秋》。这些就是后来之所谓“六经”。此外，还有一部《论语》，是孔子弟子的弟子所记孔子与孔门诸子的谈话。至于《孝经》，却是后人依托的书①。如今要研究孔子的学说，最好是以《论语》《易传》《春秋》三书为主，因为他的思想的表现，全在这三书中。

孔子事略，已如上述。今请述孔子在当时思想界的地位。夏曾佑说：“老子为九流之初祖，其生最先。凡学说与政论之变也，其先出之书，所以矫前代之失者，往往矫枉过正。老子之书，有破坏而无建立，可以备一家之哲学，而不可以为千古之国教，此其所以有待于孔子欤?”② 足见老子是思想的革命家，是替思想界开辟道路的前卫战士；而孔子却是踏着老子所开辟的道路从事建立适合于社会的思想体系的人，所以孔子的思想较老子为缓和，而是属于改进派的。

其次，请言孔子思想的内容。孔子思想的内容，大约可以用“正名主义”“孝悌”“礼”“仁”“忠恕”几个项目来包括。前三个项目，在第二编第十章中已经说得明白，现在单从仁和忠恕两项来说。

仁、忠恕、孝这三个项目，是不可分离的；而在孔子思想体系中，孝便是仁与忠恕之基础。孔子的思想，反映着宗法的家族制度，这在第二编第十章中已经详细说过。唯其如此，所以他的治国平天下的办法，都是从修身齐家扩大出来的，而修身齐家之本，就在一个孝字，所以有子曰：“其为人也孝悌而好犯上者，鲜矣；不好犯上而好作乱者，未之有也。君子务本，本立而道生；孝悌也者，其为仁之本欤!”所以孔子说：“弟子入则孝，出则悌，谨而信，泛爱众，而亲仁。”有了孝作基础，才能够进而谈到忠恕③。忠是尽己，恕是推己及人，所以《大学》说：“君子有诸己，而后求诸人。无诸己，而后非诸人。所藏乎身不恕，而能喻诸人者，未之有也。”这种推己及人的道理，在孔子看来，便是

---

① 参看胡适著《中国哲学史大纲》卷上第70页。

② 见夏曾佑著《中国历史教科书》第一篇第二章第六节。

③ 忠恕二字，另有一解，可参看胡适著《中国哲学史大纲》卷上第107～109页。

可以终身行之的行为规范。《论语》子贡问："有一言而可以终身行之者乎？"孔子答："其恕乎。己所不欲，勿施于人。"这就是《大学》的絜矩之道："所恶于上，毋以使下；所恶于下，毋以事上；所恶于前，毋以先后；所恶于后，毋以从前；所恶于右，毋以交于左；所恶于左，毋以交于右：此之谓絜矩之道。"也就是孟子所说的"善推其所为"："老吾老以及人之老，幼吾幼以及人之幼，天下可运于掌。《诗》云：'刑于寡妻，至于兄弟，以御于家邦。'言举斯心加诸彼而已。故推恩足以保四海，不推恩无以保妻子。古之人所以大过人者，无他焉，善推其所为而已矣。"不过要作恕的功夫，就不能离忠，因为忠是尽己，恕是推己；既不尽己，便不能推己；不能推己，也就不能尽己；所以忠恕每每并提。《论语》曾子曰："夫子之道，忠恕而已矣。"《中庸》也说："忠恕违道不远。"而忠恕又一本于孝悌，故："爱亲者不敢恶于人。敬亲者不敢慢于人。""不爱其亲，而爱他人者，谓之悖德；不敬其亲，而敬他人者，谓之悖礼。""事亲者，居上不骄，为下不乱，在丑不争。"（均见《孝经》）——这就是说，能够孝，就能够爱人，就能够爱社会。能够忠，能够恕，才能够谈到仁。樊迟问仁，子曰："居处恭，执事敬，与人忠；虽之夷狄，不可弃也。"——这就是由忠以求仁。仲弓问仁，子曰："出门如见大宾，使民如承大祭。己所不欲，勿施于人。在邦无怨，在家无怨。"——这便是由恕以求仁。所以忠恕，就是达到仁的一条必由之路。要做到仁的地步，就能统摄诸德完成人格①。

但是，孔子脑袋中，却充分地含着阶级观念。他认为仁这个高德，

---

① 蔡孑民《中国伦理学史》谓孔子所说的仁，是"统摄诸德、完成人格之名"。胡适《中国哲学史大纲》赞成其说，并引用孔子答子路问成人一段——若臧武仲之知，公绰之不欲，卞庄子之勇，冉求之艺，文之以礼乐，亦可以为成人矣。认为成人即是尽人道，即是完成人格，即是仁。其实，《论语》所谓："人而不仁，如礼何！人而不仁，如乐何！"便是指仁统摄礼乐而言。又："里仁为美；择不处仁，焉得知。""仁者安仁，知者利仁。"便是指仁统摄知而言。又："仁者必有勇，勇者不必有仁。"便是指仁统摄勇而言。又："子张问仁。曰：'能仁五者于天下，为仁矣。'请问之。曰：'恭、宽、信、敏、惠。'"便是指仁统摄恭宽信敏惠诸德而言。又："樊迟问仁。子曰：'爱人。'"便是指仁统摄爱人而言。这些便是蔡氏之所谓"统摄诸德"。

只有君子才有，至于小人是决不会有的。所以他说："君子道者三，我无能焉：仁者不忧，知者不惑，勇者不惧。""君子而不仁者有矣夫，未有小人而仁者也。"（均见《论语》）这样一来，便难怪小人永远是被治者阶级，而君子就是治者阶级了①。

次述儒家的流派：

（一）子思。孔子之子为伯鱼，名鲤，年五十，先孔子而死。伯鱼生子思，名伋，年六十二卒。韩愈《送王埙秀才序》："孟子师子思，子思之学，盖出曾子。"由韩愈这几句话看来，便可以知道子思在儒家中所占的地位。子思的思想，见于《中庸》一书，今分述如下：

（甲）论性。《中庸》："天命之谓性，率性之谓道，修道之谓教。"又："诚者，天之道也。诚之者，人之道也。"这就是说：性是本来就有的，只要依着天性做去，就会合于道；不过因为气禀或异，故不能无过与不及之差，由是而有教；所谓教，便是礼乐刑政之属。至于"诚"，便是天理之本然，而与"天命之谓性，率性之谓道"二句相合；"诚之"，便是人事之当然，而与"修道之谓教"一句相合。这样看来，可见人人本来都含有诚的天性，如果"能尽天性"，就可以"与天地参"。所以《中庸》又说："惟天下至诚为能尽其性；能尽其性，则能尽人之性；能尽人之性，则能尽物之性；能尽物之性，则可以赞天地之化育；可以赞天地之化育，则可以与天地参矣。"他这种性论，便影响于孟子性善之说。

---

① 《论语》中记录君子与小人之别的地方很多，如"君子周而不比，小人比而不周"；如"君子怀德，小人怀土；君子怀刑，小人怀惠"；如"君子喻于义，小人喻于利"；如"君子坦荡荡，小人长戚戚"；如"君子成人之美，不成人之恶；小人反是"；如"君子泰而不骄，小人骄而不泰"；如"君子上达，小人下达"；如"君子求诸己，小人求诸人"；如"君子不可小知，而可大受也；小人不可大受，而可小知也"；如"君子有三畏：畏天命，畏大人，畏圣人之言；小人不知天命，而不畏也，狎大人，侮圣人之言"；如"君子有勇而无义为乱，小人有勇而无义为盗"。这些区别，原来是从人格上立论；但是，后来的狡黠者，假君子之名，以行小人之实，就把君子与小人看做身份的区别了。这样一来，所谓士君子当然成为治者阶级，而小人就是被治者阶级了。小人如果要过问政治，便叫做"造反"。所以孟子纵令提倡民贵君轻之说，然而依旧脱不了劳心者治人、劳力者治于人的主张。

（乙）中庸。《中庸》：“喜怒哀乐之未发，谓之中。发而中节，谓之和。中也者，天下之大本也。和也者，天下之达道也。”喜怒哀乐都是情，当其未发的时候，就是性；性是不偏不倚的，所以叫做中；如果喜怒哀乐发而中节，便合乎情的正道，无所乖戾，所以叫做和。这是指性情方面说的。至于德行方面，便有所谓中庸之道。《中庸》：“仲尼曰：君子中庸，小人反中庸。君子之中庸也，君子而时中；小人之反中庸也，小人而无忌惮也。”又：“子曰：道之不行也，我知之矣：知者过之，愚者不及也。道之不明也，我知之矣：贤者过之，不肖者不及也。人莫不饮食也，鲜能知味也。”过与不及，都不是中庸之道。譬如饮食，只是要学那“知味”的人适可而止，不当吃坏肚子，也不当打饿肚子。这种中庸之道，只有君子才可以办得到；至于小人，都是反中庸的，所以弄到无所忌惮。他这种不偏不倚的折中主义，到后来便养成中国人的一种“无可无不可”的奴隶性。

（二）孟子。孟子名轲，字子舆，邹人。生于周烈王四年（公元前372年），死于赧王二十六年（公元前289年）。他是子思的门人，学成以后，历游梁、齐、宋、鲁、滕诸国；因为没有行道的机会，就退而与弟子万章之徒，记录他游诸国与时人问答的话语，成《孟子》七篇。他的思想，见于《孟子》一书中，今分述如下：

（甲）性善说。孟子性善之说，受了子思的影响，上面已经说过。但当时言性的人，除了子思一派，还有几派。王充《论衡》：“周人世硕，以为人性有善有恶：举人之善性养而致之则善长，恶性养而致之则恶长。如此，则性情各有阴阳，善恶在所养。”《孟子·告子篇》：“或曰：性可以为善，可以为不善。是故文、武兴则民好善，幽、厉兴则民好暴。”这就是世硕的性有善有恶一派。《孟子·告子篇》：“告子曰：性无善无不善也。”这就是告子的性无善无不善一派。又：“或曰：有性善，有性不善。是故以尧为君而有象，以瞽瞍为父而有舜。”这就是有性善有性不善的一派。孟子答复他们道：“乃若其情，则可以为善矣。

乃所谓善也。若夫为不善，非才之罪也。恻隐之心，人皆有之；羞恶之心，人皆有之；恭敬之心，人皆有之；是非之心，人皆有之。恻隐之心，仁也；羞恶之心，义也；恭敬之心，礼也；是非之心，智也。仁、义、礼、智非由外铄我也，我固有之也，弗思耳矣。故曰求则得之，舍则失之；或相倍蓰而无算者，不能尽其才者也。”由这段话看来，便知道孟子认为人的才——即天生的本质——原来都是善的，至于不善，却是因为“不能尽其才”。人的本质何以是善的呢？第一，因为人人都具有“善端”，他说，“人皆有不忍人之心。……今人乍见孺子将入于井，皆有怵惕恻隐之心；非所以内交于孺子之父母也；非所以要誉于乡党朋友也；非恶其声而然也。由是观之，无恻隐之心，非人也；无羞恶之心，非人也；无辞让之心，非人也；无是非之心，非人也。恻隐之心，仁之端也；羞恶之心，义之端也；辞让之心，礼之端也；是非之心，智之端也。人之有是四端也，犹其有四体也”（见《孟子·公孙丑篇》）。第二，因为人人都有“良能良知”，他说：“人之所不学而能者，其良能也；所不虑而知者，其良知也。孩提之童，无不知爱其亲者；及其长也，无不知敬其兄也。亲亲，仁也；敬长，义也。”（见《孟子·尽心篇》）

（乙）政治主张。孟子既认定人人的性都是善的，所以从性的方面说，人人都是平等的，他所说的“圣人与我同类者”，“尧、舜与人同耳”以及“舜何人也、予何人也、有为者亦若是”，便是这个意思。唯其如此，所以他说“民为贵，社稷次之，君为轻”，所以他说“君之视民如土芥，则臣视君如寇仇”。但是，他也和孔子一样，认为君子是治者阶级，而小人却是被治者阶级。所以孟子说：“有大人之事，有小人之事。……或劳心，或劳力。劳心者治人，劳力者治于人。治于人者食人，治人者食于人。天下之通义也。”（见《孟子·滕文公篇》）所以孟子又说：“无君子莫治野人，无野人莫养君子。”（见《孟子·滕文公篇》）唯其如此，故孟子的政治主张，虽带有民权主义的色彩，但是，他的政治是由上而下的，并不是由下而上的，只要在上的人“施仁政于民”，“保民而王”，天下就会“莫之能御也”。唯其如此，所以孟子法先王，而“言必称尧、舜”；从而他的“保民”的具体方法，就在于行井田制度，使人民能够仰事俯畜，然后才驱而为善，所以他说：“是故明君制民之产，必使仰足以事父母，俯足以畜妻子，乐岁终身饱，凶年免于死亡。然后驱而之善，故民之从之也轻。”而“制民之产”的具体方案，就是“五亩之宅，树之以桑，五十者可衣帛矣。鸡豚狗彘之畜，无失其时，七十者可以食肉矣。百亩之田，勿夺其时，数口之家，可以无饥矣。谨庠序之教，申之以孝悌之义，颁白者不负载于道路矣。老者衣帛食肉，黎民不饥不寒，然而不王者，未之有也”（均见《孟子·梁惠王篇》）。他从这种制民之产的方案，更论到井田之制，其言曰：“死徙无出乡，乡田同井。出入相友，守望相助，疾病相扶持，则百姓亲睦。方里而井，井九百亩。其中为公田，八家皆私百亩，同养公田。”（见《孟子·滕文公篇》）——这便是孟子的理想的政治组织。

（三）荀子。荀子名况，又称孙卿，赵人。曾游学齐国。后来又游秦、赵，最后至楚，为楚兰陵令。其生卒年月不可考，大约生于公元前310年，死于公元前230年。其学说具见于他所作的《荀子》三十二篇中。

荀子是儒家的改革者，对于各家都有确切的批评，甚至对于儒家的子思与孟子，也是反对的。《天论篇》：“慎子有见于后，无见于先。老子有见于诎，无见于信。墨子有见于齐，无见于畸。宋子有见于少，无见于多。有后而无先，则群众无门。有诎而无信，则贵贱不分。有齐而无畸，则政令不施。有少而无多，则群众不化。”《解蔽篇》：“墨子蔽于用而不知文。宋子蔽于欲而不知得。慎子蔽于法而不知贤。申子蔽于势而不知知。惠子蔽于辞而不知实。庄子蔽于天而不知人。”——这些都是他批评各家的话。《非十二子篇》：“略法先王而不知其统，然犹而材剧志大，闻见杂博，案往旧造说，谓之五行；甚僻违而无类，幽隐而无说，闭约而无解；案饰其辞而祗敬之曰：此真先君子之言也。子思唱之，孟轲和之，世俗之沟犹瞀儒嚾嚾然不知其所非也，遂受而传之，以为仲尼、子游，为兹厚于后世：是则子思孟轲之罪也。”——这便是他反对子思孟子的话。他反对这些人的学说，他自己的学说又是什么呢？

（甲）他反对庄子蔽于天而力倡人事主义。《天论篇》：“惟圣人为不求知天。”又：“故君子敬其在己者，而不慕其在天者。小人错其在己者，而慕其在天者。君子敬其在己者而不慕其在天者，是以日进也。小人错其在己者而慕其在天者，是以日退也。”

（乙）他反对孟子性善之说而倡性恶之说。《性恶篇》：“人之性恶，其善者伪也。今人之性，生而有好利焉。顺是，故争夺生，而辞让亡焉。生而有疾恶焉。顺是，故残贼生，而忠信亡焉。生而有耳目之欲，有好声色焉。顺是，故淫乱生，而礼义文理亡焉。然则从人之性，顺人之情，必出于争夺，合于犯分乱理，而归于暴。”又：“今人之性：饥而欲饱，寒而欲暖，劳而欲休，此人之情性也。今人饥，见长而不敢先食者，将有所让也。劳而不敢求息者，将有所代也。夫子之让乎父，弟之让乎兄，子之代乎父，弟之代乎兄：此二行者，皆反于性而悖于情者也。然而孝子之道，礼义之文理也。故顺性情，则不辞让矣。辞让，则悖于性情矣。用此观之，然则人之性恶明矣。其善者伪也。”

（丙）人为主义。荀子既反对慕天，又言性恶，所以看重人为。《性恶篇》：“故枸木必将待檃栝烝矫然后直；纯金必将待砻厉然后利；今人之性恶，必将待师法然后正，得礼义然后治。……故性善则去圣王息礼义矣。性恶则兴圣王贵礼义矣。故檃栝之生，为枸木也；绳墨之起，为不直也；立君上，明礼义，为性恶也。”

（丁）礼乐。荀子既言性恶而着重人为，实现人为主义的工具，自然就是“以矫饰人之情性而正之，以扰化人之情性而导之”的礼乐。《礼论篇》：“礼起于何也？曰：人生而有欲，欲而不得则不能无求，求而无度量分界则不能不争。争则乱，乱则穷。先王恶其乱也，故制礼义以分之，以养人之欲而给人之求。使欲必不穷乎物，物必不屈于欲，两者相持而长，是礼之所起也。故礼者，养也。……君子既得其养，又好其别。曷谓别？曰：贵贱有等，长幼有差，贫富轻重皆有称者也。”《乐论篇》：“夫乐者，乐也，人情之所必不免也。故人不能无乐，乐则必发于声音，形于动静；而人之道，声音动静，性术之变尽是矣。故人不能不乐，乐则不能无形，形而不为道，则不能无乱。先王恶其乱也，故制雅颂之声以道之：使其声足以乐而不流；使其文足以辨而不諰；使其曲直、繁省、廉肉、节奏，足以感动人之善心；使夫邪污之气无由得接焉。……故乐行而志清，礼修而行成。……且乐也者，和之不可变者也，礼也者，理之不可易者也。乐合同，礼别异，礼乐之统，管乎人心矣。”他这种礼乐师法的主张，影响及于他的弟子韩非、李斯，而主张用刑法以治国。

第二章　先秦诸子（下）

一、墨家及其流派

墨家的开创者是墨子。墨子名翟，姓墨，鲁人，或曰宋人。据胡适考证，墨子大概生在周敬王二十年到三十年（公元前500年至公元前490年）之间，死于周威烈王元年到十年（公元前425年至公元前416年）之间。如今《墨子》五十三篇，即其著作。

墨子的学说，和儒家有关系。《淮南要略》："墨子学儒者之业，受孔子之术，以为其礼烦扰而不悦，厚葬靡财而贫民，久服伤生而害事。"由这段话看来，可见墨子虽受了儒家的影响，但是又反对儒家。所以《墨子·公孟篇》说："儒之道足以丧天下者四政焉：儒以天为不明，以鬼为不神，天鬼不说，此足以丧天下；又厚葬久丧，重为棺椁，多为衣衾，送死若徙，三年哭泣，扶然后起，杖然后行，耳无闻，目无见，此足以丧天下；又弦歌鼓舞，习为声乐，此足以丧天下；又以命为有，贫富、寿夭、治乱、安危有极矣，不可损益也，为上者行之，必不听治矣；为下者行之，必不从事矣，此足以丧天下。"——这便是墨子明鬼、薄葬、非乐、非命之所由起。他又见当时兵戈不息、人相残杀，所以又倡非攻与兼爱之说。兹分述如下：

（一）兼爱。墨子言兼爱，儒家却言仁；仁是由亲以及疏，所谓爱有等差者是，故孟子说，“亲亲而仁民，仁民而爱物”“老吾老以及人之老，幼吾幼以及人之幼”。墨子反是，而言兼爱，《墨子·兼爱（上）》：“圣人以治天下为事者也，必知乱之所自起，始能治之。不知乱之所自起，则不能治。譬之如医之攻人之疾者然。必知疾之所自起，始能治之。不知疾之所自起，则弗能治。治乱者何独不然。必知乱之所自起，始能治之。不知乱之所自起，则弗能治。圣人以治天下为事者也，不可不察乱之所自起。当（尝）察乱何自起，起不相爱。臣子之不孝君父，所谓乱也。子自爱，不爱父，故亏父而自利；弟自爱，不爱兄，故亏兄而自利；臣自爱，不爱君，故亏君而自利；此所谓乱也。虽父之不慈子，兄之不慈弟，君之不慈臣：此亦天下之所谓乱也。父自爱而不爱子，故亏子而自利；兄自爱而不爱弟，故亏弟而自利；君自爱而不爱臣，故亏臣而自利：是何也？皆起不相爱。虽至天下之为盗贼者亦然。盗爱其室，不爱异室，故窃异室以利其室；贼爱自身，不爱人身，故贼人身以利其身：此何也？皆起不相爱。虽至大夫之相乱家、诸侯之相攻国者亦然。大夫各爱其家，不爱异家，故乱异家以利其家；诸侯各爱其国，不爱异国，故攻异国以利其国。天下之乱物，具此而已矣。察此何自起？皆起不相爱。若使天下兼相爱，爱人若爱其身。犹有不孝者乎？视父兄与君若其身，恶施不孝？犹有不慈者乎？视弟子与臣若其身，恶施不慈？故不孝不慈亡有。犹有盗贼乎？视人之室若其室，谁窃？视人之身若其身，谁贼？故盗贼亡有。犹有大夫之相乱家、诸侯之相攻国者乎？视人家若其家，谁乱？视人国若其国，谁攻？故大夫之相乱家、诸侯之相攻国者亡有。若使天下兼相爱，国与国不相攻，家与家不相乱，盗贼无有，君臣父子皆能孝慈，若此，则天下治。故圣人以治天下为事者，恶得不禁恶而劝爱？故天下兼相爱则治，交相恶则乱。故子墨子曰：不可以不劝爱人者此也。”

（二）非攻。既言兼爱，必然因而倡非攻。《墨子·非攻（上）》：“今有一人，入人园圃，窃其桃李，众闻则非之，上为政者得则罚之。

此何也？以亏人自利也。至攘人犬豕鸡豚者，其不义，又甚入人园圃窃桃李，是何故也？以亏人愈多，其不仁滋甚，罪益厚。至入人栏厩取人马牛者，其不仁义又甚攘人犬豕鸡豚。此何故也？以亏人愈多。苟亏人愈多，其不仁滋甚，罪益厚。至杀不辜人也，扡其衣裘、取戈剑者，其不义又甚入人栏厩取人马牛。此何故也？以其亏人愈多。苟亏人愈多，其不仁滋甚矣，罪益厚。当此，天下之君子皆知而非之，谓之不义。今至大为攻国，则弗知非，从而誉之，谓之义。此可谓知义与不义之别乎？杀一人，谓之不义，必有一死罪矣。若以此说往，杀十人，十重不义，必有十死罪矣；杀百人，百重不义，必有百死罪矣。当此，天下之君子皆知而非之，谓之不义。今至大为不义攻国，则弗知非，从而誉之，谓之义。情不知其不义也，故书其言，以遗后世。若知其不义也，夫奚说，书其不义，以遗后世哉？今有人于此，少见黑曰黑，多见黑曰白，则必以此人不知白黑之辨矣。少尝苦曰苦，多尝苦曰甘，则必以此人为不知甘苦之辨矣。今小为非，则知而非之；大为非攻国，则不知非，从而誉之，谓之义，此可谓知义与不义之辨乎？是以知天下之君子也，辨义与不义之乱也。”但墨子非攻，亦未尝不言严守备，故《墨子·节葬（下）》说：“凡大国之所以不攻小国者，积委多，城郭修，上下调和，是故大国不耆攻之。无积委，城郭不修，上下不调和，是故大国耆攻之。”他不但口言非攻，而且做非攻主义的实行家，所以当公输盘替楚造了云梯去攻宋的时候，他竟自鲁“裂裳裹足，日夜不休”地跑到郢，去见公输盘。公输盘九设攻城的机变，墨子九拒之，公输盘的攻械尽了，而墨子的守圉反有余，结果楚就不敢攻宋了（见《墨子·公输篇》）。

（三）节用。攻战从何而起，起于争。争从何而起，起于不足。所以没有方法去弭不足之患，攻战就没有停止之时。墨子因是而言节用。《墨子·节用（上）》：“其为衣裘何？以为冬以圉寒，夏以圉暑。凡为衣裳之道，冬加温夏加清者则止；不加者去之。其为宫室何？以为冬以圉风寒，夏以圉暑雨，有盗贼加固者则止；不加者去之。其为甲盾五兵何？以为以圉寇乱盗贼。若有寇乱盗贼，有甲盾五兵者胜，无者不胜。是故圣人作为甲盾五兵。凡为甲盾五兵，加轻以利，坚而难折者则止；不加者去之。其为舟车何？以为车以行陵陆，舟以行川谷，以通四方之利。凡为舟车之道，加轻以利者则止，不加者去之。凡其为此物也，无不加用而为者。是故用财不费，民德不劳，其兴利多矣。”

（四）薄葬。墨子既言节用，必然因是而倡薄葬。他认为儒家厚葬久丧有三种害处：第一国家必贫，第二人民必寡，第三刑政必乱（见《节葬篇》）。因此他定为丧葬之法如次：“桐棺三寸，足以朽体；衣衾三头，足以复恶”；“及其葬也，下毋及泉，上毋通臭”；“无椁”；“死无服”；“为三日之丧”。

（五）非乐。墨子既言节用，必然因是而非乐。他认为乐的害处有三：第一，乐器之费：民患饥寒劳苦，即为之撞钟击鼓，弹琴吹笙，民衣食之财，将安所得？第二，乐人之费：乐人不可衣短褐，不可食糠糟，美颜色衣服以悦观者，不从事衣食的生产，却衣食于人；第三，夺民衣食之时：丈夫为乐，废耕稼树艺；妇人为乐，废纺绩织纴（见《墨子·非乐篇》）。

以上所述，除兼爱外，全为消极方面的学说。今进而述其积极方面的学说，即述其对于政治组织之见解。

（六）尚同与尚贤。尚同与尚贤二者，是墨子的政治组织之见解，分述如下。第一，论社会国家的起源。《尚同（上）》：“古者民始生，未有刑政之时，盖其语人异义。是以一人则一义，二人则二义，十人则十义。其人兹众，其所谓义者亦兹众。是以人是其义，以非人之义，故交相非也。是以内者父子兄弟作怨恶，离散不能相和合。天下之百姓，皆以水火毒药相亏害。至有余力，不能以相劳，腐朽余财，不以相分，隐匿良道，不以相教，天下之乱，若禽兽然。”天下既然人是其义以非人之义，于是需要一同天下之义；从事于一同天下之义的人，就是天子，所以《尚同（中）》说："明乎民之无正长，以一同天下之义，而天下乱也，是故选择天下贤良圣知辩慧之人，立以为天子，使从事乎一同天下之义。天子既以立矣，以为唯其耳目之请，不能独一同天下之义，是故选择天下赞阅贤良圣知辩慧之人置以为三公，与从事乎一同天下之义。"三公还不够左右天子，于是有诸侯，所以《尚同（下）》说："三公又以其知力为未足独左右天子也，是以分国建诸侯。诸侯又以其知力为未足独治其四境之内也，是以选择其次立为卿之宰。卿之宰又以其知力为未足独左右其君也，是以选择其次立而为乡长家君。"第二，言天子之权力。《尚同（上）》："正长已具，天子发政于天下之百姓。言曰：闻善不善皆以告其上。上之所是，必皆是之；上之所非，必皆非之。"《尚同（中）》："凡国之万民，上同乎天子而不敢下比。"天子的权力既是这样大，所以他的政治主张，近于绝对的干涉政治。第三，论限制天子的权力。《尚同（中）》说："夫既上同乎天子而未上同乎天者，则天灾犹未止也。……故古者圣王明天鬼之所欲，而避天鬼之所憎；以求兴天下之利，除天下之害。"这就是用天来限制天子的权力。第四，反对家族制度与贵族政治。《尚贤（中）》说："今王公大人有一衣裳不能制也，必藉良工；有一牛羊不能杀也，必藉良宰。……逮至其国家之乱，社稷之危，则不知使能以治之。亲戚则使之。无故富贵，面目姣好，则使之。"他主兼爱，当然反对贵族政治与家族制度。贵族政治既不好，他便抬出贤人政治来代替，所以《尚贤（中）》又说："尊尚贤而任使能。不党父兄，不偏富贵，不嬖颜色。贤者举而上之，富而贵之，以为官长。不肖者抑而废之，贫而贱之，以为徒役。"

（七）天志。墨子既反对亲疏厚薄之爱，又持薄葬非乐之论，其结果，自然要违反人类的本性，因为亲疏哀乐都是属于人类的本性的东西。所以庄子批判他道："其道大觳，反天下之心，天下不堪。"（见《天下篇》）墨子深知这个道理，恐怕因为反天下之心，而使他的道不行，所以他又推之于天志，申之以鬼神之赏罚。《兼爱（上）》说："天欲人之相爱相利，而不欲人之相恶相贼也。顺天意者，兼相爱，交相利，必得赏。反天意者，别相恶，交相贼，必得罚。”《兼爱（中）》说：“今天下之君子之欲为仁义者，则不可不察义之所从出。然则义何从出？义不从愚且贱者出，必自贵且智者出。然则孰为贵孰为智？曰：天为贵天为智而已矣。然则义果自天出矣。”《兼爱（下）》说：“顺天之意者兼也，反天之意者别也。兼之为道也，义正；别之为道也，力正。”他又在《兼爱（下）》总括地说：“子墨子置立天志以为仪法。若轮人之有规，匠人之有矩也。今轮人以规，匠人以矩，以此知方圆之别矣。是故子墨子置立天志以为法仪。”由此看来，他的所谓天志，不外是一种仪法，并不见得有宗教的意味。并且，要言天志，就不得不非命，就不得不明鬼，因为命之说行，则鬼神无以为赏罚。

总上所述，可知墨子学说，着重实利主义，而以兼爱为本。在消极方面，倡非攻、节用、薄葬、非乐，其目的在于必兼爱之行；在积极方面，倡尚贤、尚同、天志、明鬼、非命，其目的在于坚兼爱之信，所以墨子学说，并不见得含有宗教的性质。

次述墨家的流派：

（一）别墨。惠施、公孙龙属于这一派。《庄子·天下篇》：“墨子之后，相里勤之弟子五侯之徒，南方之墨者苦获、已齿、邓陵子之属，俱诵《墨经》而倍谲不同，相谓别墨；以坚白同异之辩相訾，以奇偶不仵之辞相应。”又晋鲁胜《墨辩注序》：“墨子著书，作辩经以立名本。惠施、公孙龙祖述其学，以正刑（同形）名显于世。”这一派专从名学上发展。

（二）宋钘、尹文一派。这派亦倡非攻寝兵之论，故疑其为墨家的流派。《庄子·天下篇》：“不累于俗，不饰于物，不苟于人，不忮于众。愿天下之安宁以活民命。人我之养，毕足而止。……古之道术有在于是者，宋钘、尹文闻其风而说之。……语心之容，命之曰心之行。……见侮不辱，救民之斗；禁攻寝兵，救世之战。以此周行天下，上说下教，虽天下不取，强聒而不舍者也。……虽然，其为人太多，其自为太少。曰，请欲固置五升之饭足矣；先生恐不得饱，弟子虽饥，不忘天下。……不以身假物。以为无益于天下者，明之不如已也。以禁攻寝兵为外，以情欲寡浅为内。”观此可以知宋钘、尹文学说之出自墨子。

二、法家及其代表人物

法家成为一种有体系的学派，为时很晚，盖自慎到、韩非以后。但法治主义的思想，在管仲时却已萌芽。法家的学理上的根据，则儒道墨三家都各有一部分为它的先导，所以有人说法家就是儒道墨三家之末流嬗变汇合而成的东西。今分述如下：

（一）法家所受于儒家者为正名主义。尸佼说：“天下之可治，分成也。是非之可辨，名定也。”又：“明主之治民也……言寡而令行，正名也。君人者苟能正名，愚智尽情；执一以静，令名自正，赏罚随名，民莫不敬。”又：“审一之经，百事乃成；审一之纪，百事乃理。名实判为两分为一。是非随名实，赏罚随是非。”

（二）法家所受于道家者为无为主义。梁启超说：“法家所受于道家者何耶？道家言‘我无为而名自正’。民何以能正？彼盖谓自有‘自然法’能使之正也。自然法希夷而不可见闻，故进一步必要求以‘人为法’为之体现，此当然之理也。及其末流即以法治证成无为之义。慎子曰：‘大君任法而不弗躬，则事断于法。’《淮南子》曰：‘今夫权衡规矩，一定而不易，不为秦、楚变节，不为胡、越改容。常一而不邪，方行而不流。一日刑（同型）之，万世传之，而以无为为之。’法治者纯以客观的物准驭事变，其性质恰于权衡规矩，慎子所谓‘无建己之患无用知之累’也。夫是以能‘无为而无不为’。彭蒙、慎到之流皆邃于道家言，而治术则贵任法，盖以此也。”①

---

① 见梁启超著《先秦政治思想史》第229～230页。

（三）法家所受于墨家者为平等主义与一同天下之义。墨家主兼爱，反对儒家的亲亲主义，这就是平等主义的思想。儒家的礼义，只能行于君子，不能遍行全国；而法是遍行全国的，所以法律不得不平等。《慎子》佚文所谓，“法者，所以齐天下之动，至公大定之制也”，便是这个道理。墨家的一同天下之义，就是要使社会不可有两种是非，所以《尹文子》说：“万事皆归于一，百度皆准于法；归一者简之至，准法者易之极。”

次言法家的主要代表。管仲、子产、申不害、商鞅都是实行的政治家，虽具有法治主义的观念，却不是法理学家，所以不能称为法家。以下仅就法家几个主要代表人物的思想略述一下。

（一）慎到。慎到赵人。其生卒年月不可考。其时代大约当公元前第三世纪。《汉书·艺文志》有《慎子》四十二篇，今多不传，唯存佚文若干条，后人集为《慎子》五篇。他的思想源于道家，而其结果则为法家。今分述如下：

（甲）尚法。他说：“法者所以齐天下之动，至公大定之制也。故智者不得越法而肆谋，辩者不得越法而肆议，士不得背法而有名，臣不得背法而有功。我喜可抑，我愤可窒，我法不可离也。骨肉可刑，亲戚可灭，至法不可阙也。”此言法之重要。又说：“法虽不善，犹愈于无法，所以一人心也。夫投钩以分财，投策以分马，非钩策为均，使得美者不知所以美，得恶者不知所以恶，此所以塞愿望也。”此言法之效力。

（乙）不尚贤。慎子既以法为主，所以万事只有守法。法既确立，即天子不贤，也不要紧；推之百官之事，也只有守法，而用不着尚贤。其言曰：“立君而尊贤，是贤与君争，其乱甚于无君。”又：“鹰善击也。然日击之，则疲而无全翼矣。骥善驰也，然日驰之，则蹶而无全蹄也。”此言恃贤为治之必败。

（丙）贵因。他说：“天道因则大，化则细。因也者，因人之情也。人莫不自为也。化而使之为我，则莫可得而用。是故先王不受禄者不臣，不厚禄者不与；人人不得其所以自为也，则上不取用焉。故用人之自为，不用人之为我，则莫不可得而用矣：此之谓因。”因为人人都有自为之心，所以因其自为之心而用之，就是“因”的道理。

（二）尹文。尹文原属于墨家的流裔，然其政治主张又属于法家。今分述如下：

（甲）论名与法的关系。他说：“名者，名形者也；形者，应名者也。……万物具存，不以名正之则乱；万名具列，不以形应之则乖。……善名命善，恶名命恶。故善有善名，恶有恶名。圣贤仁智，命善者也。顽嚚凶愚，命恶者也。……使善恶尽然有分，虽未能尽物之实，犹不患其差也。……名称者何？彼此而检虚实者也。自古及今，莫不用此而得用彼而失。失者由名分混，得者由名分察。今亲贤而疏不肖，赏善而罚恶；贤不肖善恶之名宜在彼，亲疏赏罚之称宜属我。……名宜属彼，分宜属我。我爱白而憎黑，韵商而舍徵，好膻而恶焦，嗜甘而逆苦。白黑商徵膻焦甘苦，彼之名也；爱憎韵舍好恶嗜逆，我之分也。定此名分，则万事不乱也。故人以度审长短，以量受少多，以衡平轻重，以律均清浊，以名稽虚实，以法定治乱，以简治烦惑，以易御险难。万事皆归于一，百度皆准于法。归一者简之至，准法者易之极。如此，顽嚚聋瞽可与察慧聪智同其治也。”从他这段论名与法的关系看来，便知道他的以法定治乱的精神。

（乙）政治主张。尹文言政治，也不外定名分以立法，所以他说：“圣人任道以通其险，立法以理其差；使贤愚不相弃，能鄙不相遗。能鄙不相遗，则能鄙齐功；贤愚不相弃，则贤愚等虑：此至治之术也。名定则物不竞，分明则私不行。物不竞非无心，由名定故无所措其心；私不行非无欲，由分明故无所措其欲。然则心、欲人人有之，而得同于无心、无欲者，制之有道也。”

（三）韩非。韩非是韩国的公子，与李斯同受学于荀卿。他目击韩国削弱，乃发愤著书，攻击当时政府所养非所用，所用非所养；并主张国家变法，重刑罚，去无用的蠹虫。韩王不能用。后秦始皇见他所著的书，就叹道："嗟呼！寡人得见此人与之游，死不恨矣！"因急攻韩。韩王至是才使韩非入秦言存韩之利。秦王不能用，后因李斯的谗言，遂下韩非于狱。李斯使人送药与韩非，叫他自杀。韩非遂死狱中，时公元前233年。《汉书·艺文志》有《韩非子》五十五篇，今具存，唯其中多有后人附会加入进去的。今分述其学说如下：

（甲）政治主张。韩非反对势治而主张法治，所以他说："夫势者，非能必使贤者用己，而不肖者不用己也。贤者用之则天下治，不肖者用之则天下乱。人之情性，贤者寡而不肖者众；而以威势济乱世之不肖人，则是以势乱天下者多矣，以势治天下者寡矣。……夫势者，名一而变无数者也。势必于自然，则无为言于势矣。……今曰尧、舜得势而治，桀、纣得势而乱。吾非以尧、舜为不然也。虽然，（势）非一人之所得设也。夫尧、舜生而在上位，虽有十桀、纣不能乱者，则势治也；桀、纣亦生而在上位，虽有十尧、舜而亦不能治者，则势乱也。……此自然之势也，非人之所得设也。若吾之言，谓人之所得设也。"（见《难势篇》）照他的意思：势治便是自然的惰性之产物，法治却为人为的努力所创造，故曰"人之所得设也"。进而他又反对贤人政治，他说："且夫尧、舜、桀、纣，千世而一出。……中者上不及尧、舜，而下者亦不为桀、纣。抱法则治，背法则乱。背法而待尧、舜，尧、舜至乃治，是千世乱而一治也。抱法而待桀、纣，桀、纣至乃乱，是千世治而一乱也。"（见《难势篇》）

（乙）法治的目的。天下不治，起于争，而争之起，又由于财用的不足，所以他说："古者丈夫不耕，草木之实足食也；妇人不织，禽兽之皮足衣也。不事力而养足，人民少而财有余，故民不争。……今人有五子不为多，子又有五子，大父未死而有二十五孙。是以人民众而货财寡，事力劳而供养薄，故民争。……故饥岁之春，幼弟不馈饟；穰岁之秋，疏客必食。非疏骨肉爱过客也；多少之心异也。是以古之易财，非仁也，财多也。今之争夺，非鄙也，财寡也。"（见《五蠹篇》）争既不能免，则多数人为衣食所迫，实际上已生活于罪恶之中。他并不曾从经济上谋改革，使民得其平而不争，他只是想用法治，使多数陷溺之人免于罪恶，所以他说："夫圣人之治国，不恃人之为吾善也，而用其不得为非也。恃人之为吾善也，境内不什数；用人不得为非，一国可使齐。为治者用众而舍寡，故不务德而务法。夫必恃自直之箭，百世无矢；恃自圆之木，千世无轮矣。……然而世皆乘车射禽者，檃栝之道用也。虽有……自直之箭，自圆之木，良工弗贵也。何则？乘者非一人，射者非一发也。不恃赏罚而恃自善之民，明主弗贵也。何则？国法不可失，而所治非一人也。故有术之君，不随适然之善，而行必然之道。"（见《显学篇》）这样看来，法的目的，在于使多数人"不得为非"，并不是为少数善良者而设。

（丙）进化的法治主义。韩非认为人事是有进化的，所以"论世之事，因为之备"，而不可法古。他说："有构木钻燧于夏后氏之世者，必为鲧、禹笑矣。有决渎于殷、周之世者，必为汤、武笑矣。然则今有美尧、舜、禹、汤、武之道于当今之世者，必为新圣笑矣。是以圣人不务循古，不法常可。论世之事，因为之备。"（见《五蠹篇》）既不可法古，所以他所谓法治也就随着时势而变化，他说："故治民无常，唯治为法。法与时转则治，治与世宜则有功。……时移而治不易者乱。"（见《心度篇》）唯其如此，所以他又主张变法。

三、道儒墨三家总论

春秋战国时代，诸子蜂起，百家争鸣，但其势力最大而影响于当时最巨者，却只有道儒墨三家。汉代以后，直到今日，二千余年来，只有儒教独盛，弄到"二千余年来无是非，皆以孔子之是非为是非"的地步；而道家思想，虽一度流行于魏晋之世，然不久即已归于无声无息；墨家学说，则至司马迁做《史记》时，即已消灭。这三家学说之起，固然不是偶然的；即其存亡，也不是偶然的。

夏曾佑曾经说过这三家存亡的原因，兹录于下，然后再加以论述。他说："老、孔、墨三大宗教，皆起于春秋之季，可谓奇矣！抑亦世运之有以促之也。其后孔子之道，成为国教；道家之真不传（今之道家，皆神仙家）。墨家遂亡。兴亡之故，固非常智所能窥，然亦有可浅测之者。老子于鬼神术数，一切不取者也，其宗旨过高，非神州多数之人所解，故其教不能大。孔子留术数而去鬼神，较老子为近人矣；然仍与下流社会不合，故其教只行于上等人，而下等人不及焉。墨子留鬼神而去术数，似较孔子更近人；然有天志而无天堂之福，有明鬼而无地狱之罪，是人之从墨子者，苦身焦思而无报；违墨子者，放辟邪侈而无罚也。故上下之人，均不乐之，而其教遂亡。"① 然他又说："孔子一身，直为中国政教之原。中国之历史，即孔子一人之历史而已。故谈历史者，不可不知孔子。……至孔子教育之指要，既有所窥；则自秦以来，直至目前，此二千余年之政治盛衰、人材升降、文章学问，千枝万条，皆可烛照而数计矣。"②

夏氏此说，并不恰当。第一，老子学说之所以不传，并非由于其宗旨过高，实系由于他违反社会经济进化的原则。老子不知社会经济的基础既已转变，则政治组织亦随着转变；所以他力倡返于自然之说，所以他力倡无名之朴的混沌状态，而形成他的老死不相往来的乌托邦。但是，他反对鬼神术数，在思想界上为后来的人开辟一条坦道，却又是他的不可磨灭的功劳。第二，墨子学说之所以灭亡，并不是如夏氏所说因为他的教义之"无报"与"无罚"，却是因为他的"兼爱"。上面说过，"兼爱"是墨子学说的中心，他的其他一切思想，都无不是由"兼爱"出发的。这种"兼爱"学说，正和封建政治不相容。不要忘记：封建政治自有其社会经济基础，封建政治建筑在君与臣、官僚与平民、地主与农民诸阶级对立的上面，所谓臣，便是君的家奴，所谓平民与农民，便

① 见夏曾佑著《中国历史教科书》第一篇第二章第十二节。

② 见夏曾佑著《中国历史教科书》第一篇第二章第三节。

是受官僚与地主之剥削的孝子，哪里容得下兼爱之说呢？所以在战国时代，那为封建政治张目的孟子，竟骂墨子兼爱为“无父”、为“禽兽”。其次，封建政治的组织，又宛如一个大家族，无论哪方面，统治阶级都要利用这种组织，以作剥削被统治阶级的工具，又哪里容得住兼爱之说呢？统治阶级正要引用其家族亲戚朋友作政治上的支柱，墨子却偏说“尚贤”；统治阶级正要拿命运来支配被统治阶级，墨子却偏说“非命”；统治阶级正要“争地以战，杀人盈野”，墨子却偏说“非攻”；统治阶级正要用礼乐来维持身份并且借以麻醉民众，墨子却偏说“薄葬”与“非乐”。这一切既不适合于统治阶级的需要，墨子的学说又焉得而不灭绝？第三，关于儒家，夏氏所谓“中国之历史，即孔子一人之历史”，这个说法是对的。但夏氏所谓“其教只行于上等人，而下等人不及焉”却又是不对的了。上面说过，孔子的思想，正是宗法的家族制度的表现，他的思想的中心，就是一个“孝”字。这种思想，正合于封建政治的需要，所以墨子学说之所以灭绝，即孔子学说之所以得势。中国的经济组织，二千余年来不曾跳出手工业的农村的经济而进到产业革命，则中国的封建政治亦必稳如泰山；封建政治既稳如泰山，则表现宗法的家族制度的孔子思想亦必与封建政治并存；这就是夏氏所说的“中国之历史，即孔子一人之历史”。孔子思想，固属为“上等人”所利用而成为驾驭“下等人”的工具。但是，从整个的社会之组成看来，其组成分子既以家族为单位，则表现宗法的家族制度的孔子思想，又无不透入于家族之中而成为维系家族制度的核心，在这种场合，便不论上等人抑或下等人，都无不受孔子思想的支配了。总之：孔子思想之支配中国人心，绝不是后儒提倡之力，也不是帝王表彰之功，而是它自有其社会上的存在根据。如果它依以存在的社会经济基础起了变化，则孔子思想必然随而动摇。近十余年来正是孔子思想发生动摇的时期，这正是社会经济基础起了变化之反映；但是，因为封建势力的残渣，还没有完全消灭，所以孔子思想依旧不时地活跃着。

第三章 学术的厄运与经学的特盛

一、所谓学术的厄运

春秋、战国时代，诸子蜂起，百家争鸣；后人视为这是中国学术的黄金时代。及秦统一六国，焚书坑儒；后人又目为这是秦灭古学，是学术的厄运。

焚书一事是这样的：始皇统一中国以后，博士淳于越等眼见李斯的革新变法以制作自任，就提出反对的论调向始皇说："事不师古而能长久者，非所闻也。"始皇将这个案子交群臣议复。丞相李斯回奏道："五帝不相复，三代不相袭，各以治。非其相反，时变异也。今陛下创大业，建万世之功，固非愚儒所知。且越言乃三代之事，何足法也？异时诸侯并争，厚招游学。今天下已定，法令出一，百姓当家则力农工，士则学习法令辟禁。今诸生不师今而学古，以非当世，惑乱黔首。丞相臣斯昧死言：古者天下散乱，莫之能一，是以诸侯并作，语皆道古以害今，饰虚言以乱实，人善其所私学，以非上之所建立。今皇帝并有天下，别黑白而定一尊。私学而相与非法教，人闻令下，则各以其学议之，入则心非，出则巷议，夸主以为名，异取以为高，率群下以造谤。如此弗禁，则主势降于上，党与成乎下。禁之便。臣请史官非秦记皆烧之。非博士官所职，天下敢有藏诗、书、百家语者，悉诣守尉杂烧之。有敢偶语诗书者弃市。以古非今者族。吏见知不举者，与同罪。令下三十日不烧，黥为城旦。所不去者，医药卜筮种树之书。若欲有学法令，以吏为师。”始皇是其议，遂实行烧书。（见《史记·秦始皇本纪》）

坑儒一事，《秦始皇本纪》是这样记载的：“侯生、卢生相与谋曰：‘始皇为人，天性刚戾自用。起诸侯，并天下，意得欲从，以为自古莫及己。专任狱吏，狱吏得亲幸。博士虽七十人，特备员弗用。丞相诸大臣皆受成事，倚辨于上。上乐以刑杀为威……下慑伏谩欺以取容。秦法，不得兼方不验，辄死。然候星气者至三百人，皆良士，畏忌讳谀，不敢端言其过。天下之事无大小皆决于上。上至以衡石量书，日夜有呈，不中呈不得休息。贪于权势至如此，未可为求仙药。’遂亡去。始皇闻亡，乃大怒曰：‘吾前收天下书不中用者，尽去之。悉召文学方术士甚众，欲以兴太平，方士欲练以求奇药。今闻韩众去不报，徐市等费以巨万计，终不得药。徒奸利相告日闻。卢生等，吾尊赐之甚厚，今乃诽谤我，以重吾不德也。诸生在咸阳者，吾使人廉问，或为謡言以乱黔首。’于是使御史悉按问诸生，诸生传相告引，乃自除犯禁者四百六十余人，皆坑之咸阳，使天下知之，以惩后。益发谪徙边。”

古学之灭，学术的厄运，到底是否因秦焚书坑儒而来的呢？这是值得研究的问题。

第一，始皇所焚的诗书百家语，只是民间所藏的，至于“博士官所职”，是没有焚烧的。所以夏曾佑说：“《史记·秦始皇本纪》：非博士官所职，天下敢有藏诗书百家语者，悉诣守尉杂烧之，是所烧者，民间之书，而博士之诵诗书百家自若也。故始皇时每有建设，博士常与议。汉初诸经师，亦多故秦博士，此足为秦重博士之证。三十五年坑儒之令，乃因卢生之狱所致。不然，天下儒者，其数岂止四百六十余人哉？唯始皇、李斯之本意，在误以诗书为帝王之术。故己之外，必不愿他人习之，此其所以为愚耳。”①

① 见夏曾佑著《中国历史教科书》第二篇第一章第六节。

第二，再退一步来说，即令夏氏之言，不免于今文家的门户之见[①]，和康有为、崔适陷着同样的毛病[②]；但是，始皇焚书虽多，绝没有焚尽天下之书，坑儒虽多，绝没有坑尽天下之儒。关于此二点，可以从以下诸事实而得到立证：

（一）《汉书·艺文志》：儒家有《羊子》四篇，名家有《黄公》四篇，皆秦博士。

（二）汉高帝即位，用叔孙通制朝仪，张苍定律令，皆故秦博士。

（三）孝惠四年，除挟书之禁；孝文帝时，民间藏书渐出。

（四）《史记·儒林列传》："秦之季世坑术士。"观此，则知秦所坑者乃是一班望星气求仙药的方士。并且，从始皇所说的话里面——见上面所引一段——也可以明证其所坑者为方士，且只有四百六十余人。

（五）《史记·秦始皇本纪》载：始皇坑儒生于咸阳，长子扶苏谏曰："天下初定，远方黔首未集。诸生皆诵法孔子。今上重法绳之，臣恐天下不安。"杀儒生数百人，尚且要虑及天下的安危，可见儒家在当时的见重于天下。

由上五项观之，便足以明证焚书坑儒并没有灭绝古学，还不能算做学术的厄运[③]。

真正能够算做学术的厄运的事件，要推"罢黜百家，表章六经"一事。但是，这件事情，绝不是偶然发生的，而是在社会经济基础上有其

---

① 见夏曾佑著《中国历史教科书》第二篇第一章第六十二节有云："自东汉至国初，皆用古文学，当世几无知今文为何物者；至嘉庆以后，乃稍稍有人分别今古文之所以然；而好学深思之士大都皆信今文学，本编亦尊今文学者。"

② 康有为的《新学伪经考》卷一以及崔适的《史记探源》卷三都以为始皇焚书，但烧民间之书；若博士所职，则诗书百家自存。这都是今文学家的见解。

③ 钟泰编《中国哲学史》第一编第十三章《秦灭古学》有云："且当天下分裂，忧时之士，各出其所尚，以救当世之急。此譬之人有疑难之症，为之子者，奇方异术，无所不搜。及夫六国既破，海内统一。曩时所持以应世者，已无所用。此譬之病起人愈，虽有良药，亦将斥去。故百家之传，至秦而绝；犹王官六艺之学，至春秋、战国而分。斯二者，皆势之所必然，非人力所得而为也。而昧者不察，专以灭古为秦之罪；或以为百家之废，后世学术遂不如古。此岂为明于当时之势与古今之变者哉？"钟氏这段话，颇可玩味。

存在的根据的。以下陈述这件事情之史的发展以及它在社会经济基础上的存在根据。

原来秦国僻处西戎，种种文化，都赶不上中原诸国。襄公之后，徙居岐丰之地，才渐次和诸国往来。《史记·秦本纪》称文公十三年初有史以纪事，足证当时秦国尚在草昧未尽开的境地。孝公时，尚不曾加入中原诸国的会盟，诸国也以夷狄看待秦国。孝公因受诸国小视，于是下令国中说："宾客群臣有能出奇计强秦者，吾且尊官，与之分土。"商鞅闻之，西入秦，为孝公变法，秦国因以富强，为后来奠立兼并六国的基础。从孝公变法起，直到始皇统一天下，秦国所恃以强大的工具，就是商鞅的功用主义。等到秦始皇要由二世三世传之无穷的时候，就用得着儒术了。他知道"子议父臣议君"之"甚无谓"，便想到"名分"之不可不正。在这个当儿，李斯便很合始皇的胃口。李斯深知始皇很喜欢韩非的论调，所以在焚书一案的回奏上，便满口的功用主义的论调[①]；同时又深知始皇想到名分之不可不正，于是又用儒术来治天下，所以夏曾佑说："观其大一统、尊天子、抑臣下、制礼乐、齐律度、同文字、攘夷狄、信灾祥、尊贞女、重博士，无不同于儒术。……本孔子专制之法，行荀子性恶之旨。"[②] 在始皇未定天下以前，要整军经武，要充实自己的力量，正用得着狭义的功用主义；在既定天下以后，要维持皇位的传统，要厘正上下的名分，正用得着儒术；而战国时代的商业资本始终不曾代替土地资本去进到产业革命以摧坏封建统治，则更是大一统的皇室利用儒术以治天下的根本原因。有了这个根本原因，儒术自然而然地就找到它的存在根据；这个根本原因不消失，则以儒术治天下的精神

① 商鞅说孝公变法，其言曰："三代不同礼而王，五霸不同法而霸；故智者作法，愚者制焉；贤者更礼，而不肖者拘焉。拘礼之人，不足与言事；制法之人，不足与论变。"韩非《五蠹篇》说："其学者则称先王之道，以籍仁义，盛容服，而饰辩说，以疑当世之法，而贰人主之心。"又其《六反篇》说："今学者皆道书策之颂语，不察当世之实事。"这和李斯所说的"五帝不相复，三代不相袭"，如出一口。要之，韩非、李斯都师事荀子，故两人的政治主张，都受了荀子的影响。

② 见夏曾佑著《中国历史教科书》第二篇第一章第六节。

也不会消失，所以夏曾佑又说："自始皇以来，积二千余年，国中社会之情状，犹一日也。"①

汉高帝起自亭长，本一市井无赖之徒，不过自己是一个狡黠者，所以逢着鼎革的时候，利用农民的力量，爬上了统治阶级的地位。以前他看见始皇尊严时所说的"大丈夫当如是也"一句话既已实现，自然也要学着始皇的样儿，命叔孙通定朝仪。当他在殿上目击"诸侯王以下莫不震恐肃敬、至礼毕尽伏"的景象，就难怪他要说"吾乃今日知为皇帝之贵也"的得意话了。并且当他过鲁以太牢祀孔子的时候，他心境中就把孔子的教义做他治天下的工具了。中国二千余年来，社会经济无剧变，孔子教义也就做了二千余年的王者治天下的工具。

由上所述，便明白以孔子教义为国教，并不是始自汉武的"罢黜百家，表章六经"，而是自有其社会经济基础上的存在根据，不过汉武帝用天子的诏令，把这尊孔而抑百家的办法明示出来罢了②。武帝既这样尊孔，同时又诏"吏通一艺以上者，皆补右职"，于是孔子教义固成为王者治天下的工具，而官吏学人也就竞托儒术以为进身的门径了。自是以后，中国学术界，除中经佛教一度的冲击以及最近受着西学东渐的影响以外，并未激起若何的变动，其原因就在于此——这才是学术的厄运③。

二、经学的特盛与今古文学家

西汉既崇儒家，则为孔子删定的经书，就成为必修的科目，经学的

① 见夏曾佑著《中国历史教科书》第二篇第一章第六节。

② 武帝时，董仲舒以贤良对策，请"诸不在六艺之科孔子之术者，皆绝其道，勿使并进；丞相卫绾，奏所举贤良，或治申、商、韩非、苏秦、张仪之言，乱国政；请皆罢。奏可"。这就是史所称道的武帝之表章六经罢黜百家。当时虽尊儒而抑百家，但是学黄、老之术者仍有杨王孙、耿况、矫慎诸人；好申韩刑名之学者仍有路温舒、于定国、郭弘、郭躬、阳球诸人；此外更有主父偃之学长短纵横术等等。不过赶不上儒家之盛而已。

③ 学术的厄运，固属由于尊孔而抑百家，但是，孔学之盛，亦正由于社会经济之停滞而不曾走上产业革命的阶段上去。这就是中国学术无大变动的根本原因。

特盛即由于此[①]。当时《乐》已佚亡，所剩的只是《易》《诗》《书》《礼》《春秋》五经；并且因书籍流布之不易，所以学者都凭口说，以相传授，家法谨严。汉初五经的传授，据《史记·儒林列传》所载，便是："言《诗》，于鲁则申培公，于齐则辕固生，于燕则韩太傅；言《尚书》，自济南伏生；言《礼》，自鲁高堂生；言《易》，自菑川田生；言《春秋》，于齐、鲁自胡母生，于赵自董仲舒。"武帝时，立五经博士，后来又分为十四博士。今将西汉五经的传授，表列如下：

- 《易》——田何
  - 丁宽——田王孙
    - 施雠
    - 孟喜
    - 梁邱贺
  - 王同——杨何——京房
- 《书》——伏胜
  - 欧阳生
  - 夏侯胜（大夏侯）——夏侯建（小夏侯）
- 《诗》
  - 鲁诗——浮邱伯——申公
  - 齐诗——辕固生
  - 韩诗——韩婴
- 《春秋》
  - 《公羊》
    - 胡母生
      - 严彭祖
      - 颜安乐
    - 董仲舒
  - 《穀梁》——江翁
- 《礼》——高堂生——后苍
  - 戴德（大戴）
  - 戴圣（小戴）

以上所述，都是西汉的今文家[②]。到平帝时，始有所谓古文家。古

---

① 原只有《诗》《书》《易》《礼》《春秋》，称为五经；继而《仪礼》《周礼》《礼记》对等，便称七经；复次《春秋公羊传》《春秋穀梁传》《春秋左氏传》并举，便称九经；最后又加入《孝经》《论语》《孟子》《尔雅》，竟衷成十三经了。

② 皮锡瑞《经学历史》："今文者，今所谓隶书；古文者，今所谓籀书。隶书汉世通行，故当时谓之今文；籀书汉已不通行，故谓之古文。许慎谓孔子写定六经，皆用古文；然则孔氏与伏生所藏书，亦必是古文。汉初发藏以授生徒，必改为通行之今文，乃便学者诵习。故汉立十四博士，皆今文家；而当古文未兴之前，未尝别立今文之名。"

文家之源，盖出于刘歆。歆移书博士曰："……鲁恭王坏孔子宅，欲以为宫，而得古文于坏壁之中：《逸礼》有三十九篇，《书》十六篇，天汉之后，孔安国献之，遭巫蛊仓卒之难，未及施行。及《春秋左氏》，丘明所修，皆古文旧书。多者二十余通，藏于秘府。"于是别立《古文尚书》《逸礼》《左氏春秋》，又有《毛诗》及《费氏易》。这一派为古文学。今表列如下：

《易》——费直

《书》——孔安国（鲁恭王壁中书，由孔安国读之者。）

《诗》——毛苌（河间献王所献。）

《春秋》——《左氏》——张苍——刘歆（张苍所献，刘歆得见于秘府。）

《礼》｛《周礼》——刘歆（河间献王所得。）
　　　《逸礼》——不详传者（鲁恭王壁中所得。）

嗣后王莽即位，歆为国师，遂立古文经博士①。光武时，又废古文经。至东汉末年，马融、郑玄等提倡古文经，古文经由是大兴。自是以后，直到清嘉庆时，通行的都是古文经。

经今古文之争，始自刘歆。今将其区别，表列如次：

今文学	古文学
一、崇奉孔子。	一、崇奉周公。
二、认孔子为哲学家、政治家、教育家。	二、认孔子为史学家。
三、以孔子为托古改制。	三、以孔子为信而好古、述而不作。
四、以六经为孔子所作，其次第：《诗》《书》《礼》《乐》《易》《春秋》。	四、以六经为史，其次第：《易》《书》《诗》《礼》《乐》《春秋》。

① 武帝时，鲁恭王所得古文《尚书》《礼记》《论语》《孝经》凡数十篇，河间献王所得古文《周礼》《尚书》《礼记》等，以及费直之《易》，均未列入官学。至平帝时，《左传》《毛诗》《逸礼》《古文尚书》，始列入官学。至王莽以刘歆为国师，便连《周礼》也列入官学。

五、以《春秋》《公羊》为主。	五、以《周礼》为主。
六、经学传授多可考。	六、经学传授不可考。
七、西汉皆立于学官。	七、西汉多行于民间。
八、盛行于西汉。	八、盛行于东汉。
九、斥古文经为刘歆伪造。	九、斥今文经为秦火残缺之余。
十、今存《仪礼》《公羊》《穀梁》《小戴礼记》《大戴礼记》《韩诗外传》。	十、今存《毛诗》《周礼》《左传》。
十一、信纬书，以为孔子微言大义间有存者。	十一、斥纬书为诬妄①。

要之：今文经的传授，虽很分明，但其师说则不免有所附会②。至于古文经的传授，既不分明，而后人羼杂己意，更足以乱经之真伪，其不可信，无待说明③。不过，我们现在读古书，切不可先存门户之见以

---

① 凡古文经说，都不言神怪，至郑玄乃糅合今文古文以注经，便和古文经说之旧不合了。

② 见夏曾佑著《中国历史教科书》第二篇第一章第六十节。

③ 见夏曾佑著《中国历史教科书》第二篇第一章第六十二节有云："古文经之传授，其伪显然。今以历史因果之理推之，即可得其伪经之故。案王莽居摄时，天下争为符命封侯，其不为者相戏曰：独无天帝除书乎？司命陈崇白莽。莽曰：此开奸臣作福之路，而乱天命，宜绝其原。乃诏非五威将所言者悉禁之。(《汉书・王莽传》)盖谶纬盛于哀、平之际，王莽借之，以移汉祚。己既为之，则必防人之效己，此人之常情也；故有宜绝其原之命。然此时符命之大原，则实由于六艺。六艺为汉人之国教，无禁绝之理，则其为计，唯有入他说以乱之耳。刘歆为莽腹心，亲典中书，必与闻莽谋，且助成莽事者；故为莽杂糅古书，以作诸古文经。其中至要之义，即六经皆史一语。盖经既为史，则不过记已往之事，不能如西汉之演图比谶，预解无穷矣。而其结果，即以孔子之宗教，改为周公之政法；一以便篡窃之渐，一以塞符命之源，计无便于此者。然以当时六艺甚备，师法甚明，必不能容不根之说忽然入乎其间；于是不能不创言六经经秦火，已脱坏，河间献王鲁恭王等，得山岩屋壁之藏，献之王朝，藏之秘府，外人不见，至此始见之云云。故秦焚书一案，又为古文经之根据也。所以秦焚书一案定，而古文经之真伪亦明。案《汉书・儒林传》叙云：始皇兼天下，焚《诗》《书》，坑儒士，六艺从此缺矣。今考《史记》称李斯学帝王之术于荀子，知六艺之归，是斯固为儒家之大宗。始皇果绝儒生，何以用斯为丞相？又博士之官，数见于秦代。秦令曰：非博士所职，天下敢有藏诗书百家语者，悉诣守尉杂烧之。此为博士之书不烧之证。萧何入关，收秦丞相御史府图书，即此也。然则始皇所坑者，乃转相传引之四百余人；所焚者，民间私藏之别本耳；其余固无恙也。况始皇焚书坑儒，在三十四年，下距秦亡，凡五年，距至汉兴求遗书，不过二十余年；经生老寿，岂无存者？孔甲可以抱其礼器而奔陈涉，司马迁可以观孔子之车服礼器，则古人文物，彬彬具在，断无六艺遂缺之事；何必二百年后，待之山岩屋壁哉？所以当歆之时，士大夫颇非其说。师丹谓歆非毁先帝所立；公孙禄谓国师公颠倒五经；范升谓《费氏易》《左氏传》无本师，而多违反：亦皆集矢于刘歆也。"观此可以知古文经传授之伪。(参看康有为的《新学伪经考》卷一)

自蔽，最好是根据考古学上的事实，本于社会进化史的眼光，去探究古代社会进化之迹。

三、儒家与阴阳谶纬之关系

夏曾佑论秦皇、汉武："自来论中国雄主者，曰秦皇、汉武……综两君生平而论之，其行事皆可分为三大端：一曰尊儒术，二曰信方士，三曰好用兵。此三者，就其表面观之，则互相抵牾，理不可解，既尊儒术，何以又慕神仙，既慕神仙，何以又嗜杀戮，此后人所以有狂悖之疑也。然若论其精微，则事乃一贯。盖皆专制之一念所发现而已。其尊儒术者，非有契于仁义恭俭，实视儒术为最便于专制之教耳。开边之意，则不欲己之外别有君长，必使天下归于一人，而后快意，非今日之国际竞争也。至于求仙，则因富贵已极，他无可希，唯望不死以长享此乐。此皆人心所动于不得不然，故能前后两君，异世同心如此。"① 其论儒家与方士之糅合又云："儒家尊君，君者，王者之所喜也；方士长生，生者，亦王者之所喜也。二者既同为王者之所喜，则其势必相妒，于是各盗敌之长技，以谋独擅，而二家之糅合成焉。"② 夏氏此说，颇有是处，但是还不曾把二家糅合的根本原因道破出来。

案五行原出《尚书》，自邹衍辈把它附会于天行，由是五行与阴阳相合，而有五德始终之说。《汉书·艺文志》载邹衍之书，有四十九篇，又终始五十六篇，今均佚失。但《吕氏春秋·应同篇》尚存其说，其言曰："凡帝王之将兴也，天必先见祥乎下民。黄帝之时，天先见大蚓大蝼。黄帝曰：土气胜。土气胜，故其色尚黄，其事则土。及禹之时，天先见草木秋冬不杀。禹曰：木气胜。木气胜，故其色尚青，其事则木。及汤之时，天先见金刃生于水。汤曰：金气胜。金气胜，故其色尚白，

① 见夏曾佑著《中国历史教科书》第二篇第一章第十九节。

② 见夏曾佑著《中国历史教科书》第二篇第一章第六十节。

其事则金。及文王之时，天先见火、赤乌衔丹书集于周社。文王曰：火气胜。火气胜，故其色尚赤，其事则火。代火者必将水，天且先见水气胜。水气胜，故其色尚黑，其事则水。”其说之怪诞，可以想见。秦始皇统一六国，齐人上邹衍始终五德之说，始皇采而用之，以为周得火德，秦代周为水德之始——此即儒家与方士糅合之始。汉代秦兴，贾谊首谋改正朔，易服色，造汉太初历，以正月为岁首，色尚黄，数用五——此亦本于始终五德之说而来。自是以后，儒者莫不通阴阳之学。儒家倡尊君，固为帝王所好；但当鼎革之际，篡位窃国逐君弑君这些罪名，又为代起的帝王所喜，于是本来自己想登宝座，就偏说是“顺乎天意”不得不如此。始终五德之说固由此起，即符命之说亦莫不由此而起。儒家诸生既已做了帝王的工具，所以只要能够“得君行道”，又焉得而不容纳阴阳家的怪说而和方士糅合起来呢？更何况儒家本身就相信天命之说！帝室的代起，像这样大的事体，都要本于始终五德之说，于是其他一切灾异，也就不得不归之于天行了。中国的经济基础没有变动而进入产业革命的阶段，则破除迷信的科学也就不会昌明，也就不能取得它的存在根据；所以当时虽有破除迷信的思想家桓谭、王充反对谶纬的怪说①，然而终究敌不过阴阳家言，卒之变成“始之阴阳折入于儒者，终乃儒为阴阳所夺”的地步。直到今日，这种怪说，还支配着中国大部分人的心理②。以上所述，便是儒家与方士糅合的根本原因，同时，也就是阴阳家的怪说能够至今支配中国人心理的原因。

---

① “谶”便是立言于前有征于后的预言。夏有“亡夏者桀”之谶，秦有“亡秦者胡”之谶，是谶之由来已久，不过没有用阴阳五行之说把它缘饰起来。至汉，谶便与阴阳家言附合，而与纬并行。“纬”是因经而立名，即所谓“经阐其理，纬绎其象，经陈其常，纬究其变”。由是而有五经六纬之名。《汉书·李寻传》：寻治《尚书》，独好《洪范》灾异，又学天文月令阴阳，以其时多灾异，说大司马王根语中有“五经六纬尊术显士”之说——五经六纬之名实起于此。王莽以符命篡汉，光武以赤伏符即位，所谓符命，都属于谶记之类。东汉哀、平之际，谶纬之说更盛，以通七纬者为内学，通五经者为外学。所谓七纬便是：《易纬》《书纬》《礼纬》《乐纬》《诗纬》《孝经纬》《春秋纬》。

② 如刘伯温的《烧饼歌》与李淳风和袁天罡合作的《推背图》二书，其怪诞荒谬，足以令人发噱，但能够支配大多数人的心理。

由上所述，阴阳五行之说，既这样地支配着学术界，所以两汉的思想家，除掉一位大史学家司马迁、一位社会革命家王莽、几位批判家如王充、仲长统、王符而外①，其他经学大家，都无不为门户之见所蔽，多模仿少创造，而于学术思想界无所贡献，更何况他们又多为五行阴阳之说所困呢！今将两汉两位经学大家的思想略述如下，以证他们的思想与阴阳五行的关系。

（一）董仲舒。董仲舒，广川人。景帝时，以治《春秋》为博士。武帝时，以贤良策对，为江都相，复相胶西王。《汉书·董仲舒传》："仲舒所著明经术之意，及上疏条教凡百二十三篇。而说《春秋》事得失、《闻举》《玉杯》《蕃露》《清明》《竹林》之属，复数十篇。"今传《春秋繁露》八十二篇，而阙文者三篇，实存七十九篇。但从《汉书》看来，《玉杯》《蕃露》，似各自为篇；然今以《繁露》名书，疑出后人掇拾。以下分述其思想：

（甲）天人合一说。他的思想的精华，就在天人合一说。《为人者天篇》："为生不能为人，为人者天也。人之人本于天，天亦人之曾祖父也。此人之所以上类天也。人之形体，化天数而成；人之血气，化天志而仁；人之德行，化天理而义。人之好恶，化天之暖清；人之喜怒，化天之寒暑；人之受命，化天之四时。人生有喜怒哀乐之答，春秋冬夏之谓也。喜，春之答也；怒，秋之答也；乐，夏之答也；哀，冬之答也。天之副在乎人，人之性情有由天者矣。"此言人之本于天。既本于天，便不可不循天之道，如天之为。但是，天地之道，分为阴阳，散为五行，故他又推广阴阳五行之说以论万事。其言曰："王者与臣无礼，貌不肃敬，则木不曲直，而夏多暴风。言不从，则金不从革，而秋多霹雳。视不明，则火不炎上，而秋多电。听不聪，则水不润下，而春夏多暴雨。心不能容，则稼穑不成，而秋多雷。"（见《五行五事篇》）此实

① 关于司马迁的史学，留在以后再说。关于王莽，可参见第一编经济生活之部。仲长统与王符，只言及政治，故本书不叙及。

阴阳家的瞽说，而出于仲舒之口。他既着重于天，所以他的结论便是“天不变，道亦不变”（见《贤良策》）。

（乙）论性。仲舒论性，颇与荀子相同[①]。《深察名号篇》：“今世暗于性，言之者不同。胡不试反性之名。性之名，非生欤？如其生之自然之资，谓之性。性者，质也。诘性之质于善之名，能中之欤！既不能中矣，而尚谓之质善，何哉？性之名不得离质；离质如毛，则非性已。不可不察也。”此言性不得谓善，与荀子同；然言善出于性，则与荀子异，故《深察名号篇》又说：“性比禾，善比于米；米出禾中，而禾未可全为米也；善出性中，而性未可全为善也。善与米，人之所继天而成于外，非在天所为之内也。天之所为，有所至而止：止之内，谓之天性；止之外，谓之人事。事在性外，而性不得不成德。”他这样说善出性中，是虽不以性为善，也就未曾说性是恶；因为他的思想，一本于阴阳，天不能有阴而无阳，从而性也就不能有恶而无善，所以《深察名号篇》又说：“栣众恶于内，弗使得发于外者，心也；故心之为名，栣也。人之受气，苟无恶者，心何栣哉？吾以心之名得人之诚。人之诚有贪有仁。仁贪之气，两在于身。身之名取诸天。天两有阴阳之施，身亦两有贪仁之性。天有阴阳禁，身有情欲栣，与天道一也。”

（二）郑玄。郑玄字康成，北海高密人。师事京兆第五元。先通《京氏易》《公羊春秋》，后从张恭祖受《周官》《礼记》《左氏春秋》《古文尚书》。最后师事马融。他精通今古文学，所以他注经不主一家，集汉儒的大成。注有《周易》《尚书》《毛诗》《仪礼》《周礼》《礼记》《论语》《孝经》《尚书大传》《中候》《乾象历》，并作《天文七政论》《六艺论》《毛诗谱》等书，共百余万言。

郑玄的思想，散见于他所注各书，不易综观其全。如《中庸》：“仁

---

① 董仲舒治《公羊春秋》，而《公羊春秋》为荀子所传，足见仲舒之学出于荀子。其详可参看汪中的《荀子通论》。又汉初诸儒，皆出荀子，其详可参看夏曾佑著《中国历史教科书》第二篇第一章第六十节。

者人也。”注云：“人也，读如相人偶之人，以人意相存问之言。”即其说仁之精。又如《孝经》：“夫孝，德之本也，教之所由生也。”注云：“人之行莫大于孝，故为德本。”此其说孝之精。要之：他的思想，一本儒家，并无独特的创见。然当时谶纬之说盛行，所以他受着纬书的影响，毕竟以纬释经。如《周礼·春官小宗伯》：“兆五帝于四郊。”注云：“苍帝灵威仰，赤帝赤熛怒，黄帝含枢纽，白帝白招矩，黑帝叶光纪。”即其明证①。

董仲舒与郑玄，为汉代两大儒。然一则推广阴阳五行之说以论万事，一则以纬释经。由此足见当时思想界的空气，全为阴阳五行与谶纬之说所笼罩②。所以两汉诸儒的业绩，除“结集经书”与“校勘诂释”③而外，实无可观。

四、独树一帜的王充

汉代阴阳谶纬之说特盛，儒家诸生均为所困，当时虽有桓谭反对图谶④，然能独树一帜对当时思想界施以严正的批判者，却要首推王充。

王充字仲任，会稽上虞人。史称他“师事扶风班彪。好博览，不守章句。博通众流百家之言。以为俗儒守文，多失其真。乃闭门潜思，绝庆吊之礼。户牖墙壁，各置刀笔。著《论衡》八十五篇，二十余万言。释物类异同，正时俗嫌疑”。和帝永元中卒，年七十余。以下略述其

① 郑玄此说，本于《春秋纬文耀钩》。

② 如京房以日月失明，星辰逆行，所有灾异，都由于信任石显；翼奉（传《齐诗》）以山崩地动，由于二后之党满朝；这都是以为休咎之征，与政事之得失相应。此外如刘向等，莫不相信阴阳灾异之说。

③ 《诗》《书》百家语，既火于秦，而汉初诸儒为之结集，可以说是他们在文化史上的一种业绩，又自莽、歆提倡校勘诂释之学以后，到了东汉末年，马融、许慎、郑玄更覃心于笺注，形成训诂之学，也可以说是他们在文化史上的小贡献。

④ 桓谭说：“凡人情忽于见事，而贵于异闻。观先王之所记述，咸以仁义正道为本，非有奇怪虚诞之事。”“今诸巧慧小才伎数之人，增益图书，矫称谶记；以欺惑贪邪，诖误人主……其事虽有时合，譬犹卜数只偶之类。”又说：“谶出河图洛书，但有朕兆，而不可知；后人妄复加增依托，称自孔子，误之甚也。”（见《后汉书·桓谭传》）

思想：

（一）自然。王充以天道为无意志，于是称它为“自然”、为“无为”，而以天地生物，一出于自然，所以他说：“天地合气，万物自生；犹夫妇合气，子自生矣。”“天之动行也，施气也。体动，气乃出，物乃生矣。由人动气也，体动，气乃出，子亦生也。夫人之施气也，非欲以生子；气施而子自生矣。天动不欲以生物，而物自生，此则自然也。施气不欲为物，而物自为，此则无为也。”（均见《自然》）万物既出于自然，于是因智力强弱之不同，其结果就有胜负之殊，而绝无五行克制之理，所以他又说：“凡物相贼刻。含血之虫则相服。至于啖食者，自以齿牙顿利、筋力优劣、动作巧便、气势勇桀，若人之在世，势不与适，力不均等，自相胜服。以刃相服，则以刃相贼矣；犹物以齿角爪牙相触刺也。力强、角利、势烈、牙长则能胜，气微、牙短则诛，胆小、距顿则畏服也。人有勇怯，故战有胜负。胜者未必受金气，负者未必得木精也。”天生万物，既出于自然，则灾变也必出于自然，所以他又说：“夫天之不故生五谷丝麻以衣食人，犹其有灾变不欲以谴告人也。物自生，而人衣食之；气自变，而人畏惧之。以若说论之，餍于人心矣。如天瑞为故；自然焉在？无为何居？”

（二）命论。道家儒家，均言有命；王充也言有命。不过他所谓命，并不是指冥冥中具有主宰一切之力的命而言，却在各人受气多少，以定终身，所以他说：“俱禀元气，或独为人，或为禽兽。并为人或贵或贱，或贫或富。富或累金，贫或乞食。贵至封侯，贱至为仆。非天禀施有左右也，人物受性有厚薄也。”（见《奉偶》）人物受性何以有厚薄？王充则归之于偶然，所以他又说：“命吉之主也，自然之道，适偶之数；非有他气异物，厌胜感动使之然也。”（见《偶会》）既没有使之然的他气异物，则“用气为性、性成命定”，人之寿夭，各有定数，而神仙之说不攻自破。所以他又说：“人禀元气于天，各受寿夭之命，以立长短之形。犹陶者用土为簋廉，冶者用铜为拌杅矣。器形已成，不可大小，不可增减。用气为性，性成命定。体气与形骸相抱，生死与期节相须。形不可变化，命不可减加。以陶冶言之，人命短长，可得论也。”（见《无形》）然因人自受气有定形，命亦随定，不可更易；所以他又信相法，以为定形所赋，存于骨相①。要之，他以自然为其思想的中心，从自然出发，其推论必连类至此；而以当时科学不昌明的缘故，则这种思想上的矛盾，亦未可以独罪王充。

（三）论鬼。王充论鬼，近于无鬼论，他说：“世谓死人为鬼，有知能害人。试以物类验之，死人不为鬼，无知不能害人。何以验之？验之以物。人，物也，物，亦物也。物死不为鬼，人死何故独能为鬼？世能别人物不能为鬼，则为鬼不为鬼，尚难分明。如不能别，则亦无以知其能为鬼也。人之所以生者，精气也。死而精气灭。能为精气者，血脉也。人死血脉竭。竭而精气灭，灭而形体朽，朽而成灰土，何用为鬼？人无耳目，则无所知。故聋盲之人，比于草木。精气去人，岂徒与无耳目同哉？”他又说：“天地开辟，人皇以来，随寿而死，若中年夭亡，以亿万数计。今人之数，不若死者多。如人死辄为鬼，则道路之上，一步一鬼也。人且死见鬼，宜见数百千万，满堂盈庭，填塞巷路；不宜徒见一两人也。”（均见《论死》）但是，世盖有生而见鬼者，这又是什么道理？王充因以生理上与心理上的理由，去解答这个问题，他说：“凡天地之间有鬼，非人死精神为之也，皆人思念存想之所致也。致之何由？由于疾病。人病则忧惧，忧惧见鬼出。凡人不病，则不畏惧。故得病寝衽，畏惧鬼至，畏惧则存想，存想则目虚见。何以效之？《传》曰：‘伯乐学相马。顾玩所见，无非马者。宋之庖丁学解牛，三年不见生牛，所见皆死牛也。’二者用精至矣。思念存想，自见异物也。人病见鬼，犹伯乐之见马，庖丁之见牛也，伯乐庖丁，所见非马与牛。则亦知乎病者，所见非鬼也。病者困剧身体痛，则谓鬼持棰杖殴击之。若见鬼把椎

① 《论衡·骨相》：“人命禀于天，则有表候于体。察表候以知命，犹察斗斛以知容矣。表候者，骨法之谓也。”

锁绳墨，立守其旁。病痛恐惧，妄见之也。初疾畏惊，见鬼之来；疾困恐死，见鬼之怒；身自疾痛，见鬼之击：皆存想虚致，未必有其实也。夫精念存想，或泄于目；或泄于口；或泄于耳。泄于目，目见其形；泄于耳，耳闻其声；泄于口，口言其事。昼日则觉见，暮卧则梦闻。独卧空室之中，若有所畏惧，则梦见夫人据案其身，哭矣。觉见卧闻，俱用精神。畏惧存想，同一实也。”（见《订鬼》）但是，王充的无鬼论，只说没有能够为人形的鬼，至于阴阳鬼神之论，他却没有废弃①。这一点，便是他的思想不一贯之弊。

由上所述，王充思想虽未能前后一贯，但他能于当时充满着灾异之说的思想界中，独树一帜，以正时俗嫌疑，却是两汉不可多得的思想家。

① 《论衡·论死》：“鬼神，荒忽不见之名也。人死精神升天，骸骨归土，故谓之鬼。鬼者，归也；神者，荒忽无形者也。或说：‘鬼神，阴阳之名也。’阴气逆物而归，故谓之鬼；阳气导物而生，故谓之神。神者，申也；申复无已，终而复始。人用神气生，死复归神气。阴阳称鬼神，人死亦称鬼神。气之生人，犹水之为冰也。水凝为冰，气凝为人；冰释为水，人死复神。其名为神也，犹冰释更名水也。人见名异，则谓有知能为形而害人，无据以论之也。”

第四章　清谈与玄学的特盛

一、清谈与玄学特盛的原因

魏晋、南北朝，是怀疑主义的时代，同时，又是儒佛两宗的过渡时代。而此时代的特征，就是玄言与清谈之风。今考促成这种风尚的原因，约有以下数端：

第一，由于战争的扰乱，使学者思想发生厌世之观。原来汉末自张角倡乱以来，天下就没有安宁一天。继之而起的，又是军阀董卓、李傕、郭汜、曹操、袁绍、孙坚、刘备的互相厮杀，卒之弄成三国鼎立攻战不息的局面。后来司马氏虽然统一中国，但不久又有八王五胡之乱。在这个长久战乱的时期，必然闹成“原野厌肉，溪谷盈血”的景象。处在这种景况中的学者，既无所用，又日日在救死不暇的惶惑中，自然就谈不到实用的学术，而因感觉到死生无常，便有意识地或无意识地流入厌世这一条路上去了。这便是促成玄言与清谈之风的根本原因。

第二，由于训诂学的反动，使学者思想得以解放。原来两汉诸儒说经，都确守师说，争执门户之见，只知模仿因袭而少有创造；及其末世，训诂学大昌，由是弄成“碎义逃难，便辞巧说，说五字之文，至于二三万言，幼童而守一经，白首而不能通”的地步。在太平时候，生活安定，从事这种琐碎的训诂学，还不见得有什么毛病；但在离乱的时候，人人都感觉着生活上的威胁，又哪里有闲情来弄这个劳什子呢？所以训诂学的反动，就会使学者的思想由琐碎而趋于简易，由争执门户之见而趋于解放。

第三，由于礼教的反动，使学者思想不为礼教所束缚而趋于放诞。原来汉光武中兴，有鉴于新莽以爵禄来收买士大夫，使礼教扫地无余，于是尊崇儒术，提倡气节，而士风为之一变。当时士习，很重名誉，乡举、里选，都必事先考其行谊。如果一行不检，贻笑乡里，就易于抛弃终身。礼法之严，达于极点。东汉末世，汝南风俗有月旦评①，以品评乡里的人物；而太学诸生三万余人，以郭泰、贾彪为首，并与李膺、陈蕃更相褒重，标榜为高，而激成党祸。及曹操欲谋篡汉，认为这种标榜的风习，很不利于他觊觎神器的野心，于是崇奖跅弛之士②，而礼法大坏。不久司马氏又篡魏，禁网日密，言论渐不自由③。结果许多思想家目击魏、晋的篡窃，都无不是假借尧、舜揖让的美名，而所谓礼教，原来都是欺人的工具，到了这样的境地，就自然发出“礼岂为我辈设哉”

---

① 当时汝南许劭和他的从兄靖，都有高名，喜欢核论乡党的人物，每月更易他们的品题，叫做月旦评。其详参看《后汉书·许劭传》。

② 当时曹操柄政，冀州平后，崇奖跅弛之士，下令曰：“夫有行之士，未必能进取；进取之士，未必能有行也。陈平岂笃行、苏秦岂守信耶？而陈平定汉业，苏秦济弱燕。由此言之，士有偏党，庸可废乎？”又下令曰：“昔伊挚、傅说，出于贱人；管仲，桓公贼也，皆用之以兴。萧何、曹参，县吏也；韩信、陈平，负污辱之名，见笑之耻，卒能成就王业，声著千载。吴起贪将，杀妻自信，散金求官，母死不归；然在魏，秦人不能东向；在楚，则三晋不敢南谋。今天下得无有至德之人，放在民间；及果勇不顾，临敌力战；若文俗之吏，高才异质，或堪为将守；负污辱之名，见笑之行；或不仁、不孝，而有治国用兵之术；其各举所知，勿有所遗。”又阮籍为步兵校尉，其母卒，方与人围棋，对者求止，籍留与决赌。既而饮酒二斗，举声一号，吐血数升，毁瘠骨立；居丧饮酒，无异平日。司隶何曾面质籍于司马昭座曰：“卿纵情背礼，败俗之人，不可长也。”因谓昭曰：“公方以孝治天下，而听籍以重哀饮酒食肉于公座，何以训人？宜摈之四裔，无令污染华夏。”昭爱籍才，常拥护之。在上者既然这样地鄙弃礼教，在下者自然就相率仿效了。

③ 当司马懿谋篡魏的时候，法网很密，何晏想拥护曹爽，竟被司马氏残杀了。同时，嵇康也因一种冤枉不明的谋反罪名被杀。当时的思想家，既不能对于现实的政治有所建白，就只好饮酒清谈，以保性命。《晋书·阮籍传》所谓“籍本有济世志，属魏、晋之际，天下多故，名士少有全者。籍由是不与世事，遂酣饮为常……钟会数以时事问之，欲因其可否而致之罪，皆以酣醉获免”，《世说新语》所谓“晋文王（司马昭）称阮嗣宗（籍）至慎，每与之言，言皆玄远，未尝臧否人物”，即其明证。魏晋清谈之风，便是因此而起的。

的反抗呼声，而放诞相高，便不知不觉地成为一种有力的风尚了。

有了上述这些原因，已经足以促成玄言与清谈之风，而当时儒业消沉，更足以使这种风气获得猖披的机会。《魏略》所谓“太和青龙（魏明帝年号）中，太学诸生有千数；而诸博士率皆粗疏，无以教弟子；弟子亦避役，竟无能习学”，“正始（在齐王芳年号）中，有诏议圜丘普延学士。是时郎官及司徒领吏二万余人，而应书与议者，略无几人。又是时朝堂，公卿以下四百余人，其能操笔者，未有十人，多皆相从饱食而退”，即其时儒业消沉的明证。

儒业既已消沉，礼教又不足以范围人心，琐碎的训诂学更不足以束缚学者的思想，而长期的战乱，不但使学者学无所用，抑且使学者救死不遑，于是厌世的人生观随之发生，而转入于老子的虚无主义，清谈玄言之风，因之而开。但是，阴阳五行之说，自汉代以来，便久已深入人心，所以当此离乱之时，除遁入老子的虚无主义以外，丹鼎、符箓、占验之术，又必为时人所好，而神仙之说又大盛。至于佛教思想，则久已流入中土，所以此时代的学者思想，杂有佛家言，又是必然的趋势。要之，这些都是在此一怀疑主义时代所必有的现象。

二、清谈与玄学

清谈之风，开自何晏、王弼。何、王在陈寿的《三国志》中无专传，仅附于曹爽、钟会传后。《曹爽传》：“南阳何晏、邓飏、李胜，沛国丁谧，东平毕轨，咸有声名，进趣于时。明帝以其浮华，皆抑黜之。及爽秉政，乃复进叙，任为腹心。”又：“晏，何进孙。少以才秀知名。好老、庄言，作《道德论》及诸文赋著述，凡数十篇。”《钟会传》：“会弱冠与山阳王弼并知名。弼好论儒道，辞才逸辩。注《易》及《老子》。”何、王二人的事略，尽在于此。然从裴松之的《三国志注》及刘义庆的《世说新语》中，却可以考见二人的生平。又何晏的《论语集解》，与王弼的《易注》《老子注》，至今都还存在；其引老、庄之说，释孔圣之经，均能案寻。案王、何同宗老、庄，所以《晋书·王衍传》说："魏正始中，何晏、王弼等，祖述老、庄立论，以为'天地万物皆以无为本。无也者，开物成务，无往不存者也'。"然考何劭为王弼作传，则何、王言老子各有不同，劭说："晏以为圣人无喜怒哀乐，其论甚精，钟会等述之。弼与不同，以为'圣人茂于人者，神明也；同于人者，五情也。神明茂，故能体冲和以通无；五情同，故不能无哀乐以应物。然则圣人之情，应物而无累于物者也。今以其无累，便谓不复应物，失之多矣'。"① 这样看来，足见何晏专主无，而王弼虽主无亦不废有。又《三国志·齐王芳传》载有何晏奏，其言曰："善为国者，必先治其身。治其身者，慎其所习。所习正，则其身正。身正，则不令而行。所习不正，则其身不正。其身不正，则虽令不从。是故为人君者，所与游，必择正人；所观览，必察正象。放郑声而弗听，远佞人而弗近；然后邪心不生，而正道可宏也。"这样看来，又足见何晏虽好老、庄，却并不见得遗落世事。要之，何晏的《论语集解》与王弼的《老子注》《易注》，对于东汉末叶腐儒的咬文嚼字，确系一剂清凉散，而清谈之风，虽为他二人所开，要亦时势有以促成之；至于末流的专尚浮虚遗落世事，则更非首倡者的罪过。

谈玄之风，虽倡于何、王，而广播这种风气的，却要算阮籍、嵇康二人。魏室末年，嵇康为中散大夫，好言老、庄，尚奇任侠，与阮籍、籍兄子咸、山涛、向秀、王戎、刘伶往来，都崇尚虚无，轻蔑礼法，纵酒昏酣，遗落世事，号为"竹林七贤"。康著《释私论》，以为"君子者，心不措乎是非，而行不违乎道者也。何以言之？夫气静神虚者，心不存于矜尚。体亮心达者，情不系于所欲。矜尚不存乎心，故能越名教而任自然。情不系于所欲，故能审贵贱而通物情。物情顺通，故大道无违。越名任心，故是非无措也"。籍著《大人先生传》以为："世之所谓

---

① 见《三国志》注。

君子，惟法是修，惟礼是克。手执圭璧，足履绳墨。行欲为目前检，言欲为无穷则。少称乡党，长闻邻国。上欲图三公，下不失九州牧。独不见群虱之处裈中，逃乎深缝，匿乎坏絮，自以为吉宅也。行不敢离缝际，动不敢出裈裆，自以为得绳墨也。然炎丘火流，焦邑灭都，群虱处于裈中，而不能出也。君子之处域内，何异乎虱之处于裈中乎?”其轻蔑名教，抛弃绳墨，由此可见。晋初，王衍、乐广，都尚清谈，不问国事。其后，“阮瞻、王澄、谢鲲、胡母辅之之徒，皆祖述于籍，谓得大道之本，故去巾帻，脱衣服，露丑恶，同禽兽，甚者名之通，次者名之达”①。这较之阮籍、嵇康，又变本加厉了。渡江以后，流风更广；南北朝时，流风所及，所谓士子便无不崇尚清谈玄言了。《南齐书·王僧虔传》载有僧虔诫子书，其言曰：“往年有意于史。取《三国志》聚置床头，百日许后业就。玄自当小差于史，犹未近仿佛。曼倩（东方朔）有云：‘谈何容易?’见诸玄，志为之逸，肠为之抽。专一书，转通十数家注。自小至老，手不释卷，尚未敢轻言，汝开《老子》卷头五尺许，未知辅嗣（王弼）何所道，平叔（何晏）何所说，马（马融）郑（郑玄）何所异，指例何所明，而便盛于麈尾，自呼谈士，此最险焉。”“开《老子》卷头五尺许”，就“自呼谈士”，便足见当时谈士之多了。

清谈的风尚，既这样地波及天下，元嘉（宋文帝年号）之间，遂至专立“玄学”，以相教授。《宋书·何尚之传》：“上（宋文帝）以尚之为丹阳尹，立宅南郊外，置玄学，聚生徒……东海徐秀、庐江何昙、黄回、颍川荀子华、太原孙宗昌、王延秀、鲁郡孔惠宣，并慕道来学，谓之南学。”到了梁代，更以《庄》《老》《周易》，总谓“三玄”，谈论则为“玄言”，著述则为“玄部”。玄学之盛，达于极点。

当清谈玄言大盛的时候，两汉儒者所结集的经书，除一部《周易》以外，其他都无人过问。到了王弼注《易》，舍象而言理，就连汉儒言《易》的象数之说，也都抛弃了。何晏的《论语集解》，则不尽用郑（郑

① 见《世说新语》卷一德行类刘孝标注引王隐《晋书》。

玄）义；晋世王肃的伪孔安国《尚书传》，更和郑玄立异；郑氏之学，由是大衰。他如杜预的《左传集解》、范宁的《穀梁集解》、郭璞的《尔雅注》，都无不和汉儒家法相异。南北朝时，北朝风气变动稍晚，他们说经多遵汉儒家法。《北史·儒林传》："南人约简，得其英华；北学深芜，穷其枝叶。"又："江左《周易》则王辅嗣，《尚书》则孔安国，《左传》则杜元凯。河洛《左传》则服子慎（服虔），《尚书》《周易》则郑康成，《诗》则并主于毛公，《礼》则同遵于郑氏。"由此看来，便可想见当时南北学派之不同。隋代统一天下，专尊南学，而北学遂绝。及唐孔颖达等撰《五经正义》，则《易注》用王弼，《书》用孔安国，《左传》用杜预《解》；而郑注《易》《书》，服注《左氏》，都弃置不取，所以从此以后，南学独盛。至于子书，向秀、郭象的注《庄子》，张湛的注《列子》，以及王弼的注《老子》，则更系玄言之宗。

最后，因为老、庄之学，多可与佛学相通，所以当时谈玄者，又往往杂有佛家思想。如孙绰的《喻道论》，所谓"夫佛也者，体道者也；道也者，导物者也；应感顺通，无为而无不为者也"，便是杂有佛家思想的道家言。又绰所谓"周、孔即佛，佛即周、孔"，便是儒佛一致的论调。他如支遁用佛说解《庄子》，周颙的儒、佛、道三教并论，都无不杂有佛家思想。所以当玄学之衰，佛学遂代之而起。

三、葛洪的神仙说

始皇时，侯生卢生都倡神仙之说。汉武迷信封禅，李少君、栾大之徒，相与炫惑，于是炼养服食之说益盛。到汉末魏伯阳著《参同契》，秘不传授，其焰益播。至晋葛洪始集神仙说的大成。葛洪著书名《抱朴子》。他说："若夫仙人，以药物养身，以术数延命。使内疾不生，外患不入。虽久视不死，而旧身不改。苟有其道，无以为难也。而浅识之徒，拘俗守常，咸曰世间不见仙人，便云天下必无此事。夫目之所曾见，尝何足言哉？天地之间，无外之大，其中殊奇，岂遽有限。诣老戴天，而或莫知其为上。终身履地，而或莫识其为下。形骸，己所自有也，而莫知其心志之所以然。寿命，在我者也，而莫知其修短之所至焉。况乎神仙之远理，道德之幽玄。仗其浅短之耳目，以断微妙之有无，岂不悲哉！”（《论仙》）此言神仙为必有。由是又进而论学仙者心意修养之法，所以他又说：“人能淡默恬愉，不染不移。养其心以无欲，颐其神以粹素。扫涤诱慕，收之以正。除难求之思，遣害真之累，薄喜怒之邪，灭爱恶之端，则不请福而福自来，不禳祸而祸去矣。何者？命在其中，不系于外；道存乎此，无俟于彼也。”（《道意》）然欲学仙，又不可不求清净之地，所以他又说：“为道者必入山林。诚欲远彼腥膻，而即此清净也。”（《明本》）既内修其心，外得清净之地，于是假金丹[①]方术之助，就可以成为神仙了。此即丹鼎派之名之所自起。此种神仙之说，固属怪诞可笑，然亦由于时势使然，无足为怪。唯葛洪所谓“欲求仙者，要当以忠孝和顺仁信为本。若德行不修，而但务求玄道，无益也”（《对俗》），则其言又与儒术相合。

此外更有符箓一派，较葛洪的丹鼎派为晚出，而其术又较丹鼎派为劣。其起源及其流派，在第二编关于宗教一章中，业已详述，兹不复赘[②]。最后，更有占验一派。梁启超说：“自西京儒者翼奉、眭孟、刘向、匡衡、龚胜之徒，既已盛说五行，夸言谶纬。及光武好之，其流愈畅；东京儒者张衡、郎颉，最称名家，襄楷、蔡邕、杨厚等，亦班班焉。于是所谓风角、遁甲、七政、元气、六日七分、逢占、日者、挺专、须臾、孤虚、云气诸术（诸术名义解，俱见《后汉书·方术列传》注，恕不具引），盛行于时。《后汉书·方术列传》，所载者三十三人，

① 《抱朴子·金丹》：“夫金丹之为物，烧之愈久，变化愈妙。黄金入火，百炼不消、埋之毕天不朽。服此二药，炼人身体，故能令人不老不死。”

② 梁启超论符箓派：“盖六艺九流，一切扫地，而此派独滔滔披靡天下矣。窃尝论之：其时佛教已入震旦，妖妄者流，窃象教密宗最粗浅之说，以欺惑愚众；故其所言天地轮环劫数终尽，略与佛经同。又言天尊之体，常存不灭，往往开劫度人；皆损益《四阿含》《俱舍论》等所说。剽窃之迹，显然可见。而复取两汉儒者阴阳五行之迷信以缘附之。故吾谓此时为儒佛过渡时代，此派实其最著者也。”见《饮冰室丛著》第五种。

皆此类也。然其术至三国而大显，始俨然有势力于社会，若费长房、于吉、管辂、左慈辈，其尤著者也。其后郭璞著《葬书》，注《青囊》，为后世堪舆家之祖。……《隋志》著录《珞琭子》一书，言禄命者以为本经。而临孝公有《禄命书》，陶弘景有《三命抄》，实后世算命家之祖。卫元嵩著《元包》，庾季才著《灵台秘苑》，为后世言卜筮者之大成。陶弘景著《相经》，为后世言相法者之祖。凡千年以来，诬罔怪诞之说，汩溺人心者，皆以彼时确然成一科学，虽谓为魏、晋、六朝间，为陷溺社会之罪恶府可也。”①

四、鲍敬言的非君主制度说

《抱朴子·诘鲍篇》称：“鲍生敬言，好老、庄之书，治剧辩之言。以为古者无君，胜于今世。”葛洪因此托于儒者之义，和鲍生论难。鲍生生平不可考，但其言论则为非君主制度。盖老子言政治以无为为主，鲍生既好老、庄之书，深受道家思想的影响，便自然形成这种激烈的言论了。他说：“儒者曰：天生蒸民而树之君，岂其皇天谆谆言，亦将欲之者为辞哉？夫强者凌弱，则弱者服之矣；智者诈愚，则愚者事之矣。服之，故君臣之道起焉；事之，故力寡之民制焉。然则隶属役御，由乎争强弱而校智愚，彼苍天果无事也。”这就是说，君民之分，并不是决于天命，而是争强弱校智愚的结果。又说：“夫混茫以无名为贵，群生以得意为欢。故剥桂刻漆，非木之愿。……诈巧之萌，任力违真。伐根之生，以饰无用。捕飞禽以供华玩，穿本完之鼻，绊天放之脚，盖非万物并生之意。夫役彼黎蒸，养此在官，贵者禄厚，而民亦困矣。夫死而得生，欣喜无量，则不如向无死也；让爵辞禄，以钓虚名，则不如本无让也。天下逆乱焉而忠义显矣，六亲不和焉而孝慈彰矣。”这就是说：群生以得意为欢，用不着役彼黎烝，用不着贵者厚禄。又说：“曩古之世，无君无臣，穿井而饮，耕田而食，日出而作，日入而息，泛然不

① 见《饮冰室丛著》第五种。

系，恢尔自得，不竞不营，无荣无辱。山无蹊径，泽无舟梁。川谷不通，则不相并兼；士众不聚，则不相攻伐。……势利不萌，祸乱不作，干戈不用，城池不设。万物玄同，相忘于道。疫疠不流，民获考终。纯白在胸，机心不生。含铺而熙，鼓腹而游。其言不华，其行不饰。安得聚敛以夺民财？安得严刑以为坑阱？”这就是说，上古时代没有君主制度，故人民各得其所，而其所享受的幸福，实胜于既有君主制度之后。又说：“降及叔季，智用巧生。道德既衰，尊卑有序。繁升降损益之礼，饰绂冕玄黄之服。起土木于凌霄，构丹绿于棼橑。倾峻搜宝，泳渊采珠。聚玉如林，不足以极其变；积金成山，不足以赡其费。……去古日远，背朴弥增。尚贤则民争名，贵货则盗贼起。见可欲则真正之心乱，势利陈则劫夺之途开。造剡锐之器，长侵割之患。弩恐不劲，甲恐不坚，矛恐不利，盾恐不厚。若无凌暴，此皆可弃也。”这就是说，因为有凌暴，才有杀人的战具；因为贵货财，才有劫夺的盗贼；因为序尊卑，才有礼法；如果万物玄同相忘于道，又安得发生这些东西呢？又说：“使夫桀、纣之徒，得燔人，辜谏者，脯诸侯，菹方伯，剖人心，破人胫，穷骄淫之恶，用炮烙之虐。若令斯人并为匹夫，性虽凶奢，安得施之？使彼肆酷恣欲，屠割天下，由于为君，故得纵意也。”这就是说，臣民之所以受专制的虐政，都是由于有君主制度。又说：“君臣既立，众慝日滋；而欲攘臂乎桎梏之间，愁劳于涂炭之中，人主忧慄于庙堂之上，百姓煎扰乎困苦之中，闲之以礼度，整之以刑罚，是犹辟滔天之源，激不测之流，塞之以撮壤，障之以指掌也。”这就是说，如果不从根本上把君主制度铲除，纵令闲之以礼度，整之以刑罚，也是没有益处的。由上所述，可知鲍生的理想社会，和老子的老死不相往来的乌托邦是一样的。所以鲍生的言论，在消极方面，能明目张胆反对君主制度，但在积极方面，却不能提出一个改革社会国家的方案，而只知返于无名之朴的混沌状态。其思想之违背社会进化的原则，固不待言；然亦当时时势使然，未可独非鲍生。

第五章　佛学时代

一、佛学特盛的原因

佛教的输入及其发展，在第二编第九章中已说得很明白，本章用不着重述。本章所要说的，就是佛学何以特盛于六朝、隋、唐；就是诸宗的历史及其教义。

要说明佛学何以特盛于六朝、隋、唐，首先就要说明自汉以来佛学在中国的发展史。梁僧祐撰《弘明集》，其后序有云："俗士疑骇觉海，惊同河汉。一疑经说迂诞，大而无征。二疑人死身灭，无有三世。三疑莫见真佛，无益国治。四疑古无法教，近出汉世。五疑教在戎方，化非华俗。六疑汉、魏法微，晋代始盛。以此六疑，信心不树。"由这段话看来，便知佛学在魏晋以前，还为一般士子所惊疑。但在东汉季世，却有一位牟融，引中国圣贤之言，阐西来佛陀之教。牟融有《理惑篇》，其主旨在于祛除那些怀疑佛学者的所见。其第七篇说："问：'子既耽诗书，悦礼乐，奚为复好佛、道，喜异术？岂能逾经传、美圣业哉？'牟子曰：'书不必孔丘之言，药不必扁鹊之方。合义者从，愈病者良。君子博取众善，以辅其身。子贡云：夫子何常师之有乎？尧事尹寿，舜事务成，旦学吕望，丘学老聃。四师虽圣，此之于佛，犹白鹿之与麒麟，燕鸟之与凤凰也。尧、舜、周、孔，且犹学之。况佛身相好，变化无方，焉能舍而不学乎？’”牟融这论调，明明是尊佛而卑孔、老。但他又以老子之言，证明佛家言之无失。如：“问曰：‘夫福莫逾于继嗣，不孝莫过于无后。沙门弃妻子，捐财货，或终身不娶，何其违福孝之行也！’牟子曰：‘夫长左者必短右，大前者必狭后。孟公绰为赵、魏老则优，不可以为滕、薛大夫。妻子财物，世之馀也；清躬无为，道之妙也。’老子曰：‘名与身孰亲？身与货孰多？’”“故前有隋珠，后有虓虎，见之走而不敢取。何也？先其命而后其利也。许由栖巢木，夷、齐饥首阳：孔圣称其贤，曰：求仁得仁者也。不闻讥其无后无货也。”即其明证。到清谈玄言之风特盛的时候，就开始从佛理说老、庄，继而又援老、庄而入佛。所以孙绰《喻道论》（绰，东晋人，《喻道论》见《弘明集》）说：“夫佛也者，体道者也；道也者，导物者也；应感顺通，无为而无不为者也。”而张融《门论》（融字思光，宋时为封溪令，卒于齐世）所说：“吾门世恭佛，舅氏奉道。道也与佛逗极无二。寂然不动，致本则同；感而遂通，达迹成异。其犹乐之不沿，不隔五帝之秘；礼之不袭，三皇之圣岂三。此皆殊时故不同其风，异世故不一其义。安可辄驾庸愚，诬罔神极。吾见道士与道人战儒、墨，道人与道士辨是非。昔有鸿飞天首，积远难亮；越人以为凫，楚人以为乙；人自楚、越耳，鸿常一鸿乎！夫澄本虽一，吾自俱宗其本；鸿迹既分，吾已翔其所集。汝可专遵于佛迹，而无侮于道本。”便是儒、佛、道一致的论调了。佛学到这时候，竟成了与儒、道三足鼎立的局面。但儒家学说，在清谈盛极一时的时代，已经不为学者所道；而老、庄的言虚无，却和法空之旨不远。所以清谈玄言之风愈盛，则佛学亦随之而盛。这个关联，便是佛学特盛于六朝、隋、唐的根本原因。而隋、唐国外交通频繁，有利于高僧的往外留学，也足以促成佛学的进展。

二、诸宗的历史及其教义

在第二编第九章中，曾说过六朝、隋、唐间佛教的宗派，分为成实、三论、涅槃、律、地论、净土、禅、俱舍、摄论、天台、华严、法相、真言十三宗，其中除涅槃、地论、摄论三宗归并他宗外，其余十宗，都经过极光大的时代，支配数百年间的思想界。以下就此十宗的历史及其教义的大略述之：

（一）俱舍宗。佛灭九百年后，世亲菩萨依《四阿含经》作《俱舍论》，便是本宗的起始。陈文帝时，印度高僧真谛三藏带来梵本，译为《阿毘达磨俱舍论》，叫做《旧俱舍》。后唐玄奘至天竺，从伽耶舍论师学习，归国重译为三十卷，叫做《新俱舍》。本宗以因果解释世间诸法，为法相宗的初步，故又名法相宗的附宗。

（二）成实宗。本宗祖师为造《成实论》的诃梨跋摩，生于佛灭后九百年。本宗不盛行于印度，至姚秦时鸠摩罗什始译之以行于中土，昙影为之笔述，僧睿为之注释，自晋末至唐初很盛行。本宗在于阐发人空法空之理，为小乘中的最高者，乃三论宗的附宗。

（三）律宗。佛学分经、律、论三藏，所以律为三藏之一。现诸僧所通守者，为四分律，即：比丘戒、比丘尼戒及受戒犍度、安居犍度、房舍犍度，为昙无德罗汉所集，曹魏时昙摩诃罗译之，以传中土。中土开此宗者，则为南山律师道宣。南山受戒于智首，曾为玄奘书记，译律数百卷。其时尚有两派：一为法砺律师所创的相部宗，一为怀素律师所创的东塔宗，并南山宗统称为律家三宗，唯南山宗独流传至元不衰。本宗专言戒律；一切戒律，统括于止持、作持二门，止持即是诸恶莫作，作持即是众善奉行。

（四）法相宗。本宗以大意明唯识，所以又名唯识宗。因其开祖为慈恩，所以又名慈恩宗。自玄奘西行求法，得礼戒贤，尽受五大论（《瑜伽师地论》《分别瑜伽论》《大庄严论》《辩中边论》《金刚般若论》），博通因明唯识之学，归国后此宗始行于中土。玄奘高足窥基（即慈恩法师），更将《成唯识论》西竺十家所论，撷其精华，糅成一部，本宗由是确立。本宗以为宇宙万有，悉为识所变，三界唯心，心外无法，一切现象，都是心影，并非实有之物。

（五）三论宗。本宗以龙树所著的《中观论》《十二门论》，与提婆所著的《百论》而立名；又名一代教宗，以此三论为一代佛教的共通原理故。本宗亦由鸠摩罗什传入中土，三论翻译，都出自他的手笔。后来嘉祥阐发其义，本宗乃全盛。及慈恩法师受宗义于地婆伽罗而著《十二门宗致义记》，本宗始大成。本宗《中观论》，在于破大小二乘之谜，通于大小两教；《十二门论》在于破大乘之妄执，以显大乘的真义；《百论》在于破世间出世间之邪，以显一切之正。

（六）华严宗。本宗为佛祖第一时所说之教（即《华严经》），为佛乘中最高深之理。佛灭五百年，马鸣作《大乘起信论》，即本此经；又七百年，龙树造《大不思议论》；又九百年，天亲造《华严十地论》。此三师，称为本宗印度的列祖。其在中国，东晋时，跋陀罗译《华严经》六十卷，本宗始入中土。陈、隋间，杜顺著《华严法界观门》《五教止观》《十玄章》，大畅妙旨，是为本宗初祖。后智俨、法藏、澄观、宗密继起，盛弘华严，并杜顺称为华严五祖。华严法界玄门，以“一真法界”（万法缘起于一心，仍为一心所统摄，所以叫做一真法界）区别为四种：第一，诸众生色心等法，各有差别，各有分齐（如水与火不同，又如水有冰与汤之不同），叫做“事法界”；第二，诸众生色心等法，虽有差别，而同一体性（如冰汤虽异，其性则同，以真如法性，本来平等故），叫做“理法界”；第三，理由事显，事揽理成，理事互融（如水即波，波即水，事与理相融而无碍），叫做“理事无碍法界”；第四，一切分齐事法，称性融通，一多相即，大小互容，重重无尽（即宇宙万象，同是一法性所现，不但事与理无碍，即事与事亦无碍），叫做“事事无碍法界”。四法界中，只有事事无碍法界，微妙难识，所以又详说十门：一，同时具足相应门，如海之一滴，具百川味；二，广狭自在无碍门，如一尺之镜，见千里影；三，一多相容不同门，如一室千灯，光光涉入；四，诸法相即自在门，如金与金色，不相舍离；五，秘密隐显俱成门，如秋空片月，晦明相并；六，微细相容安立门，如玻璃之瓶，盛多芥子；七，因陀罗网境界门（因陀罗者，谓帝释天，其宫殿宝网，重重互照），如两镜互照，传曜相写；八，托事显法生解门，如擎拳竖臂，触目皆道；九，十世隔法异成门，如一夕之梦，翱翔百年；十，主伴圆明具德门，如北辰所居，众星皆拱。这便叫做“十玄门”。此外又说“六相”：一，总相，一即具多为总；二，别相，多即非一为别；三，同相，互不相违为同；四，异相，彼此不滥为异；五，成相，一多缘起和合为成；六，坏相，诸法各住本位为坏。总、同、成，叫做“圆融门”；别、异、坏，叫做“行布门”。而说行布法，圆融即在行布之中；说圆融法，圆融即在行布之内。

（七）天台宗。本宗又叫做法华宗，以依佛祖《法华经》立宗故。本宗不来自印度，首创者为智者大师。师名智𫖮，陈、隋间人，以居天台山，故此宗得名。天台止观法门，本于佛言定慧（佛以戒、定、慧为三学）。因为“止”是定因，慧是“观”果。由定慧而起止观，即以止观而证定慧。什么叫做止？《永嘉集正修止观》第九说：“夫念非忘尘而不息，尘非息念而不忘（眼、耳、鼻、舌、身、意，叫做六根；色、声、香、味、触、法，叫做六尘；谓之尘者，以染污义故）。尘忘则息念而忘，念息则忘尘而息。忘尘而息，息无能息。息念而忘，忘无所忘。忘无所忘，尘遗非对。息无能息，念灭非知。知灭对遗，一向冥寂。阒尔无奇，妙性天然。”什么叫做观？同书又说：“夫境非智而不了，智非境而不生。智生则了境而生，境了则智生而了。智生而了，了无所了。了境而生，生无能生。生无能生，虽智而非有。了无所了，虽境而非无。无即不无，有即非有。有无双照，妙悟萧然。”而止观二门，析之又为空假中三观：止者观空；观者观假；止而非止，观而非观，非止非观，即止即观，这便叫做中。三者具于一心，所以统名一心三观。有此三观，能破三惑（一见思惑，二尘沙惑，三无明惑），而成三智（一切智、道种智、一切种智）。

（八）真言宗。佛教分显密二教。本宗就是密教。什么叫做密教？不恃言语以立教者，叫做密教。佛有三身：一释迦佛，二大日如来佛，三弥陀佛：实一佛之德所流出的三体。大日就是释迦的法身，释迦就是大日的化身。所以后世学者，综别诸宗，也分为释迦教、大日教、弥陀教三类。本节所说的十宗，只有真言宗是大日教，净土宗是弥陀教（现在妇孺都念南无阿弥陀佛，即宗弥陀教），其他八宗都是释迦教。相传金刚萨埵亲受法门于大日如来，三传至善无畏。善无畏始来唐，译《大日经》，以授金刚智。金刚智实本宗中国传法开祖。后不空和尚东来，承金刚智之后，从事翻译，本宗始确立。但本宗不盛于中土，后经空海传到日本，而盛行于东岛。

（九）净土宗。本宗以《无量寿经》《观无量寿经》《阿弥陀经》及天亲菩萨所造的《往生净土论》为依据，即弥陀教。本宗为普通人说法，依阿弥陀佛的愿力，一心念佛，往生净土，是为钝根人开一捷径。今世俗所谓佛教，大半是本宗的末流。本宗印度先师推天亲菩萨。天亲灭后五百年，菩提流支始传净土法门于中土。但在晋时，慧远结白莲社于庐山，念佛修行，即已为本宗的嚆矢；而菩提流支入中国，却在北魏时。后流支以授昙鸾，鸾著《往生净土论注》，而本宗大弘。其后隋有道绰，唐有善导，都是本宗的大师。

（十）禅宗。法相、天台、华严，叫做教下三家；禅宗叫做教外别传；这四宗，都是大乘上法。禅宗以“不著语言、不立文字、直指本心、见性成佛”为教义，一变佛教从来的窠臼。本宗历史：相传灵山会上，如来拈花示众，不说一言，大众不解佛意，独摩诃迦叶（即西天初祖）破颜微笑，佛言“吾有正法解藏，涅槃妙心，实相无门，微妙法门，不立文字，教外别传，付嘱摩诃迦叶”。自是密密相传，不著一字，直至达摩禅师，为印度本宗二十八祖。达摩于梁武帝时东来，为中国禅宗初祖，传授惠可、僧璨、道信、弘忍，称为本宗五祖。五祖弘忍尝命弟子，各依所解造偈，神秀说：“身是菩提树，心如明镜台，时时勤拂拭，勿使惹尘埃。”慧能闻而易之曰：“菩提本非树，明镜亦非台，本来无一物，何处惹尘埃?”慧能见性较高，乃得接受衣钵，叫做六祖。后神秀又师六祖，悟大法，于是禅宗分南北二派：南为慧能，北为神秀。六祖以后，钵止不传，而教外密传，遂极光大，以后竟衍为云门、曹洞、法眼、临济、沩仰五宗，今列其传授系统如下：

六祖慧能
- 青原行思—石头希迁
  - 药山惟俨—云岩昙晟—洞山良价—曹洞宗
  - 天皇道悟—龙潭崇信—德山宣鉴—雪峰义行
    - —云门宗
    - —玄沙师备—罗汉桂琛—法眼文益—法眼宗
- 南岳怀谦—马祖道一—百丈怀海
  - 黄檗希运—临济义玄—临济宗
    - 兴化崇奘—南院慧颙—风穴延沿
      - 首山省念—汾阳善昭—慈明楚圆
        - 杨岐方圆—杨岐派
        - 黄龙慧南—黄龙派
  - 沩山灵佑—仰山慧寂—沩仰宗

三、李翱的复性书：宋明理学的开端

佛教输入中国以来，中经六朝、隋、唐的全盛时代，对于中国文化，确实有很大的影响：例如佛典的翻译，使中国的文学起了变化；寺塔的建筑，使中国的艺术起了变化；而禅宗教义，影响于宋、明理学，却更是中国文化史上值得“特书”的事情。但是，受禅宗的影响而开宋、明理学之端的，首先要推李翱的《复性书》。

从来谈唐代文化史的人，多半看重韩愈，而忽略其弟子李翱。其实韩愈的《原道》，其主旨不过崇儒以黜佛、老，并无何等特见。而后世道统之说，反自韩愈发之，其言曰：“先王之教，在仁义道德，尧以传之舜，舜以传之禹，禹以传之汤，汤以传之文、武、周公，文、武、周公传之孔子，孔子传之孟轲。自孟轲死，不得其传。”至于他的《原性》中的性三品说，则实本于孔子性近习远智愚不移之说，亦非他所特创。

要之，他在文学上稍有地位，在思想上却毫无地位，而有唐一代，能够成为思想转变的关键的人，却只有一个李翱。

李翱是服膺老、庄的人。他的思想，包含三种精神：一，《中庸》的精神；二，禅宗的精神；三，老、庄的精神。他的《复性书（上）》便趋重《中庸》的精神；《复性书（中）》便趋重禅宗的精神；《复性书（下）》便趋重老、庄的精神。而他的思想的结论，仍不出老、庄的范围。不过他的主张并不十分鲜明，这是因为他表面谈儒里面谈佛、老的关系。

李石岑的《人生哲学》，关于李翱的思想，阐发得很清楚，现在把它撮要起来，抄在下面：

何以说《复性书（上）》趋重《中庸》的精神呢？《复性书（上）》说："人之所以为圣人者性也，人之所以感其性者情也。喜、怒、哀、惧、爱、恶、欲七者，皆情之所为也。情既昏，性斯匿矣，非性之过也。……虽然，无性则情无所生矣。是情由性而生，情不自情，因性而情；性不自性，由情以明。圣人者岂其无情耶？圣人者寂然不动。……虽有情也，未尝有情也。然则百姓者岂其无性者耶？百姓之性，与圣人之性，弗差也。虽然，情之所发，交相攻伐，未始有穷，故虽终身而不自睹其性焉。"他这段话，完全是《中庸》"喜、怒、哀、乐之未发谓之中，发而皆中节谓之和"的注脚。"情不自情，因性而情"，因为喜、怒、哀、乐含于未发之中；"性不自性，由情以明"，因为喜、怒、哀、乐见诸已发之和。何以圣人有情而未尝有情？因为圣人能保持"未发之中"的状态。何以百姓情之所发而不自睹其性？因为百姓不能保持"中节之和"的状态。这便是《复性书（上）》趋重《中庸》的精神之处。

何以说《复性书（中）》趋重禅宗的精神呢？《复性书（中）》说："或问曰：'人之昏也久矣，将复其性者必有渐也，敢问其方？'曰：'弗虑弗思，情则不生；情既不生，乃为正思。正思者，无虑无思也。'……曰：'已矣乎？'曰：'未也。此斋戒其心者也，犹未离于静焉。有静必有动，有动必有静，动静不息，是乃情也。……方静之时，知心无思者，是斋戒也。知本无有思，动静皆离，寂然不动者，是至诚也。’……问曰：‘本无有思，动静皆离；然则声之来也，其不闻乎？物之形也，其不见乎？’曰：‘不睹不闻，是非人也，视听昭昭，而不起于见闻者斯可矣。无不知也，无不为也。其心寂然，光照天地，是诚之明也。’”这段话完全是些禅谈。所谓“弗虑弗思”，所谓“正思”，便与禅宗的“无念者正念也”完全吻合。禅以无念为宗，恐滞两边，恐生执著，故主无念。譬如“斋戒其心”，是犹不免执著“静”的一边，有静斯有动，这还够不上说“万殊归一本、一本摄万殊”。所以要动静皆离，就是要把动静的执著都去了，才能达到佛心，才是所谓“至诚”。不过又要知道，所谓动静皆离，并不是不闻不见，而是“视听昭昭”，就是当视听的时候毫不起见闻之执著。这便是《复性书（中）》趋重禅宗的精神之处。而他用禅学去解《中庸》，弄到后来宋、明一般的理学家都作儒表佛里的事业，那就不能不怪李翱的始作俑了①。

何以说《复性书（下）》趋重老、庄的精神呢？《复性书（下）》说：“昼而作，夕而休者，凡人也。作乎作者，与万物皆作；休乎休者，与万物皆休。吾则不类于凡人，昼无所作，夕无所休。作非吾作也，作有物；休非吾休也，休有物。作耶休耶，二者离而不存。予之所存者，终不亡且离也。人之不力于道者，昏不思也。天地之间，万物生焉。人之于万物，一物也。其所以异于禽兽虫鱼者，岂非道德之性乎哉？”案老子说：“圣人处无为之事，行不言之教，万物作焉而不辞。”陆师农注说：“万物之息，与之入而不逆；万物之作，与之出而不辞。”这就是“作乎作者，与万物皆作；休乎休者，与万物皆休”之意。圣人处无为之事，行不言之教，所以“昼无所作，夕无所休。作非吾作也，作有物；休非吾休也，休有物”。一任自然，无为而无不为。不过“作”与

① 他解《中庸》和别人不同，他说：“彼以事解，我以心通。”非有禅学的功夫，哪能做到“心通”的一步。

"休"二者离而不存。所以老子说："化而欲作，吾将镇之以无名之朴。"如果以"无名之朴"镇之，那就"化而欲作"者，其作也不作，其休也不休，自然"终不亡且离"了。庄子说："天地与我并生，万物与我为一。"可见"人之于万物，一物也"；既是人物一体，自然休作与共，又哪会"亡且离"呢？这便是《复性书（下）》趋重于老、庄的精神之处。不过他又是个儒表道里的人，因此又提出所以异于禽兽虫鱼的"道德之性"。

总观他的《复性书》上中下三篇，都着重在复性，不过说法不同。因为《中庸》提出一个"率性""尽性"的道理，禅宗又提出一个"明心见性"的道理，道家又提出一个"致虚极，守静笃"的道理，他把三种思想，糅而为一，所以结果弄出许多破绽。他想把"复性"的范围放大些，要叫人人知道宇宙万物都是走的"复性"的一条路，所以第三篇提出"作非吾作，休非吾休"的道理。老子说："万物并作，吾以观复。夫物芸芸，各复归其根。归根曰静，是曰复命。"庄子说："缮性于俗学以求复其初。"又说："危然处其所而反其性。"所谓归根复命，所谓复初反性，便是他《复性书》中的神髓。所以说他的思想的结论，仍不出老、庄的范围。

总之：他的工作，不是儒表佛里，就是儒表道里，宋、明人的理学，完全是由他开端。

第六章　理学时代

一、儒家的一大转变：理学的发生

在本编第一章中曾说过：儒家思想简直支配中国人心二千余年；儒家的礼教，二千余年来，简直成为中国人行为的规范。但儒家本身却经过几次的转变[①]。而其中最显明的一大转变，就是从“说经义”谈“修齐治平”的儒家，转变为谈“理气心性”的儒家，即从经学变为理学。从下面所引用的三位理学家的话看来，便知道这个转变的方向是朝着哪里走。

朱熹说：“秦、汉以来，圣学不传，儒者唯知训诂章句之为事，而不知复求圣人之意，以明夫性命道德之归。”

张载说：“六经须著循环，能使昼夜不息，理会得六七年，则自无可得看。若义理则尽无穷，待自家长得一格，则又见得别。”

---

① 李石岑在他所著的《人生哲学》上说：“譬如孔子的面目，究竟是那一副面目，就很难得捉摸。董仲舒、何休一班人所看的孔子，就不是马融、郑玄一班人所看的孔子；马融、郑玄一班人所看的孔子，又不是韩愈、欧阳修一班人所看的孔子；韩愈、欧阳修一班人所看的孔子，又不是程颐、朱熹一班人所看的孔子；程颐、朱熹一班人所看的孔子，又不是陆九渊、王守仁一班人所看的孔子；陆九渊、王守仁一班人所看的孔子，又不是顾炎武、戴震一班人所看的孔子；顾炎武、戴震一班人所看的孔子，又不是廖平、康有为一班人所看的孔子；廖平、康有为一班人所看的孔子，又不是陈独秀、吴虞一班人所看的孔子。”李氏这几句话，正是儒家转变的历史。

程颐说："古之学者，先由经以识义理。盖始学时，尽是传授。后之学者，却须先识义理，方始看得经。盖不得传授之意云耳。"

所谓"性命道德"，所谓"义理"，便是理学家所走的方向。原来儒家立说，只看重人事方面，但自魏、晋、南北朝、隋、唐这长期间的佛、老之学猖披以来，便产生从佛、老学说去探究性命的一派，李翱的"儒表佛里""儒表道里"的《复性书》便是一例。他的《复性书》便是这个转变的渡桥；而宋、明人的"儒表佛里"与"儒表道里"却比李翱更进一步。现在我们分析理学的成分，依旧不外儒、道、佛三者。

第一，黄震的《黄氏日抄》说："本朝理学，虽至伊洛而精，实自三先生而始。"他所谓三先生，就是胡瑗、孙复、石介。他三人都以师道自任，讲明正学，以躬行实践为主，一变词章训诂之风，实宋、明理学的先导①。这便是宋、明理学所取于儒家的成分。

第二，朱震的《汉上易解》说："陈抟以《先天图》传种放，种放传穆修，穆修传李之才，之才传邵雍。放以《河图》《洛书》传李溉，李溉传许坚，许坚传范谔昌，谔昌传刘穆。修以《太极图》传周敦颐，敦颐传程颢、程颐。时张载讲学于程、邵之间。故雍著《皇极经世书》，穆陈天地五十有五之数，敦颐作《通书》，程颐述《易传》，载造《太和》《参两》等篇。"案陈抟为隐居华山的道士，而宋、明理学之所本，实源于陈抟。所以宋、明理学有取于道家（此系汉以后的道家，不是诸子的道家）的成分，便用不着说明了。

第三，空谷景隆的《尚直编》说："穆修又以所传《太极图》，授于

---

① 孙复与范仲淹书有云："专守王弼、韩康伯之说，而求于《大易》，吾未见其能尽于《大易》也。专守《左氏》、《公羊》、《穀梁》、杜、何、范氏之说，而求于《春秋》，吾未见其能尽于《春秋》也。专守毛苌、郑康成之说，而求于《诗》，吾未见其能尽于《诗》也。专守孔氏之说，而求于《书》，吾未见其能尽于《书》也。"似此，则讲经不遵传注，实倡自孙复。宋儒讲经不遵经注，进而又舍经而言心，所以程颢告神宗有云："先圣后圣，若合符节。非传圣人之道，传圣人之心也。非传圣人之心也，传己之心也。己之心无异圣人之心，广大无限，万善皆备。欲传圣人之道，扩充此心焉耳。"因此，就有所谓尽祧汉唐诸儒，而自以为直接孔门的心传。由是道统之说，始于昌黎，而成于宋儒。周、程、张、朱从此便直接孟子了。

濂溪周子。已而周子叩问东林聪（常聪）禅师《太极图》之深旨，东林为之委曲割论。周子广东林之语，而为《太极图》说。”又《居士分灯说》：“敦颐尝叹曰：‘吾此妙心，实启迪于黄龙（黄龙山慧南），发明于佛印（庐山归宗寺佛印）；然易理廓达，自非东林开遮拂拭，无由表里洞然。’”——此足以证明周敦颐所受禅宗的影响。弘孟的《纪闻》说：“濂一日与张子厚等同诣东林论性。聪曰：‘吾教中多言性，故曰性宗。所谓真如性、法性，性即理也。有理法界、事法界，理事交彻，理外无事，事必有理。’诸子沉吟未决。濂毅然出曰：‘性体冲漠，唯理而已。何疑耶?’横渠曰：‘东林性理之论，唯我茂叔能之。’”——观此则张载之学，也与敦颐同出东林门下。程颐作《明道行状》说：“明道泛滥于诸家，出入于释、老者几十年，返求诸六经，而后得之。”高攀龙说：“先儒唯明道先生看得禅书透，识得禅弊深。”——观此则程颢也和佛家有关。《归元直指集》说：“《嘉泰普灯录》云：‘程伊川……问道于灵源禅师，故伊川之作文注书，多取佛祖辞意。……或全用其语。’如《易传序》‘体用一源，显微无间’。”——观此则程颐与灵源的关系很深。至于朱熹之学，则出于大慧宗杲与道谦。《居士分灯录》说：“熹尝致书道谦曰：‘向蒙妙喜（大慧）开示。……但以狗子话时时提撕。愿投一语，警所不逮。’谦答曰：‘某二十年不能到无疑之地，后忽知非勇猛直前，便是一刀两段。把这一念提撕狗子话头，不要商量，不要穿凿，不要去知见，不要强承当。’熹于言下有省。并撰有《斋居诵经诗》。”后来道谦死时，朱祭以文，略曰：“……下从长者，问所当务，皆告之言，要须契悟。开悟之语，不出于禅，我于是时，则愿学焉。……始知平生，浪自苦辛，去道日远，无所问津。……师亦喜我，为说禅病；我亦感师，恨不速证。”——观此则朱熹所受大慧、道谦的影响很大。陆九渊说：“某虽不曾看释藏经教，然于《楞严》《圆觉》《维摩》等经则尝见之。”王守仁说：“因求诸老、释，欣然有会于心，以为圣人之学在此矣。”——观此则陆、王之学，又与禅宗有关。

总之，宋、明理学，表面上是些孔子、子思、孟子，骨子里却夹着老、佛。但他们既有得于老、佛，却为何又辟老辟佛呢？钟泰编《中国哲学史》对于这个问题解答得很好，现在抄录于下。他说：“或曰：诸儒既有得于二氏，而又辟佛辟老，何也？曰：是亦有故。不见朱子之言乎？朱子曰：‘道家有老、庄书，却不知看。尽为释氏窃而用之，却去仿效释氏经教之属。譬如巨室子弟，所有珍宝，悉为人所盗去，却去收拾破瓮破釜。’此非为道家言之，盖为儒者言之也。又不独朱子之心若是也，宋儒之心，盖莫不若是。彼始有见于佛、老之理，既反索之于六经，而亦得之。且又应有尽有，一无欠缺也。于是乃信自有家宝，而不必于他求。故其辟佛辟老，非以仇之，以为实无需乎尔。且释道与儒，言道则一，言用则殊矣。以中国尧、舜以来礼乐刑政之备，而欲其绝父子、黜君臣、群趋于髡发逃世之教，此必不能者也。是以取其意而弃其迹，斤斤于空实有无之辨。如曰：‘儒释言性异处，只是释言空，儒言实；释言无，儒言有。’曰：‘吾儒心虽虚，而理则实。若释氏则一向归空寂出了。’曰：‘禅学最害道。庄、老于义理，绝灭犹未尽。佛则人伦已坏，至禅则又从头将许多义理扫灭无余。’（并见《朱子语类》）此正宋儒善用佛、老之长，而无佛、老之弊。故明高景逸（攀龙）盛称：‘明道先生看得禅书透，识得禅弊真。’夫岂独明道一人哉？宋儒之辟佛辟老，盖大抵视此矣。岂与昌黎《原道》之空言攻讦，而欲火其书庐其居者同乎？”要之，钟氏所说的“以中国尧、舜以来礼乐刑政之备……斤斤于空实有无之辨”数语，才真正是宋儒辟佛、老的原因。

二、濂学——周敦颐

《宋史·周敦颐传》：“周敦颐，字茂叔，道州营道人。……著《太极图》，明天理之根源，究万物之终始。……又著《通书》四十篇，发明太极之蕴。……椽南安时，程珦……使二子颢、颐往受业焉。敦颐每令寻孔、颜乐处，所乐何事。二程之学，源流乎此矣。故颢之言曰：自再见周茂叔后，吟风弄月以归，有‘吾与点也’之意。”他的生平，大略如此。他的学说精髓，见于《太极图说》。其言曰：

“无极而为太极。太极动而生阳，动极而静，静而生阴，静极复动。一动一静，互为其根。分阴分阳，两仪立焉。阳变阴合，而生水、火、木、金、土。五气顺布，四时行焉。五行，一阴阳也；阴阳，一太极也；太极，本无极也。五行之生也，各一其性。无极之真，二五之精，妙合而凝，乾道成男，坤道成女。二气交感，化生万物。万物生生，而变化无穷焉。唯人也得其秀而最灵。形，既生矣。神，发知矣。五性感动，而善恶分，万事出矣。圣人定之以中正仁义，而主静（自注云：无欲故静）。立人极焉。故‘圣人与天地合其德，日月合其明，四时合其序，鬼神合其吉凶’。君子修之，吉。小人悖之，凶。故曰：‘立天之道，曰阴与阳；立地之道，曰柔与刚；立人之道，曰仁与义。’又曰：‘原始反终，故知死生之说。’大哉《易》也，斯其至矣。”

这就是周敦颐本于《易》而阐发的万物发生说。原来乾坤二卦，出自⚊⚋二爻；⚊⚋即是两种生殖器的象征。乾卦《彖辞》：“大哉乾元，万物资始。”坤卦《彖辞》：“至哉坤元，万物资生。”这就是说：⚊明资始；⚋明资生。《系辞下》：“男女构精，万物化生。……乾坤其《易》之门耶？乾，阳物也。坤，阴物也。”周子本于这个道理，所以说“二气交感，万物化生”。至于所谓“太极”，便是说人类万物，其始同一本原。

但是，周子在表面上是本于《周易》而立说，骨子里却包含着老、佛的精髓。第一，《易》只言太极而不言无极，无极之名出于老子（《老子》：知其白，守其黑，为天下式；为天下式，常德不忒，复归于无极）。这便是周子有取于老子之说的处所。第二，所谓“无极之真，二五之精，妙合而凝，乾道成男，坤道成女”，便是男女各一太极。所谓“二气交感，万物化生，万物生生，变化无穷”，便是万物各一太极。但他又说“五行一阴阳也，阴阳一太极也”，便是男女万物又共此一太极。所谓一物一太极，物物一太极。物物各具的太极，即物物共有的太极。这就是华严宗的事理无碍法界，盖万法即理，理即万法，事与理相融而无碍。他所谓“无极而太极”，便是空而不废于有；所谓“太极本无极”，便是有而不碍于空：这和天台宗的双提空有相似。他所谓“一动一静，互为其根”，便是禅宗静定之功①。这便是周子有取于佛说的处所。由此看来，他的工作，不也是和李翱一样，同为“儒表道里”或“儒表佛里”么？

三、洛学——程颢、程颐

《宋史·程颢传》：“程颢字伯淳。……自十五六时，与弟颐闻汝南周敦颐论学。遂厌科举之习，慨然有求道之志。泛滥于诸家，出入于老、释者几十年。返求诸六经，而后得之。……颢之死，士大夫识与不识，莫不哀伤焉。文彦博采众论，题其墓曰明道先生。”他的生平，大略如此。他的学说，见于《识仁篇》与《答张横渠先生定性书》。《识仁篇》说：

“学者须先识仁。仁者浑然与物同体。义、礼、智、信，皆仁也。识得此理，以诚敬存之而已。不须防检，不须穷索。若心懈则有防。心苟不懈，何防之有？理有未得，故须穷索。存久自明，安待穷索？此道与物无对，大不足以名之。天地之用，皆我之用。孟子言‘万物皆备于我，须反身而诚，乃为大乐’。若反身未诚，则犹是二物有对。以己合彼，终未有之，又安得乐？‘订顽’意思，乃备言此体。以此意存之，更有何事？必有事焉而勿正，心勿忘，勿助长。未尝致纤毫之力。此其存之之道。若存得，便合有得。盖良知良能，元不丧失。以昔日习心未除，却须存习此心，久则可夺旧习。此理至约，唯患不能守。既能体之

① 参看钟泰《中国哲学史》卷下第三编第9页。

而乐，亦不患不能守也。”

明道把仁看做浑然与物同体，把义、礼、智、性看做仁，又把仁看做与物无对、大不足以明之，这正合于孔子的仁是“统摄诸德完成人格之名”这种说法。他又把仁看做良知良能，而和孟子“万物皆备于我”的说法相同。他这样阐明圣人之道，所以伊川竟说他是孟子之后一个唯一的继道统的人物。但是，明道说仁，却得力于禅宗。所谓“仁者浑然与物同体”，便是心、佛、众生，三无差别。所谓“天地之用，皆我之用”，便是三界唯心，森罗万象，一法之所印。所谓“万物皆备于我，反身而诚”，便是若自悟者，不假外求。凡此都是他“出入于老、释者几十年”的结果。至于《定性书》，则更与禅宗言相符合，略曰：“所谓定者，动亦定，静亦定。无将迎，无内外。苟以外物为外，牵己而从之，是以己性为有内外也。且以性为随物于外，则当其在外时，何者为在内，是有意于绝外诱，而不知性之无外内也。既以内外为二本，则又乌可遽语定哉？……与其非外而是内，不若内外之两忘也。两忘则澄然无事矣。无事则定，定则明。明则尚何应物之为累哉？”

《宋史·程颐传》：“程颐字正叔。……于书无所不读。其学本于诚。以《大学》《论语》《孟子》《中庸》为标指，而达于六经。……平生诲人不倦，故学者出其门最多。……涪人祠颐于北岩，世称为伊川先生。”他的思想是理一元论，所以他说“理即是性”，又说：“心也，性也，天也，一理也。自理而言谓之天，自禀受而言谓之性，自存诸人而言谓之心。”他既着重于理，所以他又取《大学》的格物致知，而提出“穷理”之说，他说：“格，犹穷也；物，犹理也；犹曰：穷其理而已矣。穷其理，然后足以致知；不穷，则不能致也。”又说：“穷理即是格物，格物即是致知。”但穷理格物，并不专求于外，所以他又说：“观物理以察己。”“致知在格物，非由外铄我也，我固有之也。”明道、伊川之学，虽同出于周敦颐，但其间却有不同之处。明道谓“事有善恶皆天理”，伊川解释孔子所谓“性相近也，习相远也”两句话，则谓“此言气质之性，非言性之本也；若言其本，则性即是理，理无不善，孟子之言性善是也，何相近之有哉?”① 这就是因为明道之言杂有佛家言②，而伊川之说，却本于孟子。然观《归元直指集》所载，却又不能说伊川与佛家无关。

明道、伊川对于儒林的贡献，为表章《大学》与《中庸》。《大学》朱熹章句，首引程子之言，曰：“《大学》，孔氏之遗书，而初学入德之门也。于今可见古人为学次第者，独赖此篇之存，而《论语》《孟子》次之。学者必由是而学焉，则庶乎其不差矣。”《中庸》朱熹章句，也首引程子之言，曰：“不偏之谓中，不易之谓庸；中者，天下之正道；庸者，天下之定理。此篇乃孔门传授心法，子思恐其久而差也，故笔之于书，以授孟子。其书始言一理，中散为万事，末复合为一理。放之则弥六合，卷之则退藏于密：其味无穷，皆实学也。善读者，玩索而有得焉，则终身用之，有不能尽者矣。”自是以后，《中庸》《大学》，就成为儒者必读之书。然程子表章《中庸》《大学》，也有原因。盖佛家之说，不出心性；而儒书中言心性最多而足以与佛相抗者，则唯有此二书，所以表而出之，以见儒家并不弱于佛。宋儒辟佛而不觉出入于佛，便是这个道理。

四、关学——张载

《宋史·张载传》：“张载字子厚，长安人。少喜谈兵，至欲结客取洮西之地。年二十一，以书谒范仲淹。一见知其远器，乃警之曰：‘儒者自有名教可乐，何事于兵?’因劝读《中庸》。载读其书，犹以为未

① 伊川又说：“气有善不善，性则无不善也。人之所以不知善者，气昏而塞之耳。孟子所以养气者，养之至清明纯全，而昏塞之患去矣。”后来朱熹言心性，便得力于伊川。所以晦庵之学出于伊川。

② 明道又说：“心即性，性即心。”又：“天下善恶皆天理，谓之恶者非本恶，但或过不及便如此。”此与《大乘起信论》言“一心三大，三者用大，能生出一切世间出世间善恶因果故”相似。后来陆九渊倡心即理，或得力于此，所以有人说九渊之学出于明道。

足。又访诸释、老，累年，究极其说，知无所得，反而求之六经。尝坐虎皮，讲《易》京师，听从者甚众。一夕，二程至，与论《易》。次日，与人曰：‘比见二程深明《易》道，吾所弗及，汝辈可师之。’撤坐辍讲。与二程语道学之要，涣然自信，曰：‘吾道自足，何事旁求。’于是尽弃异学，淳如也。……载学古力行，为关中士人宗师。世称为横渠先生。著书号《正蒙》。又作《西铭》。”

横渠之学，“以《易》为宗，以《中庸》为体，以孔、孟为法”(《宋史》)。他的《正蒙》，就是本于《易》；他的《西铭》，则多本于《中庸》，而以孔、孟之仁为主。今分述如下：

（一）《正蒙》。《正蒙》里面的“太和”与“太虚”，便是《易》里面的“太极”。他说：“两不立，则一不可见；一不可见，则两之用息。”这里所谓“两”，即指阴阳而言，所谓“一”，即指太和而言；是阴阳虽二，合之则一；分之便叫做阴与阳，合之便叫做太和。他因此推广阴阳，以说一切。譬如言天地，就说：“天地变化，一端而已。”言人物，便说：“动物本诸天，植物本诸地。”言性，便说：“性其总合两也。”又：“形而后有气质之性，善反之，则天之性存焉。”言学，便说：“莫非天也。阳明胜则德性用，阴浊胜则物欲行，领恶而全好者，其必由学乎?”虽然，横渠之学，也有出于佛氏之处，譬如他说：“两不立则一不见，其究一而已。”便是差别即平等、现象即本体的道理。他虽有得于佛，却力辟佛，这原是宋儒一般的做法，并不仅横渠一人而已。

横渠之学，影响于程朱的，就是天地之性与气质之性。他命意在于要人家由气质之性，反到天地之性。所以他说：“形而后有气质之性，善反之，则天地之性存焉。故气质之性，君子有弗性者焉。”又说：“性于人无不善，系其善反与不善反而已。”既有气质之性，便要变化气质，所以他说：“人之刚柔缓急，有才有不才，气之偏也。天本参和不偏，养其气，反之本，而不偏，则尽性而天矣。”这种变化气质之说，影响程、朱不小，所以朱子说：“气质之说，起自张、程，极有功圣门，有补后学。”

（二）《西铭》。横渠著有《东铭》《西铭》[1]，《东铭》以戏言戏动过言过动为戒，不及《西铭》的精深博大，所以学者多言《西铭》而不及《东铭》。《西铭》说：“乾称父，坤称母。予兹藐焉，乃混然中处。故天地之塞，吾其体；天地之帅，吾其性。民吾同胞，物吾与也。大君者，吾父母宗子；其大臣，宗子之家相也。尊高年，所以长其长；慈孤弱，所以幼其幼。圣，其合德；贤，其秀也。凡天下疲癃残疾、茕独鳏寡，皆吾兄弟之颠连而无告者也。‘于时保之’，子之翼也；‘乐且不忧’，纯乎孝者也。违曰悖德，害仁曰贼，济恶者不才。其践形唯肖者也。知化则善述其事，穷神则善继其志。不愧屋漏为无忝，存心养性为匪懈。……富贵福泽，将厚吾之生也；贫贱忧戚，庸玉汝于成也。存，吾顺事；没，吾宁也。”这便是横渠言伦理的总要。程颐极推崇他这篇《西铭》，说道：“《西铭》明一理而分殊。”又：“订顽之言，极纯无杂，秦、汉以来，学者所未到，意极完备，乃仁之体也，以天地万物为一体，是求仁之学。”朱熹更推广其意而说道：“以天地之间，理一而已。然乾道成男，坤道成女，二气交感，化生万物；则其大小之分，亲疏之等，至于十百千万而不能齐也。……程子以为明理一而分殊，可谓一言以蔽之矣。盖以乾为父，以坤为母，有生之类，无物不然，所谓理一也。而人物之生，血脉之属，各亲其亲，各子其子，则其分亦安得而不殊哉？一统万殊，则虽天下一家，中国一人，而不流于兼爱之弊。万殊而一贯，则虽亲疏异情，贵贱异等，而不梏于为我之私。此《西铭》之大指也。”

除二程、周、张之外，当时尚有一位邵雍，和他们并称为理学五子。《宋史·邵雍传》：“邵雍字尧夫。其先范阳人。……雍年三十，游河南，葬其亲伊水上，遂为河南人。……北海李之才摄共城令，闻雍好学，尝造其庐，曰：‘子亦闻物理性命之学乎？’雍对曰：‘幸受教。’乃

① 横渠讲学关中，于学堂双牖，右书“订顽”，左书“砭愚”。伊川曰：“是起争端。”因改订顽曰西铭，改砭愚为东铭。

事之才，受《河图》《洛书》宓羲八卦六十四卦图像。之才之传，远有端绪。而雍探颐索隐，妙悟神契，洞彻蕴奥，汪洋浩博，多其所自得者，乃其学益老，德益劭。玩心高明，以观夫天地之运化，阴阳之消长。远而古今世变，微而走飞草木之性情，深造曲畅。……遂衍宓羲先天之旨，著书十余万言行于世，然世之知其道者鲜矣。……所著书曰《皇极经世观》《物内外篇》《渔樵问对》。诗曰《伊川击壤集》。”尧夫虽为理学五子之一，然因他独以图书象数之学闻名，且“《易》本明白简易，而康节（尧夫卒谥康节）装凑安排，昧于大道”（见黄宗炎的《先天卦图辨略》）。所以本节仅述其生平，至于他的学说，则存而不论。

五、闽学——朱熹

《宋史·朱熹传》：“朱熹字元晦，一字仲晦。徽州婺源人。……父松病亟，尝属熹曰：‘籍溪胡原仲、白水刘致中、屏山刘彦冲（原仲、致中之学出自程门，彦冲之学，不知所自出，或亦私淑二程者）三人，学有渊源，吾所敬畏。吾即死，汝唯事之，而唯其言之听。’三人谓胡宪、刘勉之、刘子翚也。故熹之学，既博求之经传，复遍交当世有识之士。延平李侗，老矣，尝学于罗从彦（李侗之学，亦出自程门）。熹归自同安，不远数百里，徒步往从之。其为学，大抵穷理以致其知，反躬以践其实，而以居敬为主。尝谓‘圣贤道统之传，散在方策，圣经之旨不明，而道统之传始晦。’于是竭其精力，以研穷圣贤之经传。所著书有：《易本义》《启蒙》《蓍卦考误》《诗集传》《大学中庸章句》《或问》《论语孟子集注》《太极图通书西铭解》《楚辞集注辩证》《韩文考异》。所编次有：《论孟集义》《孟子指要》《中庸辑略》《孝经刊误》《小学书》《通鉴纲目》《宋名臣言行录》《家礼》《近思录》《河南程氏遗书》《伊洛渊源录》。皆行于世。熹没，朝廷以其《大学》《论语》《孟子》《中庸》训说，立于学官。又有《仪礼经传通解》，未脱稿，亦在学官。平生为文，凡一百卷。生徒问答，凡八十卷，别录十卷。”① 朱熹在理学中的地位最高，他是集理学之大成的人，以下把朱子之学分作三项来说：

（一）居敬穷理。前面说过，朱熹和大慧宗杲很有关系，大慧的教旨，就是先慧而后定。《朱熹传》又说：“其为学，大抵穷理以致其知，反躬以践其实，而以居敬为主。”所谓穷理与居敬，就是慧与定的工夫。他阐发先慧后定的道理道：“所谓致知在格物者，言欲致吾之知，在即物而穷其理也。盖人心之灵，莫不有知，而天下之物，莫不有理。唯于理有未穷，故于知有未尽也。是以大学始教，必使学者即凡天下之物，莫不因其已知之理而益穷之，以求至乎其极；至于用力之久，而一旦豁然贯通焉，则众物之表里精粗无不到，而吾心之全体大用无不明。此谓物格，此谓知之至也。”依他这个说法，便是把格物解在穷理，而主张致知在格物。他这种格物，完全本着伊川“今日格一件，明日又格一件”的精神，和近代科学上的归纳法很相似。但是，穷理（即格物）只是属于知的一面，至于行的一面，他却提出一“居敬”，这种行知并提，也是本于伊川“涵养须用敬，进学则在致知”的精神。朱子说：“学者工夫，唯在居敬穷理二事。此二事互相发：能穷理则居敬工夫日益进，能居敬则穷理工夫日益密。譬如人之两足，左足行则右足止，右足行则左足止。……其实只是一事。”不过因为他主张先慧后定，所以他虽穷理与居敬并提，却依旧着重穷理，他说：“而今人只管说治心修身。若不见这个理，心是如何地治，身是如何地修。若如此说，资质好的，便养得成只是个无能的人；资质不好，便都执缚不住了。”又说：“万事皆在穷理后。经不正，理不明，看如何地持守，也只是空。”而穷理之要，又在于读书，所以他又说：“为学之道，莫先于穷理；穷理之要，必在于读书。欲穷天下之理，而不即经训史册以求之，则是正墙面而立尔。此穷理所以必在乎读书也。”

---

① 朱子在崇安时，把厅堂题为紫阳书堂。又建草堂于建阳的云谷，叫做晦庵。自号晦翁。晚年又卜筑于建阳考亭。所以学者或称他为紫阳、晦庵、考亭。

（二）理气。理气之说，出于伊川，至朱子，而其说益密。他以为理与气是有区别的，所以他说："天地之间，有理有气。理也者，形而上之道也，生物之本也。气也者，形而下之器也，生物之具也。是以人物之生，必禀此理，然后有性；必禀此气，然后有形。"理与气既有分别，则理与气孰先孰后的问题就发生了，而他却认为理先于气，所以说："未有天地之先，毕竟也只是此理。有此理，便有此天地。若无此理，便亦无天地。无人无物，都无该载了。有理便有气流行，发育万物。"理虽先于气，然理与气未尝相离，所以说："有是理便有是气。"又说："理未尝离乎气。"他所谓理，就是周敦颐所谓太极，所以说："太极只是天地万物之理。在天地言，则天地中有太极。在万物言，则万物中各有太极。未有天地之先，毕竟是先有此理。动而生阳，亦只是理。静而生阴，亦只是理。"又说："太极只是一个理字。"他所谓气，就是指阴阳而言，所以说："阴阳是气，五行是质。有这质，所以做得物事出来。五行虽是质，他又有五行之气，做这物事方得。然却是阴阳二气，截做这五个；不是阴阳外别有五行。"天地之始，也只是由这阴阳之气而来，所以说："天地初开，只是阴阳之气。这一个气运行，磨来磨去，磨得急了，便拶许多渣滓。里面无处出，便结成个地在中央。气之清者，便为天，为日月，为星辰；只在外常周环运动。地便只在中央不动，不是在下。"人物之始，也只是由这阴阳之气而来，所以说："昼夜运行而无止，便是阴阳之两端。其四边散出纷扰者，便是游气；以生人物之万殊如面磨相似。其四边只管层层散出，如天地之气，运动无已，只管层层生出人物。其中有精有细，如人物有偏有正。"万物由太极而生，已如上述。现在再考究朱子所论太极与万物的关系。他说："人人有一太极，物物有一太极。合而言之，万物体统一太极也。分而言之，一物各具一太极。"这就是说：物物同由此太极生，物物同分得此理，一即万，万即一，故万物各具一太极。此正合于佛氏圆融无碍之旨，所以朱子又设譬以明此种道理，其言曰："如一海水，或取得一勺，或取得一担，或取得一碗，都是这海水。”又：“本只是一太极而万物各有禀受，又各自全具一太极尔。如月在天，只一而已；及散在江湖，则随处而见，不可谓月分也。”

（三）性说。朱子言性，本于伊川横渠，分天地之性与气质之性。他说：“有天地之性，有气质之性。天地之性，则太极本然之妙，万殊之一本也。气质之性，则二气交运而生，一本而万殊者也。”又说：“天地间只是一个道理。性便是理。人之所以有善有不善，只缘气质之禀，各有清浊。”他这种说法，固属本于伊川横渠，但是和他的理气说也是一贯的。并且他言性，要比伊川横渠为精到，如他所谓“论天地之性，则专指理言。论气质之性，则以理与气杂而言之。未有此气，已有此性。气有不存，而性却常在。虽其方在气中；然气自是气，性自是性，亦不相夹杂。至论其遍体于物，无处不在；则又不论气之精粗，莫不有是理”，即其言性独到之处。性既说明，他进而说明性、情、心三者，他说：“性以理言，情乃发用处，心则管摄性情者也。”更进而用譬喻以明心、性、情、欲，他说：“心，譬水也；性，水之理也；性则水之静，情则水之动，欲则水之流而至于泛滥者也。”唯其如此，所以才有天理人欲之说，才主张克去人欲之私，以彰天理之公。

总观以上所述，便可知朱子虽多因袭而无发明，然他集诸说的大成，替理学树立一个体系，却是他在理学界中所独占的地位。

六、象山学——陆九渊

《宋史·陆九渊传》：“陆九渊字子静。……至行在，士争从之游。言论感发，闻而兴起者甚众。教人不用学规，有小过，言中其情，或至流汗。……还乡，学者辐凑。每开讲习，户外屦满，耆老扶杖观听。自号象山翁，学者称象山先生。……或劝九渊著书。曰：‘六经注我，我注六经。’又曰：‘学苟知道，六经皆我注脚。’”

象山之学，和朱子不同。朱子的工夫，是先慧后定；象山之学，却是先定后慧。唯其如此，所以李石岑说朱子受了看话禅的影响，象山受了默照禅的影响。象山既不言理气之别，又不讲天理人欲的差异。论到心、性、情、欲的关系，他差不多看作是一件东西。所以伊川说"性即理也"。他就说"心即理"；横渠说："天地之塞，吾其体；天地之帅，吾其性。"他就说："宇宙即是吾心，吾心即是宇宙。"总而言之，他拿定这个"心"，认为此心此理，乃是充满宇宙的东西，"万物之所以序，彝伦之所以立"，都是由于此心此理。所以说："此理在宇宙间，未尝隐遁，天地之所以为天地者，顺此理而无私焉耳。人与天地并立而为三极，安得自私而不顺此理哉?"此理此心，虽充塞宇宙间，却只有一理，所以说："心，一理也；理，一理也。至当归一，精义无二。此心此理，实不容有二。"又："东海有圣人出焉，此心同也，此理同也；至西海、南海、北海有圣人出，亦莫不然。千百世之上有圣人出焉，此心同也，此理同也；至于千百世之下，有圣人出，此心此理，亦无不同也。"此心此理既无二致，所以做人就只以明理为要，用不着外求，故曰："此理本天所以与我，非由外铄我。明得此理，即是主宰。真能为主，则外物不能移，邪说不能惑。"又："汝耳自聪，目自明，事父自能孝，事兄自能弟，本无欠缺，不必他求，在乎自立而已。"这就是说：以一心为主，而此心即在于我，非自外有所增加，凡格物致知，都是发明我心以内的事，所以说："格物者，格此者也。伏羲仰象俯法，亦先于此尽力焉耳。不然，所谓格物，末而已矣。"这里所谓此，都是指心而言，所以有人说象山之学是心学，是禅学。但是，象山依然是儒表佛里，观其言"心即理也"一语，即知其言心则佛，言理则儒。

由上所述，则知格物亦只是格心，因此，读书著书，就不是象山教人为学之方了，所以他说："学苟知道，六经皆我注脚。"又："吾之学问与诸处异者，只是在我，全无杜撰；虽千言万语，只是觉得他底在我，不曾添一些。近有议吾者，云：'除了先生立乎其大者一句无伎俩。’吾闻之曰：‘诚然’”；又：“自立自重，不可随人脚跟，学人言语。”他这种方法，固然是以直指本心为教，有类于禅宗，但他亦未尝教人不读书（“束书不观，游谈无根”二句，即其明证）。不过此心此理不明，读书不得，所以他又说：“学者须是打叠田地净洁。田地不净洁，若读书，则是假寇兵赍盗粮。”

总上所述，可知象山之学，纯以一心为主，而朱、陆异同，也可从此窥见。要之，朱主先慧而后定，重学问思辨，即物穷理；陆主先定而后慧，尚简易直截，言心即理；故一主经验，一主直觉；一主归纳，一主演绎：便是他二人的不同之处。

七、阳明学——王守仁

黄宗羲《明儒学案·王守仁传》：“王守仁字伯安，学者称为阳明先生。余姚人也。……先生之学，始泛滥于词章，继而遍读考亭之书，循序格物。顾物理吾心，终判为二，无所得入，于是出入于佛、老者久之。及至居夷处困，动心忍性，因念圣人处此，更有何道。忽悟格物致知之旨，圣人之道，吾性自足，不假外求。其学凡三变而始得其门。自此之后，尽去枝叶，一意本原，以默坐澄心为学的，有未发之中，始能有发而中节之和。道德言动，大率以收敛为主，发散是不得已。（学成以后第一变）江右之后，专提致良知三字，默不假坐，心不待澄，不习不虑，出之自有天则。盖良知即是未发之中，此知之前，更无未发；良知即是中节之和，此知之后，更无已发。此知自能收敛，不须更主于收敛；此知即能发散，不须更期于发散。收敛者，感之体，静而动也；发散者，寂之用，动而静也。知之真切笃实处，即是行；行之明觉精察处，即是知：无有二也。（学成以后第二变）居越以后，所操益熟，所得益化。时时知是知非，时时无是无非，开口即得本心，更无假借凑泊。如赤日当空，而万众毕照。（学成以后第三变）——是学成之后，有此三变也。”案阳明之学，出于象山①，而其受禅宗的影响，更较象山为甚；他如伊川、晦庵，亦与阳明以不小的影响。以下就其心即理、知行合一、致良知三者分述之，并指摘其学之所自出。

（一）心即理。心即理之说，本出于象山，然阳明比象山更说得精到。他说：“身之主宰便是心；心之所发便是意；意之本体便是知；意之所在便是物。……所以某说无心外之理，无心外之物。”又说：“夫物理不外于吾心；外吾心而求物理，无物理矣；遗物理而求吾心，吾心又何物耶？心之体，性也，性即理也。……外心以求理，此知行之所以二也。求理于吾心，此圣门知行合一之义。”他这种“心即理”“性即理”，便是他讲致良知讲知行合一的根据。

（二）知行合一。阳明的知行合一，颇受伊川、晦庵的影响。伊川说：“知之深则行之必至。无有知之而不能行者，知而不能行，只是知得浅。饥而不食乌喙，人不蹈水火，只是知，人为不善，只是不知。”又：“未有知之而不能行者；谓知之而未能行，是知之未至也。”晦庵也说：“知行常相须。如目无足不行，足无目不见。”由此可知伊川、晦庵也曾说过知行不可分的话，不过阳明所说的知行合一，其根据全在“心即理”一语上，所以和伊川、晦庵不同（见上条所引“外心以求理，此知行之所以二也……”一段）。

阳明既本于心即理去说知行合一，所以他说：“知之真切笃实处，便是行。行之明觉精察处，便是知。若知时，其心不能真切笃实，则其知便不能明觉精察。不是知之时，只要明觉精察，更不要真切笃实也。行之时，其心不能明觉精察，则其行便不能真切笃实。不是行之时，只要真切笃实，更不要明觉精察也。”又：“如好好色。如恶恶臭。见好色属知，好好色属行。只见那好色时已自好了，不是见了后又立个心去

① 自元以来，朱学盛而陆学微，阳明力倡陆学，至有“晦翁与象山为学，若有不同，要皆不失为圣人之徒。今晦庵之学，既已彰明于天下；而象山犹蒙无实之诬，莫有为之一洗”之语。

好。闻恶臭属知，恶恶臭属行。只闻那恶臭时已自恶了，不是闻了后别立个心去恶。如鼻塞人虽见恶臭在前，鼻中不曾闻得，便亦不甚恶，亦只是不曾知臭。就如称某人知孝，某人知弟，必是其人已曾行孝行悌，方可称他知孝知悌，不成只是晓得说些孝悌的话，便可称为知孝悌。又如知痛，必自已痛了，方知痛；知寒必已自寒了；知饥必已自饥了。”又：“知是行的主意，行是知的工夫。知是行之始，行是知之成。若会得时，只说一个知，已自有行在。只说一个行，已自有知在。今人却将知行分作两件去做，以为必先知之，然后能行；我如今只去讲习讨论，做知的工夫；待知得真了，方去做行的工夫。故遂终身不行，亦遂终身不知。此不是小病痛，其来已非一日矣。某今说个知行合一，正是对病的药。”他这种知行合一的思想，后来流传到日本，强烈冲动了日本的思想界。

（三）致良知[①]。阳明年五十时，始以致良知三字教人。他说：“某于良知之说，从百死千难中得来，非是容易见得到此，此本是学者究竟话头。”观此，可以知致良知说之重要。他所谓致良知，与他的知行合一说是一贯的，所以他说：“知其为善，致其知为善之知，而必为之，则知至矣。知其为不善，致其知为不善之知，而必不为之，则知至矣。知犹水也，决而行之，无有不就下者。决而行之者，致知之谓也。此吾所谓知行合一者也。”他所谓良知，是人人所固有的，所以他说：“良知之在人心，无间于圣愚，天下古今之所同也。”又：“良知之在人心，亘万古塞宇宙而无不同。”又：“良知良能，愚夫愚妇与圣人同。”但是，到底什么是良知呢？阳明解释良知最明白的处所，莫过于以下一段。他说：“不思善，不思恶，认本来面目。此佛氏为未识本来面目者，设此方便。本来面目，即吾圣门所谓良知。”观此可知良知实和佛氏之所谓觉性者相近。虽然，阳明所谓良知，实百行的标准，而非佛氏的谈空说

① 致知见于《大学》，而不言良知。良知见于《孟子》，而不言致知。阳明兼而取之，遂有致良知之说。

寂可比，所以他又说："夫良知之于节目时变。犹规矩尺度之于方圆长短也。"阳明这种儒表佛里，正与象山相似。

总观以上所述，便可以知道阳明学的大概①。但阳明学既与象山同一系统，则象山与晦庵异，阳明亦自有与晦庵不同之处。案晦庵以为性即理，而阳明以为心即理，即是二氏立脚点的不同。立脚点不同，故由此立脚点出发的学说也随之不同。要之，晦庵主心外求理，故尽心知性，重见闻，而归于先知后行；阳明主心内求理，故明心见性，不重见闻，而归于知行合一。虽然，存天理去人欲之说，则阳明亦正同于晦庵②。

以上所述，不过列举理学中几个主要代表的思想。其实，在北宋时尚有杨时、谢良佐、游酢、吕大临谓之程门四杰。四杰之外，如胡正峰、李延平、张南轩，也都是程门后起之秀。而延平之学，更为朱熹之学之所从出。他如朱熹门人，则有蔡西山、蔡九峰、黄勉斋、陈北溪。九渊门人，则有杨简、舒璘、袁燮、沈燮，谓之甬上四先生。至于魏了翁、真西山二人，却是私淑朱学的。到了元代，传朱学者则有赵复、许衡、刘因诸人；传陆学者，则有陈范、赵偕诸人。而吴澄、郑玉之流，则属于朱、陆调和派。明初，吴与弼、薛瑄诸人，都恪守紫阳家法；至陈献章（白沙）出，始启静养之端，自立门户。及阳明嗣陆而倡心学，由是王学遍天下，而程、朱与陆、王遂为理学中的二大派。当时属王学一派者，有王畿、王艮、邹守谦、杨东明、罗洪先诸人。王学到了末流，便不守礼教，放浪形骸，以为"满街皆是圣人"，"酒色财气，不碍菩提路"。明末，刘宗周（念台）以慎独为宗，认为致知、格物、正心及修齐治平，都是慎独，而王学之风一变。以上所述，便是宋、元、明三代理学的大概。理学在中国学术思想史上，别开生面，要知道它的详细，可参看黄宗羲的《宋元明学案》。

---

① 要深究阳明思想，最好看阳明门人钱德洪所编的《传习录》。

② 阳明说："学者学圣人，不过是去人欲而存天理。"

总之，所谓理学，不问是宋儒的言性即理，或明儒的言心即理，都无不是援释入儒，或援儒入释，表面上虽承接孔、孟的道统，实质上，所谓理学，却已另成一个体系，而绝不是孔、孟的真面目。我们研究理学，首先便应注意此点。至于既援释入儒或援儒入释而又力排释者，其原因固如钟泰氏所云（见前），然而孔、孟重日用人伦，释家主空寂，却是他们排佛的重要原因。

最后还有一点要陈述的，就是当朱、陆之学盛行的时候，有浙东永康永嘉学派；当王学遍天下的时候，便有高攀龙、顾宪成一派。永康学派的代表为陈亮（同甫），永嘉学派的代表为叶适（水心），要皆与吕祖谦之学相表里，而以事功为主。高、顾排王学而倡气节，议论国政，主持清议。盖永嘉、永康学派言事功，为理学末流“剽正心诚意为浮谈而视治国平天下为末务”之反动，南宋外患的频仍，实为促成此派的主因；顾、高论国政倡气节，为王学末流尚空谈轻礼教之一反动，而当时朝政腐败，又实为促成此派的主因。

第七章 考据学（汉学）时代

一、清代考据学特盛的原因

清代学术，可以叫做考据学时代。但清初学派，真能代表考据学的启蒙运动者，却只有顾炎武、胡渭、阎若璩诸人；他如颜元一派，则重在躬行实践；黄宗羲一派，则以史学为根据，而推之于当时之务；王锡阐、梅文鼎一派，则专治天算；王夫之一派，则在于复兴关学，而力排阳明学，都不能列为考据学派。不过因为颜元、黄宗羲、王夫之三人，在明末清初学术思想转变的当儿，也和顾炎武一样，占有重要的地位，所以本章有一节专讲这四位学者。而由黄宗羲一派所衍成的史学，以及王、梅的天算，则留到以后再讲。至于嘉庆以后的今文学，则因其与光绪时的维新运动有关，所以也留到以后再讲。“开场白”道过了，再来说清代考据学特盛的原因。

章炳麟《訄书》中的《清儒》有云：“清世理学之言，竭而无余华；多忌，故诗歌文学楛；愚民，故经世先王之志衰；家有智慧，大凑于说经，亦以纾死，而其学近工眇踔善矣。”这寥寥数语，竟道破了清代考据学特盛的原因。现在总括起来，其特盛的主因，要之不外以下三端：

第一，王学的反动。王学末流，专尚浮谈不务实学，故其反动为实事求是；当时学者，且以亡国之罪归之王学。顾炎武说：“刘石乱华，本于清谈之流祸，人人知之。孰知今日清谈，有甚于前代者。昔之清谈谈老、庄，今之清谈谈孔、孟。未得其精而已遗其粗，未究其本而先辞其末。不习六艺之文，不考百王之典，不综当代之务。举夫子论学论政之大端，一切不问，而曰一贯，曰无言。以明心见性之空言，代修己治人之实学。股肱惰而万事荒，爪牙亡而四国乱。昔王衍妙善玄言，自比子贡。及为石勒所杀，将死，顾而言曰：'吾曹虽不如古人，向若不祖向浮虚，勠力以匡天下，犹可不至今日。'今之君子，得不有愧乎其言。"又："以一人而易天下，其流风至于百有余年之久者，古有之矣：王夷甫之清谈，王介甫之新说。其在于今，则王伯安之良知是也。孟子曰：'天下之生久矣，一治一乱，'拨乱世、反诸正，岂不在后贤乎?"（以上《日知录》）又："今之君子，聚宾客门人数十百人……而一皆与之言心言性；舍多学而识以求一贯之方，置四海之困穷不言而讲危微精一之说……我弗敢知也。"（《亭林文集·答友人论学书》）他这样力排王学提倡实学，便为清代学术界别开一条出路。虽然，力排王学，却还不曾伤及程、朱。所以炎武一方面说，"古今安得别有所谓理学者，经学即理学也；自有舍经学以言理学者，而邪说以起"（全祖望《亭林先生神道表引》）；他方面却说，"由朱子之言，以达乎圣人下学之旨"（《亭林文集·下学指南序》）。他如黄宗羲则始终不非王学，不过纠正其末流的空疏罢了；王夫之虽黜王学，却宗宋学，而好言名理。唯颜元一人，直攻程、朱，其言曰："予昔尚有将就程、朱，附之圣门支派之意；自入南游，见人人禅子，家家虚文，直与孔门敌对。必破一分程、朱，始入一分孔、孟。乃定以为孔、孟与程、朱判然两途，不愿作道统中乡愿矣。"（李塨著《颜习斋先生年谱》卷下）至惠士奇、惠栋、戴震出，始专于训诂之学。戴震以为，"由文字以通乎语言，由语言以通乎古圣贤之心志，譬之适堂坛之必循其阶，而不可以躐等"（《东原集·古经解钩沉序》）。于是又说："故训明则古经明，古经明则贤人圣人之理义明。歧故训理义二之，是故训非以明理义，而故训胡为？理义不存乎典章制度，势必流入异学曲说而不自知。”（《东原集·题惠定宇先生授经图》）至是考据学（即所谓汉学）的阵营始整，而夺了宋明学的地位。

第二，属于政治者。明季朝政腐败，宦官当权，当时有志之士，如顾宪成等，都结党以议朝政，且与宦官敌对，卒之酿成党祸。这一班有志之士，虽未得君行道，可是由他们所养成的尚气节持正谊的风气，却弥漫于一般士子的头脑中。鼎革时为这种风气所熏染而抱有家国之痛的学者，便有意来匡复明室；但累次的复明运动都归失败，清室的江山已安如磐石，在这种情况之下，就只好干些实事求是的学问，以备日后的应用。所以顾、黄、王、颜这四位学者以及其他许多有志之士，都带有学以致用的色彩。当时王学的空浮，自然担不起这个重负，而要想谋社会的改革，树立一个合理的社会，又自非寻根究底地去研究从来一切典章制度的得失不可。这样一来，许多学者自然就并力于考古之一途，而精神所注，便不知不觉地集中在传世久远的经书上面。研究从来一切典章制度的得失，既只有集中经书，便要把经书还它一个本来面目。所以最初反对王学的空浮，继而又攻击程、朱的说经，而抬出去古不远的汉儒以压倒传统已久的宋儒，汉学的招牌，就由此树立起来了（后来的今文家，更进一步而复先秦之古，关于此点，留到以后再讲）。不过因为清廷累兴文字之狱，法网日密，却使学者不能不由经世致用之学而日趋于狭义的考据之学。

第三，属于经济者。自后三藩平定以后，康、雍、乾对于蒙古、准（噶尔）部、西藏等边地虽累累用兵，但中国本部，却久已平定无事。这个平静的期间，有一百多年，生产的增加，已经超过明末清初之上，随而国库的储蓄也日益增加。在这个期间，清廷开了几次博学鸿词科，来罗致一班逸民，借以消灭反清的恶感。所以康熙时虽有吕留良、黄宗羲、顾炎武、魏禧诸人立志不就，但毛奇龄、尤侗、汤斌一班人却已纷纷入彀。雍正时编辑《古今图书集成》时，也罗致很多的学者。乾隆时，除开博学鸿词科外，又开四库全书馆，当时参与校勘的人，除总纂官纪昀外，还有朱筠、戴震、王念孙一班积学之士。在这种情况之下，反清的恶感，自然会渐次地消失下去，而原来经世致用的治学精神，就必然地一变而专于考据之学了。

二、清初四大学者

章炳麟说："清世理学之言，竭而无余华。"所以清初代表陆、王派的虽有李中孚、李绂，代表程、朱派的虽有陆世仪、陆陇其，调和陆、王与程、朱的虽有孙奇逢，但他们说来说去，都无非出自剽窃，在学术思想上，没有重要的地位。真能在思想界占有地位的，便只有顾炎武、黄宗羲、王夫之、颜元四人。他四人的思想，都是王学的反动，不过其反动所走的方向各各不同：顾、王黜明存宋，而顾尊考证，王好名理；黄氏始终不非王学，而只是纠正王学末流的浮虚；唯有颜元一人，则不但攻击陆、王、程、朱，而且鄙薄考据之学，在四人中特出。今分述四人思想的大概如下：

（一）顾炎武。顾炎武字宁人，又号亭林，江苏昆山人。国变时，他母亲不食而卒，教他不得事二姓。他与同志举义兵不成以后，就刻厉为学，漫游南北，关塞险阻之处无不至。康熙时，诏征鸿博之士，他预告诸门人在京为之辞曰："刀绳具在，勿速我死。"所著有《左传杜解补正》《音学五书》《日知录》《天下郡国利病书》《文集》《诗集》等，而《日知录》尤为一生经意之作。顾氏之学，为王学的反动，前已言之，所以顾氏治学的精神，亦从力排当时骛高无实之病而来，而以致用为鹄的，其言曰："愚所谓于圣人之道者如之何？曰：博学于文，行己有耻。自一身以至于天下国家，皆学之事也；自子臣弟友以至出入往来辞受取与之间，皆有耻之事也。耻之于人大矣！不耻恶衣恶食，而耻匹夫匹妇之不被其泽。故曰：万物皆被于我矣，反身而诚。呜呼！士而不先言耻，则为无本之人。非好古而多闻，则为空虚之学。以无本之人而讲空虚之学，吾见其日从事于圣人而去之弥远也。”（《答友人论学书》）又：“孔子删述六经，即伊尹、太公救民水火之心，故曰：‘载诸空言，不如见诸行事。’……愚不揣有见于此，凡文之不关于六经之指当世之务者，一切不为。”（《亭林文集·与人书二》）虽然，顾氏高揭“经学即理学”的旗帜，而能为一代宗师者，却在于他的治学方法。他的治学方法，约有二端：①贵创。他说：“有明一代之人，其所著书，无非盗窃而已。”又论著书之难：“必古人所未及就，后世之所不可无，而后为之。”（以上《日知录》）其不蹈袭古人而贵创造，由此可见。②博证。《四库全书日知录提要》云：“炎武学有本原，博赡而能贯通，每一事必详其始末，参以证佐，而后笔之于书，故引据浩繁，而抵牾者少。”又全祖望说：“凡先生之游，载书自随，所至厄塞，即呼老兵退卒询其曲折，或与平日所闻相合，即发书而对勘之。”（《亭林先生神道表》）这就是他所用的治学方法，乾、嘉以还，固为学者所共习，然其创始则不能不归于炎武。总之，炎武高揭“经学即理学”的旗帜，采用博证的方法，而以致用为鹄的，实为一代考据学的辟祖。

（二）黄宗羲。黄宗羲字太冲，号梨洲，又号南雷，浙江余姚人。明亡，鲁王立于绍兴，他纠合里中子弟数百人走从鲁王，号世忠营。又赴日本求援。事不成，而鲁王亦覆。但他复明之志仍旧，东奔西走，和故将遗臣相要结，希望有所成就。天下平定，他知事不可为，便返里一意从事著述。后清室屡征，都力拒未就。所著有《明儒学案》，为中国有学术史之始。又有《易象数论》《明史案》《明夷待访录》《律吕新义》《南雷文定》等。又与子百家辑《宋元儒学案》，未完编，后为全祖望所完成。宗羲之学，出于刘宗周，不外阳明良知一派，然平生得力处，却在经史，所以他说：“明人讲学，袭语录之糟粕，不以六经为根柢。”又：“读书不多，无以证斯理之变化。多而不求诸心，则为俗学。”清初诸儒，多讲经世之务，即学问所以致用，宗羲得力于史，故于《明夷待访录》中所作《原君》与《原法》，更能道破君主制度的罪恶，而能言人之所不敢言。《原君》说："后之为人君者不然。以为天下利害之权，皆出于我。我以天下之利尽归诸己，以天下之害尽归于人，亦无不可。使天下之人，不敢自私，不敢自利，以我之大私为天下之大公。……视天下为莫大之产业，传之子孙，受享无穷。……此无他，古者以天下为主，君为客。凡君之所毕世而经营者，为天下也。今也以君为主，天下为客。凡天下之无地而得安宁者，为君也。…… 然则为天下之大害者，君而已矣。……今也天下之人怨恶其君，视之如寇仇，名之为独夫，固其所也。而小儒规规焉以君臣之义无所逃于天地之间，至桀、纣之暴，犹谓汤、武不当诛之……岂天地之大，于兆人万姓之中独私其一人一姓乎？"《原法》说："后之人主，既得天下，唯恐其祚命之不长也，子孙之不能保有也，思患于未然，以为之法。然则其所谓法者，一家之法，而非天下之法也。……三代之法，藏天下于天下者也。……法愈疏而乱愈不作，所谓无法之法也。后世之法，藏天下于筐箧者也。利不欲其遗于下，福必欲其敛于上。……故其法不得不密。法愈密而天下之乱即生于法之中，所谓非法之法也。论者谓有治人无治法，吾以为有治法而后有治人。"宗羲此种思想，在今日看来固然浅薄，但在当时确系惊人之论。清季谭嗣同、梁启超辈倡民权共和之说，亦多受宗羲思想的影响。要之，宗羲于史独具卓见，实为一代史学之祖。

（三）王夫之。王夫之字而农，号姜斋，湖南衡阳人。明亡，从瞿式耜于桂林。时桂王监国，授他为行人。后式耜殉节桂林，桂王亦覆。他知事不可为，遂退居不出，终身不剃发易服。学者称为船山先生。所著甚多，而其学略见于《噩梦》《黄书》《俟解》《思问录内外篇》《读通鉴论》《宋论》。《噩梦》《黄书》，言黄帝为吾族之祖，指陈民生利害甚切。《俟解》《思问录》，多为理气之谈，释、儒之辨。《读通鉴论》《宋论》，则辨夷夏之防，明民权之理。夫之黜明存宋，所以力攻王学，而倡关学。他说："侮圣人之言，小人之大恶也……姚江之学，横拈圣言之近似者，摘一句一字以为要妙，窜入其禅宗，尤为无忌惮之至。"

（《俟解》）即其攻王学之语。又说："张子之学，上承孔、孟，如皎日丽天，无幽不烛。惜其门人未有殆庶者。其道之行，曾不逮邵康节之数学。是以不百年而异说兴。"（《张子正蒙注序》）即其倡关学之语。他于天理人欲之辨，言之最当，所说"天理即在人欲之中，无人欲则天理亦无从发现"（《正蒙注》）。实发前人所未发，后此戴震思想，多由此衍出。然以他僻处深山，又不与当时学者往来，故其学所传不广，唯其乡后学谭嗣同，却深受他的影响，竟谓："五百年来学者，真通天人之故者，船山一人而已。"（谭嗣同《仁学》卷上）

（四）颜元。颜元字易直，又字浑然，直隶博野人。他先好陆、王之学，不久，又从事程、朱学，最后"始悟尧、舜之道在六府二事，周公教士以三物，孔子以四教，非主静专诵读流为禅宗俗学者所可托。于是著《存学》《存性》《存治》《存人》四编以立教，名其居曰习斋。帅门弟子行孝悌，存忠信，日习礼，习乐，习射，习书、数，究兵农水火诸学，堂上琴、竽、弓、矢、筹、管森列"（戴望《颜氏学记·颜元传》）。这样看来，习斋之学，实以事物为归，不以空言立教。唯其如此，所以习斋之学，能确守孔子旧章，而与后儒新说有别："其一，谓古人学习六艺以成其德行，而六艺不外一礼……礼必习行而后见，非专恃书册诵读也。孔子不得已而周游，大不得已而删订，著书立说，乃圣贤之大不得已，奈何以章句为儒，举圣人参赞化育经纶天地之实事一归于章句，而徒以读书纂注为功乎？无极、太极、河洛、先后天之说，皆自道家，而以之当圣人之言性与天道，至谓与伏羲画卦同功，宜其参杂二氏而不自知也。其二，谓气质之性无恶，恶也者，蔽也，习也。纤微之恶，皆自玷其体；神圣之极，皆自践其形也。孟子明言'为不善非才之罪'，'非天之降才尔殊'，'乃若其情，则可以为善'，又曰'形色天性也'；若曰气质有恶，是于天之降才即罪才矣，是歧天人而使之二本矣。况曰性善，谓智愚之性同是善耳，亦未尝谓全无差等。孔子曰：'性相近也，习相远也'，性之相近，如真金多寡轻重不同，而其为金相若也；唯其有等差，故不曰同；唯其同一善，故曰‘近’，其引蔽习染溺色溺货以至无穷之罪恶，则皆以习而远于善，即所谓‘倍蓰无算不能尽其才者’也。先生此言，合孔、孟而一之。……其三，谓圣门弟子不可轻议，诸贤一月皆至于仁，一日皆至于仁，每学之而愧未能。……子路鼓瑟不合雅颂，而门人不敬，孔子即不谓然；孟子谓‘游于圣人之门者难为言’，举七十子之服孔子，其辞不遗一人。后儒乃动诋宰我、樊迟、季路、冉求、子贡、子张、游、夏诸子，而欲升周、程与颜、曾接席，是自亲贤于孟子矣。盖圣门弟子以竟业为本，唯在实学实习实用之天下，而后儒侈言性天，薄事功，故其视诸贤甚卑也。”（《颜元传》）观此，知颜元之学，不独不认宋、明理学为学，并不认汉学为学。盖其精神不在书本上的知识，而在实行。其弟子李塨、王源，都能实践颜氏之教。然因清室法网日密，他的实行精神，又为当局所猜忌，故其学不久中绝。

三、考据学的建立及其特盛

考据学的启蒙运动者为顾炎武，然同时还有阎若璩、胡渭、姚际恒三人，都是替考据学辟坦道的人。阎著《古文尚书疏证》，专辨东晋晚出的《古文尚书》及同时出现的孔安国《尚书传》为伪书。这种伪书，千余年来，学人都视为神圣不可侵犯而无敢议其为伪者，自阎氏力辨其为伪，于是学界受此刺激，对于一切经义经文顿起疑惑。胡著《易图明辨》，辨宋邵雍所传《河图》《洛书》，非羲、文、周、孔所有，而与《易》义无关。他以《易》还诸羲、文、周、孔，以《图》还诸陈抟、邵雍，明孔学自孔学，宋学自宋学。由是宋学（理学）所凭借的《河图》《洛书》，遂失其支配学人心理的势力，而学人才知道欲求孔子所谓真理，除宋人所用方法外，还有别的途径。姚著《古今伪书考》，疑《古文尚书》，疑《周礼》，疑《诗序》，甚至疑《孝经》与《易传十翼》，其怀疑精神，异常炽烈。这三人的工作，虽杂而不纯，但其为后此考据学奠立一个极强固的基础，却要归功于他们。

清代考证之学，已由顾炎武等开其端绪，然能使这种学问成一体系者，当首推乾隆时的吴派惠栋与皖派戴震，而戴的精深，远过于惠。

惠栋吴县人，字定宇。承祖周惕、父士奇之后，世传经学。栋所著有《九经古义》《易汉学》《周易述》《明堂大道录》《古文尚书考》诸书。其弟子最著的，有余萧客、江声、沈彤诸人。萧客弟子江藩，作《国朝汉学师承记》，把栋列为汉学的正统。其实，栋不如戴震，未足以完全代表一代的学术，不过汉学的阵营，从他才建立起来罢了。栋治学以博闻强记为入门，以遵古守家法为究竟。其言曰："汉人通经有家法，故有五经师，训诂之学，皆师所口授，其后乃著竹帛，所以汉经师之说，立于学官，与经并行……古字古言非经师不能辨……是故古训不可改也，经师不可废也……余家四世传经，咸通古训…… 因述家学作《九经古义》。"（《九经古义首述》）这样看来，足见他的治学，专以"古今"定"是非"，虽树立汉学的阵营，而清初诸儒怀疑的精神，却因之消失。所以梁启超说："惠派治学方法，吾得以八字蔽之，曰：'凡古必真，凡汉皆好'……平心论之，此派在清代学术界，功罪参半。"（《清代学术概论》）其批评可谓至当。

建立考据学的功臣，首推戴震。"戴先生震，字东原，安徽徽州府休宁县人。生具异禀，十岁始能言。……授《大学章句》，至'右经一章'节，问塾师曰：'此何以知为孔子之言而曾子述之？又何以知为曾子之意而门人记？'师应之曰：'此朱文公所述。'即问：'朱文公何时人？'曰：'宋朝人。''孔子、曾子何时人？'曰：'周朝人。''周朝、宋朝相去几何时矣？'曰：'二千年矣。''然则朱文公何以知其然？'师无以应。"（刘光汉《戴震传》）这一段故事，已足以说明戴氏治学的出发点，而戴氏之所以能成为一代学派的建立者，亦即在其治学方法。以下就其治学方法的特点分述之：

“年十五，普读群经。每字必求其义。好汉许氏《说文解字》，尽得其节目。又取《尔雅》《方言》及汉儒传注笺存于今者参互考究，一字之义，必本六书，贯群经，以为定诂。”

“年十七，即有志闻道。谓非求之六经、孔、孟不能得。非从事于字义制度名物，无由通其语言。……故其言曰：‘经之至者，道也；所以明道者，其辞也；所以成辞者，字也。必由字以通其道，乃能得之。’是则先生之学，以小学为入门。”

“然音韵之学，较训诂之学尤精。尝以‘训诂必出于声音，当据声音求训诂’，成《转语》二十章。”

“先生之学，先立科条，以审思明辨为归。凡治一学，著一书，必参互考验，曲证旁通，博征其材，约守其例。复能好学深思，实事求是，会通古说，不尚墨守。”

“先生有言：‘学贵精不贵博。吾之学不务博也，故凡守一说之确者，当终身不易。’”

“又曰：‘读书当识其正面背面，好学当得条理；得其条理，则由合而分，由分而合，无不可为。’”（以上《戴震传》）

“学者当不以人蔽己，不以己自蔽；不为一时之名，亦不期后世之名。有名之见，其弊二：非掊击前人以自表暴，即依傍昔贤以附骥尾。”（《东原文集·答郑用牧书》）

“戴学分析条理，㕙密严瑮；上溯古义，而断以己之律令。”（章炳麟《清儒》）

综上所述，得知戴氏治经，以小学为入门，有清一代小学的发达，实由于戴氏提倡之功。又得知戴氏治学方法，不外：（一）参互考验，曲证旁通。（二）先立科条，以审思明辨为归。（三）实事求是，不主一家。（四）贵精不贵博。（五）不以人蔽己，不以己自蔽。（六）分析条理，识断精审。这些方法，都为后此考据学家所沿用，故戴氏有功于一代学术即以此，而与惠氏相异亦以此。盖惠氏淹博而不精；笃好古法而鲜审思明辨；富于引申而寡于裁断①。

戴氏著作，其最精的，属于小学的有《声韵考》《声类表》《方言疏证》《尔雅文字考》；属于历算的有《原象》《历问》《续天文略》《策算》《古历考》《勾股割圜记》；属于水地的有《校水经注》《直隶河渠书》《水地记》。而《孟子字义疏证》则为他晚年最得意之作。但《孟子字义疏证》不属考据学范围以内，而欲借此以树立他的哲学。原来宋儒讲学，以为“天理与人欲不两立，唯人欲净尽，斯天理流行”。他本于王夫之的学说，力斥其非，其言曰：“古人所谓天理，不外絜民之求，遂民之欲，必求之人情而无憾，然后即安。理也者，即情欲之不爽失者也，故理即寓于欲中。盖一人之欲，即千万人所同欲也。自宋儒以意见为理，舍是非而论顺逆，然后以空理祸斯民。故人死于法，犹有怜之者；死于理，其谁怜之?”(《戴震传》引《孟子字义疏证》)。

戴门后学，名家辈出，而尤以金坛段玉裁、高邮王念孙及念孙子引之为最著。段著有《说文解字注》《六书音韵表》；念孙著有《读书杂志》《广雅疏证》；引之著有《经义述闻》《经传释词》，都是遵守戴氏治学方法而成功的名著。道光间，继戴氏之学者有俞樾，同治间则有孙诒让。俞著有《群经平议》《诸子平议》《古书疑义举例》。孙著有《周礼正义》《墨子闲诂》。——是为考据学的全盛期。清季今文势盛，而能宏大正统派的考据学者，则有章炳麟。所著有《文始》《国故论衡》，其精义多为乾、嘉时人所未发。但章氏之学，已不限于考证学的范围，而转趋于排满的言论。关于这点，以后再说。

清代考据学的特盛，已如前述，而其一代学术的中坚，则在于诸经都各有新疏，观阮元所辑的《皇清经解》以及王先谦的《续编》所收罗

① 梁启超论戴、惠之别：“戴、段、二王之学，其所以特异于惠派者，惠派之治经也，如不通欧语之人读欧书，视译人为神圣；汉儒则其译人也，故信凭之不敢有所出入。戴派不然，对于译人不轻信焉，必求原文之正确然后即安。惠派所得，则断章零句，援古正后而已；戴派每发明一义例，则通诸群书而皆得其读……戴派之言训诂名物，虽常博引汉人之说，然并不墨守之。”(见《清代学术概论》)

的著作家，多至百五十七家，其业绩的伟大，即可想见。然其业绩，尚不止此，如小学，如音韵学，有清一代，也是作家辈出。他如史学、地理学、金石学、历算学，清儒亦多有发明。至于由校勘而纠正古书传抄踵刻的伪谬，罗辑旧书以免名著失佚，也是清儒的伟大工作。

第八章　维新运动与新文化运动

一、今文学的兴起

清初学者的真精神，就是“经世致用”四个字，后来却抛弃了“经世致用”的精神，一般学者都离开现实在故纸堆中专做考据学——汉学（朴学）——的工作。清室要罗致学者，要灭杀读书人的反清意识，也就尽力来提倡这种学风——固然，清室也提倡程、朱理学，但是，其目的都一样是束缚士子的思想。这样一来，到了乾、嘉以后，所谓考据学便成了炙手可热的学问了。学术的本身，既已成了学阀，自然就免不了门户之见；而故纸堆中的考据工作，又是有限得很，在这种情况之下，所谓考据学就必然要溃裂起来，而学者思想也必然要朝向新的方面活动起来——这是就学术本身来说。

其次，请就当时的政治并经济方面来说。清室的黄金时代，要算康、雍、乾三朝，但到乾隆时代，却已呈现出渐就衰颓的倾向。因为高宗是个好大喜功的人，那号称“十全武功”的“东征西讨”，早就把圣祖几十年岁月所蓄积下来的金钱花光了；加以晚年耄荒，宠用和珅，更加把政治弄到腐败不堪。到了嘉庆（仁宗年号）时代，虽然杀掉了乱政的和珅，可是清室的统治已经动摇，毕竟免不了接二连三的内乱——白莲教之乱、海盗之乱及天理教之乱。道光（宣宗年号）以降，内乱外患，相迫而来：外患如鸦片之役、英法联军之役、中日之役，内乱如太平军的革命运动、捻乱，都无不动摇了中国整个的政治局面与经济组织。在这种局势之下，离开现实的考据学，自然地丧失了它的社会的存在根据，从而许多有志于经世之务的学者，也就自然地相应于这种局势而朝着新的方向活动起来。

原来经学有今古文之争，这在以前已经说过了。清代一般所谓考据学家，其治经都是宗古文家法，到了乾、嘉时代，便闹到“家家许、郑，人人贾、马”的局面。他们愈加闹到炙手可热的时候，他们的工作就愈加离开现实，其结果，“学术专制”之局无法维持，而所谓今文家便在这个当儿和他们分立起来了。后来，清政陵夷衰微，外患内乱时时交迫，而海禁大开，所谓西学，又渐次输入中土，于是今文家遂将当时所输入的西学，以与清初的经世致用的精神相结合，和那在学术界素具权威的古文家对抗起来，结果，造成轰轰烈烈的维新运动。

二、今文学与维新运动

清代今文学的启蒙大师，便是武进庄存与。他著有《春秋正辞》，专求其所谓“微言大义”者，而不致力于训诂名物之末，和戴、段一派所用的方法，完全不同。其后武进刘逢禄继起，著《春秋公羊经传何氏释例》，专发明“张三世”“通三统”“绌周王鲁”“受命改制”诸义①。道光时，仁和龚自珍通《公羊春秋》，说经宗庄、刘，为今文学健将，往往引《公羊》义讥切时政，诋排专制，清末思想的解放，自珍很有功劳②。龚自珍虽言经学，然与戴、段一派之为经学而治经学者不同，盖

① 何休《公羊传注自序》：“其中多非常异义可怪之论。”即指张三世、通三统诸义而言。

② 梁启超《清代学术概论》：“晚清思想之解放，自珍确与有功焉。光绪间所谓新学家者，大率人人皆经过崇拜龚氏之一时期，初读《定庵文集》，若受电然，稍进乃厌其浅薄；然今文学派之开拓，实自龚氏。”

自珍处清政衰微的时候，很留心于经世之学①。以上所述，可以说是今文学的初期运动，其中心专在《公羊》。道光末，邵阳魏源著《诗古微》与《书古微》，才攻击《毛传》《大小序》以及东晋晚出的《古文尚书》为伪作。同时，邵懿辰又著《礼经通论》，谓《古文逸礼》三十九篇，系刘歆伪作。这样一来，所谓古文诸经传，就渐次地都发生真伪问题了。至康有为出，乃全部推翻古文诸经传，而集今文学的大成，同时，所谓维新运动，亦自有为开其端。故以下详述有为之学，并阐明今文学与维新运动的关系。

有为少年时的事略及其学术思想的来源。"有为原名祖诒，字广夏，又号长素，咸丰五年（1855 年）生于广东南海县。其先代为粤名族，世以理学传家。……祖父赞修……专以程、朱之学提倡后进，粤之士林，咸宗仰焉。……父达初早逝，母劳氏，生子二人，长即有为，次广仁。有为既早孤，幼受教于祖父……七岁能属文，有神童之目……成童之时，便有志于圣贤之学，乡里俗子笑之，戏号之曰'圣人为'，盖以其开口辄曰圣人圣人也。……年十八始游朱九江之门授学焉。九江者，名次琦，字子襄，粤中大儒也。其学根于宋、明，而以经世致用为主，研究中国史学、历代政治沿革，最有心得……从之游凡六年而九江卒。其理学政学之基础，皆得诸九江。九江卒后，乃屏居独学于南海之西樵山者又四年……既出西樵，乃游京师。其时西学初入中国，学者莫或过问，先生僻处乡邑，亦未获从事也。及道经香港、上海，见西人殖民政治之完整，属地如此，本国之进步更可知，因思所以致此者，必有道德学问以为之本原，乃悉购江南制造局及西教会所译各书尽读之。彼时所译者，皆初级普通学及工艺兵法医学之书，否则耶稣《圣经》论疏耳。于政治哲学毫无所及。而先生……别有会悟，能举一反三，因小以知大，自是于其学力中别开一境界。"（梁启超著《康有为传》）"今文学运

① 龚自珍著《西域置行省议》，又作《蒙古图志》；又魏源亦著有《元史》及《海国图志》，其留心边事与经世之务可知。

动之中心，曰南海康有为，然有为盖斯学之集成者，非其创作者也。有为早年，酷好《周礼》，尝贯穴之著《政学通议》，后见廖平所著书，乃尽弃其旧说。廖平者，王闿运弟子；闿运以治《公羊》闻于时……平受其学，著《四益馆经学丛书》十数种，颇知守今文家法……有为之思想，受其影响，不可诬也。”（梁启超著《清代学术概论》第126页）

有为的著作及其学术思想。“有为最初所著书曰《新学伪经考》，伪经者，谓《周礼》《逸礼》《左传》及《诗》之《毛传》，凡西汉末刘歆所力争立博士者；新学者，谓新莽之学。时清儒诵法许、郑者，自号曰汉学，有为以为此新代之学，非汉代之学，故更其名焉。《新学伪经考》之要点：（一）西汉经学，并无所谓古文者，凡古文皆刘歆伪作；（二）秦焚书，并未厄及六经，汉十四博士所传，皆孔门足本，并无残缺；（三）孔子时所用字，即秦、汉间篆书，即以‘文’论，亦绝无今古之目；（四）刘歆欲弥缝其作伪之迹，故校中秘书时，于一切古书多所羼乱；（五）刘歆所以作伪经之故，因欲佐莽篡汉，先谋湮乱孔子之微言大义。诸所主张，是否悉当，且勿论，要之此说一出，而所生影响有二：第一，清学正统派之立脚点，根本摇动；第二，一切古书，皆重新检查估价；此实思想界之一大飓风也。……《新学伪经考》出甫一年，遭清廷之忌，毁其版，传习颇稀。……有为第二部著述曰《孔子改制考》。……有为之治《公羊》也，不断断于其书法义例之小节，专求其微言大义，即何休所谓非常异义可怪之论者，定《春秋》为孔子改制创作之书；谓文字不过其符号，如电报之密码……非口授不能明。又不唯《春秋》而已，凡六经皆孔子所作；昔人言孔子删述者误也，孔子盖自立一宗旨，而凭之以进退古人去取古籍。孔子改制，恒托于古，尧、舜者，孔子所托也；其人有无不可知，即有，亦至寻常，经典中尧、舜之盛德大业，皆孔子理想上所构成也。又不唯孔子而已，周、秦诸子罔不改制，罔不托古。老子之托黄帝，墨子之托大禹，许行之托神农，是也。近人祖述何休以治《公羊》者，若刘逢禄、龚自珍、陈立辈，皆言改制，而有为之说，实与彼异。有为所谓改制者，则一种政治革命社会改造的意味也。故喜言通三统，三统者，谓夏、商、周三代不同，当随时因革也。喜言张三世，三世者，谓据乱世、升平世、太平世，愈改而愈进也。有为政治上变法维新之主张，实本于此。……《孔子改制考》之内容，大略如此。其所及于思想界之影响，可得言焉：（一）教人读古书，不当求诸章句训诂名物制度之末，当求其义理。所谓义理者，又非言心言性，乃在古人创法立制之精意；于是汉学，宋学，皆所吐弃，为学界别辟一新殖民地。（原文如此）（二）语孔子之所以为大，在于建设新学派（创教），鼓舞人创作精神。（三）《伪经考》既以诸经中一大部分为刘歆所伪造，《改制考》复以真经之全部分为孔子托古之作，则数千年来共认为神圣不可侵犯之经典，根本发生疑问，引起学者怀疑批评的态度。（四）虽极力推挹孔子，然既谓孔子之创学派与诸子之创学派，同一动机，同一目的，同一手段；则已夷孔子于诸子之列，所谓别黑白定一尊的观念，全然解放，导人以比较的研究。……上两书皆有为整理旧学之作，其自身所创作，则《大同书》也。……有为以《春秋》三世之义说《礼运》，谓升平世为小康，太平世为大同。《礼运》之言曰：‘大道之行也，天下为公，选贤与能，讲信修睦，故人不独亲其亲，不独子其子，使老有所归，壮有所用，幼有所长，鳏寡孤独废疾者皆有所养，男有分，女有归，货恶其弃于地也，不必藏诸己；力恶其不出于身也，不必为己……是谓大同。’……有为谓此为孔子之理想的社会制度，谓《春秋》所谓太平世者即此。乃衍其条理为书，略如下：（一）无国家，全世界置一总政府，分若干区域；（二）总政府及区政府皆由民选；（三）无家族，男女同栖不得逾一年，届期须易人；（四）妇女有身者入胎教院，儿童出胎者入育婴院；（五）儿童按年入蒙养院及各级学校；（六）成年后由政府指派分任农工等生产事业；（七）病则入养病院，老则入养老院；（八）胎教、育婴、蒙养、养病、养老诸院，为各区最高之设备，入者得最高之享乐；（九）成年男女，例须以若干年服役于此诸院，若今世之兵役然；（十）设公共宿舍公共食堂，有等差，各以其劳作所入自由享用；（十一）警惰为最严之刑罚；（十二）学术上有新发明者，及在胎教等五院有特别劳绩者，得殊奖；（十三）死则火葬，火葬场比邻为肥料工厂。《大同书》之条理略如是。全书数十万言，于人生苦乐之根源、善恶之标准，言之极详辩，然后说明其立法之由。其最要关键，在毁灭家族。有为谓佛法出家，求脱苦也，不如使其无家可出；谓私有财产为争乱之源，无家族则谁复乐有私产；若夫国家，则又随家族而消灭者也。有为悬此鹄为人类进化之极轨，至其当由何道乃能致此，则未尝言。……有为虽著此书，然秘不以示人，亦从不以此义教学者。谓今方为据乱之世，只能言小康，不能言大同，言则陷天下于洪水猛兽。”（梁启超著《清代学术概论》）

总观以上所述，知有为之学，初出于九江，及受廖平的影响，始尽弃其旧说。又当他道经香港、上海时，见“西人殖民政治”之完整，因欲求所以“致此之故”，乃尽读当时所译西籍。结果，有为便以今文学《公羊》所谓通三统张三世之义，衍为专制立宪共和政治进化的理论，又糅杂着肤浅的西学，就形成维新运动的中坚思想了。

原来洪、杨之役，清室借外力平内难，就震怵于西人的船坚炮利，于是上海才有制造局的设立，北京又设同文馆，并派幼童学生留美。中、日一役，海军全灭，老大帝国的声威一落千丈，于是变法维新的主张，就在这个时候取得势力了。有为利用这个时机，就在士大夫阶级里面广求同志，尽力宣传他的变法维新的主义。他最有力的信徒，要算梁启超。后来在北京大小官僚中，又得到徐致靖、杨深秀、杨锐、林旭、刘光第一班同志；在督抚中，要算陈宝箴最和他表同情。浏阳谭嗣同，却要算他同志中的前卫战士。他同时又设立学会，开办报馆。他在两广讲学的时候，设立了一个桂学会。后来北京文廷式等人组织强学会，他便抓住这个强学会，推张之洞为会长，更立分会于上海。北京强学会又附设强学书局，发行一种报纸叫做《中外纪闻》。上海强学会又发刊一种《强学报》。后来御史杨崇伊说强学会宗旨不正，随即被封了。于是梁启超等又在上海发行《时务报》，大受当时人的欢迎，康、梁并称，就始于此时。但自强学会被封以后，有为的势力略受挫顿，唯不久因为德国强夺胶州湾的事件发生，全国人士很为震撼，有为利用这个机会，又在北京倡立保国会。这时各省感受这种维新运动的空气最厉害的，要算湖南，由谭嗣同等倡导，得巡抚陈宝箴的赞助，设立一个南学会，创办一个时务学堂，又发行一种《湘学报》。由是维新变法的空气弥漫全国，有为得徐致靖的疏荐，面见了德宗，痛陈变法之利。到了戊戌（光绪二十四年，即1898年）四月，便命有为以工部主事在总理各国事务衙门行走，同时，下诏定国是。七月又命内阁候补侍读杨锐、刑部候补主事刘光第、内阁候补中书林旭、江苏候补知府谭嗣同，均在军机章京上行走。轰轰烈烈的维新运动，就这样地大干起来了。但是，当时旧派势力很巩固，德宗上面有一个西太后，下面又有一个军机处的裕禄，京师以外还有一个兵权所寄的直隶总督荣禄，都是反对维新运动最有力的人。所以维新运动不到百日，便发生政变，结果，西太后垂帘听政，德宗被禁锢在北海的瀛台，康、梁逃难日本，杨深秀、杨锐、林旭、刘光第、谭嗣同、康广仁——即所谓六君子者——被杀。轰动一时的维新运动，从此告终，有为的政治生命与学术上的贡献，也随而告终。

维新运动虽告失败，然其影响于青年思想者至大。当《孔子改制考》刊行时，朱一新写信给有为说："自伪古文之说行，其毒中于人心，人心中有一六经不可尽信之意，好奇而寡识者，遂欲黜孔学而立今文。夫人心何厌之有？六经更二千年，忽以古文为不足信，更历千百年，又能必今文之可信耶？……窃恐诋讦古人不已，进而疑经；疑经不已，进而疑圣；至于疑圣，则其效可睹矣。"从朱氏这一段话看来，便知道有为的思想，足以启发学者的怀疑态度。学者既抱定怀疑态度，于是愈感觉中国旧有学识的贫乏，不足以满足其知识饥饿，而相率留学日本与从事译述事业的人，便渐次地多起来了。光绪二十七年（1901年）、二十八年（1902年）之交，译述事业特盛，定期出版的杂志不下数十种，日本每一新书出，译者动辄数家，新思想的输入，真是如火如荼。但是，当时译述，既无选择，又不精当，专以量多为贵，而不着重质的方面，而社会却以知识饥饿之故，反相率欢迎。唯当时独有侯官严复，先后从西籍直译赫胥黎《天演论》、斯密亚当（今作亚当·斯密——编选者注）《原富》、穆勒约翰（今作约翰·穆勒——编选者注）《名学》及《群己权界论》、孟德斯鸠《法意》、斯宾塞尔《群学肄言》等数种，都是名著，中国不由日本重译而直接与西洋思想发生关系，实自复始。

三、维新运动的二大健将——谭嗣同与梁启超

维新运动的首领，固属是康有为，然促成此运动者，却要算谭嗣同与梁启超二大健将。谭、梁的学术思想，均能影响于当时的学者，故略述之如次：

嗣同字复生，又号壮飞，湖南浏阳人。他幼时好作骈体文，因是以窥今文学。又崇王船山之学，喜谈名理。自交梁启超后，其学一变；自从金陵居士杨文会闻佛法后，其学又一变。他著作甚多，其学术宗旨，见于《仁学》一书。《仁学》的精神，在于打倒偶像，在于“冲决网罗”，故其《自序》说：“窃揣历劫之下，度尽诸苦厄；或更语以今日此土之愚之弱之贫之一切苦，将笑为诳语而不复信，则何可不千一述之，为流涕哀号，强聒不舍，以速其冲决网罗，留作券剂耶？网罗重重，与虚空而无极。初当冲决利禄之网罗，次冲决俗学若考据若词章之网罗，次冲决全球群学之网罗，次冲决君主之网罗，次冲决伦常之网罗，次冲决天之网罗，终将冲决佛法之网罗。然既能冲决，亦自无网罗；真无网罗，乃可言冲决。”《仁学》之作，欲将科学哲学宗教冶于一炉，故其界说二十五说：“凡为《仁学》者，于佛书常通华严及心宗相宗之书，于西籍当通《新约》及算学格致社会学之书，于中国书当通《易》《春秋

公羊传》《论语》《礼记》《孟子》《庄子》《墨子》《史记》及陶渊明、周茂叔、张横渠、陆子静、王阳明、王船山、黄梨洲之书。”《仁学》中所谓冲决网罗者，到处皆是，不胜枚举，其冲决伦常名教之言曰：“俗学陋行，动言名教，敬若天命，而不敢渝，畏若国宪，而不敢议。嗟呼！以名为教，则其教已为实之宾，而绝非实也。又况名者，由人创造，上以制其下，而不能不奉之；则数千年来三纲五伦之惨祸烈毒，由是酷焉矣。君以名桎臣，官以名轭民，父以名压子，夫以名困妻，兄弟朋友，各挟一名以相抗拒，而仁尚有少存焉者得乎？然而仁之乱于名也，亦其势自然也。中国积以威刑，钳制天下，则不得不广立名，为钳制之器。如曰仁，则共名也。君父以责臣子，臣子亦可反之君父，于钳制之术不便，故不能不有忠孝廉节一切分别等衰之名，乃得以责臣子曰：尔胡不忠！尔胡不孝！是当放逐也，是当诛戮也。忠孝既为臣子之专名，则终必不能以此反之；虽或他有所据，意欲诘诉，而终不敌忠孝之名为名教之所尚。”其冲决善恶之别曰：“世俗小儒，以天理为善，以人欲为恶。不知无人欲尚安得有天理，吾故悲夫世之妄生分别也。天理善也，人欲亦善也。王船山有言曰：‘天理即在人欲之中，无人欲则天理亦无从发见’，适合乎佛说。佛即众生，无明即真如矣。且更即用征之，用固有恶之名也。然名，名也，非实也；用，亦名也，非实也。名于何起，用于何始？人名名，而人名用，则皆人之为也，犹名中之名也。何以言之？男女构精，名之曰淫。此淫名也，淫名，亦生民以来沿习既久，名之不改，故皆习谓淫为恶耳。向使生民之初，即相习以淫为朝聘宴飨之巨典，行之于朝庙，行之于都市，行之于稠人广众，如中国之长揖拜跪，西国之抱腰接吻，沿习至今，亦孰知其恶者。乍名为恶，即从而恶之矣。或谓男女之体，生于幽隐，人不恒见；然如世之行礼者，光明昭著，为人易闻易睹；故易谓淫为恶耳。是礼与淫，但有幽显之辨，果无善恶之辨矣。是使生民之初，天不生其具于幽隐，而生于面额之上，举目即见，将以淫为相见礼矣，又何由知为恶哉？”嗣同亦宗今文学，他说："以《公羊传》三世之说衡之，孔最为不幸。孔之时，君主之法度，既已甚密而孔繁，所谓伦常礼义，一切束缚钳制之名，既已浸渍于人人之心，而猝不可与革。既已为据乱之世，孔无如之何也。其于微言大义，仅得托诸隐晦之辞，而宛曲虚渺，以著其旨；其见于雅言，仍不能不率于君主之旧制，亦止据乱之世之法已耳。据乱之世，君统也。后之学者，不善求其指归，则辨上下，陈高卑，慓天泽，定名位，只见其为民贼独夫之资焉矣。"又说："孔虽当据乱之世，而黜古学，考今制，托词寄义于升平太平，未尝不三致意焉。"唯其如此，所以嗣同又痛诋荀卿的冒孔子名，以败孔之道，其言曰："孔学衍为两大支：一为曾子传子思而至孟子，孟故畅宣民主之理，以竟孔子志；一由子夏传田子方而至庄子，庄故痛诋君主，自尧、舜以下，莫或免焉。不幸此两支皆绝不传，荀乃乘间冒孔之名，以败孔之道。曰法后王，尊君统，以倾孔学也。曰有治人，无治法，阴防后人之变其法也。又喜言礼乐政刑之属，唯恐钳制束缚之具之不繁也。一传而为李斯，而其为祸益暴著于世矣。……故尝以为二千年来之政，秦政也，皆大盗也；二千年来之学，荀学也，皆乡愿也。唯大盗利用乡愿，唯乡愿工媚大盗。二者相交相资，而罔不托之于孔。执托者之大盗乡愿而责所托之孔，又乌能知孔哉？"《仁学》下卷多政治谈，其言国家起源与民治主义，则曰："生民之初，本无所谓君臣，则皆民也。民不能相治，亦不暇治，于是共举一民以为君。夫曰共举之，则非君择民，而民择君也。……夫曰共举之，则因有民而后有君，君末也，民本也。天下无有因末而累及本者，亦岂可因君而累及民哉？夫曰共举之，则且必可共废之。君也者，为民办事者也；臣也者，助办民事者也。赋税之取于民，所以为办民事之资也。如此而犹不办，事不办而易其人，亦天下之通义也。"他既言民治主义，故当清政衰微的时候，又倡排满革命，其言曰："天下为君主囊橐中之私产，不始今日，固数千年以来矣。然而有知辽、金、元、清之罪，浮于前此之君主者乎？其土则秽壤也，其人则膻种也，其心则禽心也，其俗则毳俗也。一旦逞其凶残淫杀之威，以攫取中原之子女玉帛……马足蹴中原，中原墟矣。锋刃拟华人，华人靡矣。乃犹以为未餍，峻死灰复燃之防，为盗憎主人之计，锢其耳目，桎其手足，压制其心思，绝其利源，窘其生计，塞蔽其智术，繁拜跪之仪，以挫其气节，而士大夫之才窘矣。立著书之禁，以缄其口说，而文字之祸烈矣。且即挟此土所崇之孔教，为缘饰史传，以愚其人，而为藏身之固。悲夫！悲夫！王道圣教典章文物之亡也，此而已矣。……台湾者，东海之孤岛，于中原非有害也。郑氏据之，亦足存前明之空号。乃无故贪其土地，据为己有。据为己有，犹之可也，乃既竭其二百余年之民力，一旦苟以自救，则举而赠之于人，其视华人之身家，曾弄具之不若。噫！以若所为，台湾固无伤耳。尚有十八省之华人，宛转于刀砧之下，瑟缩于贩卖之手，方命之曰：此食毛践土之分然也。夫果谁食谁之毛，谁践谁之土，久假不归，乌知非有，人纵不言，己宁不愧于心乎？吾愿华人，勿复梦梦谬引以为同类也。”但是，他政治上的理想制度，却是大同主义与世界主义。所以他说：“以言乎大一统之义，天地间不当有国也。”又说：“以心挽劫者，不唯发愿救本国，并彼强盛之西国与夫含生之类，一切皆度之。”由上所述，可知嗣同思想驳杂已极，然其尽脱旧日传统思想的束缚，努力于解放与独造，却是有清一代的唯一思想家。

梁启超又名卓如，广东新会人。他自述其学术思想的来源说：“启超年十三，治戴、段、王之学。越三年，而康有为以布衣上书被放归，启超遂执业为弟子，请康开馆讲学，则所谓万木草堂是也。草堂常课，除《公羊传》外，则点读《资治通鉴》《宋元学案》《朱子语类》等，又时时习古礼，启超弗嗜也，则治周、秦诸子及佛典，亦涉猎清儒经济书及译本西籍，皆就有为决疑。居一年，乃闻所谓《大同书》者，喜欲狂，锐意谋宣传。又二年，启超治《伪经考》，时复不慊于其师之武断，后遂置不复道。启超谓孔门之学，后衍为孟子、荀卿两派，荀传小康，孟传大同。于是专以绌荀申孟为标帜，引《孟子》中诛责‘民贼’‘独夫'‘善战服上刑’‘授田制产’诸义，谓为大同精意所寄，日倡导之。又好《墨子》，诵说其兼爱、非攻诸论。其讲学最契之友，曰夏曾佑、谭嗣同。而启超之学，受夏、谭影响亦至巨。其后启超等之运动，益带政治的色彩，启超创一旬刊杂志于上海，曰《时务报》，自著《变法通议》，批评秕政，亦时时发民权论，但微引其绪，未敢昌言。已而嗣同等设时务学堂于长沙，聘启超主讲习，所言皆当时一派之民权论，又多言清代故实，胪举失政，盛倡革命。其论学术，则自荀卿以下汉、唐、宋、明、清学者，掊击无完肤。戊戌政变，嗣同死焉，启超亡命，学堂解散，盖学术之争，延为政争矣。”（《清代学术概论》）由这段话看来，可知启超之学，在戊戌政变以前，虽时时不慊于其师之武断，然其绌荀申孟诸大端，却依然一宗师说。因此，戊戌以前，他只可以算是有为的走卒，而不曾独树一帜。戊戌失败后，有为的思想始终没有变化，启超亡命日本，习日文读新书，思想言论，便渐次地脱离有为的羁绊，终于和有为分立起来了。当时他在日本所办的报，前后共有三个名目：即《清议报》《新民丛报》《国风报》，他那时已绝口不谈伪经，也不甚谈改制，可是有为却大倡设孔教会定国教祀天配孔诸议，他因此就力驳有为的主张，他说：“我国学界之光明，人物之伟大，莫盛于战国，盖思想自由之明效也。及秦始皇焚百家之语，而思想一窒；汉武帝表章六艺罢黜百家，而思想又一窒。自汉以来，号称行孔教二千余年于兹矣，而皆持所谓表章某某罢黜某某者为一贯之精神。故正学异学有争，今学古学有争，言考据则争师法，言性理则争道统；各自以为孔教，而排斥他人以为非孔教。……浸假而孔子变为董江都、何邵公矣，浸假而孔子变为马季长、郑康成矣，浸假而孔子变为韩退之、欧阳永叔矣，浸假而孔子变为程伊川、朱晦庵矣，浸假而孔子变为陆象山、王阳明矣，浸假而孔子变为顾亭林、戴东原矣，皆由思想束缚于一点，不能自开生面，如群猿得一果，跳掷以相攫，如群妪得一钱，诟骂以相夺，情状抑何可怜……此二千年来保教党所生之结果也。”又说：“今之言保教者，取近世新学新理而缘附之，曰：某某孔子所已知也，某某孔子所曾言也……然则非以此新学新理厘然有当于吾心而从之也，不过以其暗合于我孔子而从之耳。是所爱者，仍在孔子，非在真理也；万一遍索诸四书六经而终无可比附者，则将明知为真理而亦不敢从矣；万一吾所比附者，有人剔之曰：孔子不如是；斯亦不敢不弃之矣；若是乎真理之终不能饷遗我国民也。故吾所恶乎舞文贱儒，动以西学缘附中学者，以其名为开新，实则保守，煽思想界之奴性而滋益之也。”（以上《新民丛报》）又说：“摭古书片词单语以附会今义，最易发生两种流弊：一，倘所印证之义，其表里适相吻合，善已；若稍有牵合附会，则最易导国民以不正确之观念，而缘郢书燕说以滋弊。例如畴昔谈立宪谈共和者，偶见经典中某字某句与立宪共和等字义略相近，辄摭拾以沾沾自喜，谓此制为我所固有；其实今世共和立宪制度之为物，即泰西亦不过起于近百年，求诸彼古代之希腊、罗马且不可得，遑论我国。而比附之言，传播既广，则能使多数人之眼光之思想，见局见缚于所比附之文句；以为所谓立宪共和者不过如是，而不复追求其真义之所存。……此等结习，最易为国民研究实学之魔障。二，劝人行此制，告之曰：吾先哲所尝行也；劝人治此学，告之曰：吾先哲所尝治也；其势较易入，固也。然频以此相诏，则人于先哲未尝行之制，辄疑其不可行；于先哲未尝治之学，辄疑其不当治。无形之中，恒足以增其故见自满之习，而障其择善服从之明。……吾雅不愿采撷隔墙桃李之繁葩，缀结于吾家杉松之老干，而沾沾自鸣得意；吾诚爱桃李也，唯当思所以移植之，而何必使与杉松淆其名实者。”（《国风报》）他这几段话原来是对保教一个问题而发的，但是，这几段话，却道破了中国思想界的痼疾，尤其是对于当时拿西学来比附孔子思想的毛病，予以严重的攻击。唯其如此，所以康、梁的思想，由是分道而驰。启超反对拿西学来比附孔子的思想，所以从这时起，他便尽力于他所谓移植的工作，他所著的《西哲学说一脔》《外史鳞爪》，便是这个时代的产物。但是，他当时所介绍的，却不免于模糊影响笼统之谈，又不免于粗率浅薄，关于这个毛病，他自己也是承认的。不过自戊戌失败以后至辛亥革命前这个时期，他在思想界与言论界，确实握着很大的权威，尤其是关于破坏旧思想一点，他很有力量。鼎革以后，他便投身政治活动，想借北洋派的实力，来实现他的立宪政治；但是，每次的尝试都归于失败。欧战以后，他从欧洲游历回来，目击欧洲战后的荒凉，由是他著了一部《欧游心影录》，大倡西洋物质文明破产，东方精神文明复兴之说。从此以后，他就成了一个尾巴主义者，只是跟着时代后面走，却不能做开路的先锋了，而他整理国故的宏愿，就从这个时候立起来了。他著《清代学术概论》时曾说道："识者谓启超若能永远绝意政治，且裁敛其学问欲，专精于一二点①，则于将来之思想界当更有所贡献。否则亦适成为清代思想史之结束人物而已。"现在他已物故，他的宏愿并不曾实现，结果，他便成为清代思想史之结束人物了。

四、新文化运动前的国内外局势

辛亥革命后，代表封建势力的北洋军阀以其根深蒂固的雄厚实力，宰制了全国；而代表民主倾向的国民党，却因"二次革命"的失败，在国内已无立足的余地。这样一来，所谓中华民国，便只空悬着共和的假招牌，骨子里依然是封建势力在那里作祟。由是而有洪宪的帝制运动，由是而有因参战问题而惹起的复辟运动，由是而有因护法运动而惹起的南北战争，把整个的国家弄成为支离破碎的割据局面，所谓中央政府已经是号令不能出都门一步。在这个期间，中国的思想界已经陷入僵冻的状态里面。但是，国内的动乱，外强的侵略，却使中国思想界渐次地由僵冻的状态里面苏醒过来，而朝向着新的方面活动起来，而促成此种活动的主要素因，却不外以下二端：

---

① 启超务博而不精专，他题其女令娴《艺蘅馆日记》有云："吾学病爱博，是用浅且芜，尤病在无恒，有获旋失诸，百凡可效我，此二无我如。"

第一，由于欧洲大战，欧人不暇东顾，使中国的资本主义得到相当的发展。资本主义的发展，需要统一的国家，反对封建的割据，需要轻松的税率，反对军阀的横征暴敛。唯其如此，所以在五四运动反帝国主义反军阀反卖国贼的斗争中，商人与资本家才起而罢市表同情于这个运动。

第二，苏俄革命的成功，使国内思想界受一极大的刺激。俄国的“沙皇”政府，要算世界上首屈一指的专制政府，然而却被布尔什维克党推翻了。接着德国的企图要做世界之王的威廉二世，又被社会党赶跑了。这种革命的狂潮，震荡全世界，中国思想界的僵冻状态，自然也为这个狂潮所冲破。

中国整个的经济组织既有这样的变动，而国外的革命狂潮又不时地震荡着这个垂死的中国，更加之以北洋政府的卖国行为与军阀的混战，于是爆发为伟大的五四运动，而所谓新文化运动才向前奔放地进展起来。

五、新文化运动的前前后后

要讲新文化运动，首先就要讲五四运动以前的北京大学。北京大学的前身是京师大学堂，所以北大的学风，多半承袭着京师大学堂的“官僚气”。但自蔡元培出掌北大以来，学风为之一变。他聘请教授，采取兼收并蓄主义，所以宗汉学的刘师培以及黄侃、沈尹默、钱玄同等固已为他罗致了，就是宗今文学的崔适也被他罗致了，甚至连辜鸿铭这样守旧的人，也做了北大的教授。那时文科的学长，就是陈独秀；文科的逻辑教授，便是章行严；以后又聘请了年轻的胡适，做了哲学教授。蔡氏认为北大是全国的最高学府，所以对于各派的学者，不拘新旧，都应罗致起来，既已认定北大为最高学府，所以对于教授的言论思想，又充分地听他们自由发表，并且听学生自由研究。他又把文科的事情，给陈独秀全权办理。北大的学风，就渐次由官僚的习气，变成全国研究学术的中心了。在这个时候，陈独秀发行《青年杂志》——从第二卷起，改名《新青年》——除介绍些新思想以外，主要的就在于改良中国的文学。民国六年（1917 年），胡适在《新青年》上，首先发表《文学改良刍议》一篇文章，接着陈独秀又发表他的《文学革命论》。民国七年（1918 年）的《新青年》，便一律改用白话；同年四月，胡适又发表他的《建设的文学革命论》。是年冬季，陈独秀和李大钊又主办《每周评论》，这是重在批评时政的刊物，也用白话文。这种新文学运动的进行，和当时的思想有连带关系：新文学反对因袭的文学，新思想也反对因袭的思想；新文学运动日趋于平民化，新思想也日趋于平民化。这在当时的《新青年》上便可以看出来。到了民国八年（1919 年）一月，北大的学生发行《新潮杂志》，响应《新青年》的运动；同时同校保存国学的学生又发行《国故杂志》，来和这个新文化运动对抗；新旧的冲突，就从此开始了。同年三月，北京《公言报》上便揭载着林纾和蔡元培两方辩难的长信，林纾责备蔡氏，说他不应在大学里提倡新文学新道德，并容纳这班有新主张的人充当教授；蔡氏很详细地为他们解释误会，这个辩论才算了结。但是，从此以后，新旧思想的冲突，便愈加剧烈起来了。这时《新青年》派的斗士，其攻击的目标，便是孔子和礼教，而立论最精到的，要算吴虞。《新青年》高举这个反孔子反礼教的旗帜以后，许多年少的学子都起来附和，由是新旧思想的冲突普遍于全国。几千年来支配人心的孔子和支配行动的礼教，到现在竟被人攻击，于是学子的怀疑精神，就随而扩大起来了，差不多对于社会的一切现状，都感觉着成为问题；要在社会一切现状都成为问题的时候，才能够使新文化运动向前奔放起来。但是，我们不要忘记：这是因为经济组织起了变动，才会使社会上一切现状成为问题的。

到了八年五月，巴黎和会失败消息传来，那空前未有的学生示威运动——即所谓五四运动——便爆发起来了。接着商界罢市，工界罢工，来响应这个伟大的运动。这个运动，在表面上看来，固然是为着外交问题，它的目的，固然在于打倒卖国贼曹汝霖、章宗祥、陆宗舆，但是，这个运动，绝不是偶然的。上面所说过的经济上的变动、政治的腐败、军阀的横行，便是这个运动的根本原因。这是一个反帝国主义的含有民族主义的运动，唯其如此，所以这个运动的余波，才会影响到以后的"五卅"运动上面去。这是一个反封建势力的含有民主主义的解放运动，唯其如此，所以这个运动的余波，才会影响到以后的一切解放运动上面去。但是，这个运动，却又是一个启蒙运动，它的力量偏于破坏现状一方面，而少有建设的工作，唯其如此，所以五四运动以后的各种新主义新思想同时并起，五花八门，美不胜收；而新文化运动就这样地向前奔放起来了。以下就当时各派的思想及其蜕变的趋向分述之：

（一）《新青年》派　上面说过，《新青年》的主要工作，在于文学革命。"五四"以后，各地刊物，如雨后春笋一齐迸出，都用白话文。因此，关于文学革命一点，总算是成功了。其次，它的工作，就是排孔与反礼教。这个工作的结果，"五四"以后，便影响到家庭问题、婚姻问题、贞操问题、孝的问题上面，使人们对于那从来视为天经地义而神圣不可侵犯的礼教重新估定价值，而礼教的束缚便从此失却它的力量了。"五四"以后，《新青年》上最显明的主张，便是提倡德谟克拉西与赛恩斯，前者是反封建的武器，后者是反迷信的工具。不到几时，《新青年》受了苏俄革命的影响，便断片地介绍了马克思的学说，而李大钊竟在北大讲授唯物史观。后来思想分野，李大钊和陈独秀一派，便信奉马克思主义，而成为中国共产党的指导人物；胡适一派，便信奉杜威的实用主义，提出"多研究些问题、少谈些主义"的口号。（民国）九年（1920年），陈独秀所主持的《向导》周报（此处应有偏差，《向导》周报实为1922年创刊。——编选者注），因此就成为宣扬共产主义的言论机关。

（二）孙中山派　中山自广东失败以后，正遇着新文化运动高涨的时期。同时，苏俄革命的成功，又予他以不少的刺激。因此，他在这个时候，便决意暂时离开他的革命工作，而专从事于他的主义的建设与宣传。（民国）八年（1919年）八月发行的《建设》月刊，便是他的机关杂志。他在这刊物上面，前后发表他的《实业计划》（物质建设）与《孙文学说》（心理建设）；同时，他的同志胡汉民、朱执信等，都在这刊物上发表很重要的著作，而胡汉民运用唯物史观以研究伦理，在当时可算是凤毛麟角的作品。同年，他的同志戴季陶又在上海发行《星期评论》，和北京的《每周评论》遥相呼应。国民党机关报《民国日报》的《觉悟》，在这个时候，是邵力子主持。这两个刊物上面，都时时登载着讨论社会主义和介绍社会主义的文章。孙中山一派，在理论上经过这一次深入的并比较的研究以后，就定立了他以后的联俄等政策；而他的主义，也是在这个时期以后，才普及于全国群众。

（三）无政府主义派　这派的首领，要推刘师复、吴敬恒、李石曾。师复早死；吴、李二人，在这个新文化运动中所倡导的，就是半工半读的运动，因为他们信奉无政府主义，所以提倡各尽所能各取所需。八、九年之交，他们设立一个留法勤工俭学会，国内学子前后留法半工半读的，不下数百人。当时苏俄革命已告成功，而德国又正在革命高潮中，这些学子为那时的革命空气所笼罩，竟有一部分变成了共产主义的信徒，这是非他二人始料所及的。敬恒又力倡物质科学，甚恶所谓东方式的精神文明，其行文又多杂以俚语趣话，故为当时学子所欢迎。他们虽信奉无政府主义，然又深知此种主义的实现距今尚远，所以又都从事于国民党的革命工作。

（四）少年中国学会派　少年中国学会是“五四”以后，国内及留日专门以上学校有志改造社会的学生所结合的团体，他们的刊物就叫做《少年中国》。在启蒙运动时期，他们的共同目标只是改造社会，但是对于改造社会所应取的手段，却不曾讨论过。后来因为讨论到手段问题，他们的思想便从此分野了：有的信奉共产主义，如张国焘等，便加入了共产党；有的信奉国家主义，如曾琦等，便形成了日后的《醒狮》派；

此外有从这个学会退出来的，又加入（民国）十一年（1922 年）所组成的创造社。

（五）进步党　进步党人如梁启超、孙洪伊等，在政治上的尝试失败以后，逢着这个新文化运动勃兴的时候，他们也跟着时代后面走，那时他们队伍中最出力的，除孙洪伊外，要算张东荪、蓝公武一班人，北京的《晨报附镌》和上海《时事新报》的《学灯》以及《解放与改造》月刊，便是他们的言论机关。在当时他们也讨论到社会主义的问题，可是没有深入的研究。后来徐六几等所提倡的基尔特社会主义，很和他们接近。他们又组织了一个共学社，出了许多书籍。但是，他们始终不忘情于政治活动，所以没有多大的成就与影响。

以上所述五派，不过就其影响较大者而言，此外如周作人所倡导的新村运动等等，则以其无甚关系，便用不着细述了。

最后，还要说说这次新文化运动所发生的作用与业绩。

第一，出版物的发达。“五四”以后，全国各地的杂志周刊，不下数百种，同时，丛书的编译，到处皆是。在质的方面，虽不甚精到，但在量的方面，却空前未有。

第二，西洋学者的来华讲演。“五四”以后，如杜威、罗素、葛利普、杜里舒、孟禄诸学者，均先后来华讲演，尤以杜威的教育哲学，影响于当时思想界者甚大。

第三，思想与行动渐趋一致。在这个运动以前，思想自思想，行动自行动。经过这个运动以后，思想与行动，始渐趋一致。后此“五卅”运动以及“三一八”运动，都以学生为中坚，其原因即在此。

这样看来，便知这次新文化运动，确实是中国文化史上一个划时期的运动。自此以后，直到近两年为止，在这个期间以内的一切文化运动，都无不是由这次运动推演出来的。

第九章　文学与美术

一、文字的起源及其变迁

《易·系辞》："古者包牺氏之王天下也，仰则观象于天，俯则观法于地；观鸟兽之文，与地之宜；近取诸身，远取诸物，于是始作八卦，以通神明之德，以类万物之情。"（许慎《说文解字·序》也引用这几句话）

《尚书·伪孔传序》："古者伏羲氏之王天下也，始画八卦，造书契，以代结绳之政，由是文籍生焉。"

许慎《说文解字·序》："黄帝之史仓颉，见鸟兽蹄迒之迹，知分理之可相别异也，初造书契。"

现在就这三段话，来考究中国文字的起源。大抵初民生活单简，所以用结绳来记事；后来生活稍进于繁复，渐感觉结绳记事不足以应付这种生活，积若干年与若干人的经验，才发明八卦来代替结绳。八卦很和巴比伦的楔形文字相似，是从象征生殖器的阴阳二爻所推衍而成的。所谓八卦，就是：（一）乾，其画为☰，其义为天；（二）坤，其画为☷，其义为地；（三）震，其画为☳，其义为雷；（四）离，其画为☲，其义为火；（五）艮，其画为☶，其义为山；（六）坎，其画为☵，其义为水；（七）巽，其画为☴，其义为风；（八）兑，其画为☱，其义为泽。

“天”覆“地”载，“山”“泽”所以资牧畜，“水”“火”为日用所必需，“风”“雷”则震惊于自然力的伟大，所以最初就把这八样事物，各命一个名称，而纪之以画。后来因为所知的事物日多，不能一一纪之以画，于是又把这八卦作为符号，去标识其他性德相似的事物，所以《易·系辞》说：“乾为天，为圜，为君，为父，为玉，为金，为寒，为冰，为大赤，为良马，为老马，为驳马，为木果。”但这还说不上书契，却只是些简单的符号。《尚书·伪孔传序》因为要说“伏羲、神农、黄帝之书，谓之三坟”这话，所以不得不说伏羲时就有了文字，其实由这简单的符号，演进为文字，尚要经过一个长的期间。在这个期间中，生活益加繁复，所知的事物更加增多，于是又感觉到符号不够应付生活，积若干年与若干人的经验，才又发明独体的文，所以《说文解字·序》说：“仓颉之初作书，盖依类象形，故谓之文。”六书中的象形指事，都叫做文。进而又觉得文还不够应付，于是又发明合体的字，所以《说文解字·序》接着又说：“其后形声相益，即谓之字。”六书中的会意形声转注，都叫做字；至于六书中的假借，便是文与字。大抵文字的起源，就是这样的。不过有两点要注意：第一，所有文字，绝不是仓颉一人所创造，因为文字的创造，是随着生活的演进而来的，生活上要求某个文字，才有创造某个文字的需要。第二，当时所创造的，必定以象形为最多，其次是指事，而且因为各地生活上的需要不同，所以创造出来的文字，各各不同，我们观商代文字的形体与书法不一致，便可想见。而现在我们则看到形声字是最多的了。

到了周代，文字始大备。《说文解字·序》说：“周礼，八岁入小学，保氏教国子，先以六书：一曰指事，指事者，视而可识，察而见意，上下是也；二曰象形，象形者，画成其物，随体诘诎，日月是也；三曰形声，形声者，以事为名，取譬相成，江河是也；四曰会意，会意者，比类合谊，以见指㧑，武信是也；五曰转注，转注者，建类一首，同意相受，考老是也；六曰假借，假借者，本无其字，依声托事，令长是也。”六书之体，至是始备。及宣王时，太史籀大篆十五篇，与古文或异，以教学童，盖欲假此以统一文字。但孔子书六经，左丘明述《春秋传》，却都用古文，而不用大篆。

“其后诸侯力政，不统于王，分为七国，文字异形，言语异声。秦始皇帝初兼天下，丞相李斯乃奏同之，罢其不与秦文合者。斯作《仓颉篇》，中车府令赵高作《爰历篇》，太史令胡毋敬作《博学篇》（统谓之三苍），皆取史籀大篆，或颇省改，所谓小篆者也。”（《说文解字·序》）当时天下事繁，嫌篆书不便，于是始皇又命下杜人程邈作隶书，以趋约易。自是秦书有八体：一曰大篆；二曰小篆；三曰刻符（刻于符上之书）；四曰虫书（以书幡信）；五曰摹印；六曰署书（以题封检）；七曰殳书（以题兵器）；八曰隶书。

汉元帝时，史游又作《急就篇》，解散隶体，创作草书，各字相连的叫做草，不连的叫做章。新莽颇改古文，时有六书：一曰古文，即孔子壁中书；二曰奇字，即古文的别体；三曰篆书，即小篆；四曰左书，即秦隶书；五曰缪书，即秦摹印；六曰鸟虫书，即秦虫书。东汉时，张芝又作一笔草书，各字相连，叫做今草。王次仲又作楷书，叫做真书。于是字体大备。

至于字书，则以许慎《说文解字》为最详，共分五百四十部，九千三百五十三字，自天地鬼神，以及山川草木、鸟兽蛇虫、杂物奇怪、王制礼仪、世间人事，莫不备载。后人所以能解古人造字的根源，都是《说文解字》之功。

最后说说作书之具。古人作书之具，有竹木两种：木的叫做版，叫做牍，又叫做方。版长一尺，故又叫做尺牍。小的叫做札，又叫做牒。大的叫做椠，椠长三尺。方而有八角，有六面或八面可书写的，叫做棱，又叫做觚。刻木以记事叫做契，将它分做两半，或叫做契，或叫做券。竹的叫做简，又叫做策。篆籀篇籍範（范）笺符诸字，无不从竹，即古人通常以竹作书之证。此外又有用帛的，叫做缣素。简、策、牍、版，都是散漫不相连系的，再用韦（即柔皮）把它们编连起来，故孔子读《易》“韦编三绝”。至汉，蔡伦始造纸，有纸之后，书才叫做卷。笔始于蒙恬，以柘木做管，以鹿毛做柱，羊毛做被。然秦以前早有作书之具：楚叫做聿，吴叫做不律，燕叫做弗，除秦笔外，其余不可考。墨的由来不可考，汉人书中数见其名，唯始于何人，古书未载。然晋时所掘发的汲冢书，系以墨书字，则知用墨当在战国以前。又古代书籍，均系写本，并无印刷。五代冯道刻五经，是为中国有木版印刷之始，宋毕昇又作活字版（见沈括《梦溪笔谈》），印刷之术始大进。

二、文学的起源及其演进

一般研究文学起源的人，都以为文学肇始于风谣。《汉书·艺文志》：“哀乐之心感而歌咏之声发。”朱子《诗集传序》：“有欲则不能无思，有思则不能无言，言所不能尽而发于咨嗟咏叹之余者，必有自然之音响节奏而不能已。”这就是说：人生有欲则不能无情感，既有所感于中，就不能不谋有所以抒诸外。最初把情感抒诸外的东西，便是风谣。风谣合于自然的音响节奏，所以有韵之文又发生在无韵之文以前。

郭绍虞在《小说月报》《中国文学研究》上，有《中国文学演进之趋势》一文，他说：

“一般研究文学史的人推论文学之缘起都以为肇始于风谣。风谣实是最古的文学。其与后世文学不同者，即在于后世渐趋于分析的发展，而古初只成为混合的表现。今人研究风谣所由构成的要素不外三事：

（一）语言——辞——韵文方面成为叙事诗，散文方面成为史传，重在描写，演进为纯文学中之小说。

（二）音乐——调——韵文方面成为抒情诗，散文方面成为哲理文，重在反省，演进为纯文学中之诗歌。

（三）动作——容——韵文方面成为剧诗，散文方面成为演讲辞，重在表现，演进为纯文学中之戏曲。

在原始时代，各种艺术往往合而为一，所以风谣包含这三种要素，为当然的事情。即后世的文学犹且常与音乐舞容发生连带的关系，而与音乐的关系则尤为密切。这因语言与动作之间，以音乐为其枢纽之故。欲使其语言有节奏，不可不求音乐的辅助；欲使其音声更有力量，不可不借动作以表示。所以诗歌并言，歌舞亦并言。以音乐为语言动作的枢纽，正和以歌为诗与舞的枢纽一样。”

“《毛诗大传》论诗歌之起源，亦谓：‘诗者，志之所之也。在心为志，发言为诗。情动于中而形于言，言之不足故嗟叹之，嗟叹之不足故永歌之，永歌之不足不知手之舞之足之蹈之也。’此节说明这三种艺术混合的关系更为明晰。以文学为主体而以音乐舞蹈为其附庸；以诗歌为最先发生的艺术，而其他都较为后起。这些意思，都可以于言外得之。盖昔人思虑单纯，言辞简质，虽有所感于中而不能细密地抒发于外，所以不得不借助于其他艺术。后来渐次进步，始渐与舞蹈脱离关系了；更进而后与音乐脱离关系了，迨到描写的技巧更进的时候，即由音乐蜕留的韵律，亦渐次可以破除了。至其依旧借助于舞蹈与音乐的地方亦更逐渐进步，而成为更精密的体制。于是文学上种种形式体裁与格律遂由以产生，而其源固导始于风谣。”

“风谣是原始的文学，由于风谣更进一步便成为诗。诗亦是原始的文学，诗亦可以概括一切的创作文学。本来由于各体文学发生的程序而言，韵文常先于散文，所以由风谣更进一步的文学，实可以诗作为代表。风谣与诗本来没有什么区别，不过由于内容而言，风谣是未成熟的文学作品，诗是较成熟的文学作品。再从表现的工具而言，风谣是以语言为工具，而诗则用文字为工具而已。”

“前言风谣有三种要素，即是语言、音乐和动作。及其进而为诗，遂由语言的质素以演成史诗（即叙事诗），由音乐的质素以演成抒情诗，更由动作的质素以演成剧诗。旧时把《诗经》分成风、雅、颂三类，我们若从大体上观察，则雅可以当史诗，风可以当抒情诗，而颂字训容，恰可以当剧诗。”

郭氏这几段话，是他全文的总纲，其大意就是：文学肇始于风谣，风谣是无文字时代的文学作品，包含语言、动作、音乐三种要素；风谣进一步便是诗，诗亦是原始的文学。换言之，即诗是有文字时代的最初文学，它也包含此三种要素，其后文体之所以各异，即在于后世之趋于此种要素之分析的发展。他最后又说：“由是可知无论何种文体，实在都有三个共同的倾向，即自由化，散文化，语体化。中国文学演进的趋势无论如何曲折迂回，却总是向着这三个目标以进行。”以下就他这个总纲，把中国文学中的小说、赋、诗、词、曲、文等项目的演进，略述一番：

（一）小说。小说是由历史传记演进而来的，而历史传记又是从诗史演进而来的。中国有无诗史——《尧典》虽为诗史，但我们认为这是后人的伪造——不可（证）实，但以文学演进的行程论，则中国古代似亦有诗史。章炳麟说：

“古者文字未兴，口耳之传，渐则忘失，缀以韵文，斯便吟咏而易记忆。意者仓、沮以前，亦直有诗史而已；下及勋、华，简篇已具，故《帝典》虽言多有韵，而文句参差，恣其修短，与诗殊流矣。其体废于史官，其业存于蒙瞽，由是二雅踵起，借陈歌政，同波异澜，斯各为派别焉。”（《检论》五《附录正名杂义》）

由章氏之言，则知中国古代亦有诗史。后来因为“简篇已具”，有韵的诗史，便渐次变成历史的传记。用传记的体裁，描写荒唐诡异的事情，使成志怪小说。这种志怪小说，如《山海经》与《穆天子传》，即已开其端绪。降及两汉、六朝，志怪小说始大发达，而小说一语，才始见于《汉书·艺文志》：

“小说家者流，盖出于稗官，街谈巷议，道听途说者之所造也。”

《汉书·艺文志》中，更列举小说十五家，千三百八十篇。这些小说，都已不传，唯其中虞初《周说》九百四十三篇，后世仰为小说的鼻祖。《汉书》记虞初的事是：

"虞初河南人，武帝时以方士侍郎，陇黄车使者。应劭曰：其说以《周书》为本。师古曰：《史记》云：虞初，洛阳人，即张衡《西京赋》：小说九百，本自虞初者也。"

观此，虞初既是方士，则其书为神仙怪诞之说，属于志怪小说一类，便不用说了。时武帝信神仙，怪诞之说并起。东汉时代，方士之说更盛。魏、晋清谈，佛、道继起。故这一时代的志怪小说很发达。而其取材，要以方士、佛、道诸家灵异、神怪之说为主，他如儿女之私及朝野遗闻轶事以资谈助者，亦为小说材料，不过不及前者的重要而已。今就《汉魏丛书》中所收集的两汉、六朝小说之主要者，如托于汉东方朔所撰的《神异经》、秦王嘉所撰的《拾遗记》、晋干宝所撰的《搜神记》、托于晋陶潜所撰的《搜神后记》、宋刘敬所撰的《异苑》、梁吴均所撰的《续齐谐记》、梁任昉所撰的《述异记》，便是志怪小说中之最有名者。如托于东方朔所撰的《海内十洲记》、托于汉班固所撰的《汉武故事》及《汉武内传》、托于汉郭宪所撰的《别国洞冥记》，便是属于方士神仙之说的志怪小说。如梁颜之推所撰的《还冤志》、宋刘义庆所撰的《宣验记》、齐王琰所撰的《冥祥记》，便是言佛家因果报应之说的志怪小说。他如记儿女之私的，就有托于汉伶玄所撰的《飞燕外传》及无名氏的《杂事秘辛》。资谈助的，就有托于汉邯郸淳所撰的《笑林》及刘义庆的《世说》。记朝野遗闻轶事的，就有托于汉刘歆所撰的《西京杂记》。又如汉赵晔所撰的《吴越春秋》与汉袁康所撰的《越绝书》，在《四库全书提要》中虽录于《史部载记类》，但其中亦多小说的记载。总之，两汉六朝是志怪小说最盛行的时代，而其托名为汉人所撰的，大概都不可靠，或系魏、晋以后人所作。

唐代小说，较两汉、六朝更为发达，更为进步。洪容斋说："唐人小说，不可不熟，小小情事，凄婉欲绝，洵有神遇而不自知者，与诗律可称一代之奇。”胡应麟说：“变异之谈，盛于六朝，然多是传录舛讹，未必尽幻设语。至唐人乃作意好奇，假小说以寄其笔端。”是唐代小说，已转变至一新时期，即传奇小说时期。据日本盐谷温《中国文学概论》，则唐代传奇小说，可以分作别传、剑侠、艳情、神怪四类，今将《唐人说荟》（一名《唐代丛书》）所收集的小说依盐谷温的分类法略述如下：

（甲）别传：如韩偓所撰的《海山记》《迷楼记》《开河记》三种，都是记录隋炀帝的逸事的；如无名氏的《李林甫外传》，便是描写当时道教流行的作品；如陈鸿所撰的《东城老父传》，便是记玄宗时代斗鸡盛行的事；如郭湜的《高力士传》、曹邺的《梅妃传》、陈鸿的《长恨歌传》以及乐史的《太真外传》四篇，可以说是明皇内传，是记录玄宗宫闱间秘事的好史料。

（乙）剑侠：如张说所撰的《虬髯客传》，杨巨源所撰的《红线传》，薛调所撰的《刘无双传》，段成式所撰的《剑侠传》，都无不是些武侠男女的勇谈。

（丙）艳情：艳情类以佳人才子的风流韵事为主，实唐代传奇的精粹，如蒋防的《霍小玉传》、白行简的《李娃传》、许尧佐的《章台柳传》、元稹的《会真记》、张文成的《游仙窟》，都属此类，而尤以《会真记》为最重要，因为后此赵德麟的《商调鼓子词》、董解元的《西厢挡弹词》、王关的《西厢》杂剧、明人的《西厢》传奇，都是由《会真记》转来的末流，我们由此可以找出宋、金、元、明间声曲发达的沿革，最为清楚。

（丁）神怪：神怪类是关于神仙、道、释怪谈的小说，和《神异经》一样，但唐人的手笔，却情节有趣，文章华丽，固不可同日而语。如李朝威的《柳毅传》、郑还古的《杜子春传》、李公佐的《南柯记》、李泌的《枕中记》、皇甫枚的《非烟传》、陈元祐的《离魂记》，都是神怪类小说中的最有名者。要之，唐代传奇小说，大抵想象离奇，情绪丰富，文笔华丽，记叙委婉，皆非以前所及，实唐人的绝作。后此元、明间杂剧流行，每每取其事以被之管弦，也叫做传奇。如《会真记》便有元王实甫的《西厢记》（见前），《长恨歌传》便有清初洪昇的《长生殿》，《虬髯客传》便有明凌初成的《虬髯翁》，张凤翼、张太和的《红拂记》，《南柯记》便有明汤临川“四梦”的《南柯记》。至宋以后，诨词小说始代传奇小说而起，然唐人传奇体的小说，亦间有作品，如宋洪迈的《夷坚志》、明瞿祐的《剪灯新话》、明李祯的《同馀话》、清蒲松龄的《聊斋志异》、清钮琇的《觚剩》、清张潮的《虞初新志》、清余怀的《板桥杂记》以及清陈球的《燕山外史》均属之。

诨词小说起于宋代，盐谷温说：“小说起于汉代，从六朝经过唐渐渐发达，其文体为秾艳绮缛之文语体，然而还不过是词人文士的余业。真正的有国民文学之意味的小说，创于宋代。这叫做诨词小说。诨为戏言、笑语、滑稽谈之意味，诨词小说是以俗话体很有趣的写成的小说。”观此，便知道诨词小说，就是由文言转变为语体的一种国民文学。而且唐代传奇小说是短篇的多，宋以后的诨词小说却是章回体。宋代诨词小说传到今日的，只有《宣和遗事》一种，系南宋无名氏之作，徽宗、钦宗的二代记。至元代，诨词小说始盛行，这第一是由于元以异族入主中原，仕路沮塞，所以许多文人便喜以游戏的笔墨，描写社会的情状，以抒发其平日的积郁之气；第二是由于元人向处荒寒瘠苦之乡，一朝得志中原，醉心汉族文明，趋向娱乐方面，所以欢迎杂剧与小说，以取快乐；至于唐、宋以来佛家说法与理学家语录的喜用语体，也是促成此种诨词小说的原因。元代诨词小说的代表作品，有《水浒传》，相传为施耐庵所作，又有罗贯中的《三国志演义》，至今还很流行，成为一般人的读物。降及明代，又有吴承恩的《西游记》以及相传为王世贞所作的《金瓶梅》，并《水浒传》《三国志演义》，称为小说四大奇书。他如《平妖传》《今古奇观》《龙图公案》《两汉演义》以及《东周列国志》，都是明代小说中的最好者。清代诨词小说，则以曹雪芹的《红楼梦》为一代代表作品。他如燕北闲人所作的《儿女英雄传》以及《三侠五义》（后更名《七侠五义》），便是侠义小说的代表作品。吴敬梓的《儒林外史》，便是讽刺小说之祖。清末，更有李伯元的《官场现形记》及吴趼人的《二十年目睹之怪现状》。又如《镜花缘》便是拥护女权的作品，《花月痕》便是才子佳人的韵语，《品花宝鉴》便是美少年的秘话。清末，林纾又译西洋小说若干种，为西洋文学翻译的开始，但他喜用古文，所以弄到与原著者的意思相违。新文化运动以后，新进作家辈出，有如风起泉涌一般，创作与翻译，都有很长足的进步。

（二）诗。诗与赋原出于《诗经》中之所谓风，至春秋战国时才分为两途。宋严羽《沧浪诗话》说："风雅颂既亡，一变而为《离骚》，再变而为西汉五言，三变而为歌行杂体，四变而为沈（佺期）宋（之问）律诗。"最初诗与音乐是不能分离的，汉代以后，诗与乐分为两途：当时诗有五言、七言、四言、六言之分，五言始于古诗十九首（其中有九首为枚乘所作）及李陵、苏武之作，七言始于武帝时柏梁台的唱和诗，四言始于汉楚王傅韦孟，六言始于汉司农谷永（此外有三言始于晋夏侯湛，九言始于曹魏高贵乡公）。然汉、魏、六朝的作品，仍以五言、七言两体为多，这些都是古诗。至于乐府，则始于汉高帝的《三侯章》及唐山夫人的《房中乐》，至武帝定郊祀之礼，立乐府，以李延年为协律都尉，采司马相如等所作诗赋，论其律吕使和于八音之调，而乐府之名始立。东汉以后，乐章亡绝，不可复知，由是所谓乐府之作，便不过是"依前曲作新声"① 的事业而已，而乐府也就因此成为诗中之一体。降及晋世，音韵学渐次发达，而梁沈约创四声八病之说，嗣后诸家遵轨，已开律体之端。到了唐代，所谓近体诗始正式成立。近体诗是别于古体而言，所谓古体诗，就是汉、魏、六朝的诗，这种诗虽以五言七言为

① 《晋书·乐志》："汉自东京大乱，绝无金石之乐，乐章亡绝，不可复知。及魏武平荆州，获汉雅乐郎河南杜夔，能识旧法，以为军谋祭酒，使创定雅乐。"又引曹植《鼙舞诗序》云："故汉灵帝西园鼓吹有李坚者能鼙舞。遭世荒乱，坚播越关西，随将军段煨。先帝（曹操）闻其旧技，下书召坚。坚年逾七十，中间废而不为，又古曲甚多谬误，异代之文未必相袭，故依前曲作新声五篇。"

多，但是每篇的句数并无一定，每句又没有定声。至于近体诗，却是取古体五言七言诗，调以声律，加以排整，而通篇都为五言或为七言的一种诗，不过近体诗中，又有律诗绝句之分。诗的体制，至是大备，后此宋、元、明、清都不能出此范围。唯自唐宋以后，受佛家说法与宋儒理学语录的影响，而以俚语入诗之风大开，其结果遂形成今日之所谓新体诗，即自由诗。诗之演进，大概如是。至于历代作家，则有文学史的叙述，故不复赘。

（三）赋。上面说过，赋也是出于诗，所以班固《两都赋序》也说："赋者，古诗之流也。"赋之源固合于诗，但其末却不同于诗。从性质上说：诗——"在心为志，发言为诗"（《诗大序》）；赋——"赋者，铺也；铺采摛文，体物写志也"（刘勰《诠赋》）。从作用上说：诗——"书曰'诗言志，歌永言'，故哀乐之心感，而歌咏之声发。诵其言谓之诗，咏其声谓之歌"（《汉书·艺文志》）；赋——"不歌而诵谓之赋"（《汉书·艺文志》）——诗与赋的分别，大概如此。最初的赋，叫做短赋，短赋可以说是无韵的小诗，因为当时的诗都与音乐有关，而短赋却和音乐无关。《左传》载士蔿为夷吾筑城不慎，被献公所斥责，士蔿便退而赋曰："狐裘尨茸。一国三公，吾谁适从！"这便是短赋的好例。由短赋而进为骚赋。骚赋的开创者是屈原，它是诗与赋间过渡的产品，所以刘勰说："轩翥诗人之后，奋飞辞家之前。"又说："赋也者，受命于诗人，拓宇于《楚辞》。"由骚赋再进而为辞赋。赋的名称之成立，实由于荀卿与宋玉，而屈原之赋全属抒情，还有古诗的遗意。至荀卿之赋，却已和屈原不同。刘勰说："荀况《礼智》，宋玉《风钓》，爰锡名号，与诗尽境。"扬雄说："诗人之赋丽以则，辞人之赋丽以淫。"盖骚赋为诗人之赋，而辞赋则为辞人之赋。后此司马相如、枚乘、扬雄诸人，都是辞赋的大家，而他们所代表的汉赋，即是赋的正宗。由辞赋再进而为骈赋。骈赋为魏、晋、六朝时之赋，专用俳体，竞尚奇巧，其气势局格，已比不上汉赋。由骈赋再进而为律赋，就益加比不上汉赋而流入为下品了。所谓律赋，始自唐世，以迄宋代，盖从沈约四声八病之说起，而唐诗有律诗，唐赋亦遂有律赋。律赋专以音律谐协对偶精切为工，至于情韵气势，却置诸不顾的了。由律赋再进而为文赋。文赋就是散文的有韵者。其体虽源于荀卿《礼智》诸赋，然实完成于宋人。原来自唐韩愈提倡古文力排骈文以来，至宋而散文始完全战胜骈文，所以宋人别创一格，而以散文作赋。如欧阳修的《秋声》及苏轼的《赤壁》，便是文赋的好例。最近语体流行，所谓语体的散文诗，或许就是一种白话赋。

（四）词与曲。王元美《艺苑卮言》："三百篇亡而后有骚赋，骚赋难入乐而后有古乐府，古乐府不合俗而后以唐绝句为乐府，绝句少婉转而后有词，词不快北耳而后有北曲，北曲不谐南耳而后有南曲。"由他这段话看来，便知道词与曲的来源了。原来唐人拿绝句度曲，至五代两宋衍成长短句就创成为词，所以有人说，词是诗之余。词要播入管弦，所以讲究音律。但自金元入主中原，所用胡乐，词不能按，就更成为北曲。其后北曲不合于南乐，所以明初又创南曲。至于词与曲的作家，则有文学史为之讲述，故不复赘。

（五）文。这里所谓文，是指散文而言。以前说过，有韵之文发生在无韵之文之先。中国六经，诗固全为韵语，而其余各经以及周、秦间诸子所著书，其间皆时有韵。至秦、汉间，有韵之文与无韵之文，界画始清。秦世作家如李斯辈，两汉作家如贾谊、晁错，都是很有名的，而司马迁的《史记》，更为唐代以后直至清代古文诸家所宗法。后班固撰《汉书》，亦能继迁之业。降及东汉，便每每以单行之句，运排偶之词，文体遂和西汉不同。至建安七子出，骈俪之风始盛。晋初陆机的《连珠五十》，尤为四六文的嚆矢。南北朝时，谢灵运、颜延年、鲍照、徐陵、庾信继起，便专事绮辞缛句，置情理于不顾了。唐初王、杨、卢、骆四杰，虽其为文，力事遒劲，然托体仍为骈偶。后陈子昂出，始稍复两汉的旧观。迨韩愈、柳宗元出，才毅然以转移文风为己任，效法秦汉之文，力倡古文运动。宋世欧阳修、王安石、曾巩、三苏继起，始完全战胜骈文。自是以后，直至清代，虽间有骈文作家，然文章正宗，却不曾逸出唐、宋所谓古文以外。

三、文学革命与国语运动

原来中国国语是不统一的，所以做思想上与知识上之媒介的工具，便只靠文言。汉武帝时，丞相公孙弘奏道："臣谨案诏书律令下者，明天人分际，通古今之谊，文章尔雅，训辞深厚，恩施甚美。小吏浅闻，弗能究宣，无以明布谕下。"当时的小吏还看不懂"文章尔雅"的诏书律令，更何况百姓。这可见古文在那时就已成了一种死文字了。但是，只因二千多年来统治阶级的提倡与科举制度的拥护，所以它还能苟延寿命到这样的长久。不过，这种顺于自然的语体文学，在社会上却依然占有它的潜势力，最近五百年中语体小说的发达，便是一个明证。清季维新时代，梁启超作文，已渐趋解放；而王国维主张文学以自然为主以及认白话胜于文言，实已开文学革命的端绪。然正式高揭文学革命的旗帜者，则首推胡适与陈独秀。胡适的《文学改良刍议》说："文学者随时代而变迁者也。一时代有一时代之文学……唐人不当作商、周之诗，宋人不当作相如、子云之赋——即令作之，亦必不工。逆天背时，违进化之迹，故不能工也。……以今世历史进化的眼光观之，则白话文学之为中国文学之正宗，又为将来文学必用之利器，可断言也。"陈独秀和之，作《文学革命论》，而建立三大主义，即"推倒雕琢的阿谀的贵族文学，建设平易的抒情的国民文学；推倒陈腐的铺张的古典文学，建设新鲜的立诚的写实文学；推倒迂晦的艰涩的山林文学，建设明了的通俗的社会文学"。不久，胡适又作《建设的文学革命论》，而主张国语的文学。但是，当时一班主张文以载道的守旧人物，如林纾辈，却起来反对这种文学革命。不过，不久因为继五四运动而迈进的新文化运动之推进与提倡，这种文学革命就终于成功了，而建立为国语的文学。

其次，请言国语运动。原来自明末欧人初来中国时，以华语华字难通，便利用罗马字母去代替，已经伏下了改革的动机。清季维新变法时代，官话书报初起，许多人就已经认定白话是普及教育的利器；当时王照的官话字母与劳乃宣的简字字母，竟得到了官厅的提倡而推行颇广。民国元年（1912 年），教育部为要范正汉文的读音，制定了注音字母三十九个。直到国语文学的呼声大张之后，教育部始于（民国）七年（1918 年）十一月公布这种注音字母；不久，又设立国语统一筹备会，明年更通咨各省区“自本年秋季起，国民学校一二年级先改国文为语体文”；旋又修正《国民学校令》，改国文为国语。而新式标点符号与《国音字典》，都是在这一年颁行的；同时，还开办有国语讲习所。经过这一番运动，于是国语始成为学校的必修科目，而国语文学的进行也从此得到许多便利；等到近几年来，国语竟在中学课程中也占有重要地位了。

四、艺术——书、画

所谓艺术，是包括书、画、音乐、建筑、雕刻、塑像以及其他工艺而言，这些都属于专门学问，所以本节只把艺术中与我们关系最切的书、画简略地说说。

（一）画。画与书本出于一源，唯商代以前已不可考。周时已有壁画，大抵都简朴古拙。壁画至汉大盛：文帝时绘诽谤木、敢谏鼓等于承明殿，武帝时绘天地、太一、诸鬼神于甘泉宫，宣帝时绘功臣像于麒麟阁，都是壁画，而且含有劝诫的意思。文帝时，又有尚方画工毛延寿等，是为后世画院的嚆矢。至东汉明帝，始特设画官，命班固等述经史故事，使画工描绘成图，这就是汉明帝《画官图》五十卷。又遣使月氏国，收集佛教雕刻画像，仿造数本，置于清凉宫；又画《千乘万骑绕塔三匝图》于白马寺的壁上，即佛寺壁画的滥觞，亦即印度画入中国之始。至于当时以画名者，则有刘褒、赵岐、蔡邕、张衡，而刘的《云汉图》，张的《地形图》，尤为有名。三国时，以吴曹不兴最善画。晋代名画，首推协卫和师事协的张墨与荀勖。其后顾恺之出，更在协之上，他于人物、神兽、风景，无不擅长，为中国言画者之所祖。南北朝时，刘宋有陆探微，以恺之画法，作连绵不绝的一笔画，与恺之、张僧繇及唐代吴道子，并称为画家四祖。刘宋又有宋炳，长于山水，以实地写景为主，开后世画家的创格。萧齐有谢赫，善画人物，他所著《画品录》序文中所举的六法①，为后世论画的典型。梁张僧繇画山水，参用印度画染晕法，特创没骨皴法，为中、印画法融合的成功者。隋代画家，如展子虔以画马胜，孙尚子以鬼神鞍马胜，郑法士以游宴豪华胜，董伯仁以台阁车马胜，杨契丹以衣冠簪组胜，都各有所长。唐初有阎立德、立本兄弟，均长于画，而立本绘像，尤为特出。开元、天宝间，吴道子、李思训、王维出，遂于画史上别开生面：吴道子长于画佛；李思训好作金碧山水，为后世着色山水之所祖，又为北派之祖；王维工诗画，喜为破墨山水，为南派之祖②。而周昉的水月观音，更为创作，与张僧繇、曹仲达（南北朝高齐时人）、吴道子并称佛教画上的四典型。晚唐，则张南本以佛教画胜，荆浩以山水胜。五代时，山水有后梁的关同，人物有前蜀的禅月大师贯休及后蜀的石恪，花鸟有南唐的徐熙与蜀的黄筌；而后唐李夫人（郭崇韬之妻），就窗影而画竹，种墨竹之祖。北宋盛行寺观宫殿壁画，当时院人③如董羽则专工龙水，黄居寀（黄筌之孙）则以花鸟胜，燕文贵与郭熙则长于山水，而熙所创影壁，更为特出。其非院人而以画为专业的，则山水有范中正，花鸟有徐崇嗣、赵昌、易元吉等。他如以画而寄其逸雅之气韵者，则前有李成、董源、释巨然，后有

① 六法：气韵生动，骨法用笔，应物象形，随类赋彩，经营位置，传摹移写。

② 《芥舟学画编》记南北二派传统——南派：王维、董源、释巨然、米芾、倪瓒、黄公望、王蒙、董其昌；北派：李思训、李昭道、郭远、马远、夏珪、刘松年、赵伯驹、李唐、戴进、周臣。

③ 宋设翰林图书院，内有画院书院等，故出自画院的画家，称为院人。

李公麟（龙眠山人）、米芾、苏轼，而米、苏兼工书，尤为世所推重。又宋徽宗，也工山水花鸟。南宋画院突兴，名师辈出：李唐的画，与李思训不相上下，大斧劈皴，即他所创；李迪长花鸟竹石，又善小景山水；李安忠专绘花鸟；苏汉臣工道、释人物，画婴儿尤为得意；马兴祖善花鸟杂画；萧照、阎次平工山水；刘松年以画纤巧流丽的青绿山水称；梁楷工人物，创水墨减笔描法；马远长于山水，只画一角半边的山水，故有马一角之称，为宋末水墨派院人的代表。元世，以从政之暇而作画的：有赵孟頫的人物山水竹石；高克恭的云山；李衎、柯九思的枯林竹石；任仁发的天马；王蒙的山水。专门画家，则有颜辉的人物；王渊的花鸟；孙君泽、丁野夫的山水。而在野文人，如钱选、曹知白、黄公望等亦长于绘画。明代院画盛行：太祖时，周位的山水；成祖时，蒋子成的水墨观音与山水，郭纯、上官伯达的山水；范暹、边文进的花鸟；宣宗时，商喜的山水人物，李在的山水，林良的水墨花鸟（写意派的元祖）；宪宗、孝宗时，吴伟的山水，吕文英的花鸟；武宗时，王谔的山水：都是佳构。院体衰落以后，自世宗至明末，士大夫文人的绘画，就继之而起，原来士大夫文人以画名者，在明初有王冕、王绂。其后又有沈周、唐寅、文徵明、董其昌四大家。至世宗时，便有钱谷的山水，项元汴的松竹古木兰梅。神宗时，便有邹迪光、张瑞图的山水，王思任的云山。明末，便有陈继儒的山水，黄道周、杨文骢的山水竹石，都是很有名的。至于花卉，则于前述院人之外，文人中尚有沈启南、陆治、周之冕、陈淳四大家。人物画除院人蒋子成外，后有阮福、丁云鹏，而曾鲸的写照，更为出神。又神宗时，利玛窦来中国，能画耶稣圣母像，曾波臣乃折中其法，而作肖像，为西洋画风入中国之始。明末，又有崔子忠、陈洪绶也工人物，而以陈作为最有名。清初画家，多为文人士大夫：王时敏、王鉴、王翚、王原祈（四王）及恽恪、吴历六大家，为一代画家所宗。其次有萧云从、孙逸称江左二家，程正葵、方亨咸、顾大申称鼎足名家，弘仁、八大山人、石涛、石溪称四大名僧，龚贤、樊圻、高岑、邹喆、吴宏、叶欣、胡慥、谢荪称金陵八家，都是名手。而龚贤为初学山水者作口诀画法册，殆为习画本的嚆矢，又其门人王概增修李流芳所集的古来名家山水树石的画法成编，后为李渔刻于《芥子园画传》，为古今第一的习画本。雍正、乾隆间的画家，有高翔、高凤翰、李世倬、张鹏翀、董邦达等，而高凤翰以左手书，最纵逸而有味。此外有扬州八怪（罗聘、李方膺、李鱓、金农、黄慎、郑燮、汪士慎、高翔）、浙西三妙（黄易、奚冈、吴履）、后四王（王廷元、王三锡、王廷周、王鸣韶），而金声更有名，郑燮的墨竹，也能自成一家。其时院人有钱维城、张宗苍、焦秉贞等，而院人意大利人郎世宁的西法画马，更为佳构。他如沈铨的花鸟，则以其曾到日本卖画，故其画风被于日本。嘉庆、道光间的画品稍下，其时董诰、王学浩，及朱本、朱鹤年等称名手。咸丰、同治至光绪间，则初有张熊的山水、朱熊的花卉、任熊的人物，称为沪上三熊。其次钱杜、赵之谦，亦有名。人物画则有费丹旭及光绪时任颐。清末及民国，又有吴石仙、陆恢、吴昌硕、陈衡恪、萧俊贤、金城、王震，亦均以画名。唯西洋画风已披靡一时，以后我国画界，或从此另辟一境界。

（二）书。上面说过，秦程邈作隶书。不过当时隶书，只用于文牍，而纪功勒石，却都用小篆。到了汉代，便通用隶书。后汉又由隶书变为楷书与草书。刘德昇又作行书。而蔡邕创飞白，卫觊则善古文。三国魏之钟繇，备具各种书法，为后世言楷书者所祖。晋王羲之师法钟繇，总百家之精，兼诸体之妙，其书称为古今第一，其子献之也工书，称为二王。南北朝时，南朝宗钟、王，北朝宗卫觊，书法遂分为二派。隋统一中国，始兼二派之长，自成一格，《龙藏寺碑》即此时的代表作品。而羲之七世孙僧智永，刻羲之《兰亭序》于石，则为法帖之始。唐代选举中有书法遒丽一条，所以名家辈出，而太宗、高宗、武氏、玄宗都好王书，故其时大家如虞世南、褚遂良、欧阳询、李邕，都无不宗王。又张旭以草书得名，称为草圣；李阳冰则以篆书得名，与秦李斯称为二李。

他如颜真卿虽宗王，而能集诸体的大成；柳公权之书，则出自真卿，唯能自创新意，另成一格。宋代大家，当推蔡襄、黄庭坚、苏轼、米芾四人。蔡的楷书，出自真卿，其真行草，都属妙品，而其草书尤有名，称为飞草。庭坚宗王而自成一家，尤长楷书，亦工行草。米书效法献之，而别树一帜。苏书自称仿佛褚、薛、颜、柳之笔。四家之书，均变化淋漓，而与唐代欧、虞、褚异其趣。元世书家有赵孟頫与鲜于枢，均以小楷著名。明代书家，当以文徵明、董其昌为名手，而其昌尤能自成一格。清世厉鹗、恽恪、刘墉、郑燮、翁方纲、梁同书、钱大昕、阮元、伊秉绶、左宗棠、何绍基、曾国藩诸人之书，均见重于世。

第十章 科 学

一、天文历数

天文历数的发明，大概在农业已经发明之后，因为播植收获，都是随着节候寒暑为定准的。但根据我国的传说，在黄帝时代，就业已发明了天文历数之学。相传黄帝使羲和占日，常宜占月，臾区占星气，伶伦造律吕，隶首作算数，大挠作甲子。容城综此六术而作历（《史记·历书索隐》）。于是以甲子纪日（甲乙丙丁戊己庚辛壬癸叫做天干，子丑寅卯辰巳午未申酉戌亥叫做地支），合支干以明日，积余分以置闰。《后汉书·郡国志》更谓黄帝推分星次，以定律度。尧时，以璿为玑，以玉为衡，以象天体的转运——这就是后世所称为浑天仪的滥觞。又窥日月五星的运行，以三百有六旬有六日为一岁，以闰月定四时（《尚书·尧典》），后世称为阴历之祖。夏、商、周三代，都因其制；唯月正之建，各有不同：夏以寅为人正，故建寅为正月（即现在大阴历的正月）；商以丑为地正，故建丑为正月（适当夏的十二月）；周以子为天正，故建子为正月（适当夏的十一月）。周代又有冯相、保章二氏，以掌天文。分天体为二十八宿；又将列国的领土，分配于天体，叫做分野；谓属于分野的分星，如有变异之时，则此分野之国，必有灾难。这就是占星术的发明。当时如周之史佚、苌弘，鲁之梓慎，晋之卜偃，郑之裨灶，宋之子韦，齐之甘德，楚之唐眛，赵之尹皋，魏之石申，都掌着天文，以星占名世。

到了汉代，天文学更有进步。尧时的璿玑玉衡，据说是浑天仪的权舆，后遭秦而灭。汉宣帝时，耿寿昌始铸铜而为之象，衡长八尺，孔径一寸，玑径八尺，圆周二丈五尺，旋转而望之，以观日月星辰之所在，即璿玑玉衡的遗法，汉代叫做浑天仪。安帝时，张衡又作候风地动仪以配之。至于历法，则武帝时有太初历，依夏正以正月为岁首。

原来太阳与各行星相缠的宿度，每岁有不及之分，其差很微，而在以前都不知道，至晋虞喜，始发明此理，因立岁差法，为历代所宗。

隋时，刘焯造七曜新历，颇能纠正当时之失。唐代李淳风又造铜浑天仪，作《麟德历》及诸算经；其后僧一行又作《开元大衍历》与《算经》。玄宗时，更有九执历，出于西域，为瞿昙悉达所译，与现今欧西之法相同。

元代郭守敬出，始集古代历法的大成。郭氏所创造者有五：（一）太阳盈朒。（二）黄道赤道差。（三）黄道内外度。（四）白道交周。（五）月行迟疾。这五项推测，都比古代为周密，与天亦合，为前此所未有。

明初用大统历，为刘基所进。其后，太祖以西域人推测天象至精，诏译其书，置回回司天监，改用回回历。万历时，利玛窦来中国，著《乾坤体义》《经天该》等书，李之藻从之学，于是西法始萌芽。后徐光启又依西法推算日食甚验，而大统历与回回历均不合，于是开局于北京首善书院，用西人邓玉函、熊三拔、龙华民等从事修改，制造仪器。时熊三拔著有《简平仪说》，阳玛诺著有《天问略》。后又用汤若望、罗雅谷等译《崇祯历书》百余卷，即以新历代旧历，然未及实行而明亡。清世祖入关，又用汤若望掌钦天监，颁行西法的时宪历书。圣祖时，旧钦天监职员杨光先等排斥西教，一时西法遂废。后圣祖命钦天监副吴明烜与南怀仁各测日影使之对照，吴测验有误，而南怀仁的测验准确，因此用南怀仁掌钦天监，颁行新法时宪历。又命徐日升修复以前为李自成所破坏的测天仪，南怀仁更著《新制灵台仪象志》，编康熙永年历；圣祖又著有《历象考成》，并其所著《数理精蕴》《律吕正义》二书，合称《律历渊源》。其后南怀仁死，白进、张诚等，又共备历政的顾问。

数学本与天文历法有深切的关系，故历数并称，象数并称。相传黄帝命隶首作算数，虽不可信，然数的观念与日常生活有关，故其发明亦最早。至周，关于数学始有专书，《周髀算经》与《九章算术》，即假托周公所著的数学书。唐时，李淳风与僧一行，均以明历而兼明算著名；且唐代选举，有明算一科，国子监中又设算学一科，当时算学的发达，可想而知。元代中西交通频繁，西学渐次输入中土，当时如郭守敬，即以西法治历兼治算学；而李治专治算学，著有《测海圆镜》一书。明末，西教士前后来华，其所译著：如利玛窦的《几何原本》《勾股义》，艾儒略的《几何纪要》，罗雅谷的《比例规解》，均甚有名。而李之藻、徐光启辈，多从西教士学，亦长于算学。清代圣祖精于算学，著有《数理精蕴》。然为一代开山之祖者，当推梅文鼎与王锡阐。同时大师如黄宗羲、江永辈，亦倡导数学，故清儒治经者亦多明算数。当时如文鼎的《勿庵历算全书》，江永的《慎修数学》，李锐的《李氏遗书》，董佑诚的《董方立遗书》，焦循的《里堂学算记》，张作楠的《翠微山房数学》，刘衡的《六九轩算书》，徐有壬的《务民义斋算学》，邹伯奇的《邹征君遗书》，丁取忠的《白芙堂算学丛书》，李善兰的《古昔斋算学》，均系一代有名之作。又曾国藩设江南制造局于上海，颇译西洋科学书，其算学名著，即出于李善兰与华蘅芳之手。维新运动以后，西洋数学书籍译本，就更加增多了。

二、医学

相传伏羲“尝草治砭，以治民疾”；神农“味草木之滋，察其寒温平热之性，辨其君臣佐使之义……遂作方书，以疗民疾”（《路史》依据孔丛子《帝王世纪》所引）。又相传黄帝咨于岐伯而作《内经》，复命俞跗、岐伯、雷公察明堂，究息脉，巫彭、桐君处方饵。不过此种传说，未可相信。即令有之，其术亦很简陋，且以当时迷信盛行，亦必以巫觋兼医师。

到了周代，医学始略有可考。据《周礼》：医师掌医之政令，而食医、疾医、疡医、兽医，复各分职治事。春秋时，名医有扁鹊，相传《难经》一书，即他所作。然自西周至战国，民间以医师治病者甚少，大半多用巫觋以治疾病。医学的不发达，由此可见。

东汉时，张机（仲景）服官长沙，感其家人多因伤寒致死，乃著《伤寒诸病论》及《金匮玉函经》等书，实为中国医家之祖。三国时有华佗，能解剖开刀，称为医中的神者。南北朝以后，中国医学始受印度的影响。至隋、唐时代，遂有孙思邈的《千金方》，王焘的《外台秘要》，甄权的《脉经》《针方》及《明堂人形图》，为时人所宗。金、元之际，有李杲（明之）精医学，著《内外伤辨惑论》及《脾胃论》。元代朱震亨著《格致余论》《局方发挥》及《金匮钩玄》诸书。医学至是始大发达。同时，犹太人以泰西医方输入中土，实为中国有西医之始。明初，名医辈出，如吕复、王履、戴思恭，均于医有所发明，而李时珍所著的《本草纲目》三十九卷，实为中国药用植物学的名著。然自海通以后，西医渐次输入中国，于是始有人用西洋科学的方法，以谋中医的改革。

三、史学与地理学

相传黄帝以仓颉为左史，沮诵为右史，是史官设立之始。然年代久远，已不可考。《尚书》真伪，姑置不论；然其中如《尧典》则为起居注，《皋陶谟》《益稷》则为朝廷琐记，《禹贡》则为地志，《甘誓》则为谕旨或宣言书之类，都不足以言正史；只有《商书》的《盘庚》《微子》，以人名篇，有类后世的本纪列传。春秋时，列国之史：如晋有《乘》，郑有《书》，宋有《志》，鲁有《春秋》，楚有《梼杌》，都是史名。当时良史，有齐之南史，晋之董狐；而孔子修《春秋》，为编年体之祖；左丘明作《国语》《左传》，则为纪事体。然体例完备的，却应推司马迁的《史记》，故司马迁实中国史学之祖①。后班固仿《史记》而作《汉书》②，为我国断代史之祖。晋陈寿的《三国志》与南北朝时宋人范晔的《后汉书》，都是断代为史，与《史记》《汉书》合称为四史。他如：南北朝时梁人沈约的《宋书》与萧子显的《南齐书》，北齐魏收的《魏书》；唐房乔等的《晋书》，姚思廉的《梁书》与《陈书》，李百药的《北齐书》，令狐德棻等的《周书》，李延寿的《南史》与《北史》，魏徵等的《隋书》；后晋刘昫等的《旧唐书》；宋欧阳修等的《新唐书》，薛居正等的《旧五代史》以及欧阳修的《新五代史》，都是断代史。至宋，始将《旧唐书》与《旧五代史》除外，自《史记》以至《新五代史》统称为十七史，定为正史。明世，又加元人脱脱的《宋史》《辽史》

① 梁启超说："《史记》千古之绝作也，不徒为我国开历史之先声而已。其寄意深远，其托义皆有独见，而不徇于流俗。本纪之托始尧、舜（五帝）也，世家之托始秦伯也，列传之托始伯夷也，皆贵其让国让天下，以诛夫民贼之视国土为一姓产业者也。陈涉而列诸世家也，项羽而列诸本纪也，尊革命之首功，不以成败论人也。孔子而列诸世家也，仲尼弟子而为列传也，尊教统也。孟、荀列传而包含馀子也，著两大师以明群学末流之离合也。老子、韩非同传，明道、法二家之关系也。游侠有传，刺客有传，励尚武之精神也。龟策有传，日者有传，破宗教之迷信也。货殖有传，明生计学之切于人道也。故太史公诚汉代独一无二之大儒矣。"（见《国学蠡酌·中国古代思潮》）

② 郑樵评班固道："自《春秋》之后，唯《史记》擅制作之规模。不幸班固非其人，遂失会通之旨，司马氏之门户，自此衰矣。……《史记》一书，功在十表，犹衣裳之有冠冕，木水之有本源；班固不通旁行邪上，以古今人物，强立差等；且谓汉绍尧运，自当继尧，非迁作《史记》厕于秦、项，此则无稽之谈也。由其断汉为书，是致周、秦不相因，古今成间隔。……且善学司马迁者，莫如班彪。彪续迁书，自孝武至于后汉，欲令后人之续己，如己之续迁，既无衍文，又无绝绪，世世相承，如出一手，善乎其继志也！……司马谈有其书，而司马迁能成其父志；班彪有其业，而班固不能续父之书。固为彪之子，既不能保其身，又不能传其业，又不能教其子，为人如此，安在乎言为天下法？范晔、陈寿之徒继踵，率皆轻薄无行，以速罪辜，安在乎笔削而为信史也？孔子曰：殷因于夏礼，所损益可知也；周因于殷礼，所损益可知也。此言相因也。自班固以断代为史，无复相因之义。虽有仲尼之圣，亦莫知其损益；会通之道，自此失矣。"（见《通志总序》）

《金史》及明人宋濂的《元史》，称为二十一史。清世，于二十一史中，又加清张廷玉的《明史》，便称为二十二史；再加入《旧唐书》与《旧五代史》，便称为二十四史。

言典章制度文物的沿革者，在唐有杜佑的《通典》，为中国文化史之祖。至宋，有马端临的《文献通考》与郑樵的《通志》，与《通典》合称为“三通”。而宋王应麟的《玉海》，亦属于此类。清世，更有《续通典》《续文献通考》《续通志》与《皇朝通典》《皇朝文献通考》《皇朝通志》，与“三通”合称为“九通”。

评史之书，在唐有刘知几的《史通》，是书融汇古今，洞悉利病，自《史记》至《隋书》，旁及杂史，一一取其体例，而批评之，实为后世史评诸书之祖。清世，章学诚作《文史通义》，议一家著述，注重史意，为千古史学开其榛芜，其价值可比《史通》。

编年体的史书，首推《春秋》。至宋世司马光奉敕与刘邠、刘恕、范祖禹等撰《资治通鉴》（起自周威烈王二十三年，迄后周世宗显德六年，其间凡一千三百六十二年），为编年体首出的史书。南宋朱熹本之，作《资治通鉴纲目》；刘恕又作《通鉴外纪》，录庖牺氏以后至周威烈王二十二年之事，以与《资治通鉴》相衔接；金履祥更作《通鉴前编》，与《通鉴外纪》同，以接《资治通鉴》之前；朱熹又作《续资治通鉴长编》，录自宋太祖至钦宗之事，以接《资治通鉴》之后。至于明代，更有陈桱的《通鉴续编》，专述宋代史事；胡粹中的《元史续编》，以补《元史》的缺略；商辂等的《续资治通鉴纲目》，述自宋太祖至元顺帝之事；薛应旂的《宋元通鉴》，专述宋、元两代事；更至清代，则有徐乾学等的《资治通鉴续编》与毕沅的《续资治通鉴》。至于综贯以上诸书而抄录出来的，则有明袁黄的《历史纲鉴补》与清周之炯、周之灿的《纲鉴易知录》，而清高宗所敕撰的《历代通鉴辑览》，更为完备。

纪事本末体，始于宋袁枢的《通鉴纪事本末》。袁枢依司马光《资治通鉴》之文，以一事为一单位，各各详其本末，成书四十二卷。明陈邦瞻仿其体例，又撰《宋史纪事本末》与《元史纪事本末》。至于清世，则更有高士奇的《左传纪事本末》，李萍的《辽史纪事本末》与《金史纪事本末》，张鉴的《西夏纪事本末》，谷应泰的《明史纪事本末》，合《通鉴纪事本末》与《三藩纪事本末》，合称为《九种纪事本末》。此外如清马骕的《绎史》，亦属纪事本末体；是书录开辟至秦末之事，博引古籍，在史料上，实为有价值的著作。

学史的著作，始于黄宗羲的《明儒学案》；其《宋元学案》，则其子百家与全祖望先后续成之①。

清代以考据学为最发达，故此时代的史学，亦带有考据学的色彩。赵翼的《二十二史札记》，王鸣盛的《十七史商榷》，钱大昕的《二十一史考异》，洪颐煊的《诸史考异》，诸书目的，都在于考证史迹，订伪正谬。其专考证一史者，则有惠栋的《后汉书补注》，梁玉绳的《史记志疑》《汉书人表考》，钱大昕的《汉书辨疑》《后汉书辨疑》，梁章巨的《三国志旁证》，周寿昌的《汉书注补校》《后汉书注补正》，杭世骏的《三国志补注》。唯其末流，专重考据，则与史学无关。金石学在清代亦彪然成为一科学，而补助于史学不少。顾炎武著《金石文字记》，实此学的滥觞。后此名家辈出，如武亿、洪颐煊、严可均、陈介祺诸人的著作，都无不考证精彻。晚近罗振玉辈，更为斯学巨子。

地理学以《禹贡》为最古，然其书或系后人伪作，未可深信。《水经》一书，为地理中重要著作，至北魏郦道元，始作《水经注》。清世戴震有《校水经注》，而《水经》遂为一时研究的中心。故孔广森有《水经释地》，全祖望有《新校水经注》，赵一清有《水经注释》，张匡学

① 梁启超："大抵清代经学之祖推炎武；其史学之祖当推宗羲，所著《明儒学案》，中国之有学术史，自此始也。……清代史学极盛于浙，鄞县万斯同最称首出，斯同则宗羲弟子也。唐以后之史，皆官家设局分修，斯同最非之，谓'官修之史，仓卒成于众人，犹招市人与谋室中之事'。以独力成《明史稿》，论者谓迁、固以后一人而已。其后斯同同县有全祖望，亦私淑宗羲，言文献学者宗焉。会稽有章学诚，著《文史通义》，学识在刘知幾、郑樵上。……章炳麟少受学于俞樾，治小学极谨严；然固浙东人也，受全祖望、章学诚影响颇深，大究心明、清间掌故，排满之信念日烈。"（见《清代学术概论》第30页、32页及157页）

有《水经注释地》，至杨守敬作《水经注疏》，遂集斯学的大成。他如二十四史中的地理志与三通中言州郡、边防各卷以及地理略，亦属地理学的专著。东晋以后，佛教徒西行求法，其著作也有关于地理学者，如东晋法显的《历游天竺记传》（今存，有英、德、法三种译本），宝云的《游履外国传》，姚秦时智猛的《游行外国传》，刘宋时法勇的《历国传记》与道普的《游履异域记》，元魏时宋云的《家记》（以上五书均佚）。唐代玄奘的《大唐西域记》（今存，有英、法译本），义净的《南海寄归内法传》（今存，有英译本）与《大唐西行求法高僧传》（今存，有法译本），无行的《中天附书》，继业的《西域行程》（以上二书均佚），惠超的《往五天竺国传》（久佚，今复出），都是顶好的地理著作。在此一时代，受佛教徒影响而撰著地理书籍者，则有道安的《西域志》，程士章的《西域道里记》，彦琮的《大隋西国传》与《西域玄志》，裴矩的《隋西域图》，王玄策的《中天竺行记》，韦弘机的《西域记》，许敬宗等的《唐西域图志》等，惜其书均已不存。元、明东西交通渐次频繁，当时因交通的影响，使地理学的范围更为扩大，而《马可·波罗游记》一书，实为介绍中国与西方人会面的第一部著作。清世，顾炎武与刘献廷均酷嗜地理学，所著书皆未成，而顾祖禹的《读史方舆纪要》，有组织，有制断，以地为经，以史为纬，实为当时绝学。上面说过，清世以考据学为最盛，故此一时代的地理学，亦带有考据学的色彩。如洪颐煊的《汉志水道疏证》与陈澧的《汉书地理志水道图说》，便是以水道治汉地理的著作。如阎若璩的《四书释地》，徐善的《春秋地名考略》，江永的《春秋地名考实》，焦循的《毛诗地理释》，程恩泽的《国策地名考》，便是考证先秦地理的著作。其考证各史地理者，则以吴卓信的《汉书地理志补注》与杨守敬的《隋书地理志考证》，为最精博。其考证《禹贡》者，则有胡渭的《禹贡锥指》。其通考历代者，则有陈芳绩的《历代地理沿革表》与李兆洛的《历代地理志韵编今释》，皆便检阅。而杨守敬的《历代疆域志》与《历代地理沿革图》，更为综核。乾隆以后，边徼多故，故嘉、道间学者，渐留意新疆、青海、西藏、蒙古诸地理，如徐松的《西域水道记》《汉书西域传补注》及《新疆识略》，如张穆的《蒙古游牧记》，如何秋涛的《朔方备乘》，如龚自珍的《蒙古图志》，均称佳构。至于外国地理，则有徐继畬的《瀛环志略》与魏源的《海国图志》。近三十年来，西学渐次发达，而外国地理亦随之有长足的进步。

下篇　经济概要*

* 据北新书局1937年版，杨东莼、陈彦舜合著。

第一章　中国社会经济之特质

公民必需的经济知识，不在于一般理论之抽象的理解，而在于正确地认识本国国民经济的现状。对于国民经济各种具体事实的分析，仍然离不了一般经济理论的应用，故学者在国民经济的探讨过程中，不知不觉地养成了理论研究的基础，却又是当然的事。

我们在研讨国民经济各方面的状况以前，首先要把本国社会经济的特质认识清楚，然后依着这个根本概念的指导，去向各方面进行研究，这样，我们的理解才可以深入，才可以系统化。

要理解本国社会经济的特质，不外乎从把握本国经济之地理的因素及历史的因素入手。所谓地理的因素，就是中国民族[①]所处的自然环境。历史的因素，就是中国经济的文化背景。以下分两节说明之。

第一节　中国民族的自然环境

中国民族何以有几千年的文化史？何以开化很早而进化很迟？我们要答复这些问题，除历史的因素外，便不能不首先明白中国民族所处的自然环境，具有若干的特征。而且，我们明白了自己所处的自然环境，便是关于经济现状的分析，以及将来发展趋势的估量，也不会茫无头绪了。

① “中国民族”为作者原文，代表当时人的看法。——编选者注

所谓自然环境，就是（一）国土的位置和面积，（二）气候，（三）地质及（四）河流、湖泊、海岸诸地理的条件。而地质一项，是包括（甲）地势、（乙）土壤、（丙）矿产而言。现在依次叙述起来。

国土的位置和面积　中国的地位，占在亚细亚洲的中部和东部。它的四界，极东到东经135度2.5分，即黑龙江会合乌苏里江处；极西到东经74度，即帕米尔高原之乌赤别里山南口；极南到北纬15度46分，即西沙群岛中之特里屯岛南端；极北到北纬53度52.5分，即阿尔泰山脉之萨彦山脊①。

中国的幅员，南北长7 100里，东西宽8 800里，据政府测定，全国面积为34 966 000余方里，合4 277 000余方英里，但据外人Stanford调查，则为4 376 000方英里。总之，数目上虽然尚待精细的测定，而中国面积必在430万方英里上下，则可以断言。这就是说，中国的面积，相当于全亚洲的1/4，又相当于全世界陆地的1/12。它比全欧洲还大。

如果和当代各大国比较，则中国为第四大国，这是将各国面积连殖民地计算的话（这样计算，英法比中国大。但根据中国面积的另一估计，则法国比中国略小，而中国为第三大国）。如果不连殖民地计算，则中国仅次于苏联，而大于美国，其他各国，不足和中国比。

中国的行政区划，包含28行省（江苏、浙江、福建、安徽、江西、湖北、湖南、四川、云南、贵州、广东、广西、山东、河北、山西、河南、陕西、甘肃、青海、西康、宁夏、新疆、绥远、察哈尔、热河、辽宁、吉林、黑龙江），1 939县，14普通市，5院属市（首都、上海、北平、青岛、西京），4行政区（威海卫、东省特别区、蒙古、西藏）。

现在被强邻侵占之东北四省，其面积为377.6万余方里（计辽宁85万方里，吉林88万方里，黑龙江146.6万余方里，热河58万方里）。在危急中之华北五省，其面积为315.5万余方里（计河北44万余方里，

---

① 此处所述疆域不够准确。——编选者注

山东 54.4 万余方里，山西 47 万方里，察哈尔 83 万方里，绥远 82 万方里）。

气候　大致说来，我国气候是大陆性的，只有东南沿海一小部分是海洋气候。现在从南方说起。

珠江流域位于热带及亚热带，高温多雨，气候很少变化，其沿海地方，以及内地的高地，四季都令人舒适。东海岸地方，气候温和，雨量适度。

扬子江流域，气温最适中，雨量最适度，下游沿海地方受海洋影响更显著。上游四川等地，因地势高，四时的变化不多，只有中部湖北、湖南一带，不免为大陆气候。

黄河流域，气候的大陆性很显著，每年寒暑的变化很大，河海冬季大抵结冰，雨量夏多冬少。

关东三省也是大陆性气候。冬季气压极高，寒风怒号，河湖结冰。夏季短促，但日中颇热。

以上是东部近海诸平原区域的气候。至于西北高原地带，自内蒙古、新疆以至西藏，冬寒夏热，相差达于极点。雨量非常缺乏。因其四围山脉遮断了外来的水蒸气（东部江河流域，山脉不与海岸线平行，所以含蒸气的风得以吹入）。

我国本部的雨量，是季候风带来的。东南季候风，每年清明节左右，从印度洋、太平洋吹来，直到秋分节左右，才转变西北季候风。

东南海中，每年到夏秋之交，就有一种凶暴的旋风（叫做飓风），从菲律宾群岛附近吹来。广东、福建、浙江等省，常常受它的害。

地势和土壤　地势及土壤，也可以把西北高原地带与东方近海平原分开来说。

东方近海部分，包括本部与满洲①，是季候风的区域，雨量充足，是适于发展农业的地方，这又可分为四个区域：（一）满洲，（二）黄河

① “满洲”是中国自古就有的地理概念，不同于伪满洲国。——编选者注

流域，（三）长江流域和（四）珠江流域。

满洲的松花江及辽河流域为平原，北部、东部及南部为丘陵地，平均高度达 3 000 尺，富于森林。至于土壤，北部瑷珲附近，素称肥沃。海拉尔以西，土中多含盐分，不大好。中部吉林，朽土富厚，为最美的林地。辽宁的土壤，由河流沉积而成，上层多系殖土或殖质土壤，适于各种农产，下层多系砂土或砾土，排水力大。

黄河流域地势，西北高，东部低。有直鲁豫平原，汾河流域平原，关中平原，河套平原。东部多为黄沙土壤或冲积层的腐殖土，西部系黄土层，适于棉麦的栽培。不过黄河下游两岸，沙土面积很大，大都荒芜不能耕种。

长江流域，四川地势最高，多丘陵地，而成都附近，有 70 余万方里的盆地。南岭山脉横于江南，直达浙江，其间多丘陵，但沿江有江浙平原，江淮平原，云梦①、皖、赣、宁、芜等平原，土地都很肥美，大半系冲积层。

珠江流域，云南为高原地，其间有滇池平原和大理平原。贵州、两粤各有丘陵地，其间有粤东平原和潮州平原。福建也有丘陵地及福州平原。但只有粤东平原较大，而适于农业——土壤肥沃，高温多湿，农产物易于成熟。

西北内陆部分，包括内蒙古、新疆、青海、西藏等区域，地势均属高原。内蒙古、新疆，有 2/3 的面积属于沙漠地带。只有沙漠以南，长城以北的草原带，适于畜牧。青海也是富于水草的大牧场。新疆有伊犁河谷盆地，及塔里木河谷盆地，土壤颇肥，宜于农产。西藏为世界第一高原，地味含盐质，不便种植，仅拉萨附近一小部分地方，农产物颇多。

矿产　我国矿产极为丰富，无论煤、铁、石油、金、银、锰、钨、钼、铜、铅、锌、锡、汞、锑、砒、铋、铝，以及其他各种矿产，如黏

① 此处云梦包括长江中游的江汉平原和洞庭湖平原。——编选者注

土、食盐、石膏、明矾、硝、自然碱、磷、硫黄、石棉、滑石、萤石、苦土、白云石、石墨，乃至制造石灰、水泥、玻璃的原料，建筑用的石材等，无一不备。其最主要的是煤铁等数种。

中国的煤矿，如果把烟煤、无烟煤、褐煤、泥炭合起来计算，其总储量在 248 000 兆（百万）吨以上。若是除开褐煤、泥炭不算，则在 243 000 兆吨以上（另一说在 995 兆吨以上，差不多占全世界 1/4）。有名产地是山西、河北、山东、河南一带，以及湖南、江西等省。中国煤质多优良，无烟煤占 1/4，多产于湖南、江西（世界所有的无烟煤与烟煤，为 1 与 8 之比）。

铁矿的储量，据实业部四次矿业纪要，为 1 100 兆吨。辽宁一省，占全国铁矿储量 77%，察哈尔占 9%。

煤油储量，估计为 3 600 兆桶（另一说是 4 337 兆桶，每桶 42 加仑）。其中抚顺含油页岩约有 1 900 兆桶，已占全国总储量 53%；与美国比较，相当于 1/3；与世界总量比较，则占 1/20。除抚顺外，陕西油矿最有希望。

金银产额不多。金矿以黑龙江、漠河金矿为第一，甘肃次之，阿尔泰山亦产金。银以热河省所产为最多，约 227 吨。

我国锡矿有余而铜矿不足。就开采情形看，每年产锡 9 000 吨而产铜不过 600 吨。至于铜之消费量，每年当在 6 000 吨左右。

与军火有密切关联之锑、钨二矿，我国很多。全世界产锑 16 000 万吨，中国占了 3/4。全世界产钨 14 000 万吨，中国占了 2/5。

制造飞机的铝，可以从明矾取得，据调查，浙江平阳产明矾石，有 2 000 兆（吨）之多，如果提炼出来，中国可以成为世界第一的产铝国。

河流及海岸线　中国三大河流（黄河、长江、珠江），是联络中国内部各地的重要交通工具，同时也是农业灌溉的源泉。不过黄河的泛滥与溃决，几乎把河流的经济意义否定了。黄河不能航行吃水很深的船舶，使西方诸省的商品经济，发展得异常迟缓。而其不断发生的水患，常常毁灭无数的农村。但是黄河流域为中国文化的摇篮，如果能以最大力量治理黄河，则黄河仍然有造福中国的一日。

至于长江，不仅本身便于航行与灌溉，而且在湖泊与支流的系统中，联络了中部诸省。不过现在也常常发生水患，有加以修治的必要。

珠江汇合东、西、北三江，联结西南诸省，颇便于航运及灌溉，但目前也常发生水患，应当从事整治。珠江下游很是富足，为现代文化的策源地。

黄河、长江、珠江都有水流湍急的地方，其水力也是天然的富源，因而可以利用起来发电。

人工开筑的大运河，把中国南北各省联络起来，曾经是封建时代各省间经济互相依赖的脉络。

中国没有像地中海一样的内地海，所以古代的人民，只是利用河流，而不能充分地发展海上的航行——因为不经过在风平浪静的内地海作初步航行的阶段，很难把航海术练习出来，这样，骤然向巨浪滔天的大洋中航行是不可能的。

可是中国的海岸线，东北从鸭绿江口之大东沟起，西南至广东之东兴埠止，总长一万数千里，包括黄海、东海及南海①，其中有很多的海岛，有很好的港湾，可以充作军港或商港的。在近百年内，沿海地方，尤其成为全国经济的菁华所在地了。

合看以上各点，可见中国地大物博，具有发展经济的极大潜能。不过因为西北有摩天的山岭与荒凉的沙漠，东南有茫无际涯的大洋，曾经把中国造成一个孤立的环境。这一孤立的环境，在文化开辟的阶段，为了避免外来的侵袭，保障建设的安全，倒是尽了一点帮助进步的作用。但到了后来，这一与外面隔绝的形势，便使中国民族不能与外面的文明民族相接触，养成了一种自高自大，不求进步的心理。再加以地大物博的条件，很可以自给自足，越发自满起来，所以长期不长进。目前锁国

---

① 此处未先交代渤海。——编选者注

主义已经打破，问题就在怎样利用我们的自然环境，来增进国民经济生活的水准。可是又因为被帝国主义所劫持，而有不能自由开发国有富源的样子，这就只有从民族主义的发展过程中，去求得根本的解决了。

第二节 中国经济的文化背景

民族文化的发展，本来是随着经济状况而决定的，另方面，文化又可以促进经济的发展。有时因时代变迁，而文化沉滞不前，又常常足以阻碍经济的进步。例如工业革命以后，西方一般文化都随着经济而变动。如果到了现代，还有什么国家笃守中世纪的文化而不肯改变，则其国民经济的现代化也将受着阻碍。

中国文化的渊源　中国文化起源很古。几千年来和中国民族相接触的诸邻近民族，其社会经济大抵仅发展到游牧阶段，因之文化水准都比中国低，而在两相接触的过程中，他们终于渐渐为中国民族所同化，所吸收了。

西北游牧民族侵入中原的历史，自秦、汉以来，也不知经过了若干次。其间最显著的如五胡十六国的盘踞中原，沙陀、党项的归化唐朝，辽、金、元、清的征服中原一部或全部，当时以游牧民族的强悍善战，虽然暂时屈服了中原的农耕民族，可是结果他们自身也变成农耕民族的一部分，这是因为农耕社会，本来是比较游牧社会进了一步。大体说来，现在中国本部所谓汉族，早已不是纯粹的汉族，而是混杂了无数其他民族的血统了。至于边疆各地，如满洲、内蒙古、新疆等地，凡属适于农耕的所在，又莫不有从内地前往的移民。只有内蒙古、西藏的草原地带，其人民为环境所限，仍然保持着游牧的经济生活，而具有其特殊的文化。

但另一方面，因为近百年来，海禁大开，欧、美的工商业先进国，挟着现代文化，侵入中国，使我们素来自夸为衣冠文物之邦的，也感觉事事不如他人，于是发生了输入西方文化的运动。这一运动，自所谓“中学为体，西学为用”的主张一直到“全盘西化”的说法〔素〕，虽然有种种程度的不同，总之是承认西方文化有它的优越处。这是几千年来的一个大变局。这一时代的中外交通，变更了历代“用夏变夷”的惯例，而走向“变于夷”的道路了。我们看，近年来从轮船、铁道、兵工之类的物质建设起，一直到政治制度的改变，学术思想的革新，何一而非外来文化的影响呢？

不过，外来文化之属于自动吸收者，应和固有文化的发展部分一样，视为现代中国文化的一部分，惟有由外力所强迫移植的文化事业，则直接或间接地与经济上、政治上的侵略相呼应。

我们由以上所述，可知中国社会正有几种文化在交流或递嬗之中。（一）游牧社会的文化，是最落后的一种。只有很少的人民，仍然停滞在这个文化生活的阶段里面，这自然不足以代表中国的文化。（二）侵略性的外来文化，虽然日益深入，但是，那不足以作为中国文化的一部分，更是显然的。现在所可以认为今日中国的文化的，便是几千年来农业社会的固有文化，与近几十年自外国工商业社会输入的新文化。在以新文化接合于固有文化之后，当然将有一个光辉灿烂的前途。不过目前还是没有达到相互融合的地步，以致守旧之士，则拘守封建时代的陈死教条而不能善用古人的文化遗产，趋新之徒，则漠视资本主义文明的弊害而无条件地接收，相隔愈远，相争愈烈。我们现在不必一一加以评述，但就其与目前经济生活有关之点，略加说明。

人口与文化　首先就我国各种职业人口的比例，来观察我国是农业社会还是工商业社会。我国人口总数，据（民国）十七年（1928年）内政部调查，共474兆；据（民国）十九年（1930年）邮局调查，共485兆；据（民国）二十年（1931年）海关估计，则为438兆（不包含京、沪、津、汉四埠）。虽各种统计，数目很不一致，但可推知其数当在450兆至500兆之间。在此一总数之中，农民约占315兆（据实业部最近估计），即占全人口 70%～80%。军人约占 150 万至 200 万，产业工人 268 万，手工业工人 1 100 万［工人数系据（民国）十六年（1927年）全国总工会调查］。此外，则为商人、官吏，以及其他有业的或无业的分子。由此看来，农业人口占了绝对多数，可知农业仍然是经济的重心，至于工业，是很微小的一点点东西罢了。

再看看这些工业人口吧。合产业工人与手工业工人的总数来计算，也不过全国人口 3%～4%。但所谓手工业工人，11 兆的总数之中，乃包含了 5 兆的非真正制造者，如船业、苦力、店员、缝纫等工人。而 1.5 兆至 2 兆之产业工人中，矿山、铁路、纱厂的劳动者占了 1 兆，这中间就有一部分是替外国资本家做工的。这可见民族工业，真是微弱已极了。

因为这个缘故，所以从工业国吸收进来的新文化，虽然在表面上很有势力，实在还是农业社会的固有文化，占着绝对的优势。

农业文化的特征及其评判　然则农业社会的文化又是怎样的呢？章士钊氏《农国辩》说得最明了。试看他区别农国与工国的要点（据李权时《现代中国经济思想》）：

（一）建国的本源不同农国重自足，工国重致富。

（二）政治、道德、法律、习惯等的不同。

甲、欲望　“农国主节欲，勉无为，知足戒争，一言蔽之，《老子》之书为用极宏，以不如此，不足以消息盈虚，咸得其宜也。”故农国尚俭。“工国则反之，纵欲有为，无足贵争，皆其特质，事事积极，人人积极，无所谓招损，损更图满，损满回环，期于必得；以不如此不足以兴集国富，日起有功也。”故工国尚奢。

乙、为政　“农国政尚清净，以除盗安民，家给人足，为兴太平之事。”故农国于财务节流。“工国则言建设，求进步，争于物质，显其功能。”故工国于财务开源。

丙、礼教　“农国说礼义，尊名分，严器数。”“工国则标榜平等，一切脱略，惟利之便。”

丁、立身　农国“于人务苦行，于接物务抝谦”。工国则“人以有幸福求欢娱为上，接物以发扬蹈厉为上”。

戊、人生观　“农国重家人父子，推爱及于闾里亲族，衣食施与恒不计。”“工国以小己为单位，视钱如命，伦理之爱，别为一道，姊弟同车，各出铜币一枚，分购车位，反相安焉。”

己、讼事　“农国恶讼，讼涉贷钱分产，理官每舍律例，言人情，劝两造息争以退。”“工国则财产之事，毫不肯苟，全部民法，言物权、债权者八九，讼师数万，蠹食于兹。”

庚、人选　“农国以试科取人，言官单独风闻奏事，不喜朋党，同利之朋，尤所痛恶。”“工国则明言财利，内贿外政，比周为党，立代议制，朋分政权。”

辛、结语　总之，“欲寡而事节，财足而不争”，这是农国的精神。“欲多而事繁，明争以足财”，这是工国的精神。

不过章氏是主张农村立国的，他想拘守着农国文化，不免忽视了当前现实。杨铨氏说得好：“吾虽不欲兴工，而欧、美之制造家已挟其资本，建厂于吾腹心之地，上海、天津、汉口诸地，非吾神农苗裔之版图耶？然其人则弃农而工矣。”“徒农则以原料供人，而其一己之衣、食、住以及农具与消耗品，皆将仰人之鼻息。”① 故中国之工业化，乃属必然的趋势，因而章氏的主张，不免与时代潮流相反。

章氏又指出工国的危险如穷富悬殊，供求不应，生产过剩，世界大战等，这本不错。然而认泰西之第一国际、第二国际、第二半国际及第三国际的运动，隐然有逃工归农之意，则又似乎把社会主义与封建主义视为同一。其实第一国际等运动，虽然有补救资本主义工业国的危险的旨趣，却并不是想回复到封建时代农业社会去；在生产方法上，与其说他们是逃工归农，还不如说他们是彻底工业化，因其不仅工业本身继续

① 杨铨：《中国能长为农国乎》，《申报》，1923 年 10 月 28 日。

发展，即农业也将尽量受工业的洗礼呢。不过他们所愿意继承的只是资本主义的大规模生产制，而想去掉那成为所谓“工国危险”的泉源之财产私有制罢了。至于封建时代的家庭生产制，是比资本主义更落后的经济制度，在社会进化的趋势上是不容回复的。因此，目前经济学者，大半不赞同拘守农国文化之说。有一部分明白地提倡资本主义的个人主义，有一部分则主张用全体主义来救济个人主义的偏枯。至于他们对于农国文化的观感，则一致以大家庭制度为经济发展的障碍。

马寅初氏说：“中国国民袭封建遗风，宗族思想牢不可破，事事以家庭为单位，甚至以家庭为本位。五世同居，九世同堂，传为美谈。民族思想甚形薄弱。故军阀割据成雄，拥兵自卫；官僚假公济私，贪污靡费，其头脑中何尝有国家民族？国联调查团报告书申述中国缺乏团结力之原因，实在大多数之国民，只知有家族乡土，而不知有国。”①

他又说：“吾国人家族思想过于发达，每主一事，权势所及，无不引用私人，能力之胜任与否不问也。”②

关于缺乏个人主义精神之点，他亦说道：“中国人财产少个人所有权，多家庭共有权，父子兄弟收入，除秘密积存外，如不归公，必招责难。”③ 这种个人主义的缺乏，有人认为阻滞中国工业化的主因，如方显廷氏在《中国之工业化与乡村工业》一文内说：“新式工业在中国之不能长足发展，其因首在所处之环境。自社会政治经济各方面言之，均未脱离中古时代之本质。中国之社会组织，始终拘泥于终古不变之家族制度，此足使力能造成世界新工业地位之私人企业为之濡滞不前。盖徒知崇法先贤之顽固思想，而不愿人类进化之自然法则；奖进财产之集团消耗，而不事私人资本之积储，遂致新式工业无由发荣滋长。”④ 这一段话，对于家族主义的弊病，可以说完全暴露了。

① 马寅初：《中国经济改造》，商务印书馆，1935 年，第 9 页。

② 马寅初：《中国经济改造》，商务印书馆，1935 年，第 132 页。

③ 马寅初：《中国经济改造》，商务印书馆，1935 年，第 145 页。

④ 方显廷：《中国之工业化与乡村工业》，《大公报》，1936 年 5 月 20 日。

不过家族主义固然不好，同时资本主义的个人主义，也徒然造成贫富悬殊的悲惨境况，那么，中国现代文化的前途，恐怕还是继承着传统的非个人主义的精神，而把家族主义改变为国族主义，才可以引导国民经济走向繁荣的境地，使全体国民的生活获得平行的发展。

从以上两节的说明，可知中国的社会经济，尚没有脱离中古时代的本质，同时又因帝国主义势力的侵入，形成了旧经济的破产趋势与新经济的难产状态。

不过，资本主义的生产方法，在破坏中国的自给自足的旧经济的过程之中，却开辟了在中国的自己的道路，而为欧洲工业革命的继起者。这些经济上急剧的变动，以及中国天然富源的丰足和劳动力的低廉，倘若不受政治条件的任何阻害，那么，在最近的将来，将渐渐使整个中国进于最高度的工业国家，是毫无疑义的。同时农业也将由于工业化而大大的发展，如同美国一样。

第二章　中国之农业

中国自古以农立国，便是在目前，国民经济的主要部分，也还是农业。不但是这样，而且因为中国的地理环境，具有广大的农业区域，将来工业化十分成熟以后，也还是会要农工业同时发展的。所以农业在整个中国国民经济的范围内占了特殊重要的地位。

同时，因为农业生产物有许多是工业的原料，有许多是工业人口所需要的粮食，而广大的农业人口，又供给工业品以充分的国内市场，所以农业又是工业的基础。

我们根据这两点认识，所以对于中国国民经济现状的解剖，就从农业开始。

第一节　农地及农产

土地是生产的要素之一，而农业生产又全靠土地，所以研究农业经济，不能不把土地作为主要的题目。其次便是在土地上所生产的农产物。

农地的研究　在农业经济上所研究的土地，无非是生产农产物的农田。关于农田的研究，首先是要知道全国有多少可耕之地，这些可耕地是不是完全开辟了；其次则从土地与人口的比例上，去考察土地是不是够用的问题；最后，就要把土地的使用形态及所有形态弄清楚。

（甲）全国可耕及已耕之地　我国全国总面积约计 1 464 000 万亩，

其中可耕地约占总面积28%弱，就是408 000万亩。这可耕地面积的里面，已耕地占144 000万亩（据最近南京实业部调查，则仅112 600万亩）。可见我国土地的面积虽大，而可耕地并不多；但即就此不多的可耕地而言，也只有小部分被我国民利用了，这是很可注意的事。

但实际情形，比这还要严重。因为可耕而没有耕的地固然不少，就是耕过而放弃不耕的也极多。所以近年以来，荒地的面积就越来越大了。

据北京农商部调查，中国荒地面积，在民国三年（1914年），是358 235 867亩，到民国十一年（1922年）便增加到896 316 784亩。民国十九年（1930年）南京内政部统计司，曾根据21省567个县份的报告，作出一个荒地面积的统计，共有1 177 340 261亩。这不过是全国1 900多县中的一小部分调查，已经就比较民三农商部统计超过3倍以上！但到民国二十年（1931年）大水灾发生以后，据南京国民政府主计处调查，全国荒地又增加到1 410 700 000亩了，而天灾最重的陕西还没有计算在内。陕西荒地，据该省建设厅调查，有330万亩，而报章所载，则每县平均有70%没有耕作。

除灾荒使田园荒芜外，中国各省耕地，多有栽种鸦片烟的，而云南、贵州、四川、河南、安徽、热河等省，过去鸦片占地更多，这种耕种的结果，徒然荼毒中国民众，减少粮食的生产，加速农村经济的崩坏，也就等于荒弃了土地。

（乙）土地与人口　据民国二十年（1931年）国民政府主计处的统计，除青海、西康、广西三省和内蒙古、西藏尚未计入外，全国（25省）人民总户数为78 568 245户，农民户数为58 569 181户。即农民户数占总户数的74.5%。又，全国（25省）水田计302 309 000亩，旱地计946 472 000亩，田地合计，为1 248 781 000亩。平均计算起来，每户田地不过21亩而已。

依最新统计（合实业、财政二部的统计而取其平均数），全国共有农民306 317 753人，而农田则共有1 126 000 000亩，平均每人所能得的耕地面积为 3.6 亩。

照欧美各国现在的生活程度，每人须有 2.5 英亩（每英亩合 6.5 华亩）的耕地，方足以供给营养。如果中国农民想把生活水准提高到和欧美农民一样，每人非有 16 亩以上的田地不可。现在降低标准，依古梅氏推算，中国农民至少每人需要 6.5 亩土地，方才足以应付支出。然则每人 3.6 亩的土地，很显明的是不够中国农民的需要了。

又据中央农业实验所的调查，自同治十二年（1873 年）至民国二十二年（1933 年）60 年间，全国人口增加 31%，而全国耕地面积，仅增加 1%。这表示耕地面积之相对的缩小，更为明显。

（丙）土地的所有形态　我们现在要考察的是地权在谁的手里，这也就是土地的所有形态。关于这个问题，有人以中国多中小地主为理由，而断定土地没有分配不均的现象。又有人以一般农民感到土地不足为理由，而肯定土地分配的不均。

一般说来，黄河流域的农户，自耕农多于佃农，长江及珠江流域，佃农多于自耕农，而珠江流域尤甚。不过即以黄河流域而论，自耕农较多也只是上游的现象。而农民生活的是否优裕，农业生产的是否发达，仍然不能仅仅以自耕农较多这一条件来决定（参阅本章第三节）。

（民国）二十二年（1933 年），农村复兴委员会和中山文化教育馆调查陕、豫、粤等省耕地分配结果，租田比重超过半数，最近 5 年［（民国）十七年（1928 年）至（民国）廿二年（1933 年）］，且渐渐增加。又据下列的统计（日人田中忠夫氏作），也可见佃农一年一年的加多，而自耕农则一年一年的减少。

	佃农（%）	半自耕农（%）	自耕农（%）
（民国）十九年（1930 年）	28	23	49
（民国）二十年（1931 年）	31	23	46
（民国）廿一年（1932 年）	31	23	46
（民国）廿二年（1933 年）	32	23	45

总而言之，农民缺乏土地的现象是普遍的。就北方说：河北定县

14 617 农家之中，有 70％的农家，仅占耕地 30％弱；保定 1 565 农家中，有 65％的农家，非无地可耕，即耕地不足者。就长江流域说：杭州平湖，地主以 3％的人口，竟占土地 80％；江苏无锡，地主不及 6％的人家，占有耕地 47％；其余 69％的人家，非贫农即雇农，他们仅占土地 14.2％。就珠江流域说，2％的人家，占有耕地 1/2 以上，同时，74％的贫苦农家，仅有耕地不及 1/5（以上据 1929 年及 1930 年中央研究院调查）。

又据陶直夫氏的估计（1934 年），地主与富农，仅占 10％的户数而占地 68％[①]，中农贫农及雇农虽占 90％的户数，而所有的土地仅占土地 1/3。全国田租每年在 1 亿元以上。

（丁）土地的使用形态　以何种的形式，来利用土地，便是土地的使用形态。土地使用的形态有种种差别，主要的是大规模的农场经营，及小农的零碎地经营两种。

土地的使用权和所有权有密切的关系。因地主操纵了土地所有权，农民缺乏资力，不能租借广大的土地来使用，自然无法作大规模的经营。又因中国有众子均分的财产继承制，加以贫困的农民，常常零碎出卖其田地，使所有形态也很零碎；而这种所有形态当然也影响到使用方面，所以，农民所耕的土地，常常是东一小块，西一小块，很少是完整的。

总而言之，中国是小农经济极占优势的国家。据中央农业实验所最近调查，我国农家经营土地面积分配概况，以 20 亩内者占 61％；20 亩至 30 亩，占 14％；30 亩至 50 亩占 17％；至 50 亩以上占 8％。综括地说，北方各省尚有大农，南方则以小农为普通，在十亩内的约占半数[②]。

---

① 原文为“地主与富农，仅占百分之十的户数而占地百分之九十八”，似应为“百分之六十八”之误。不然下文的“中农贫农及雇农仅占土地三分之一”无法理解。

② 见《时事新报》，1936 年 1 月 15 日。

这种小农经营，在农业理论家中，也有赞美它的，其最大理由就是“农民意识着为自己而劳动，差不多有超人的勤勉和俭约，而且注意周到，因而劳动的生产力就要大些”，但是考茨基就反对这种说法，他以为“小农民经营的剩余，不是从充实的谷仓生出来的，而是从枵腹的胃袋内生出来的。注意的周到，诚然是小农的长处，但小农其他的武器，如劳动过度，营养不良，智识缺乏，在在都是可以阻碍那注意的周到的。反之，在大农经营方面，劳动者生活较好，故能够发挥周到的注意力；而且因为采用机械，可以得到农民无论怎样注意都得不到的结果”①。

耕地的使用及所有形态，如上所述，暴露了许多的缺点，于是国家就施行土地政策，这就是用以补救这些缺点的。关于土地政策之理论与实际，等到第三节去说明，现在且将农产物加以检讨。

农产物的研究　我国的农产物，最重要的是米、麦、高粱、大豆、粟、杂谷、甘薯、茶叶、棉花、蚕丝等物。而大豆、茶、丝，尤其是出口货的大宗。不过近年因大豆主要产地东三省的丧失，日本生丝及印度锡兰茶叶的竞争，出口的农产物大见减少；而洋米洋麦的进口，则大见增加。农业衰退的情形，实为严重。今就粮食、棉花、丝、茶分述之。

（甲）粮食　粮食的主要部分是米和小麦。我国产米区域极宽，每年产量约 87 800 余万担，以川、湘、赣、皖、苏、浙等省为主要产地。小麦多产于黄河流域，河南、河北、山东、江苏四省所产最多。全年产量约 42 400 万担。

其他的粮食，如高粱，为中国特产，多产于东北及华北干燥之地，每年产量约 23 300 万担（去年中央农业实验所估计，只有 13 200 万担）。如大豆，也是我国特产，多产于东北及江苏，每年约产 23 000 万担（去年估计，只有 11 200 余万担）。如玉米，四川及河北、辽宁多产之，每年产量约 14 800 万担。如小米（粟），为北方各省主要食粮之

① 考茨基：《农业的社会化》，新生命书局，1929 年。

一，山东及河北、河南、湖北所产较多，每年产量约 21 700 万担（去年估计为 131 098 000 担）。如大麦，多产于江苏及河南、湖北，年产约 12 800 万担。此外，河南、山东、河北等省，产落花生很多，每年产量约 4 400 万担。四川等省多产甘薯，每年产量约为 26 800 万担。

粮食的运销，因内地交通不便，运费过高，经过仲买的手续又太麻烦，加以外洋米麦倾销，所以丰收年岁，反因不能流通而有谷贱伤农之慨！

外来粮食输入的数量，可以由下列表中看出一个大概：

民国二十一年（1932 年）

种类	数量（公担）	价值（元）
米	13 599 692	185 764 906
小麦	9 123 088	80 843 001
面粉	6 636 658	50 112 342

民国二十二年（1933 年）

种类	数量（公担）	价值（元）
米	12 953 998	150 819 109
小麦	10 714 634	88 043 295
面粉	1 957 113	27 808 396

民国二十三年（1934 年）

种类	数量（公担）	价值（元）
米	7 710 610	65 684 678
小麦	4 649 149	31 869 171
面粉	595 748	7 075 112

粮食进口虽有如此之多，但中国人民还不知有多少仅吃甘薯蔬菜度日的，可见粮食缺乏得很。

（乙）棉花　中国最主要的原料作物，首推棉花。根据中华棉业统计会（民国）二十四年（1935 年）的全国棉产修正估计，棉田面积为 34 939 121 亩，皮棉产额为 8 197 688 担，至棉田之因灾害而成废田的，也有 9 625 075 亩。(民国)二十四年(1935 年)因水旱灾过重,棉花产额比较平常年少。再看(民国)二十三年(1934 年)的估计吧,产额为 11 201 999 担,而棉田面积则为 44 971 264 亩(按这是中部 11 省的统计,国府主计处 25 省的统计,棉田面积为 63 734 000 亩,年产量为 16 279 360 担)。我国植棉区域,以扬子江、黄河二流域为多,最主要产地是江苏、山东、河北、湖北、河南等省。

中国棉种不及美棉之好,现在全国经济委员会棉业统制会积极改良棉种,本年(民国二十五年,即 1936 年)改良棉田达 200 万亩。同时日人亦在华北各省推广植棉事业。

中国每年需用棉花 1 200 万担,本国所产的棉花,还不足自给,每年输入外国棉花 300 余万担(但本年收获突增至 1 600 万担,还有 400 万担的剩余)。

(丙)蚕丝　我国产丝的区域有十余省,其中最为主要的,当推浙江、江苏,次要的是广东、四川。每年产额,据日本专家估计,约在 20 万担至 25 万担之间①,但据《中国经济年鉴》(1935 年续编),(民国)二十二年(1933 年)度产丝仅 15 万担。

我国蚕丝出口,向来居世界第一位,但自日本丝业改良以后,日丝占世界产额 60%,华丝只占 24%,现在更为减少,已不及世界产额 10%了。在民国十八年(1929 年)时,生丝出口差不多有 19 万担,值 14 000 余万海关两,而(民国)二十三年(1934 年)出口总量仅 54 000 余担,值国币 2 300 余万元。这不仅在数量上有显著的减退,便是在价值方面也有巨大的伸缩——5 年之间,竟减少 8 成以上。

政府为救济丝业起见,已经实行蚕种统制。统制办法,是以政府信用向制种家收买蚕种,再以之推销给农民,想借此使农民由土种改养改良种。每年从日本输入的蚕种为数颇多。

(丁)茶叶　茶叶也是我国的重要出口货,数百年以来独占世界的

① 马场锹太郎:《支那重要商品志》,禹域学会,1928 年。

市场，19 世纪中叶，销额仍见增多，但自 1896 年以后逐渐减少。民国五年（1916 年），我国茶的输出额还在 150 万担以上，近年来出口量不过 65 万担而已。至于全部产额，约 450 万担。

华茶出口的减少，是由于印度、锡兰、日本茶业的兴起，加之华茶制造不进步，华商又缺乏竞争力量，故销场被外人夺去。

政府现在开始统制祁门红茶，目的在于改良运销方法，将中间人索取陋规、高利贷、减价竞卖及种种把持操纵的恶习，加以革除。不过对于全国茶业复兴的希望，还要待诸将来。

（戊）除以上各项农产物外，桐油一物很可注意。近年来丝茶出口逐渐减少，但桐油因为军事工业上需要得很多，仍然维持其优越的地位。桐油产地在长江上游及华南山地中，每年出口值 3 000 余万元。

沿海人民多以渔盐为业。数千年来之农业社会，久已视渔盐为莫大富源，但近年来渔民盐民的生活，困苦也不下于农民。因近年社会经济衰落，人民购买力弱，两淮两浙，盐销都很迟滞，盐场储盐日多，供过于求。两浙盐田因此拟实施化盐为农的计划，将盐田筑塘养淡，改种桑棉豆麦。我国渔区达 20 余万方浬，每年估计可捕鱼 5 亿元，但因日本渔船侵入我国领海捕鱼，而我国渔业设备陈旧，故日形衰落。

第二节　农业技术及组织

中国农业生产的衰退，不是一个简单的技术问题，因为还有帝国主义和封建势力诸障碍物，妨碍着农业的发展，其严重性比技术落后还要大。这些障碍物的除去，正是改进农业技术的前提。不过我们绝不要忽视改进农业技术的重要性，在祛除农业经济发展的障碍物之际，同时要时时刻刻不放弃改进农业技术的任务。因为我国的农业技术实在是太落后了。

落后的农业技术　我国目前的农业技术是怎样的呢？这可以从农

具、肥料、灌溉各方面来看。

（甲）农具 农具是决定农业发展程度的主要因素之一。农具的制造，必然地受着社会经济发展的阶段所限制。而且，就是同一性质的农具，在不同的社会经济关系下也会发生不同的作用——就是仅有个别农家之简单的集合，而暂不改变农具，其生产力也要比各自单独经营时大些。

就中国的情形来说，现在普遍通行的农具，还是与封建时代小农经营相适应的旧式农具，至于使用现代机械的农具的，就很少很少，可以说几乎没有。

中国通行的农具，有几个特点：（一）其构造简单，大多用木制造，只有重要的部分用铁；（二）其规模极小，价钱很低，大多只值数角至数元；（三）其动力，大多用人力，用畜力的极少；（四）其效率极低，系原始的，历来进步很少，仍然是不发达的原状。

近年来，有的地方，如江苏的武进、无锡等地，已经开始使用灌溉机器。不过就一般而言，农业机器在全般农具经济中所起的作用还是微小之至，比方曳引机、播种机、收割机等重要的机械农具，简直连影子都没有。而且应用农业机器的地方，大半还是属于公共机关的试验性质。

中国农具，其所以不能改良，是因为：（一）农民缺乏资本；（二）失业者过多，劳动力低廉，可以用人工补救农具的不足；（三）现行普遍的零碎地耕作，使改良的农具不能应用；而且（四）资本主义国家的农产物，倾销中国，使各个小农，仅能加倍使用自己及家人的血汗，并把生活降低到非人的程度，以减低成本，而勉强维持现状，至于应用新式农具，徒然增高成本，结果是有损无益。

（乙）灌溉 水利对于农业，是息息相关的。但所谓水利，是指有组织的灌溉系统，并不是指单纯的自然水流而言。因为自然的水流，虽然可以助进农作物的生长，但有时也可以造成灾害。

中国的农业，大致可分为华南、华北两大区域。华南的主要作物是水稻，其需要适当的水分是不待言的，但同时又惧怕大水的侵害。华北一带是黄土区域。黄土的特性，主要的是能够吸收地面上的水分，这种水分在最深的地方，遇到了土壤中最下层而富于营养物质的湿气，经过微细管作用，就上升到地面上来，而且带着一切地底下的营养物质，足为农作物的滋养。所以黄土本身能够施肥料，土壤自然的成分非常肥沃。但是黄土的这种美德，必须要有相当的水分供给，才能表现出来，如没有水，则黄土中一切微细管作用，就完全停止，如水过多，则黄土的原有组织也均被破坏。所以，不论是在水田区域或是黄土区域，都是需要有适当水分的供给的，而对于过多水分的侵害也都是需要防止的。

灌溉系统的建设是整个的社会事业，并不是每个农民所能单独经营的。即使有一部分农民，集合当地共同的力量，小规模的建设了一部分灌溉系统，而在社会骚扰，政治混乱的时候，也只有被破坏。

中国历来水利建设的成绩，如水闸、运河等，都是令人惊叹的。近年因军阀内战，政治未上轨道，水利组织日就破坏。具有培养水源作用的森林，也多被斩伐。因之各种水旱灾荒相继发生。

至于尚未破坏的自然灌溉系统，因为水源大部分为豪绅地主所私有，小农们常常不能得到满足的水的供给，例如福建的南部和东部，当大旱时，溪水上流的土地占有者，常常建设水闸，剥夺最下流土地占有者的水利。因此旱年争水的斗争，时常发生。

（丙）肥料　肥料的作用是改良土壤的性质，增加其肥沃度。在资本主义发生以前，地方自足自给经济时代，农家所用的肥料，大部是草灰、朽烂植物及畜粪人粪，这种肥料称为自然肥料。自从资本主义兴起后，化学的人工肥料才代替了自然肥料的地位。

中国农业上应用的肥料，主要的还是自然肥料。其中以人粪占最重要的地位，次之是畜粪。使用人粪作肥料，这是中国农业上的一个优点。西方资本主义的都市，很不合理地把自然肥料抛之于无用之地，反而使城市四周和工厂附近的区域的河流和空气，都沾染着不洁，那是过于浪费了。

除粪外，各种植物油料的糟粕如豆饼之类，都是很好的肥料，在中国也是应用得很多的。此外，还有一切的残物，什么灰，断瓦颓垣的碎屑，蚕，甚至蚕茧、鱼等，以及淤泥、杂草之类，都作为肥料。为了搜集及贮藏这些肥料，所费的人工极多。在施肥的时候，使用得非常节省，即对于每个单独的植物施肥，而不是对于土地施肥，因此也要耗费较多的劳力。

使用自然肥料，过分的耗费农民的劳动力，而专门使用人粪，则使土地肥沃度完全倚赖人口的稠密，因此耕地面积完全受了人口数量的限制而不容易扩张。所以改良土壤，不能专门倚靠粪类，而必须依靠进步的技术与农业化学的帮助，必须使用人工肥料。近来中国使用人工肥料的地方渐渐多起来了。这种肥料，都是舶来品，是中国一笔不小的“漏卮”。最近政府筹办肥料厂，当然是应付农业上的急需的。

过去中国农民对于土壤肥沃度的保护以及施肥的周到，常为外国农业家所称道。可是目前的情形就不同了，土壤的肥沃度已有不能维持之势了。中国农作物的性质，由自足植物逐渐转变为原料植物，如鸦片、烟草和棉花，过分的吸收土壤中苛性钾、硝酸盐等等的物质。而历年来战争兵匪的频仍，常常把稻草和各种植物拿来作为燃料，又破坏了土地的有机营养物；同时都市中的粪肥因交通的阻碍而不能运到农村，农村中的人粪畜粪，则因农民贫乏，人畜俱饿，而发生不足的现象。

（丁）家畜　农村中的家畜可以分为耕作畜和肉食畜两种，前者如牛、马、骡、驴，后者如猪、羊、鸡、鸭。中国的家畜业，在农业上不起很大的作用，因为大多数中国人不吃牛油、牛乳，牛肉也不常吃，不用羊毛制衣服，不着皮鞋，养牛羊的用处很少。目前便是为耕作目的的家畜业，因为农民贫乏，特别廉价的人工，又与兽力竞赛，也不能充分发展，且有衰减的现象。

南方水田，耕种多用牛力。北方旱田，用驴子和马比较适宜。骡马在北方的平原，是交通上的重要工具。南方交通以水路为主，此外则用苦力挑运或扛抬，很少使用畜力的。

牛、马等畜类，在中国不但是耕作及运输的工具，其排泄物又用作肥料及燃料（如北方的烧马粪），所以牲畜的减少，在动力及肥料两方面都要损失。

每头耕畜能够负担多少亩耕地，据金陵大学的调查，水牛1头能负担耕作31亩，阉牛1头可负担耕作26亩，驴每头可负担23亩。如果平均起来，每头耕畜只能负担26亩。那么，把耕畜密度（把各省平均起来，大约须有60亩才有1头耕畜）和耕作力比较起来，则中国的耕地一半以上还没有耕畜。

中国农业上的动力，固然谈不上电气化，就是兽力都缺乏得很，而农业上耕作的方法和强度，又需要很多量的劳动，所以中国农业消耗了大量的手工劳动。

总而言之，无论从农具，从肥料，从灌溉，从劳动家畜上去看，都证明中国农业技术的落后性。

散漫的农业组织　农业生产的组织和农业技术是密切相关的，金陵大学白克教授在他的《中国农村经济》一书里说，中国农村组织的特质，第一是以家庭为本位，第二是工具的简单，第三是小农制的盛行，第四是奖励生育，第五是生产方法的墨守成规与注重经验。他所举出的这几点，很明显的是互相适应的。以家庭为生产本位，最适宜于小农经营，而小农经营，只能使用简单的工具。以家庭为生产本位，则其劳动力的补充，只能从多生几个小孩上去着想。至于墨守成规与注重经验，这也和家庭本位有关，因为在封建的社会经济阶段，一切技术知识，都不是公同研究，而是私家传授，一代一代地把个人经验积累下去。

一句话说，中国农业经济组织，到现在还是停留在自给自足的形态上面。我国农村劳力之所以过剩，生产方法之所以守旧，交通之所以不发达，无不以自给自足的农村组织为其背景。中国农家的副业——家庭手工业，逐渐为外来的资本主义所破坏，但农业经济还不能相适应地改变为商品生产，各土地所有者不能实行企业资本主义的经营，而采用小农民租地等等非资本主义的形态，即不能吸收由副业解放出来的过剩劳力，故农村中产生相对的过剩人口。生产技术之不能改进，已经在前面讲农具的时候说过，主要的是由于劳力低廉与小农贫乏，而在此农业受外来资本主义破坏的时候，农村中没有资本主义化的反应，当然不能解决资本贫乏与劳力过剩的问题，也就不能促进技术的改善了。至于交通之所以不发达，由于自给自足经济无此需要，是很明显的。

自给经济的农场组织，是各个农家的单独经营，所有各单位的农场，可说全是属于各个单独的农家。但资本主义的农场组织，是和工厂一样的共同企业，这种农场和小农农场有一个根本不同之点，便是小农农场主人是直接从事于农业生产的，而共同企业的主人，则并不直接从事于农业，而用钱雇佣许多农业工人以担任耕作的任务。这种农场不是企业者的单独经营，而是由企业者与农业劳动者结合以后，再由农业劳动者去经营的，所以超越了家庭经济的范围。

中国农村中虽然也普遍地存在着被雇佣的农业工人——雇农，但他们的雇主仍然是那些亲自参加生产的小农。这些小农因为劳动力的不足，间或招请雇农以作补充，而雇农本身也不完全靠工钱劳动而生活，所以不能和资本主义雇农相比。

在个人企业的农场组织之中，农业经营者又分为自耕农、半自耕农及佃农诸种类。这中间的佃农和资本主义佃农又是不同的。资本主义农场也有借地经营的，这是资本主义的佃农，其付给地主的地租，不过是超过平均企业利润的那一部分利益。但中国的佃农，付给地主的地租，常常把全部利润都包括在内，甚至连自己必需的生活费（与工钱相当的部分）都拿去一部分，这是非经济的剥削，也就是封建的剥削。这种剥削，是封建式的地主凭借其特殊的政治地位，强制的加到农民身上的。

农业金融的组织，旧式的如典当及合会，仍然普遍的存在。典当是高利贷的一种形式。合会是整借零还的一种借贷方式，而含有互助的性质，利率也较低。现在新式的组织，如农民银行及合作社，已经开始推行，不过对高利贷的扫除还做得有限。

农产物运销的组织，有经纪、牙行等多层的中间商人，因为小农没有直接推销其生产物于消费者的能力，不得不假手于中间商人，因而受了商业资本的操纵与剥削。

以上所述，是农业经济组织的一个大概，至于农村政治组织，在现行地方自治制度尚未颁行以前，大都是流行着地保制度，其武装组织则为团防局。此等组织的指导权，大抵是操在当地绅士及地主手里。

第三节　农业经济

我国农业经济，因为帝国主义侵入，而封建势力尚残存于农村之中，所以形成破产的局面。现在农村复兴运动，就是针对的这一局面，而用革新农业的方法，来复兴中国的农业经济。兹再分述于下：

农民之缺乏土地　经济学家以土地、劳力、资本为生产的三要素，而在农业尤其是注重土地。不过土地是自然物，所以在资本以外。现在因为被少数人据为私有，生产者要使用它的时候，就不得不挪出一部分甚至一大部分的资本去租或者去买，这就不能不使企业资本大大减少了。

企业资本过少，则设备不能不简陋，技术没有改良的希望，而农民即不得不于狭小的土地上，耗费过多的劳力。于是恰与“以最少劳力获最大效果”的经济原则背道而驰，而土地也跟着贫瘠起来。

而且，因为缺乏土地，农民不得不屈服于地主之下而受着过度的剥削。人也随着土地而贫瘠了。

中国农民缺乏土地的事实，已于前面述明，这是农业经济上最重要的问题。

农民所受的封建剥削　过重的地租（按，有人把封建地租命一“佃租”的专名，以与资本主义“地租”相区别）为主要的封建剥削，前面已经解释了。中国的地租是否过重呢？这可以从“购买年”的统计数字上去看。所谓“购买年”，是以佃租除地价所得的数目。据各专家根据东南各省及华北某些地方的地租地价算出来的购买年，最高的不过16.5，最低的竟只有4.6，普通都在10至12之间。试与欧洲的购买年数相比较吧。俾士麦时代普鲁士的购买年数为28至32；18世纪末英国产业革命时代为20至25；欧战后的德意志为20，英国为27至30。由此可知中国佃租的过重，是很显然的。

中国佃租制度很复杂。佃租率也有在总收获额50%以下的，是因为佃农付了很多的保证金（押租）。平常佃租率是在50%以上，且有高到70%至80%的。纳租的形式，主要的是缴付收获物，很少缴货币的。除正租外，常常有附加的苛例，如缴纳田鸡、田鸭，提供义务劳动等。这显然地还是封建时代劳动地租（力役之征）现物地租（布帛之征、粟米之征）的老例。

除地租外，高利贷及商业资本的剥削，也是封建性的。如果在资本主义社会，借贷资本所要求的利息是只能相当于企业者收入的一小部分，而不能侵夺企业者应得的那一部分利益的，但封建性的高利贷，常常侵夺了农民企业利润的全部，甚至还要超过。中国农村中的高利贷，名目繁多，如“九出十三归”“借水谷”“青稻钱”“青麦钱”“印子钱”之类，其利息多在本钱的50%以上。甚至如安徽滁县等地，借钱10元，三个月内还清本钱外，须以约合市价5元的稻或麦1石，作为利息，年利竟达200%。江浙蚕区在蚕忙时，借钱1元，40天内，还本再加息1元，年利是900%。南通地方，借钱1元，3个月内须还棉籽1担，约合市价三四元，年利高至1 400%。除了单纯的借贷金钱以外，如农产物卖买，农具租借，以及称为平民金融机关的当铺等，都受着高利贷的支配。

商业资本的剥削，即前面所说的中间商人的剥削。他们于农民急需出卖农产物的时候，故意抑低价格，当农民急需买入粮食的时候，故意把价格抬高，这样去取得特殊的利润。但农民于一出一入的过程中，就大亏其本了。他们在经营商业的时候，常给农民赊账，而在赊账中加上苛刻的重利，这就是附带着高利贷的作用。假使在资本主义社会，商业利润仅能分得企业收入的一小部分，绝不能侵夺企业者应得的利润，更不能使企业者亏本。

政治不良的影响　在军阀内战时期，水利工程完全放弃。即令有救治水灾的临时施设，也不过是“以邻省为壑”的封建办法罢了。再加以交通的阻碍，使农产运输不便；捐税的烦苛（如厘金、米捐等的妨害谷物流通，田赋附加及田赋预征的直接妨害农业生产），更使农民难以生活，而农业生产不能不衰落。苛捐杂税，也是封建剥削的一种，和佃租、高利贷等一样。

帝国主义之破坏农业　帝国主义的工业品，倾销到中国市场以后，农村的家庭手工业随之破坏，如洋布破坏土布业，人造丝破坏蚕丝业，洋纸破坏中国纸业，外国染料破坏靛青业等，使农村劳动力发生过剩的现象。

帝国主义的粮食倾销，更直接破坏农业的主要部分了。我国因农业技术不及他国，运输方法也不及他国，故国产粮食，往往不能与由外国进口的米粮竞争，而在进口粮食增多及国内农产丰收的年岁，农民的亏耗尤其巨大。

帝国主义收买农产物为工业原料，常常通过商业高利贷资本，使农民受了双重剥削。这种收买，使许多地方的作物逐渐转变为原料作物，而且有些地方，帝国主义自身有计划地去促成这一转变（如日本资本家在华北的植棉计划，英美烟公司在山东的提倡种烟叶），于是中国农业开始受国际市场的支配。

帝国主义维持农村中的封建势力，以阻止中国农业的革新运动。并且与封建剥削者联结起来，榨取农民的血汗。农民以廉价的原料和帝国主义高价的工业品相交换，自然吃亏不小，再加以各种封建剥削，所以日益穷困。同时民族工业也因帝国主义的阻碍而不能发展，故农村中的过剩劳力无法吸收。

灾荒与恐慌的相继发生　因为森林破坏，水利失修，水旱灾便不断地产生。于是近年来巨大的灾荒，形成了崩溃农业经济的大动力之一。但如民国二十一年（1932 年），紧接着（民国）二十年（1931 年）大水灾的后面，获得丰收，照理是应当减少人民的困苦的，可是反而弄出“丰收成灾”的结果。这种灾荒与恐慌并行的奇异现象，表示着现阶段中国农业经济的特性。

人们都知道的，中国是一个生产不足的国家，而在水旱灾的年岁，生产尤其不足，那么，像外国那种因生产过剩而发生的恐慌，当然应当是没有的吧。然而不然，民国二十一年（1932 年）的丰收成灾，正和外国的农业恐慌一模一样，农民因农产物价格的惨落而大折其本。造成这种现象的原因，约有四个：（一）因灾民没有购买力；（二）因各省承袭封建的地方观念，封境遏粜，加以交通不便，以致米粮不能自由调剂；（三）因银价上升，外汇跌落，洋货贬价，国产也不能不跟着减价；（四）因世界农业恐慌，外国粮食倾销我国，外国丝茶倾销国际市场，夺去了我国农产品的销路。

我国水旱灾的严重程度，可举吴文晖氏《灾荒与人口问题》一文中的数字作一说明。吴氏根据各报纸记载，指出民国十七年（1928 年）至十九年（1930 年）的西北大旱灾，灾民 3 000 万人，其中死亡的数目，仅仅陕西、甘肃两省，就有 500 万人至 600 万人，若加上其他各省，全国死亡恐怕要突破 1 000 万人。民国二十年（1931 年）水灾，灾民总数为 5 000 万人，其中被灾最甚的湘、鄂、皖、赣、苏、豫、浙 7 省死亡估计，约有 370 万人。（民国）二十四年（1935 年）黄河、长江、珠江三大流域水灾，死亡亦在300万人至400万人之间。死亡的样式，除饿死外，还有病死、溺死、自杀等。这是生命的损失。至于财产的损失，以（民国）二十年（1931年）水灾为例，据全国赈务委员会的调查，长江流域七省的财产损失，为1 575 330 360元。民国二十三年（1934年）十一省旱灾，被灾田亩达13 000余万亩；又14省水灾，被灾田亩也有3 000余万亩，损失仅农产一项，已超过10亿元以上。若把连年水旱灾总损失统计起来，数目真不知大到怎样了。

农业破产的现象　中国农业破产的现象，最显著的有两点：（甲）是农产品贸易的入超，（乙）是农民离村者的增加。

农产品贸易的入超，是由粮食进口的增加及丝茶出口的减少所造成的结果，已于前面述明。农民离村的运动，是农村劳力过剩，农民生活恶化，加之灾荒与恐慌不断地袭来，使他们非死亡即不得不逃亡的缘故。

江、浙、鲁、冀诸沿海省份，农民的离村率，占农村人口的1.44%至8.72%，其平均数为4.61%。河北定县、长垣县等地，离村率甚至达70%至80%。河北冀东一带，因懔惧于日帝国主义的暴行，农民离村他往的更多。

我国古来的宗法制度，现在都还有很大的势力，所谓五代同堂、九世同居，当作家族中的光荣。这样，自然不容许有离乡背井的事实。可是，因为封建经济组织的崩溃，农民急剧的破产失业，使家族离散四方的趋势日见显著，虽有强大的宗法制度之威力，也敌不过生活上的压迫。于是以农业劳动为基础的大家族制度，已渐渐弛缓崩溃了。

但是，我国农民的离村，是不是和欧洲工业先进国的工业革命时期一样，帮助了社会经济的进步呢？这又不然，因为：（一）农民离村，除极少数部分外，都不是变为工人，不能为国家增加生产；（二）农民离村者有一部分系投奔于都市而充当苦力或佣仆，其劳力非施于自然界，也没有增加生产的作用；（三）农民，尤其是北方的农民，离村后多投身军队，以当兵为职业，于是造成世界唯一庞大的雇佣军数目，成为军阀内战的基础，促进国家财政的支绌，而使无数可事生产的壮丁，专门用炮火来毁坏生产；（四）一部分离村的农民，投身绿林，专门打家劫舍，其损丧国家的生产力，更不待言。

过去北方农民，常常大批移殖满洲，近年因东北丧失，出关已受日本及伪国的限制，这一出路因此断绝。过去南方沿海诸省，农民多往南洋等地垦殖，近年因世界经济不景气，华侨归国的很多，这一出路也不见佳了。有些学者因此认为中国人口太多，主张节制人口。其实近年因水旱灾兵灾疫病而减少的人口，也不在少数了。如果不从政治上、经济上做到农村的复兴，则这一相对的人口过剩问题终于是不能解决的。

农业复兴的道路　近来农业复兴的运动，已经逐渐开展，形成国民经济建设的一重要部分。讲到它的内容，大约有下列数项：

（甲）关于佃租及土地的政策　中国土地政策的理论，基础是孙中山先生的“平均地权”的主张。其入手办法，为使地主陈报地价，由政府照价抽税或照价收买，而且将土地自然的增价（即因人口增加和交通发达而腾贵的地价）收归公有。其目标，在使耕者有其田，以至于土地国有。

中国土地政策的实际，表现于各种土地法令。最主要的是南京国民政府在（民国）十九年（1930年）公布的《土地法》。这个法案原则上认土地为国民全体所有，但对于依法取得的私有权，则承认之。又规定了申报地价、估计地价、采用累进税率以征收土地的自然增值各点。其次为（民国）廿二年（1933年）（所谓）的《剿匪区内各省农村土地处理条例》。这个条例，对有主的田地，以发还原主为原则，无主的田地，以计口授田为原则。再次为（民国）廿三年（1934年）的《闽西善后委员会计口授田暂行法》，这个法案完全是计口授田的规定。此外，山西还有“土地村公有制”的试行。

对于佃租的政策，浙江曾有二五减租的施行。

（乙）关于苛捐杂税的废除　（民国）二十三年（1934 年）第二次财政会议，决定把不见于法律的税捐，一笔勾销，各省已经逐渐实行。又，关于田赋，也有整理的计划。

（丙）关于交通及水利的建设　民国十年（1921 年）华洋义赈会成立后，即有“以工代赈”的计划，开始水利及公路的建设。近年政府注意交通的建设，于铁路则积极完成粤汉、陇海、浙赣湘三大干线，于公路则已筑有九万公里。至于水利，灌溉方面，以政府与华洋义赈会的合作，在西北方面修了萨托民生渠、泾惠渠、洛惠渠、洮惠渠及夏惠渠等；疏浚与筑堤方面，有全国水灾救济委员会、黄河水灾救济委员会、全国经济委员会水利处诸机关的共同努力；造林方面，实业部林垦署也有相当计划。

（丁）关于农业资金的融通　近年政府提倡农村合作事业，故信用合作社及产销合作社渐渐在各省成立，这些合作社都对农民融通资金。而中国农民银行及其他银行也相率向农村贷款，或帮助合作社，或办理农业仓库，使农民以农产物押借款项。

（戊）关于农产物产销的统制　为提高价格、免除中间商人的剥削及改良生产起见，政府开始施行产销统制的办法，如对蚕业的茧行统制、蚕种统制，对茶业的祁门红茶产销统制，对棉业的产销合作经营等都是。

（己）关于农业技术的改进　国内农业教育机关对技术改进早已注意，自从（民国）二十二年（1933 年）中央农业实验所成立以来，工作更趋具体化。主要作物如米、麦、棉花、大豆等，经过试验后，收获量都有增加的报告。蚕丝与牧畜也都在研究改良的过程中。

综合以上六点，可见我国目前农业复兴的运动，已经开始。但据专家观察，隔离当前的需要还很遥远。其原因是农事组织的叠状架屋（全国有机关六九一处）缺乏系统，农事机关经费的缺乏，且农业人才的太少①。

如果全面地观察起来，则解决中国农村经济的办法，就消极方面的治标而言，对外应当废除不平等条约，实行保护税则，对内应当抑制封建势力，取消田赋附加及各种封建的剥削。至于积极的治本方法，不外是充分地做到平均地权，改良技术，整顿水利，开辟交通各点。而移民垦荒，发展农家副业，提倡合作制度，改善农业金融，也是当务之急。将来技术上必须整理过小耕地，并提倡使用机器以提高生产力。至于资本问题，当更发展以农业金融为唯一业务的农民银行，减低利率，加放长期贷款。并且要使目前注意农业贷款的普通银行转向工商业投资，平均发展农工业，然后农业上节省下来的劳力才有出路。

① 方显廷：《中国农村经济之复兴》，上海《大公报》1936年6月7日。

第三章　中国之工业

我国的手艺工业，已有了几千年的历史，但在封建时代，因为以重农轻商为传统政策，所以工业很难发展。中国过去的织染、陶瓷等业，虽然也曾有兴旺的时候，那不过是为皇室制造贵重品，并不是一般人民日用品的大量生产，其在国家的经济地位并不重要。

自从清末外国资本主义输入，中国的手艺工业便发生变化。同时新工业渐渐发生。其发展的途径，是从军事工业（兵工厂）与交通工业（造船）开始，后来才发展到各种工业部门；而主要的工业不过是纺织、面粉、缫丝等轻工业与矿业而已。

至于就发展各时期的特征来看，第一时期（1862—1881）是“企业官办”。第二时期（1882—1894）是“官督商办”。第三时期（1895—1902）是“外资侵入与民业萌芽”，因为这时期《马关条约》签字，准许外人在华自由设立工厂。第四时期（1903—1913）是“保护民业与抵抗外资”。第五时期（1914—1922）是“华资与日资工业乘战时机会同时焕发”。第六时期（1923 年至现在）是“华资衰落”。

现在就我国新旧工业的现状，分（一）种类，（二）组织及技术，（三）原料，（四）投资及管理四节略述其梗概。

第一节　工业种类

我国工业的种类，大致可分为新旧两大系统来讲。就旧式工业来说，一般的虽然都是手艺工业，可是乡村工业与城市手工业，又各有它的特点。在乡村工业方面，一部分仍然保存着自然经济的旧形态，另一部分则和商业资本有密切的关系。至于城市手工业，则不仅除开旧式行会制的手艺店，还有商业资本的手工作坊，而且连工业资本的成分也常常含有（参阅本章第二节）。

旧式工业的分类　旧式工业所包含的部门是很复杂的。有人把它分成四类：

第一是纺织工业类，这一类包括棉、丝、麻、羊毛、人造丝的手机纺织业、针织业、花边业、草帽辫业、织席业等。

第二是食品工业类，这一类包括面粉业、酿酒业、制茶业、皮丝烟业、蔬菜果品干制业等。

第三是化学工业类，这一类包括榨油业、制纸业、玻璃业、陶器业、砖瓦业等。

第四是杂组工业类，这一类包括土法采矿业、铁匠业、木匠业、锯匠业、泥水匠业、造车匠业、制水车业、制镳铲业及掘井业等。

乡村工业的优越地位　中国的新式工业，虽然已经开始发展，可是以生产数量言，手工业，特别是作为农民副业的乡村工业，仍然占着优越的地位。试以主要衣料的棉布为例：据最近的统计数字，民国十九年（1930 年）一年间，全国织布工业的棉纱消耗量，达 961 兆磅，其中力织机制成的是 207 兆磅，手织机制成的居然有 754 兆磅。换句话说，便是中国机织业和手织业的比例，照棉纱消耗量讲，不过是 1 对 4 罢了。

乡村工业比城市工业优越的一点，本是农业国的特色。乡村工业在中国至今还占优越地位的原因，一则是农村劳动力因过剩而低廉，二则是各地交通闭塞，运费昂贵，限制了新工业的销售市场。因此，乡村工业，可以依靠地方富源或副产物，地方商场，及农暇劳动力的利用，而取得它的存在。

手工业衰落的趋势　不过在中国工业化的途径中，手工业的逐渐衰落，这乃是当然的趋势。近年因为新式运输的方法逐渐开发，随着世界恐慌而来的外货倾销，又长驱直入，使得乡村工业更有显著的崩溃现象。

现在拿流行最宽的手织棉布业来讲。自民国二年（1913 年）至十九年（1930 年）间，虽因机纱产量的激增，影响手工纺纱业的衰落，使得手织棉布业的纱线消耗量增加 39%；但在同一期间内，机织业方面，竟陡增 13 倍左右。再看近数年江西土布销数逐年低减的情形吧。（民国）十九年（1930 年）销布 320 万匹，（民国）二十年（1931 年）290 万匹，（民国）二十一年（1932 年）210 万匹，（民国）二十二年（1933 年）200 万匹。再看高阳棉织区域的情形吧。（民国）十五年（1926 年）至二十一年（1932 年）间，棉布产量骤然从 300 万匹降到 100 万匹，（民国）十八年（1929 年）到二十三年（1934 年）间，布机从 33 800 架降到 12 600 架。江苏南通也是一个著名的棉织工业区域，可是最近三四年间，每年运销土布竟从 800 万匹降到 70 万匹。

此外，如向以瓷业驰名全国的景德镇，近数年来，窑户由 4 000 减到 1 000，工人由 10 万人减至三四万人，营业总额由 1 500 万元缩减到二三百万元。福建连城县向来产纸每年 6 万担，每担价约 50 元，现在年产万余担，每担价格反跌到 30 余元。可见手工业是多方面地迅速崩溃了。

新式工业的分类　就新式工业的分类来讲，首先应分为重工业与轻工业二大类。重工业是制造生产工具（包含工业原料）的工业，为一切工业发展的基础，故也可称为基本工业。轻工业是指生产消费品的工业而言。

重工业　中国的重工业是很微弱的。可以列在重工业范围里面的，只有煤、铁、石油、机器、造船及电气这几个部门罢了。

中国的新式煤矿，大都属于辽、吉、黑、热、冀、鲁、豫、晋、鄂、赣、浙等省。以规模论，每年生产百万吨以上的大矿有 4 个，在

10 万吨以上的约 30 个。其中资本最雄厚，规模最巨大的，便是日本人经营的抚顺煤矿和英国人经营的开滦煤矿。

我国铁矿，75％在辽宁省。全国的钢铁厂有十余处。国人自办的，只有山西的保晋、上海的和兴、汉口的扬子，还间时开炉，作微量的制炼（每年至多不过炼出 3 万吨钢）。此外简直完全停顿。和日本八幡铁厂同时成立的汉阳钢铁厂，也老早变成了鼠雀的乐土。但是，日人经营的本溪湖及昭和钢铁厂，则产量日增，营业日盛。

我国石油储量，以抚顺的页岩为最多。石油工业，以南满路附设的抚顺炼油厂规模最大。国人自办的唯一新法炼油厂，是陕西延长的官矿，但是经营不得法，成绩很少。

远在 70 年前，中国政府即于上海、大沽、马尾、厦门等地，开设造船厂或船政局，但是到现在，除江南造船厂外，华资经营的造船工业毫无足道。机器工业也没有什么成绩，大多数仅能修理装配，至于少数规模较大的厂，也不过仿作简单的机器或翻砂铸造零件罢了。

说到电气工业，全国约有电厂 724 所。就 724 电厂分析之，民营的 523 厂，官营的 17 厂，各工厂自备 149 厂，外人经营 35 厂。发电容量，全国共达 835 366 基罗瓦特①。每年发电为 20 亿度（工厂自备的在内），以人口比较，平均每人只得 4.5 度，如果和挪威的每人平均 3 500 度去比，简直差得远。而且中国的电力大半使用在消费方面，真正用在生产方面的还不多。

轻工业　轻工业所包含的部门很多，如棉纺织业、丝业、化学工业、饮食品工业等等都是的。

棉纺织业，在中国新式工业中间规模最大。全国的棉纺织厂，合计为 136 厂，其中华资计 92 厂，日资计 41 厂，英资计 3 厂。全国中外纱厂共有锭子 480 万余枚，华商 92 厂仅占 58％，日商 41 厂则占 38％。近年因经济恐慌，华商不能和外商竞争，以致停工减工的锭数达百万以

① 即 kilow watt，千瓦的旧称。——编选者注

上，超过华厂总锭数40%。

我国缫丝及丝织业，从前是专利于世界商场的，现在日本、意大利、法兰西都产丝，我国不但不能专利，而且销路大减。因为技术没有进步，推销的力量也不如外人，再加以人造丝的竞争，自然弄到这步田地。廿四年下半年，因为国外丝价高涨，币制改革后汇兑率也比较有利，所以生丝业稍有起色，但丝织业仍不见转好。不过即以生丝论，我国每年生丝产量为5万担，而日本为50万担，即不论品质，专言数量，也不足以与日人竞争①。从前上海丝厂最盛时，共有112家，现在开工的只三四十家。民国二十年（1931年），广东缫丝厂共有149家，现仅存37家。（民国）二十四年（1935年）上海、无锡及浙江的丝厂开工厂数，共计87家，开工丝车共计23 197部，可见现在江、浙两省的丝业，还不及从前上海一处的规模。

除纱业丝业外，饮食品工业中的面粉业，也是民族工业的主要部门。我国的面粉业萌芽于东北，开始系俄人创办。大战时，面粉贸易出超，面粉业很发达，现在就大不如当年了。面粉厂数目，或云大小50余家，据实业部统计，共92家，平均每年产100兆袋以上。

卷烟叶、制糖业也属于饮食品工业。卷烟工业大部分为英美烟公司改组的颐中烟草公司所控制。上海华商烟厂60家，共计资本1 500余万元，而英美烟公司1家，便有资本4亿元，比前者多了20多倍。糖的产量每年仅15万担，以广东省营的4大糖厂产量较多。

化学工业，是包含水泥、火柴、造纸等工业而言。水泥与军需工业有关，年来各地建筑公路碉堡，所需颇多，因此有相当发展。华资水泥厂共9个，4个属省营，5个属民营。外资5厂，日本3个，英国2个。日厂除1厂在山东外，其余都在东北。全国每年生产的水泥，在（民国）廿四年（1935年）为377万桶。

火柴工厂，全国共计百余个。外资以日资最占优势。华厂则规模大

① 商品检验局蚕丝专家语，见《时事新报》，1936年3月17日。

都狭小。年来因受舶来品倾销及走私的影响，营业颇感困难，现在已由中日厂商合组产销联营社，统制全国产销。

中国的新式造纸厂，全国合计只有40余家，除日资厂外，规模大半狭小，产量不多，所以仰赖洋纸的输入。现在实业部正筹办造纸厂，广东的及江西的省营造纸厂，也将于（民国）二十五年（1936年）成立。

此外，还有橡胶、肥料、制油以及作为化学基本工业的酸碱工业，或则还很幼稚，或则尚在实业部筹办的过程中（此等工业之著名工厂，除上海的大中华橡胶厂，天津的久大盐厂、永利碱厂，上海的天原电化厂、天利淡气厂外，尚有在浦口建设中的700万元资本硫酸铔厂，上海浦东已开工的250万元酒精厂，天津制造各种染料的有机染料厂，及山西制造酸类酒精与以太的新设化学工厂等。又最近拟办的工厂有中央与各省合办的植物油料厂，江、浙合办的化学肥料厂等）。

第二节　工业技术及组织

一般说来，中国工业的技术，是比较工业先进国落后得多。而占着优势的手工业，又比较都市上的新工业落后，是不待说的。

随着技术的落后，组织上也非常的散漫。

旧式工业的组织及技术　我们现在从乡村工业及手工业工人的店铺工业开始吧。

中国乡村工业，并没有固定的组织制度，常常是以一项工业而兼两种制度。或者在甲地方为此一种，在乙地方又属于彼一种。这些不同的组织制度，大概分别一下，有家庭工业制、工匠制、商人雇主制及工厂制。

所谓家庭工业制，是在一家之内，拿自己所有的原料、劳力、器具等，实行制造而供一家的消费。比方织布、制茶、酿酒、榨取菜油等，拿农产品做原料的饮食品或其他制造业，都是的。不过现在这种绝对家庭化的工业也就很少，常常是掺用了别的制度的，尤其是兼用工匠制为普遍，例如绍兴酒的制造。因为生产品不但是供自身的消费，还要把一大部分供给市场上的需要。

工匠制度，又可分为主匠制和家庭工匠制两种。所谓主匠制，是用自己的工具和工作场所，将买入的原料制成各种精美物品，售给消费者或商人。至于家庭工匠制，便是常常使自己的家属做工匠的事，其工作时间不一定，时作时歇，技术方面也十分简陋，没有成本过高的设备，也不需要多数房屋充作工厂，所有出品不是售给小本商人，便送到集市，很少直接售给消费者的。属于家庭工匠制的工业，有草帽辫业、织席业、缫丝业及夏布织造业等。而酿酒业、陶器业、制纸业等，则常常属于主匠制。

商人雇主制，是以商人雇主为中心的工业制度。商人于购进大批原料以后，或者直接由其公事房、堆栈等处，或者间接由其代理人，将原料分给散工，制成粗细不等的各级物品。浙江平湖的织袜业，江苏无锡的花边业，都属于这种制度。前者的原料，是由商人雇主直接供给。后者则委托于代理人，同时对于制成品也由代理人收集。这大概是因为工人分散各处，距离太远。但是这种制度，仍然不能单独施行。因为到了市况呆滞期间，商人雇主必然缩小他的事业，而使所有雇工陷于失业或半失业状态。于是这些雇工便不得不就自身的若干财力，进行购入原料及售出生产品等一切事项，也就是不得不冒险作小本企业的经营。这就形成了主匠制了。

工厂制度能够在集中的场所内，在统一的管理下面，求得大量的生产。乡村工业中采用这种组织的有装纸业、陶器业及采煤业等。不过这种制度，除少数特殊的例子外，不大适合于乡村环境。因为工厂制度需要不断的工作，而农村的劳工供给，仅在农暇的时候。至于陶器制造业之类，为了原料和人工方面都可以就地取材，所以能采用这种制度。

乡村工业现在占了国民经济的重要地位，可是在工业化的过程中，是不是将被都市大工业所驱除呢？在从前，乡村工业遭受大工业的打击而至于消灭，是必然的趋势。但近年以来，为了自动或半自动机械的取代人工，电力运用的推广，工业之分散化已有可能。假使乡村工业能够采用合作组织，便是资力薄弱的小生产者也和城市工业一样，可以享受大规模经营的实际利益而向上发展了。目前中国虽然已有合作社 2 万余所，但是从事乡村工业的还是很少很少。

至于城市手工业工人的“店铺工业”，和上述的乡村工业比较起来，虽然在技能训练、工具、方法及所用的时间方面，都有差异，可是类似的地方更多。中国各城市中都有无数密集的小店铺，在其中工作的独立小生产者，如金银匠、珠玉匠、雕刻象牙的、刺绣的、纺织的、制景泰蓝的、制瓷器的、制珐琅的、铜匠、漆匠及制家具的，种种工匠，数也数不尽。这些店铺工业的组织，可以天津织毡的店铺为例。

天津织毡店铺的组织方式，有的是手工业者自己充当老板的制度，有的是为商人雇主而工作的制度。做店主的，或者自身经营此项事业，或者是替输出业商人作包工。在这两种情形之下，织机都属于店主，只有原料及花样，便是一个由本人供给，另一个由输出业的贸易公司供给。这种手工业者，和那些为商人雇主而工作的散工差不多。虽然在理论上，前者是为物价而工作，后者是为工钱而工作，但在事实上，独立手工业者也常常失去他的地位而变成散工。

手工业店铺的工作人，除店主外，还有伙计和学徒，每一种行业，各有其同业行会的组织，这种组织是学徒们所不能加入的。行会决定物价的高低，决定利率的多寡，决定商品交易的习惯，决定学徒的人数。物价与劳工既然都受限制，所以工业品的产量，不能任意增加。那些有介绍新工业可能的个人企业，常常受行会的阻碍。新式机械的应用，常常受行会的限制。这种封建式的集团统制，一般学者都认为是妨碍新事业发展的落后的经济组织。

城市上的小规模工厂，形式上也像手工业店铺，实在是趋向资本主义式大规模工厂的过渡组织。例如织袜工厂，大多是30个工人还不到的。他们不仅是散工，学徒也很不少。这种工厂常常只有一两间工作室，厂主、工头及工人挤在一块儿，周围堆满了东西，仍然带着手工作坊的意味。

就手工业的技术而论，它的特点是在于注重手的技巧，而不十分依靠工具的优良，在同样工具的条件之下，可以由各个工人手艺的高下而得出大不相同的成绩。其次，就是分工不细密，虽然工具有相当的分化，可是一个工人，时而要拿这个工具工作，时而要拿那个工具工作。所以工作时间，使用得很不经济。同时要训练一个熟练的工人，也不是短时期所能办到的。

尤其是制作物品的速度，因为是依靠人力，不能不受生理的限制，无论如何不能有大的增加，所以不适宜于大量生产。

不过目前的乡村工业与城市小工业，在技术上也不通通是保守旧式工业的原形，比方织袜工业，便是采用了简单的机器的。这种工厂在乡村与偏僻城市，还不能使用人力以外的动力。只到有电力供给的地方，他们才常常安置电气马达。

因此，我们不妨把这种小工业看做由手工业到大工业的过渡形式。

新式工业的组织及技术　城市工业，除开上述的店铺工业与小规模工厂以外，还有在大城市中的大规模工厂。这类工厂大半集中于沿海的通商口岸，而且大半在外人资助及管理之下，只有一部分在国人的掌握中。他们的企业组织，一般说来都是资本主义式的。

资本主义组织的特点，是工人仅须为工资而工作，所有原料、器具及工作场所等，都由雇主预备，但此等雇主则仅出资经营，并不直接参加生产。

采用这种制度，便可以集中大量的资金、设备——采用新式机器的大规模工厂，而集合多数工人于一处工作。同时分工能够细密，出货能够精良，而且迅速。所以便于大量生产。这是资本主义在技术上的长处。

此等新式工业的组织方式，还可以再分为独资创办、合伙及公司三种。

独资创办，因为个人身体及才智的能力有限，个人的资本及借个人资本所能筹得的资本也有限，所以不适于大规模工业的经营。

合伙，是由二人以上的企业家，结合其资本、精力、技能与经验于同一营业，以求盈利为共同目的的制度。这种组织，因为责任在于每个合伙人身上，合伙人常常苦于受同伙的拘束，并且任何动作都须等待全体同伙的决议，很难得到敏捷合一的效果。又，如果同伙中有死亡、疯痴或厌倦营业的情事，其存在与继续就成了问题。所以这种组织也不适宜于大工业的发展。

公司，虽然与合伙同系集合个人所组织，但其性质大不相同：（一）公司是法人，合伙不是；（二）权利义务的主体，在合伙营业是组织合伙的各个人；而在公司营业，并不是各个股东，乃是独立于股东外的公司本身，所以公司和股东可以有相互诉讼的行为；（三）合伙的财产，便是组织合伙的各个人的共有财产；公司的财产，则离开股东的财产而特别存在。

公司的种类，按照我国《公司法》的规定，分为四种：（一）无限公司，以二人以上的无限责任股东组织之，股东的全体对于公司债务都连带无限制负偿还的责任；（二）两合公司，由有限责任股东与无限责任股东混合组织之；（三）股份有限公司，以 7 人以上的股份股东组织之；（四）股份两合公司，以无限责任股东及股份股东组织之。

公司组织能够集合多数人的资力来经营事业，又不因个人发生意外而妨碍进行，所以适宜于大工业。在公司制度中，股份有限公司又是最重要的，最普通的，最适用的。这种公司的大权，虽然集中于少数大股东的手中，可是很能够吸收大量的零碎资本，因为股东的责任以股份为限，投资者不会遇到意外的危险，同时股票又容易买卖、转让。

中国新兴工业，在外资压迫之下，感觉到非集中组织不足以图存，近来渐渐成立了统制产销的组织。同时在技术上也感到非常的落后，即如占着民族工业主要地位的纺织工业，大多数纱厂只能纺 16 支或 20 支的粗纱（普通把 1 磅棉纱，长 840 码的，叫做 1 支，如果 1 磅棉纱长 1 680 码，就是 2 支），而且所用机械，4/10 是 20 年以上的陈货，所以花费人工特别地多，比方日资纱厂纺 20 支纱，每万锭仅用 240 工人；而在华资纱厂，则非用 350～750 工人不可。所以改良技术的呼声也很高，并且和国联成立了技术合作的关系。不过目前的工作还只限于交通与农业方面，谈不到工业本身技术的改进。——交通与农业的改良，可以扩大国内市场及增加原料的生产，对工业自然也有促进的作用。而彻底的改变不利于民族工业的税则为保护民族工业的税则，也是促进工业发展的一个条件。

第三节　工业原料及动力

我国号称地大物博，但根据科学的考察，地大诚然不错，物博则还够不上说，因为工业原料，还不是完全无缺。除原料外，动力也是发展工业的一个要素。我国蕴藏的动力泉源，尚属丰富，不过还有待于开发罢了。

工业原料　工业原料，所包含的种类很多。现在分重工业轻工业两部分来说。

（甲）重工业的基本原料是铁矿砂，这种原料的全国储量，仅占全世界的 16‰，共约 1 130 兆吨。其中 752 兆吨产于辽宁省，90 兆吨产于察哈尔省，至于湖北、河北、安徽等省，所产又居其次。现在全国铁砂的 6/7，已在他人手中，而其余的 1/7，也不免受日人直接或间接的操纵。例如长江中游湖北、安徽的铁矿，都是拿矿石输出日本。

钢铁的生产极少，世人叫我国为“无钢之国”。现在全国需要的钢铁量，每年约60万吨，多半是由英日两国输入。据海关册统计，历年钢铁入口价值，常在8 000万元至1万万元之间，占全国进口总额8%～9%。

我国生铁与钢铁的消费量，平均每人仅占1.5公斤，相当于日本的1/10，英、德的1/100，美国的1/180。

其他金属矿产，如铜、锌、锡、铅、硝石、铝等项，都和重工业或军事工业有关系。我国锡矿有余而铜矿不足。全年产锡约9 000吨，最大部分由云南个旧产出。铜的消费量每年约6 000吨，生产量仅约1/10。铜虽不用于造枪炮，但因其为电气材料，也间接的和军事有关。锑、钨二矿，都是制造军火的材料，我国湖南的锑，江西的钨，是世界闻名的。全世界锑的生产额是每年16 000吨，而中国占3/4，钨14 000吨，而中国占2/5强。不过锑钨矿砂，几乎全部出口，本国不能采用。铝为制造飞机的原料。我国浙江平阳产明矾石，约2 000兆吨，可以提炼纯铝，如果试验成功，我国铝的生产，可以超越任何一国。铅用于髹漆、颜料及制造水管、煤气管、玻璃等物。我国铅矿储量约150万吨，现已开采130余万吨。湖南水口山铅矿最有名，年产五六千吨。锌矿常和铅在一处，水口山所产也著名，年产约1万吨。锌的用途很多，涂在铁皮上，防锈之力优于涂锡。硝分硝酸钾、硝酸钠二种，前者用于制火药，后者用于肥田。我国制硝多由倾墙败屋的土中煎熬而得，钾、钠二种都有。天然硝产于青海西宁北山，层厚七八尺，延长20里，还没有开采。

我国过去把锰矿当作无用的铁矿，近年来方才开采，每年产2 000余吨，从前生产盛时，达2万余吨。锰的用途是炼钢及用于医药、化学方面，也是和军事工业有关的原料。江西、广东、浙江都产钼矿，也是作制钢用而有关军事的原料，因为世界稀有，外国人正谋取得开采权。

我国金银产量不多，每年各约10万两。黑龙江过去年产黄金

6 000两，现在据说只半年可产10万两以上了。白银的生产，多由长沙炼铅厂自铅矿中提出。

（乙）轻工业所需的原料很复杂，且拿棉花、小麦、蚕茧、羊毛、烟叶、纸粕及化学工业上应用的各种原料做例子吧。

中国的自然环境，很适于栽培棉花。主要的棉产区域是华北黄河流域冀、鲁、晋、陕、豫诸省。过去数年间，年产额，全国约900万担，而这5省占其一半。本年度（1936—1937）的棉产有丰收的可能，据中华棉业统计会的调查，预计可产皮棉1 600万担，为中国有史以来之新纪录。增收的主要原因是（一）栽种激增及（二）天候良好。又该日棉会社将最近4年全华的棉花需要与供给情况作成下表：

全华棉花需给预想（单位：千担）

		1933—1934 概算	1934—1935 概算	1935—1936 预想	1936—1937 预想
供给	前期转入	700	850	1 860	910
	全华棉产	9 250	10 640	9 500	15 000
	共计	9 950	11 490	11 360	15 910
需要	纺织消费量总计	8 550	8 500	8 000	9 000
	内美棉	1 250	680	200	100
	印棉、其他	900	450	450	100
	华棉消费量	6 600	7 370	7 350	8 800
	纺织外消费	2 000	2 000	2 400	3 000
	输出	500	160	700	2 000
	共计	9 100	9 630	10 450	13 800
	差额转入次期	850	1 860	910	2 110

由上表可知棉花的需给概况了。中国棉因绒短，不适于纺制细纱，故须输入外棉，近年提倡种植美棉，增加产量，当能渐渐走向棉花自给的途径。不过华北棉花已经被日人垄断了。

生丝是丝织业的原料，而蚕茧又是缫丝业的原料。这两物中国的生产额，在（民国）廿四年（1935 年），为蚕茧 140 万担，生丝 95 000 担。中国的丝织业不大发达，生丝是纯靠国外销场，特别是靠美国的销场。因为日本的缫丝业比中国进步，所费成本比较轻，而品质反高，中国的生丝很难和它竞争，再加以人造丝的倾销，使中国的丝业更难立足了。因为丝业衰落，影响到了蚕茧。近年因茧价低落，蚕业颇呈衰落的样子。

中国有好几省农民以养蚕为唯一副业，譬如江、浙两省，有一半以上县份的农民是从事养蚕的，广东有 200 万以上的人口靠蚕丝业为生，此外四川和山东，丝业也相当发达。今后如果能够改良丝业的技术，抵制人造丝的倾销，前途是有希望的。

小麦是面粉业的原料。小麦的产量，前于农业章已加说明。我国小麦，因作为粮食的消耗过大，加以运输不便，成本过高，品质又不如洋麦，所以面粉业每年向澳洲、加拿大、芝加哥等处，订购洋麦原料颇多。据荣宗敬氏说，国麦全年产量，只够供面粉厂四五个月的消耗罢了①。

国产的羊毛，多半是毛粗绒短，因此纺织较细的出品，还是要倚赖舶来原料的供给。

烟叶是制造卷烟的主要原料。国内所产的烟叶，对于卷烟制造适用的，有山东的潍县、青县及坊子，河南的许州、襄城及邓县，安徽的凤阳及蚌埠，广东的南雄，湖北的均州等地的产品。但产量还不足以应付需要，品质也比较美国或埃及产差多了。所以国内制造上等卷烟的原料，大半是用舶来品。

国产的造纸原料，有竹浆、树皮、棉麻、芦苇、稻草等物，但作为造纸主要原料的木粕，则不具备，各造纸厂所用，都从外国买来。木粕在制造印书类上等纸时，尤为必需的原料，长此倚赖价昂的舶来品，太不合算。现在实业部计划在温州设立的造纸厂，将利用浙江的林木，自

---

① 见《时事新报》，1936 年 4 月 1 日。

造纸粕云。

化学工业所需的原料，十分之八九是从国外输入，例如火柴工业所用的药品，及其他化学工业所用的酸碱等，除小部分采用国产外，其余都用舶来品。这是因为我国的化学重工业还很幼稚，三酸、曹达、阿莫尼亚的出品很少很少。

动力　工业上应用的动力，最重要的应推煤、石油及水力三项。电气虽然是更进步的动力，可是它仍然要靠煤、石油或水力，推动原动机，才能发生电力。现在来看我国的动力泉源吧。

（甲）煤的储量，我国很多，这一部分的动力泉源，是不愁缺乏的。不过煤矿多半集中华北内地，距离沿海的工业中心城市很远很远，所耗运费常常相当于成本的五六倍，这是值得注意的一个问题。

（乙）我国石油储量，本来不多，而东北油田又已经失去，这一动力的供给，很成问题。但石油为内燃机的必要燃料，每年消耗之量，一年多似一年，即世界也有完结的危险，所以各国纷纷寻求石油的代替品。

石油对于一般工业，还没有煤的重要，但因为是飞机、汽车等的必需燃料，和交通及国防很有关系，实有开发应用的必要。

（丙）水力是天然动力，有“白煤”的称号。我国的天然水力，蕴藏颇多。北方的黄河，中部的长江，南部的西江，水势流动都很猛烈，而黄河的龙门，长江流域的三峡，西江流域的苍梧附近及抚河一带，水力尤其可供利用。其他各省如福建、浙江、湖北、湖南等省，也有流动湍急的水力可供利用。据估计，中国可利用的总水力，约 2 亿匹水力，和加拿大差不多，同居世界第 4 位。可是已经开发的数量，就比加拿大差远了。加拿大已经开发的水力，相当于总水力的 13.8%，中国则不及 1%。

由以上所述，可见中国工业所需的动力，非常丰富。将来如果充分利用，拿来发电，对于工业发展的前途，当有无限的希望。因为电气的应用，是间接传动，比较石油、蒸汽、煤炭等的直接传动，设备简单，管理容易，而效率增高，加之可以远道输送，所以非常便利。

第四节 工业投资及管理

向来经济学家说生产有三个要素：（一）土地，（二）劳力和（三）资本。他们所说的资本，是指原料、工具、机器及厂屋而言，换句话说，便是指的劳动对象和劳动工具罢了。不过现代是资本主义的社会，如果谁若不是有了巨额的货币，拿来购买原料、工具、机器及厂屋，再购买劳力而运用之，则大量生产便不能进行（这就是资本由货币形式向商品形式的转化。当生产过程终了，新的商品造出来，又可以转化为货币。不待说，这个货币数量比原来增多，而且又可以作为资本，而再卷入“货币—商品—货币”的轮回中去。现代资本家的巨大财富是这样积累起来的，这自然不是“自耕而食自织而衣”的时代所能梦想的）。所以投资问题非常重要，而投资者常常具有伟大的支配生产的势力，也是当然的结果。

投资的五种方式　就我国工业上的投资而论，可以说有五种方式，同时存在。哪五种方式呢？

（甲）国家资本　我国工业的萌芽时期，是采取官办，那时资本完全是国家的。目前有许多工业，由国营或省营的，都属于国家资本范围。

（乙）私人资本　通常所谓商办或民营的事业，都属于私人资本的范围。我国民营工业，到欧战时方才大大的发达。

（丙）国家资本和私人资本的结合　这就是官商合办，在一个企业中，有一部分官股，另有一部分商股。

（丁）中外合资　这是本国资本与外国资本结合在一个企业当中的方式。本国资本，有时是官股，有时是商股。外股属于后述之国际间接投资方式。

（戊）外资　这是纯粹外国资本的直接投资。

自从帝国主义实行资本输出的政策以来，外资的侵入中国很不少。其投资方式又分直接与间接两种。所谓直接投资，即是外国资本家将其所有资本，不经中国人的手，直接投于中国所发生的营业关系。它的特征，是一切事业的经营管理，及由经营所得的结果，都归外人独占，中国人丝毫不能过问。所谓间接投资，又分两种：其一是外国资本家购买中国的国债或地方公债，而照规定金额收入利息；其二是外国资本家将资本贷与中国的私人或私团体，取得股票或债票而按年收入其利息与红利。这两种的相异点，即在于红利金之有无；而相同点，则在于对中国同保有债权关系。所谓实业借款，合办事业，都属于间接投资。

外资在中国的支配形势　就上列五种投资方式来比较，只有外资（连中外合资在内）占极大的比重。如果连工业、商业等的投资以及政治借款一并计算，则各国对中国投资的总数，在 1902 年为 78 790 万美元，在 1914 年为 161 030 万美元，在 1931 年为 324 250 万美元（据美国 C. F. Remer 氏统计）。即自义和团战役后至欧战发生时，增加一倍；自欧战至“九一八”事变时，又增加一倍。

就外资国别而言，过去以英国投资为特多，次之是俄、德，至于日本是毫□□□□□□到目前，日本已赶上英国了，其余各国的比重都很小。特别是“九一八”以后，1932 年至 1934 年之间，日本在东北的投资，突增 430 兆元，如果把它和过去的投资额合计，是要超过英国了。

英国对华投资总额为 1 189 兆美元（1931 年），其投于矿业的占 8 790 兆，投于电气煤气自来水的占 15 355 兆，投于制造业的占 603 948 兆。

日本对华投资总额为 1 137 兆美元（1931 年），其投于矿业的占 23 450 兆（内投在东北的有 11 650 兆）；投于动力工业的占 38 928 兆

（内东北 36 128 兆）；投于其他工业的占 302 299 兆（内东北 105 611 兆）①。

就各主要工业而论，我国的重工业几乎被外国资本独占了。铁矿开采权有 82%是握在日本资本的铁掌之中。每年百万吨的以新式方法生产出来的铁矿砂，有 90%是和日本资本有关；40 万吨的生铁中，和日资有关的铁厂占 95%以上。煤矿以抚顺与开滦为最大。抚顺，资本 1 100 万元，每年产煤 600 万吨。开滦，资本 1 400 万元，每年产煤四五百万吨。抚顺系日资经营，开滦是由英资经营。就全国每年 2 600 至 2 800 万吨的煤产量来看，英国资本占 25%，日本资本占 40%（自东北沦陷，日、英之间的比例，在名义上起了变化）。作为新兴动力工业的电力工业，外资产量占总产量的 60%以上。最大的发电组织上海电力公司，便是在美国资本独占之下。

轻工业方面，可以拿占中国工业首位的棉纺织业做例子。民国廿四年（1935 年）中、英、日资本在全国棉纺织业中的比例是：

	厂数	占全国纱锭/%	占全国线锭/%	占全国布机/%
华资	96	56.68	32.53	48.86
日资	44	39.29	66.86	44.86
英资	4	4.03	0.61	8.28
外资总计	48	43.32	67.47	53.14

其他轻工业也是外资占优势的多，如卷烟业，英国资本与中国资本，成 20 与 1 之比（华商烟厂 60 家资本合计 1 546 万元，英商只英美烟公司一家资本，约 40 000 万元左右）。

民族资本的当前困难　中国民族资本在中国产业中的比重，还不如外国资本，从上面所述可以推知。纱业、丝业、面粉是中国民族工业的主要部门。现在纱业中外资势力的对比，在数字上已有喧宾夺主的形

① 以上介绍英日两国对华投资金额的数量有错，从其各项投资之和远远大于投资总额即可发现。

势。如果再从发展过程上去看，日本厂的纺锤，自 1923 年至 1934 年的 12 年间增加 246%，中国厂自 1923 年至 1933 年，仅仅增加 24.3%罢了。日厂织布机数，自 1923 年至 1934 年，增加 1139.5%，而中国厂自 1923 年至 1932 年，仅仅增加 179.05%罢了。近年日厂纷纷增资，华北日商且有增加 30 万锭子的计划，而华厂则停工减工的锭数，在（民国）廿四年（1935 年）占了总锭数 40%以上，华北各厂如裕大、宝成等纷纷售与日人。彼伸此绌，显然可见。丝业的整个地盘虽然属于民族资本，可是目前开工厂数远不如前，如上海过去有丝厂百余家，现在开工的不过 30 多家了。面粉业自“九一八”以后，销场减少，（民国）廿四年（1935 年）因灾荒而销量略增，但因华北的原麦供给为日人控制，以后原料有断绝之虞，出路大成问题。

民族资本的最大困难，即于不平等条约的限制之下，没有获得特殊保护的可能，只有希望能够凭着雄厚的资本和优良的技术，去和外资企业竞争，才有立足的余地。而资本问题尤其重要，因为技术的改良，也要靠着雄厚的资本。现在中国厂家都苦于资金不足，所以资本的有机构成非常低下。什么叫做资本的有机构成呢？那就是机器、原料、动力等项在全部资本所占的成数，和工钱所占成数的对比。假如前者所占的成数较大，便是资本的构成较高。资本构成高，则技术的水平随之增高。试以纱厂为例。日资纱厂平均每锭占 680 元，华资纱厂不过占 50 元。日资纱厂纺 20 支纱，每万锭仅用 240 工人，然而华资同样纺 20 支纱，每万锭非用 350 至 750 工人不可。据 1934 年估计，日资纱厂平均每厂资本约有 417 万元，华商纱厂平均每厂 157 万元，英资纱厂平均每厂 500 万元，由此可见华商纱厂资本过于薄弱，所以在技术上赶不上英、日，尤其赶不上日厂，仅能凭着工人们的埋头苦干去和外资竞争。

资金不足，就不能不依赖金融界的资金融通。但是因为一般利率仍然过高，社会游资大多投到不生产的事业去，如银行的营业对象偏于公债和地产，很少投到工业方面来，这是很值得注意的一个问题。

发展国家资本与利用外资　中国民间资本的薄弱，已如上述，则中国工业将来的发展，不能不利用外资。而利用外资的经营方式，则以国营为佳，因为由此可以发展国家资本的势力，而奠定实现民生主义经济的基础。

国营生产的原则，中山先生在《民生主义》第二讲中说过：“单是节制资本，仍恐不足以解决民生问题，必要加以制造国家资本，才可以解决这个问题。何谓制造国家资本呢？就是发展国家实业。其计划已详于《建国方略》第二卷的《物质建设》。”而《实业计划》的第一计划说：“凡夫事物之可以委诸个人，或其较国家经营为适宜者，应任个人为之，由国家奖励而以法律保护之。……至其不能委托个人，及有独占性质者，由国家经营之。”这是中山先生指示的原则。

什么是有独占性质的事物？如铁路、电车、自来水、电灯、瓦斯之类是。什么是不能委托个人的事物？如大规模之企业，为私人力所不能办的，以及烟、酒、食盐之类，于国民健康及生活有密切关系，不能让私人经营的都是。

现在我们来看看最近国营生产的发展趋势吧。在实业部所主持的工业建设中，已经开始营业的有酒精厂（资本250万元）及渔市场；正在建设中的有机器厂及造纸厂（全部股款450万元）；此外在计划中的有钢铁厂，资本1 000万元，汽油厂，资本500万元，蚕丝厂，资本80万元，以及糖厂、人造丝厂、橡胶厂、水泥厂等（均由官商合办）。此外还有山西的“十年计划”，广东的“三年计划”。不过实现的成分不多，仅广东计划中的纺织、水泥、制糖三个部门，有一点成绩。

这些国营事业，并不是纯粹由国家资本来经营，除一部分官商合办外，还得利用外资。如山西和广西的开发，已有日本资本来同他们合作；广东及四川的建设计划，也有英国资本做他们的后盾。像中国这样资本贫乏的国家，利用外资，本来势所难免。不过应注意两点：第一，国际投资应为间接投资，不应为直接投资。外人直接投资，开设工厂于中国，是《马关条约》的贻误，这种条约将来必须废除。第二，间接投资虽然比较的好，但债权国常常因债务国没有偿还能力而监督债务国的财政，且因此而进入政治的侵略，像中国这样的半殖民地国家，尤其容易被债权国操纵。在间接投资中有中外合办事业，及外人对各种公司投资的两种，都是外国资本操纵中国工业的好机会。尤其是合办事业，常常是资本与经营权，完全是外人的，中国仅有一个空名而已。外人有这一权利，是根据1902年《中英续约》的规定，这也是应修改的条约。总之，间接投资，也要依照中山先生《实业计划》利用外资的原则，确保主权不受投资的干涉，这一点是必须注意的。

如果一方面把民间资本引导到生产事业方面来运用，另方面又能在确保主权的条件下利用外资，同时又能运用自上而下及自下而上的双方监督，来洗刷国营事业的官僚积弊，则国营生产的前途大有希望，而国家资本的制造也易于观成了。

中国工业的资本问题，大略如此，现在且说生产管理。先就工业管理的一般原则略加说明，而后把我国工厂管理的批判作为结束。

工厂管理制度　谈工业管理，通常要从企业组织开始，不过企业组织已于前第二节说过，此地只就工厂内部组织，即管理制度，加以说明。

管理制度分为总部组织及分部组织。总部组织有（1）集权办公处，（2）分权办公处及（3）混合办公制三种。分部组织则有（1）系统制，即军队式，（2）系统兼参赞式，（3）分部式，即专责式，（4）委员制式及（5）分科制式。这些组织各有利弊，不过军队式组织，把事权集中于少数当局者，只能适用于小规模工厂；若是规模较大的工厂，就不能不分工。科学管理法创始人泰洛氏所创的专责式组织，便是根据分工的原理。

管理包含的事项　有所谓资本管理，即关于原料的选择及材料的节省，厂房地点、建筑及厂内设备的设计、机器的选择及布置等项。有所谓劳动管理，这是科学管理的主要部分，其总的意义是提高劳动效率，其要点有（一）规定单位工作的标准时间，以为督促工人及甄别工人的标准；（二）设功用指导员来指导工人，练习采用最适宜的工作方法；（三）设差别工资制，按劳动效率给报酬；（四）设分部制度，即上述的分工组织以便管理等项。还有关于出品的管理，即出品的标准化（规定很少的几种商品，专门去大量制造）。成本管理（应用成本会计，精密地检查每一种货，把那不能获利的剔出来，停止生产），数量统制（视销场而定生产量），以及价格管理（熟察商情，预测物价变迁的趋势）等。

彭考夫氏对中国工厂管理的评判　二年前棉统会邀请曾服务于英国纺织机器制造厂三十年之彭考夫（H. Bancroft）氏来华视察我国的棉纺织厂，氏对于工厂管理方面，指出（1）职员过多而不精；（2）厂房过旧，不适于工作，即整理也空费资金；及（3）机工多偷惰而无人督促各点；又说根本上组织即有缺点，责任不专，效率便很难增进。

政府对于民间工厂之管理　以上是就工厂本身的内部管理说的，现在且说政府对于一般工厂的管理。政府对于国营工业，是直接管理，无须说明，现在所指的对象是非国营工业。这种管理，可就其目的分为数种：

（甲）代表消费者的管理，例如食物检验、验疫等。

（乙）代表劳动者的管理，例如工厂立法（包含保健、保护安全、最低工资、最高工时、劳动保险等），工厂检查（检查各工厂是否实施了工厂法）。

（丙）代表投资者的管理，例如规定最高利率，是代表借方利益的；如关于储蓄银行、保险业及公司营业的立法，是代表贷方利益的。

（丁）代表普泛社会的管理，例如为了扶持某一事业而给予补助金。

第四章　中国之商业

我国商业有了两千年的历史，这是人所共知的。不过在和东西列强通商以前，商业在我国经济上的地位，是很低下的。除了很少的地方特产必须运销国内较远的地方以外，差不多一般日用的消费品，都是以家庭为生产单位，而实行自给自足的，即使有些剩余的产品可以拿到市场上去交换，大概也不出一个地方的小范围。至于国际贸易，更谈不到，偶然间有些"互市"，那也不过是帝王贵族弄些远方珍物来表示豪华的企图，或者被动的以剩余生产品应付国外商人的交换的要求罢了。

海通以后，现代化的商业逐渐发生，可是因为国内生产事业，还没有十分现代化，所以旧时代的商业依然存在。同时，因为外商雄厚势力的侵入，使本国商业大受其掣肘或支配，无论市面是假态的繁荣，或悲惨的不景气，都表现出中国商业的当前困难，这是需要国人共同努力，加以排除的。

第一节　价值与价格

商品经济和自然经济（自给自足经济）的区别点，就在于生产的分工和生产物的相交换。在交换的时候，几种不同的生产物之间，必有其交换比例的标准，比方 1 只牛换 5 只羊，1 只羊换 6 丈布之类。这里就发生了价值和价格的问题。

价值和价格　价格是什么呢？凡是一种生产品和另一种生产品相交换的时候，实际上能够交换多少，那就是价格。例如 1 只牛的价格等于 1 只羊，6 丈布的价格等于 1 只羊之类。但价格之狭义的解释，就是一种生产品能换得多少货币，例如 1 头牛可卖 30 元，则 30 元即为此牛的价格。现代一般所谓价格，就指狭义的解释。

价格跟着市场上的供求关系，时常发生变化，比方 1 头牛，有时只卖二十几元，有时可卖三十几元。但它的变化是有一个范围的，比方 1 尺绸，价格无论如何低落，总不会和 1 尺布相等；1 两银子，无论如何，换不了 1 两金子。由此看来，在变动不定的价格里面，仍然有一种不变动（但不是永远不变动）的标准存在，这种内在的标准就是价值。

使用价值和交换价值　通常所谓价值，是指交换价值而言。但作为商品的生产品，不但有交换价值，它还有使用价值的。一件东西，对人能有某种用处，可以满足人类的某种欲望，我们说它有使用价值，比方面可以充饥，棉布可以做衣服，面和棉布就有使用价值。凡有使用价值的生产品，虽然不一定就是商品（例如自然经济中的生产品），但一切商品必须有使用价值，因为对人们没有用处的东西，人们不会互相交换。

但商品的交换价值，并不是根据使用价值而定的。比方米麦的使用价值比金子大，但交换价值反而低了千百倍。甜味和咸味，并没有高下之分，但交换价值则有高低的差别。可见交换价值的大小和商品用处的大小不相干。

而且，同一物品，对于人可以有不同的用处。例如人们可以用布做衣服，也可以用它做口袋或船帆等等。至于不同性质的物品，其使用价值的不同，更不待言。所以使用价值，是没有共同基础的。至于交换价值，则是存在于各种商品中的共同基础，它没有性质的不同，只有数量的差别。

价值的来源　关于交换价值的来源，有种种不同的学说，概括起来，可分为三大派：

（甲）成本价值说　这一说的主张，是说一切商品的交换价值，没有不决定于其生产的成本的。成本越大，价值也越大；成本越小，价值也越小。这一派中，各家学说又有大同小异的地方。举其最重要的来说，则有三派：第一是狭义的劳动价值说。这是经过古典派经济学家亚当·斯密、李嘉图及社会主义派经济学家马克思等而逐渐完成的主张。他们以为决定商品价值的基础，是该商品所含的劳动量，比方甲物生产所需的劳动为3小时，乙物生产所需的劳动为9小时，我们就可以知道乙物的价值，相当于甲物的3倍。不过他们知道，就每个生产者的个别劳动来讲，做同一工作，所费时间是各不相同的，所以说决定价值，是依据社会平均的必要劳动时间。他们也知道，同一时间的劳动，高级技术和低级技术的价值，是不相等的，所以把劳动分成简单劳动和复杂劳动两种，认定复杂劳动需要经过相当时期的学习，那个时期的劳动是不能取得报酬的，所以在能取得报酬时，就要取得相当的补偿费，而使他自己的价值高于简单劳动。再则以劳动计算价值，不但计算目前施于劳动对象的劳动，同时连那包含在原料、工具里面的过去的劳动，也要加进去的。

第二是生产费说。这说约翰·穆勒主张最力，他以为一物的价值，是由工资、利息、利润三部分合成。但这种说法，是将原料、工具那一部分消耗的填补，也分析为工资、利息、利润三部分。这仍然是祖述亚当·斯密把全部价值分为“地代，利润及工资”三部分的学说。所以和狭义劳力说同一渊源。不过工资、利息（这是借贷资本所得的报酬）和利润（这是企业资本所得的报酬）三者是国民纯收入的部分，如果此外没有专门填补原料、工具等消耗的一部分价值，则再生产的基础就很渺茫了。

第三是广义劳动价值说。因为生产费说不完满，狭义劳力说也太偏于直接生产者的一面，于是广义劳力说就起而纠正它们的缺点。这就是孙中山先生所主张，他在“民生主义”讲演中曾说明其大意。以棉纱价值为例，纱厂每年的盈余价值，除工人的劳动外，凡农业家、农学家、机器制造家和发明家、蒸汽电气发明家、金属的采矿家、制造家、木料种植家以及社会的消费者都有关系。“由此可见所有工业生产的盈余价值，不专是工厂内工人劳动的结果，凡是社会上各种有用有能力的分子，无论是直接间接，在生产方面，或者是在消费方面，都有多少贡献。”这一说，除直接劳动外，还注意到间接劳动，而且，除生产方面外，还兼顾消费方面，这是它的特长之点。

（乙）效用价值说　这一学说是完全从消费方面来决定价值的。他们以为效用是满足人类欲望的能力，如果在同一时候，供给同一商品于同一人，那么，供给愈多，则这商品的效用必愈小。比方，第一碗饭对于饥饿者的效用，是大极了；第二碗饭的效用就比较的小；第三碗饭更小；第四饭碗更更小；第五碗饭小到等于零；第六碗饭以下，就要发生反效用。假使这里只有三碗饭，那么，这三碗饭的价值，是依照第三碗饭的效用来决定的。那最后一碗饭，即第三碗饭的效用，叫做限界效用，又名边际效用。依照限界效用来决定价值，那么，假使这里只有两碗饭，则饭的价值增高；假使有四碗饭，则饭的价值必减低。倡导这种学说的是英国的耶方斯及奥国的庞巴威克等。

（丙）折中派价值说　这一派以为上述的成本价值说偏于客观，效用价值说偏于主观，各有所失，于是调和起来，主张价值的产生，供求两方都有关系。这也无非是根据交换价值必有使用价值同时存在的道理来说的吧。倡导这说的是英国的马夏尔。

价格的变动　前面说价格是变动的，价值是不变的，这不过是比较的说法。如果因为技术进步的结果，社会的采金变为容易，那么，不论从成本减轻来解说，或从“供给增多以致限界效用减低”来解说，总之金子的价值是变低了。在这时候，如果其他商品的价值没有变动，则以金子体现的商品价值必因而增高，换句话说，就是一般商品的价格昂贵起来了。反之，如果金子价值不变，而商品价值发生变化，则商品价格也将因而变动，是不待言的。

跟着价值变化而变化的商品价格，应当是较为长期的固定的。事实上每一瞬间，商品价格都有时高时低的小变动，不过是以价值为中心而动摇着罢了，这是因为商品生产，常常不能和购买者的购买力相适应，不是供过于求，就是求过于供。

资本主义的商业市况，有一种循环变动，由繁荣而恐慌，恐慌过了顶点，又好转而走向萧条，由萧条再走向新的繁荣。在大战前，大约每十年循环一次。每经一次循环，商品价格必由涨而跌，再由跌而涨。这种变动，也是生产量和购买力不相适应的结果。

竞争价格与独占价格　竞争价格也叫市场价格，这就是卖者和买者在市场上互相竞争而决定的价格。当供给和需要相等时，则为供需的平衡点，也就是市价的决定点。在竞争过程中，卖者有讨价很低的，买者也有出价很高的，但均有一个限界。这种限界与决定的价格之差数，在买者方面，称为“消费者之剩余”；在卖者方面，称为“生产者之剩余”。比方市价为1元，原先准备以8角的起码价格出卖的，可得“生产者之剩余”2角；原先准备以1元3角的最高价格收买的，可得“消费者之剩余”3角。

市场价格，在充分的自由竞争之下，并且从它的长期趋势观察，则得到所谓正常价格。这个正常价格，就是依限界生产者的生产成本而决定的价格。这种限界生产者，是在同一生产部门各生产者中耗费成本最高而仍能（仅能）维持其事业者。所以正常价格，也叫做成本价格，还有叫做自然价格的。市场价格并不是常常和这种价格相符，这只有在充分自由竞争的条件下，才能够实现。

另一方面，在生产上形成了独占的时候，生产者就不妨把价格提高，于是就有所谓独占价格。独占价格通常是高于市场价格，可是也还有个限度的，因为高到某种程度以上，大多数购买者就会完全没有办法来买了。

目前各资本主义强国，在其国内借关税壁垒的帮助，维持一种独占价格，而在国外则用非常低廉的价格来实行倾销。

我国近年物价的变动　我国各地物价是不一致的，现在就最大通商口岸的上海来说。据上海市最近十年来的统计，这一时期中以民国十九年（1930 年）为物价的最高峰。在这一年以前，物价逐年高涨，指数（物价指数，是假定一年为基年，将基年的物价平均数作为 100，其余的年份照此改作，如物价为基年的一倍，则改作 200，以便比较）逐年上升。因为当时美国将白银倾销中国，银价低则物价涨，故造成了中国商业一时的繁荣。可是自民国二十年（1931 年）以后，外受世界经济恐慌的波动，内因国难严重，上海事变又起，物价开始跌落，指数逐年下降。（民国）二十三（1934 年）年，因受美国白银购买政策的影响，白银大量流出，银价高涨，物价跌势更凶。到了（民国）二十四年（1935 年）十一月，我国实施法币政策（参阅金融章），方见回涨的机运。但到（民国）二十五年（1936 年）四月以后，因为外货走私异常猖獗，价格特别低贱的私货种类，有呢、绒、棉布、面粉、煤油以及各种杂货，差不多尽是一些日常必需之品，销数很多，物价指数因此又现出回落的形势了。这无疑是给了我国民族工业一个绝大的打击。

第二节　市场与运输

商品的流通，要倚赖良好的运输制度。商业的发达，必须有广大的市场。在现代经济先进的国家，交通设备异常完美，故其商品流通的速度特别增加。而其开辟市场，早已突破国境，遍历世界的荒僻地带，尽量寻求；乃至因开辟已尽，不得不彼此争夺，并不惜酿成政治的冲突或战争，也是显明的事实。然而，我国则不仅国外市场，听人家排挤而不能维护，就是国内市场，也被外力攘夺而未能反抗。加以半封建的生产关系（即由经济形成的社会制度）没有肃清，交通也还不很便利，国内市场还没有达到十分完成的地步。这是很有待于复兴运动的挽救的。

市场的意义　市场有广狭二义。通常所谓市场，即广义的市场，这是指货物的贩路说的，例如棉花市场、生丝市场以及国内市场、国外市场等等。狭义的市场，是指买卖双方定时集合而行交易的场所说的，例如鱼市场、菜市场以及各种交易所。这两种市场的区别，又存在于价格上面。广义的市场，是指同一种类，同一品质的物品，在同时以同一价格而行交易的范围。所以尽管地点隔得很近，如果就相同的物品而有不同的价格成立，便是不同的市场。另一方面，如果同一物品而有同一价格成立，不论范围大到怎样，也属于同一市场。就这个意义上说，交易所也属于广义的市场，因为在那里是有统一的价格，而其价格所支配的范围，并不限于交易的场所。狭义的市场，是以场所为范围，至于价格，倒不一定是统一的。

市集　封建时代的交换范围，大部分不出百数十里之外，交换的次数也比较的稀少。所以产生一种赶集的办法，隔几天交易一次。现在我国内地还有许多这样的市场，到了规定的日期，农民便将农产品或家庭手工业制品拿到市场上去出卖，或买进所需要的东西。这是生产者和消费者直接交换的方式。现代的交换方式一般的虽很复杂，可是直接交换，也还存在。

日用品市场　这就是现代直接交换的场所。所买卖的是蔬菜、水果、肉类等难于保存的东西。关于这种交易，除生产者和消费者之间的市场外，生产者、批发商、零售商之间，也常开市场的。

交易所　交易所的发生，是因为交易的分量和区域扩大，一般人不容易观察市况而决定价格，于是有雄厚资本和特别的知识经验者，出来经营投机的商业，自行负担决定价格的危险。在交易所买卖的是大量的最重要的货物，如公债、公司债、股票及谷物等。交易所的长处，是能使对大量货物的需要和供给两方，于很短的时间内互相适合；是能使价格变化的倾向很灵敏地表现出来；而且能对于一般工商业给予一点保险作用。怎样表现它的保险作用呢？比方纱厂资本业在进行生产时，要购买棉花做原料，但棉花价格是一步一步高涨的；它为了预防棉花市价的变化，就在交易所买了一大批期货，而对于在生产中所需要的棉花，则仅为少量的购买；等到后来棉花价高涨时，他再卖去他的期货，便可以赚一笔钱，抵补他在少量购买现货时的损失了。由此看来，在资本主义的盲目的商品生产的时代，交易所的用处是非常之大的。不过如果不是资力雄厚而经验丰富的人去经营投机事业，则交易所仅成为瞎碰运道的赌博场，有时还要扰乱市场，损害一般工商业呢。

商埠　前面所说的市集，是定期的市场；一般城市和市集的区别，在于常期交易，可以说是常期市场。在常期市场中，又有旧城市和商埠的分别。

商埠在国际经济上占很重要的位置，因为一切货物交易，金融关系，都是以此为中心而活动的。商埠有自开和他开的分别。自开商埠，是为本国经济发达计，而自行开放，以供全世界交通及货物聚散、旅客往来之用，而关于商埠的组织及税则，都是以本国为本位的。他开商埠就不是这样，它虽然也是供世界交通、货物聚散、旅客往来的使用，可是一切组织及税则等，都是以他国的利害为中心的。我国有商埠百余处，大半是根据条约或协定而被动地开放的他开商埠。

国内市场　中国的国内市场，原来就是很松懈的。因为交通不便利，生产不发达，许多地方还没有完全脱离自给自足的阶段。各地物产的交换，常常是不能超出一个地方的狭小范围，比方，有些省份正在闹着饥荒的时候，另外有些省份，在同时间还苦于粮食生产过多，嚷着“谷贱伤农”呢！自从东北失陷，国内市场去掉1/3了。其余各省，不仅没有完成一个整体，而且有背道而驰的征象，如某些省份的“省统制经济”“省保护税则”，都是以地方市场为本位，而不能不对于整个国内市场的统一性有损害的。所以我国正在积极统一全国的税制，划一全国的度量衡和币制，发展全国的交通，想借此把统一的国内市场创造出来。

国外市场　中国商品的达到国外市场去，是被动的，只在外国人容许并需要的时候，我国的商品才能出现于国外市场。过去中国的丝茶，在世界市场颇有地位，现在受了外人的排挤，便不如从前了。我国没有远洋航业，也没有在国外活动的商业机关，一切进出口贸易，都是经由外人开设的洋行全权办理。因此，我国人所接触的国外市场，实际上不过是国内各大商埠的洋行。

运输和市场的关系　陆上的车辆，水上的船舶，空中的飞机，都是运输商品的工具。运输和市场的关系是很密切的。一般城市都在水陆交通便利之处，可见运输足以决定市场的地点。在运输不便的时代，市场的范围极为狭小，近世交通发达，市场也跟着扩大起来，比方小麦在我国各地有各地的市场，而在欧洲和美洲，反只有一个市场，这就是运费低廉的效果，由此可见，运输又可以决定市场的范围。运输费减低，则商品价格必变得低廉，而需要供给的数量也必然增多，可见运输又能影响市场需给的形势。运输便利，使一个地方的生产者，可以专门生产一种东西，同时又可以使一个市场上具有多数地方的出品，可见运输能使市场商品复杂化。运输便利，商品不会在一处地方屯集太多，而在另一处地方则任其缺货，因此市价也不会暴涨暴落，这就是运输能使市场价格稳定。一个国家的运输业发展得很厉害的时候，比方英国的海运业，成了海上霸王，这一国的商品，也就销行得普遍。反之，像我国的航业，操在外人手里，内外市场都被他们夺去。这就可见运输能开辟商品的市场。

旧式的运输工具　我国自海通以来，新式的运输工具日益发达，自铁路、轮运以至公路、航空的设施，也算应有尽有了，但是因为幅员广大，目前发展的程度，还只能起一小部分作用。因此，旧式的交通机关在许多地方，还是不可少的运输工具。

旧式陆路运输的工具，有车辆及驮兽两种。搬运货物的车辆，有大车、牛车等。货客兼用的，有窝车、小车等。大车，又称长车，用骡马数头拖曳之，普通可载货物 1 450 斤以至 4 000 斤。窝车形状也和大车相似。此等车辆，多用于北方的平坦道路。南方道路崎岖，就大半只能用小车了。驮运的兽类，有骆驼、马、驴、骡、牦牛等。骆驼多半在内蒙古、新疆使用；牦牛多半在川边、西藏使用。

旧式水上运输的工具为各种民船。大的民船能积载数千担，在沿海及近海航行。小的能载数十担，航行内河。目前内地的农产物，还要靠民船运输，才能到达中心市场。据民国十三年（1924 年）统计，民船只数共计 49 945 只，总吨数为 3 869 788 吨。

新式的运输工具　我国新式交通工具，可分铁路、航业、公路、航空四点来说。

（甲）铁路　我国铁路总长 15 470 公里。其中由外人经营及中外合办的，占 3 595.19 公里；专用路占 586.06 公里；日军占去东北四省的铁路，计 2 740.3 公里；其余的 8 548.45 公里，内属省营或民营的计 584.11 公里，属国营的计 7 964.34 公里。最近粤汉路株韶段告成，全线通车；浙赣路已由杭州通南昌；民营江南铁路已由南京通至芜湖；淮南铁路、苏嘉铁路均已通车；北方陇海线的延长，同蒲路的修筑，均在急进中；西南的湘黔路也在开始建筑。

全国铁路所负的债务，共计约 13 万万元［截至（民国）二十二年（1933 年）］，内债只占 1/10，外债计 1 174 569 858.10 元，平均每公里欠外债 15 万元。但主要各路的盈余，每年不过 5 000 万元，大部分还不是现金收入，拿它付外债利息，都还不够。（见《申报》馆《中国经济现势讲话》）因此，近年当局积极整理债务，并设法增加营业收入。不过一时还不容易解除这笔大的债务。

我国铁路因过去受各种影响，以致路轨枕木，年久不修，机车破旧，不能应用的情形很普遍，运输能力因而减少。同时运费又过于昂贵。这都是要费许多力量去改良的。

（乙）航业　中国航业差不多全由外资经营。这不仅外洋航业是这样，便是内河航业，因为《南京条约》及《天津条约》允许外人有内河航行权，也完全落到他们手中去了，现在来往各口岸的轮船，几乎全部属于英商太古、怡和两公司及日商日清、大连两会社，尤其英国势力大，有船 186 只，净吨数 241 629，占外商总吨数 65%。据 1935 年统计，这一年内全国进出口商轮只数，中国 47 123 只，英国 13 341 只，日本 5 105 只，这算是中国最多，英国第二，日本第三；可是从船只总吨数看，英国是 18 541 804 吨，占第一位，日本的 9 197 376 吨，占第二位，中国的 7 622 430 吨，仅占第三位而已。国营招商局近年虽然在力图发展，但所欠汇丰、花旗等外国银行的债务，达 2 500 万元以上，一时还不容易和外商竞争。我国航业的根本对策，只有收回航业主权的一法。

（丙）公路　这是近年来的新建设，有公路则汽车可以通行了。我国公路总长，到 1935 年，即达 9 万公里以上。所耗建筑费超过 54 000 万元；所占土地不下 1 万万亩。不过汽车的运输成本过高，铁路每公里每公吨平均运价为 3 分 2 厘，而公路则需 2 角 4 分，相差 7 倍以上，不免使农民及小商人望而生畏，故货运暂时很少发展。

（丁）航空　民用航空也是新兴的事业。中美合办的中国航空公司，开办于民国十八年（1929 年），资本 1 000 万元，规模最大。次之是中、德合办的欧亚航空公司，民国二十年（1931 年）成立，资本 510 万元。再次为西南民航公司，资本 30 万元。中航航线有沪汉、汉渝、渝成、沪平、沪粤诸线，欧亚航线有欧亚、沪新、平粤、兰包诸线，西南航线有广龙、广琼诸线。航空事业在这初办时期，营业上还没有什么利益可说。

总之，我国新式的运输工具，正在急进的发展过程中，这无疑是完成统一的国内市场之一重要基点。不过要注意的是：在运输事业本身上，须减低运费，整理债务，收回主权；同时，在商业政策上，要实行保护政策，才可以保证运输工具对国民经济的积极作用。而不至于白白地“为他人作嫁衣裳”呢。

第三节 商业组织

商业的经营方式也和工业一样，有独资营业、合伙营业及公司营业的分别，现在不再复述。不过就商人所经营的业务说，有逐渐专门化的形势，故各项商业机关的特点，有可以说一说的价值。再则商品怎样经过这些商业机关而完成其运销的过程，我们也得注意一下。

商业的分化　第一，商业在从前是兼营运输业的，后来交通机关从商业分离出来，于是银行业、运输业、保险业、堆栈业等纷纷宣布独立，而成为补助商业了。这是受了分工发展原则的支配。

第二，是固有商业同样因分工而起分化。这种分化，有因商品的种类不同而产生的，其中又有两种：一种是因材料不同而分化的，比方磁器业、陶器业、五金业等；另一种是按照不同的使用目的而分化的，比方家具店罗列各项材料制成的种种家具，食品店罗列各项材料制成的种种食品，此等商店，便于消费者的购买，是很进步的组织。

这种分化，又有由于在商品流通过程中所表演媒介作用的不同而产生的，比方批发商、零售商和居间商等。

（甲）批发商　批发商的主要业务，是向农工业者整批买进货物而分售于零售商。批发商的种类很多，有专门经营一种业务的，比方药材批发商；有兼营数种业务的，比方杂货批发商；有专做本地生意的；有兼营外埠生意的。批发商所表演的作用有两方面。一方面，对于农工业生产者，批发商是良好的推销员，因为他放账比较单纯可靠，货物运费也比较节省。另一方面，对于零售商，批发商是良好的进货部，因为他可以按照市场需要，向各地生产者选购各色货物，集合在一处地方，以供零售商的选择。零售商资本不多，从放账和运送方面说，与批发商交易，也比较与生产者直接交易适当一些。

（乙）零售商　直接以商品供给消费者的商店，叫做零售商。他的作用在于集合消费者所需要的东西于一处，并且利用广告和商柜陈列，吸引消费者的购买。零售商进货大半是从批发商贩来，但也有直接向生产者购买的，不过只有大规模的商店，才能获得一点便利。

零售商店，约可分为四种：（一）普通商店，像现在街市上的一般商店，其店主及经理和店伙共同操作，店内大小事都亲自过问的。（二）百货商店，是大规模的零售商店。这种商店渊源于法国巴黎的杂货店，各国大都市都有设立，在凌云的大厦中，把人类生老病死，衣食住行，装饰游艺，以及教育文化应用物品，通通集合起来，分部经营，这对于购买者的选购，是何等的便利呀！我国上海的先施、永安等公司，就是这种商店。不过内地很少这种商店，仅有许多小规模的洋货店。因为百货商店的商品，常常仅适合于富人的需要，内地人民风尚俭朴，购买力薄弱，所以这类商店，极不相宜。（三）连锁商店，即同时开设许多商店，销售同样货物，而受总店管理的商店。它的长处在于能与多数消费者接触，店名传播得较宽，不过店费开支较大，办事难免涣散，这是它的缺点。（四）通信商店，这是专门经营邮购货物而不做门市买卖的商店。

（丙）居间商　居间商的任务，是在需要者和供给者的中间尽介绍的职任。他介绍制造家与批发商或零售商，帮助作成交易，而从中取得佣金（介绍费）。居间商对于市场情形极为熟悉，所收佣金数目极小，所以各方面都愿意和他交易。这种商人又名掮客，或叫经纪人。

还有一种寄售商，或叫代理商，其任务是以自己的名义，执行他人所委托的买卖。例如外国商店有一种商品要销到中国来而不能亲自来中国经营，于是委托在中国的寄售商某洋行代售，便可以不为了一种商品而自讨麻烦，这是何等便利呢！我国向来有的牙行，也是代理商，他们对于农产品的运销，表演着重要的角色。这种商人性质也和居间商相同，他们可以说都是纯粹的商业的补助业。

（丁）负贩商　负贩商或叫行脚商，这是商业的幼稚形式，不过这种形式在现在还是有效的。在乡村中，他们所贩卖的，是那些需要不会频繁发生的制造品。在城市中，他们所贩卖的，是那些迅速消费的日用品。还有工厂工业所生产的旧货，以及家内手工产品，也需要这些行脚商收去贩卖。此外，还有一种巡历商店，也和负贩商差不多，可说是大规模的行脚商。

（戊）特种零售商　消费合作社，在形式上也是零售商店，故有人认为是特种零售商。但在实际上，它的作用是和商店不同的。商店的目的是在获得商业利润。消费合作社的目的，是在免除中间人的剥削。它是以消费者团体的组织和生产者直接发生关系，除去营业上必要费用外，把其他部分的商业利润收归消费者平均享受，故能使许多人获得廉价商品的供给。

商业的独占组织　商业原来是由各各独立的组织来经营的，是不是可以互相联合起来，形成具有独占力的强大的组织呢？这是不可能的，除非生产者联合组织的托拉斯加以援助。

不过这是就现代的独占组织说的。我国商人另有一种限制竞争的旧式组织，这是和手工业团体一样的同业公会，有点儿像欧洲中世纪的商人基尔特。公会规章严厉，对于同业监督很是周密。会员营业的数额，依照能力，都须在公会登记，以免过度滥买，横遭损失。这样，同业间的竞争就比较地少。

现代虽然崇尚营业自由，但对于不正当的竞争，还是不容许的。近年来商界常常有冒用别家牌号或商标的，有故意损害同业名誉的，有粗制滥造以骗顾客的，有借不正当广告欺骗买主的，种种情形，颇令正当营业者不满意。故近来有一种恢复固有商业道德的呼声。不过如果真的要严格保守中世纪基尔特的制度，又似乎过于违反现代社会的竞争原则了吧。

买办制　以上所说，是一般商业的情形，在进出口贸易还有一种特殊制度须指出的，那就是买办制。因为在中国经营进出口贸易的都是洋行。这些洋行老板从外国初来的时候，不通中国语言，不了解中国风俗，感觉处处隔膜，足为通商障碍，因此不得不借重某些中国商人，替他居间媒介。中国商人不知道和洋商竞争进出口贸易的经营，其中反有一部分，甘愿为外人爪牙，仰其鼻息，想借此分得一些余利，他们于是遂成为中外贸易的媒介人物，而被称为买办。凡洋行对华人交易，一概由买办负责，华人的信用怎样，资本怎样，能力怎样，外商都不过问。洋商运进货物，依赖买办寻觅主顾；收取货款，也由买办负责，如有倒欠或盗劫情事，洋商都要买办负责。买办因为是中国商界中的人物，商情熟悉，当然能够操纵自如。于是因为有了买办制，而洋商可以不受情形隔阂的阻碍而顺利地推销洋货，收买原料，同时买办本身也就因此大发其财，而成为中国大资产者的中心。不过后来外人渐渐熟悉中国情形，逐渐改变方式，不用买办，改用专门家经营，此种专门家，大半是在外国留学过的中国人，知识程度比较从前的买办高得多了。同时又产生一种新式经纪人，常往来于洋行间，对于各行的货品种类，数量价格，极为熟悉，随时可以指示华商，同时更通晓本国国情，也可供给外人以种种便利。所以外人渐渐能和华商直接交易，不必再借重买办了。现在只有少数守旧的洋行保存旧买办制，但仍将他们的责任缩小了。

商品流通的过程　以上已就各种商业机关的作用，加以概略的指明，现在可以说到商品流通的过程了。这可以分国内商业和进出口贸易来说。而最重要的是进出口贸易，因为它占着主导的地位，所有国内商业活动，差不多大部分是销售洋货，与集中农产物、矿产物以供外商采购而已。国产工艺品虽有发展的希望，目前还不敌外货的势力。

（甲）农产品销行内地的方式　我国国产商品大部分为农产品，而农产品又可以米、麦代表。麦的销售方式，大概先由农家卖给土贩，再由土贩雇船运至市镇，托杂粮行家（即牙行）兜卖，又由杂粮行家卖给各地行家分庄，或面粉公司收麦处。米的销售方式，普通约有三种：（一）由船户以自己资本或向银钱业者借入资本，到内地向农民或屯户、砻坊买米，运到市镇，再托米行代卖。（二）由砻坊把米交给船户贩卖，赚到的钱平分或四六折。（三）由内地米行托船户代运到市镇，船户仅取运费，伙食由米行供给；米行将米卖给米号或本地的米庄，或直接向米行进货的米客。或将米送入堆栈，向银钱业做押款。若是船户得不到好的售价，则米非载往他埠去销售不可。这种买卖的特点，就是从生产者到消费者的中途，要经过多数的媒介者，既费时间，又多消耗，使生产者既苦于"谷贱伤农"，消费者又慨叹着"米珠薪桂"。

（乙）进出口贸易的方式　有人说中国的进出口贸易，是"寄生商业"，因为一般华商并不是直接和国外实业界做生意，只是对洋行贸易罢了。就进口商业来说，其方式约有四种：（一）定货，其手续是华商到洋行立合同，洋行打电给本国厂家，把货运来，货到时，华商登广告，说"本店从外国运到了新货"。（二）包销，其手续是外国行家厂家在我国通商口岸设立支店或代理店，整批地把货运来，趸把华商包销，包销者再把货分给本地帮和客帮的坐庄客，他们拿去在门市发售。（三）叫货，其手续是外商把大宗商品（例如匹头）整批运来，在洋行叫庄拍卖，拍与中国批发商，批发商转卖给零售商。（四）直接买卖，即纯粹由华商（和外商）自己负担损益，向外国购货，在华卖出。就出口商业说，以丝业为例，约有三种方式：（一）农家将蚕茧缫成黄丝白丝，卖与丝商，丝商再将它缫成黄经丝白经丝，经过丝栈卖与洋行。（二）农家将蚕茧卖与茧行，茧行又卖给丝厂，丝厂将丝缫好之后，经过丝栈卖与洋行。（三）由洋行直接向农家买茧，缫丝。

又以棉花为例。我国棉花商，差不多没有直接经营海外（或其他商港）之输移出（入）事业的，所以关于输移出（入）的事业，常常依赖外人，自己则居于生产者与外人之间，营一种经纪的业务，名叫花行。

花行除代客买卖外，大半多为自己经营，常向不同地方的农户、轧户、客商等，买入大宗棉花，互相混合，造成一种特别种类的棉花，再另贴商标，区别等级，卖与洋商或厂家。花行之外，又有花号、客商。花号，乃营棉花零卖业的商人，其资本较大的，常常观察市价的高下，囤积棉花，以便垄断将来的利益，故又名囤户。其资本小而设有轧花机的，则名为轧户。客商又称号客，或称贩户，是直接往生产地，购入实棉或纯棉，而转卖与花行的。这些商人，眼光短浅，不知道集合起来，作大规模的组织，以抵制外商，现在他们不但不能经营输出（入）贸易，便是中间商人的地位也动摇起来了。许多洋商已实行派遣店员，越过本地花行，直接向内地开设支店，从事购买棉花了。

但，中国进出口贸易，过去虽多借洋行居间媒介，现在本国人也渐渐能直接经营了，这些经营者多半是从前洋行所聘用的专门家，近来国际贸易局也随时介绍国产行销海外，极力设法发展国外贸易。

第四节　商业金融

商业金融就是指商业资本的融通说的。平常说起金融两个字，大半就是意味着商业金融，因为在各种类的金融中，商业金融的规模特别伟大，机能特别发达。在我国这个产业幼稚的国度里面尤其是这样。

商业金融的特色与我国金融业　商业金融的特色，是资金的收回比较迅速，而且它的利率也比较有利。原来银行的发生，是起于存托的必要。但银行对于存款，非付利息不可，所以从收入存款的银行立场上看，非将存款加以运用而图利殖不可。而所谓运用，便是以将款项贷予需要资金的人为最有效的方法。银行中有以存款作为资金中心的储蓄银行，其所谓存款主要的是活期存款，这种存款的优点，是存户得于必要时随时提取。便是定期存款，其期间也不很长。因此，这种银行于运用资金的时候，也应该以短期的融通为必要。而资金的确实而短期间的运用，则以商业往来为最适当而有效。自然，一般所谓商业银行无不如此。我国159家银行之中，商业银行占75家。储蓄银行占5家。便是不以商业、储蓄命名的银行，他们的放款也大半是“商业性的”，即偏于公债及地产两方面，和产业隔离很远，所以有人说，中国银行性质一般的只能说是商业资本银行。农业金融目前虽有开展的现象，但各银行仍然不能不认商业金融较为有利。因为商业放款，其资金的收回较为敏速，不像农业放款，非等到生产品的成熟收获，决定难以收回；如果拿资金供给商业交易，既能在短期内予以收回，而且可以辗转循环，贷给他人，不是好得多吗？银行如此，钱庄更不待言，因为他们是传统的商业金融机关。

商业金融的融通方法　商业金融的融通方法，可分为放款及贴现两种。什么叫贴现呢？比方有一商人，出售万元的货物，如果不能向买主立刻取得现金，这一商人就会感觉资金的不足。但因为有了银行，卖货人可以对买货人出一张汇票（由一银行命令另一银行付款的票据，叫汇票；由个人或公司命令他人付款于银行的票据，也叫汇票）。或由买主交给卖主的期票（期票，是由负债人承诺债权者于某时期付还某金额的票据）向银行贴现，便可立刻得到现金。假定是1万元的汇票，期限3个月，月利1分8厘，那么，只要预付162元的利息，便可马上得到9 838元的本金（这就是所谓贴现）。商人有了这个资金，便可再去做第二件买卖。银行方面因此也可以得到一点利息。就是银行方面在未到期前有资金的需要时，也可以将其票据转卖中央银行求其再贴现。

放款分为五种。有抵押品的为抵押放款，此种抵押品通常是货物，代表证券如股票、债票、提货单等。有保证人的为保证放款。不要抵押品与保证人，单凭借款人信用而放款的，为信用放款。银行对活期存款人许其于存款以上，以一定金额为限的过支，为活期透支；银行对证券经纪商通融一种要求即还的放款，为活期放款。末一种对一般商业的关系是间接的。

商业承兑汇票的提倡　年来因为救济市面恐慌，颇有人致力于金融组织缺陷的弥补，其最显著的一点，便是提倡使用商业承兑汇票。所谓商业承兑汇票，就是由售货商店印制一种三联式的票据，第一联交与购货者执存，第二联则为本票，由售货商拿到购买者处，请求签字盖章，于限定期内再拿去兑现；第三联则为存根，由售货商保存备查。这就是把债务不记存账上，而用信用票据形式使它成为活动的资金。因为倘使售货商在兑现期以前需款，即可将此票据拿到与自己有往来的银行去请求贴现。

旧式的账面放款，即信用放款，既不能抵押，又不能持向银行贴现。一遇市面紧急，银根奇紧的时候，便周转不灵，因此各商店不能拿账面放款作为偿债的担保，而钱庄又不能拿这去向银行抵押或转借。一方周转不灵，立即影响他处，所以欠人无法以账面放款去偿付，人欠也无法以此收回。所以市面恐慌的膨胀，是由金融市场组织的缺陷和旧式信用放款所造成的，因此“承兑汇票”的提倡便应运而生。

据专家意见，商业承兑汇票的长处是很多的。商号方面，以前买卖通常只有两种办法，不是现付，便是赊账。付现当然最好，不生问题。赊账亦是债权，与票据无异，但有不同之点。赊账纵有 10 万元的债权，于未收到现款以前不能抵用，而票据则可持向往来银行贴现，利息既较普通借款为低，而周转又较灵活。以前商界虽亦有一种本票，俗名期票，但使用不多，而银行方面又无贴现的习惯，很不便利，此其一。又商界放款，往往不能准期收款；越集越多，不免呆滞，若是用承兑汇票，到期不付，则承兑人丧失信用，关系更大，不但以后售货商号不肯放账，银行钱庄也必减少用款数额，或竟不许再欠，所以使用承兑汇票之后，容易养成如期付款的习惯。这是承兑汇票比赊账（即信用放款）办法较好的又一点。

商业金融与工业金融　商业金融是指商业上的资金融通说的，至于融通的对象，却并不限于商人，就是对工业家的资金融通，倘若是工业家将其制造品卖给趸批商人，而以其票据向银行求贴现时，也是一种商业金融。所以商业金融这件事，不论从事之者是商人，是工业家，还是农业者，总还是商业金融，他和农业金融、工业金融区别的标准，在于资金的本身是商业的，而不是制造工业的或农业的资金。

由资金本身的性质来辨别，在理论上是不成问题，不过在实际上，商业金融和其他种类的金融，特别是和工业金融，颇有难加区别的场合。因为商人要求融通营业上的周转资金时，固然是商业金融，但工业家的取得经营资金，也有属于商业上的交易的。商人将原料卖给工厂，而收得一纸票据，持往银行要求贴现，则其金融是商业金融，自不待说；可是，另一方面，假使工业家拿他购入的原料做担保而向银行融通资金，并将它存在银行里，即以此存款签发支票，来付原料代价时，则系完全供工业资金的使用了；这只能算工业金融。可见，交易买卖上虽然是同一物品，因其资金调度方法的差别，一方面是商业金融，另一方面又成了工业金融了。

商业经营资金与商业金融　任何产业的经营，都同时需要固定资金及流动资金，商业的经营也是一样。所谓固定资金，在工业上是机器费厂屋建筑费等，而流动资金，就是购买原料及发放工资的资金。就商业经营说，则所需固定资金较少，流动资金的需要额较大。商业经营所需要的固定资金，是店铺的装修及家屋杂具费用。这种资金是难以在短时期内取回的（即须在长期的买卖中陆续收回这笔本钱），所以应拿自己的资本抵充，或由他处借入长期借款以充足之；其性质倒有些像工业资金及农业资金的地方。但商业资金的大部分是流动资金。一年做数千万元生意的进出口商人，其办事处常常不过一间小屋子，故固定资金并不需要多少，只有流动资金，有受巨额融通的必要。但因流动资金能于短期内收回，银行也高兴成全他。相反的，工业农业的经营，则需要巨额的固定资金，这种长期信用颇难于为一般金融界所接受。

进出口金融　在商业金融之中，其规模最大的是进出口金融。进出口金融是对于一国与他国间的商业行为的金融，可分为进口金融和出口金融两种。对外贸易的结算，是以汇兑市价为标准的，故从事于贸易金融的是国际汇兑银行。如购买出口票据，或对进口商给以资金上的供给，均为汇兑银行的主要任务。欧美先进的国家无不以国际贸易为最大规模的商业，故每个国家都有特别的对外汇兑银行的存在。英国的汇丰银行即是汇兑银行之一。美国的花旗银行也是兼负汇兑银行的任务的。我国的国际汇兑银行是中国银行，它在伦敦设立了经理处，在大阪及纽约设立了分行。

当中国自己金融机关还不十分强健的时候，中国对外贸易中的国际汇兑工作，不消说，大半都由列强在华金融机关包办。而中国的银行，只是在洋货输入内地和土货输出国外的行程中尽了极大的任务。流通于输出入口岸与内地的，有一种所谓“客帮”的掮客，他们或派代表长驻在通商要埠，将输入洋货分配到内地大商店，然后贩卖给内地民众。一方面内地出口的土货，也须经由客帮的手，贩到外商出口洋行。就在这种客帮贩运进出口货的过程中，中国的银行（和钱庄）便尽了流通资金、汇划（交换票据，抵消清算）、汇兑以及填款等等任务。有时外商信任了某家银行，一切收支也由银行执管。各大银行现时正在内地扩张其分行支行，尽量代行收支款项的职务。在这一过程中，一般说来，中国旧式钱庄，因为其经济组织和技术较劣，已有逐渐被银行淘汰的趋势；有些钱庄为要适应潮流，也便银行化起来。

前曾说过，中国进出口贸易，逐渐有由本国商人直接经营的倾向了。华人既自己经营，不假手于洋行，则贸易上资金的融通，非借本国银行的帮助不可。因此新式银行与新式进口商人合成一气，没有新式银行，新式商人无从兴起；没有新式商人，新式银行的业务也难于发展。现在中国银行经营国外汇兑，使华商在海外者易得通融，其于贸易进展是很有帮助的。

第五节　国际贸易与关税

现代经济，是有把全世界联结成一整体的倾向，国际贸易的重要性一天天增加起来。我国历来重农轻商，是对外实行闭关主义的国家，但到鸦片战后，五口通商，从此被迫而大开海禁，也正式进入国际贸易的市场了。不过我国对外贸易的增进，并不是我国本身经济发展的表征，而是帝国主义在中国经济侵略程度加大的一种具体现象。我国对外贸易既处于被动地位，就没有贸易政策可说，这在关税制度上表现得很清楚，因为关税制和贸易政策有密切的关系。近年我国努力进行关税自主，并提倡国际贸易，将来是希望无穷的。

国际贸易的特质　国际贸易是怎样发生的呢？第一，各国生产物品的种类不同。例如中国产锑矿，巴西产咖啡，如果互相交换起来，则锑与咖啡的需要，两国都能同样满足了。第二，同样物品的绝对生产费，各国有高低的差别。假如中国的生丝成本是每担 500 元，法国是每担 700 元；法国的葡萄酒成本是每磅 6 角，中国是每磅 1 元；那么，中国最好专门生产丝，法国最好专门生产葡萄酒，然后彼此交换起来。总而言之，国际贸易是以经济的国际分工为基点的。

由此可见国际贸易的性质，根本上和国内贸易相同。不过事实上也有若干差别点。第一是各国货币制度的不同；第二是文字的不同；第三是商业习惯的不同（例如我国通行三节解账的办法，而在外国则没有）。此外，还有商事法规、课税制度、交通设备等方面的差异。

还有一点，就是国内贸易发生的原因，只有上述的两点（即天产的差别，成本的高低），而国际贸易的发生，除那两个原因外，还有第三个原因，那就是“比较生产利益”的原则。假定美、德两国，生产铜和布，假定两国产布的成本相同，而产铜的成本也都比产布少，不过美国产铜的成本更少一些，那么，美国应该舍弃成本较高的布的生产而专门生产铜，是没有问题，但德国产铜成本虽然比产布的成本低，却不应生产铜而应当专门生产布，这是因为美国产铜成本更低。因为生产的专门化，国际贸易就要发生。又如甲国生产 10 斗麦、5 匹布的生产费，和乙国生产 8 斗麦、4 匹布的完全相同，这就是两国的绝对生产费完全不同。但甲国要把资本移入乙国去，比较在国内移转要困难，于是便把资本集中到生产利益更大的一种，比方是布。同样，乙国也把仅有的资本集中到生产成本比较低的一种，比方是麦。这样一来，不怕甲国的生产费，各部门都比乙国低，也变到有和乙国互相交换的必要了。这一原则，是与前述第二原因专就绝对生产费来说的有别。

贸易政策与关税　世界各国的贸易政策，向来有自由贸易与保护贸易的对立。自由贸易论者以为：世界上的生产，按照地理上的分工，有些生产品在本国制造无利，不如由外国输入，有些生产品外面输入无利，是应在本国生产的；在这种情形之下，如果政府与一般人民以自由，不加以干涉，这生产事业自然会有长足的进步；我们在国内经济，曾经实行了自由贸易，需要供给，各方面都很便利，为什么不可以应用到国际上去呢？这种主张的首先实行者是英国。英国采用自由贸易的政策，正是在它在工业制造上独占优胜的时候。它需要从殖民地输入廉价的原料，却不怕外国制造品的输入竞争。

至于产业比较英国后进的国家，如德国、美国，都主张保护贸易政策。所谓保护贸易，就是依课税而将输入品价格与内地价格相调剂，或者使输入品的价格提高，超过内地出口的价格，而自居于有利的地位。

保护贸易政策的作用，在从前不过是保护产业后进国产业的发展，防御先进国的竞争而已，可是到了后来，这些后进国的生产能力，不仅完全满足了国内的需要，并且有输出的能力，这时施行保护关税，则所谓保护贸易的政策，就变了性质了。因为德、美等国，以“加迭尔”（卡迪尔）、“托拉斯”等高度的资本主义组织形态，和保护关税政策相提携，一方面以人工的方法，把内地市场的供给限制在全需要以下，以便获得独占的高价，另一方面则以大量商品输出于海外市场，为了和对手竞争，有时把商品价格降到价值以下去倾销，也是毫不顾惜的，因为他还有本国市场价值以上的特殊利润来填补。

在这一时代，各帝国主义形成了尖锐的对立，各国都在努力获得很大的经济地域。就是英国，也觉得过去支配世界的自由贸易政策已不适用，而不能不厉行保护政策，不能不把自己的属领、殖民地、自治领地，结成一个关税集团，来抵抗外来的势力了。

就关税制度而言，有的偏重增加收入的财政目的，叫做收入主义；有的偏重保护产业的作用，叫做保护主义。所谓保护关税，是因课税物品之不同，而于税率有高低加减的斟酌。如进口货物为制造品的原料或补助材料时，则不仅不课税，有时反奖励其进口；至于精制加工品，可以同本国制品竞争的，就必须课以重税，使进口减少，甚至使该货物完全不能出现于本国市场。这是进口税方面。至于出口税，除本国特产品外，对于出口货物通常是不课税的，但有些原料须留给本国用的，则亦须课重税。其他保护关税的制度，还有几点可讲的，即是出口返还税、出口奖励金及进口加工制等。什么叫做出口返还税？即是曾经上了税的进口货，如再加以精制而运出口时，则由政府偿还其所纳税金。进口加工制是什么？即是对于原料品或粗制品，如以再运出为条件而运进口时，即得免除其课税。出口奖励金是什么？即是政府对于出口商人，赐予一定金额，以奖励其输出。

近年世界各强国，因争夺市场而准备大战，有鉴于战时资源问题的严重，于是各自设定自给自保的方策，各自高筑关税的壁垒，这就是所谓关税战争。此外，还有所谓输入比例制（或称限额进口制），有所谓以物易物制，都是新保护贸易政策的实施方式。

我国处于资本主义列强经济压迫的环境下，国内产业又尚属幼稚，所应采取的贸易政策，很明显的是保护贸易政策。因而关税制度也不能不以保护产业为第一义，虽然财政收入的作用也是非常重要的。

我国国际贸易的发展状况　我国对外贸易，从开始有海关报告的同治三年（1864 年）起，到民国二十年（1931 年）止，贸易总额大致是逐年增加，但从民国二十一年（1932 年）以来，对外贸易形势已由上升而转成急剧下降。如以 1912 年贸易指数为 100，则 1921 年为 191，1932 年为 301，即 20 年内恰恰增加 2 倍。这又可见即在增加的时候，也增加得很慢。以我国国民经济发展的迟钝与大众的贫穷，是不得不有如是的结果的。

民国二十一年（1932 年）以来，因受了世界恐慌的影响，加以东北突然失陷，国内农村经济凋敝，生产力及消费力同时减缩，日货又漏税输入，于是贸易额就大幅低减了。（民国）二十年（1931 年）输出入商品总值 365 000 万元，（民国）二十一年（1932 年）减至 240 000 万元，（民国）二十二年（1933 年）减至 195 000 万元，（民国）二十三年（1934 年）竟减至 156 000 万元，（民国）二十四年（1935 年）又减至 149 000 余万元，比（民国）二十年（1931 年）减少了大半。不过（民国）二十四年（1935 年）减势减小，可云形势好转。

就我国进出口商品内容加以分析，则出口货物以原料占第一位，次之为半制品及饮食品，再次为全制品，最少为杂货。进口货以全制品占第一位，次之为原料，再次为饮食品及半制品，最少为杂货。以原料换完全制造品，这种贸易表现出殖民地性是很明显的。今以 1932 年为例，进口货中全制品值 448 557 982 海关两，占总值 42.8%，而原料及半制品合计，不过 230 502 322 海关两，占总值 21.99%。出口货中全制品，不过 98 491 699 海关两，占总值 20.04%，而原料及半制品，则有 230 057 938 海关两，占总值 46.82%。近年来出口货中半制品如生丝之类更见减少，而与军需工业有关的原料则大见增加，如钨、锑、锡、桐油等物，输出都非常活跃，这完全跟着帝国主义列强准备战争的动向为转移。

在对外贸易上不仅表现我国工业的不发达，同时还表现农业的破产。这就是粮食进口量比较出口量超过得很远。民国二十四年（1935 年）进口货物中，杂粮及杂粮粉一类，共值 13 600 万元，占 27 类进口货之第一位。其中包括米谷约 9 000 万元，小麦约 3 500 万元，麦粉 600 万元，其他杂粮及粉 500 余万元，较之（民国）二十三年（1934 年）增 2 400 余万元，虽然整个进口货值是比较（民国）二十三年（1934 年）减少。

如就进出口货值的对比来说，则自有海关报告以来，只有 1864 年及 1872—1876 间数年，是出超的年份，其余这几十年，每年都是入超，即进口货值超过出口货值。而且这种入超的数额，是逐渐增加的，1920 年以后数年，总在 20 000 万两到 30 000 万两之间。到 1930 年增至 64 600 余万元，1931 年增至 81 600 余万元，1932 年又增至 86 700 余万元。到 1933 年方才稍见减低，为 73 300 余万元。这两年仍逐渐减低。近年入超减少的数目不见得确实，因为私运进口货这几年来得很多，如 1934 年私进口货，据估计，共值 15 400 余万元，1935 年共值 32 000 余万元，这些货物都是海关册上所不载的。就算入超真的有些减少，那也是由于一方面中国购买力一般的低降，在华外资企业相当的发展，使进口额不能不减少，另一方面列强对于军需工业的尽量扩展，对于若干原料需要得更迫切，使出口额不能不增加。

如果从进出口物价指数的差额来看，则可知我国的国际贸易完全是一种不等价的交换。就近几年进出口物价总指数说吧，每年出口方面都低于入口方面，其差数且是带逐渐增加的形势的，如 1930 年差数为 18.4，1932 年为 49.8，1933 年为 50.3，1934 年为 60.4，1935 年为 50.8。

如从对外贸易的国别来分析，则以英、日、美三国的对华贸易占着主要地位，其次是德国、苏联、荷、意、法、比等国。中国对英、日、美三国贸易额，约占对外贸易总额的 60%以上。就英、日、美三国来比较呢，在 19 世纪末叶，英国常常占中国对外贸易的首位，当时日本所占部分尚属极小。到本世纪初叶，英国逐渐下降，日本逐渐上升，同时美国对华贸易的地位也逐渐提高了。自1910年起，20年间，日本总是占着中国对外贸易的首位。直到1931年“九一八”事变以后，进口贸易的第一位，不得不让给美国，但以进出口总值而论，日本仍居首位。“一·二八”事变起后，日本已不能保持1932年全年进出口总值的首位，于是美国便跃居各国对华贸易的首位了。英国在这时期也乘机进展，先从1931年的第4位，升居1932年的第3位，继由1932年的第3位，升为1933年的第2位。因此1933年列强对华贸易的阵容，还具有“九一八”事变后所起变化的余波。但是，列强对华贸易最近却又显然起着新的变化。如果拿1935年的情势和1932年比较，则1932年的特征是：日本的地位趋向低落，英、美乃至德国则乘机上升；反之，1935年的特征是：日本和德国所占的地位显然倾向上升，而美、英两国地位的日益退缩，似已成为必然的趋势。在进口和进出口总值方面，英国却由第2位退到第3位，美国也减低了百分数，但日本却由第3位而升居第2位了。

国际收支平衡问题　广义的国际贸易的内容包括两种东西：一种是有形贸易即商品贸易，另一种是无形贸易即非商品贸易，如国际之借贷、劳务、旅行等是。通常所谓国际贸易，是指有形贸易而言。如果包括有形无形的贸易来说，就叫做国际收支。一国的国际贸易如果是入超，则必倚赖无形贸易的出超以为抵偿，然后国际收支方才得以平衡，比方英、日两国都是贸易入超国，而他们在国外投资，以及经营运输业等所获利益，在日本每年以数万万元计，在英国以数万万镑计，自然很容易抵补。我国既没有海外投资的巨大收入，而每年贸易入超有数万万元之多，然则靠什么来抵补这个差额呢？这就是（一）华侨汇款回国；（二）在华外人的消费（这两项和英、日等国也相同，不过他们是以投资利得为主）；（三）现金；（四）借债；（五）外国投资等项。其中尤以借债及列国投资为最重要。假使60余年的贸易入超60万万两，尽以现金清偿，则中国的国富早已倾尽，还不能有今日埋头苦干的国运，其所以尚有现金存留者，就是外人把赚去的钱，仍然借给中国或直接投资中国开发实业的缘故。不过这个抵偿方法，究竟是和民族独立的目标背道而驰，假如不是根本把不平等条约废除的话。

我国关税沿革及其问题　我国在初和外国通商的时候，对于关税问题，是不大注意的。所谓关税政策，更是茫然无知。因此在侵略国的欺骗与威胁之下，就把关税自定权及关税管理权通通丧失了。

关税自定权是怎样丧失的呢？最初是《南京条约》中有“秉公议定”的一句话，到1843年《中英通商章程》就规定了“应核估时价照值百抽五例征税”的条文，从此我国的国定税率就变成协定税率了。后来《中英天津条约》又规定每隔10年更改一次税则，使条约成了永久性，而税则纵有大不利处，也不能随时修改了。还有一点，即关于外国货进口后，运往内地销行的时候，有一种代替厘金的子口税，其税率规定为2.5%。外国货只要还了此税，就可以免除一切杂税而通行无阻；但在厘金存在的时期，我本国货物反而处处受厘金杂税的敛取，这就使我国关税成了一种“反保护关税”了。

关税管理权是怎样丧失的呢？因为1853年9月7日，上海发生乱事，海关道潜逃，于是由外国领事代征关税。其后《天津条约》更承认外国人管理税务，普遍于全国各通商口岸了。被任的总税务司则为英国人。其后1896年及1898年两年英、德借款合同中，又载明“在债款偿还以前，中国海关行政，仍照现今办法办理”等话。可知外人用意，是借口担保外债问题而攫取关税管理权。我国累次赔款外债，都指定关税为担保品，外人因中国政府有不能按期清偿债务的情形，更于民国元年和我国订立协定，将关税收入存放外国银行，完全由外人经管，每年收入，优先拔还到期债款，余款方由中国领用，叫做“关余”，丧失国权已达极点了。

针对上述两个问题，我国的关税自主运动，便于五四运动前后勃兴起来。华盛顿会议中，各国曾承认逐步加税的过渡办法，但当时并没有实现。后来国民政府计划于（民国）十六年（1927年）九月一日实行关税自主，亦没有做到。直到（民国）十七年（1928年）订立《中美关税条约》后，关税自主的原则，方才逐渐为各国所承认，于是（民国）十八年（1929年）二月一日起，即开始施行自定的税率了。但税率内容，还没有超过华府会议及1925年北京关税会议所决定的范围，（民国）二十年（1931年）又宣布裁撤厘金，（民国）二十二年（1933年）五月，又值与日本所订特别待遇的关税协定也满期了，于是进一步把税率改订，对于增加税收与保护产业两方面兼筹并顾，尤着重于保护产业的一方面。

但此项税则施行未久，因某国要求改订，以致又加修订。（民国）二十三年（1934年）七月修正的税则细目，于各项商品税率多有增减，但由日本输入中国的主要货物，如水泥及染料等，丝毫没有增加，加工棉布之进口税率，反见减低，而水产物一项减低更多。但日本当局仍然觉得中国对日本商品的待遇不公平，有提出减低关税的要求之说。这是我国关税自主以后所遇的阻碍。

海关行政现已逐渐收回自管，关税收入亦已改存中央银行。但有与海关行政相连属的一个重要问题，即缉私问题，目前成了异常重要而麻烦的事。这一问题如果不能解决，则增订税则的自由也将失掉，因为某些外人正借偷运漏税，以减少我国家的收入，而逼迫我国减低税率以为免除偷漏的条件。近来走私的严重，已经成了妇孺皆知的事，依（民国）二十四年（1935年）及（民国）二十五年（1936年）两年情形，以每月损失800万元计算，每年关税损失即已达1万万元之多，其严重程度可想而知了。这也是关税自主途径中的荆棘。

因为有种种障碍，一方面我国关税还不能从收入主义完全走到保护主义的道路，另方面关税的自主权很难充分地发挥。故我国正在努力排除这些障碍。

第五章　中国之金融

货币及其代用物叫做通货。市场上运转流通的一部分通货，叫做“金融市场通货”或“银行通货”。但“金融”二字的意义，则不仅是指“金融市场通货”或“银行通货”的本身来说，而且是指此项通货的流动现象及其作用来说的。后一意义实在是金融的主要意义。

金融作用的种类，可分为三：第一是异种通货供需的调节，即通常所谓兑换；第二是异时通货供需的调节，即银钱业的存款、放款、票据贴现、买卖证券等业务；第三是异地通货供需的调节，即汇兑及现金运输等。

中国金融资本虽然有了相当的发展，但因为外国资本曾经抓住中国金融的枢纽，目前也还占有雄厚的势力，所以还不能充分作独立而自由的活动。同时旧式金融组织也还有不小的势力，这对于中国现代化也是一个障碍。因此对外的奋斗与对内的革新运动，都成为金融界刻不容缓的工作。

兹就我国金融制度的沿革，金融机关以及币制改革各点，分别述之。

第一节　金融制度之沿革

货币的沿革　在列强侵入中国以前，中国的货币情况，是随着封建经济时盛时衰的形势，表现出时而稳定发展，时而紊乱衰落的姿态。而在总趋势上，中国货币正和其经济情形一样，是异常落后的。

从周朝直到清末，这 3 000 多年间，中国只是用铜，以铜为主币，而且所用的还是极细小的制钱。自汉武帝时到隋末，有名的五铢钱，断断续续地统治了 735 年。由唐高祖时至清末，通宝钱更是在大致上维持了 1 293 年的权威。而即在今日，中国的大众还在以铜为主币，且在穷乡僻壤间还有应用制钱的事呢。

列强侵入中国以后，在货币方面，输入了种种洋银元。又在中国设立银行，发行钞票，企图以外币直接统治中国。同时，中国货币方面，也就弄到异常纷乱而带着割据性。直到最近几年，中国币制才逐渐走向统一的道路。

中国货币的沿革，大致是如上述。现在就纸币再说一说。我国汉武帝时，因与匈奴战争，曾制白鹿皮币，流通市面，以充军饷。此种皮币，和现今的不兑换纸币，性质毫无区别，不过材料不同而已。至于用纸为币，是从宋朝开始的。当时蜀人因为行用铁钱，而苦于铁钱过重，于是私造一种券来代替，叫做“交子”，以便贸易。后来官方仿造，设交子务，专司发行，并禁民间私造。此是当时的不兑换纸币。至宋高宗时，又有所谓“会子”，其性质与交子同。后来元、明、清各代，都大发纸币，以充国用，如元时的行用钞交钞及元宝钞，明时的大明宝钞，清时的顺治及咸丰时的宝钞。至于现代式的银行钞票，是列强侵入后产生的。

旧式金融机关的沿革　货币经济既有相当的发展，则融通资金的金融机关随而产生。我国在唐代即发生了镖局（即山西的汇票号），做国内汇兑的生意，替商人活动银钱。可见金融机关的产生由来已久。不过旧时组织的传统久已不存，而现在的旧式金融机关，如钱庄、银行、票号等，追溯源流，大致只一两百年的历史。

钱庄与银号，实在是一类的组织，不过在长江一带，大半名叫钱庄；在北方各省及广州、香港，多呼为银号。在钱庄中，以上海各庄实力为最雄厚。其初创时日，大约在百余年前。当时因上海南市豆麦交易极繁，而钱庄乃应时而兴。但当时所有钱庄都开设于南市。到道光二十三年（1843 年），上海开埠，后二年，租界设立，租界逐渐繁荣，钱庄也渐于北市设立。嗣后上海经咸丰三年的小刀会及咸丰十年的太平军两次军事以后，南市商业因受军事影响，骤见凋零，北市则地处租界，并未波及，所以上海钱庄的中心，自咸丰十年（1860 年）以后，已由南市而逐渐移至北市。钱庄创设的初年，资本很小，业务也仅兑换货币一项。直到租界开辟，进出口交易渐繁，业务方逐渐发达。投资经营钱业的也大大增加。据上海市通志馆统计，上海钱庄在光绪二年（1876 年）极为兴盛，南北两市汇划钱庄共计 105 家。其后经过倒账风潮，橡皮股票风潮，及战争革命的影响，大为减少，至民国元年（1911 年）仅存 24 家。民国以后，钱庄营业逐渐恢复，自民国九年（1920 年）到二十一年（1932 年）止，平均总在七八十家之间。最近数年又逐渐减少，至民国二十四年（1935 年）底止，仅存 54 家了。

票号是山西人所创办，所以又叫“山西票号”，其主要营业是国内汇兑。据前经济讨论处的调查，票号起源于清朝乾隆、嘉庆的年代。当时有一在天津营业的山西颜料商，因常往四川购货，感觉运输现银的不方便，乃在四川设一分号，创行汇兑方法，凡川商中须运款往天津的，可由该分号代兑；津商要寄款往四川的，也可由天津总号划付。商人大称便利。后来这位颜料商便抛弃颜料生意，在各省广设分号，专营汇业。而其他山西人仿效他经营的也很多，于是票号成了山西人专营的专业。近来银行代兴，票号势力便逐渐衰落下去了。

新式金融机关的沿革　新式的金融机关，是由外国银行的设立开始的。在华外国银行的历史，已有 80 余年之久。开始时是咸丰三年（1853 年）英商麦加利银行的分设上海分行。同治七年，汇丰银行也设立分行于上海。其初来目的，原不过为便利国际金融，发展贸易，但因我国对外条约处处失败，此种银行便取得种种特权，因之势力雄厚，外国政府拿它作了经济侵略的工具。外国银行行数虽不多，但资本力很充实，并有母国及总行做后盾，所以不是我国各银行所能抗衡的。据吴承禧氏《中国的银行》一书，外国在华银行的行数及资本，有如下表：

各国在华银行之行数及其已付资本之合计表

国别	家 数	中国境内分行共计	已付资本合计（元）
英国	5（麦加利、汇丰、有利、大英、沙逊）	27	120 412 400
美国	6（花旗、大通、美丰、运通、信济、友邦）	18	777 700 000
法国	4（东方、汇理、义品、中法工商、法亚）	18	43 000 000
比利时	1（华比）	3	31 684 825
荷兰	2（荷兰、安达）	6	202 454 000
德国	1（德华）	6	6 328 671
意大利	1（华义）	2	3 000 000
俄国	1（远东）	2	5 000 000
日本	32（正金、三井、三菱、台湾、朝鲜、住友及其他）	71	319 366 959
总计	53	153	1 508 946 855

按，此表内的美丰银行，在停业清理中，又俄国在华银行，现为莫斯科国民银行。表中日籍银行虽占多数，但除掉正金、台湾、朝鲜等几家而外，资力都很薄弱，营业范围也偏于一隅，其势力并不及英国。英籍银行大约总资本中有 1/3 是用在中国。美籍银行大约只有 2%的资本是投在中国的。综合各国在华银行估计，大约有 150 000 000 元资本是用在中国的，恰为上表总数的 1/10。

我国第一家自办的新式银行，是光绪二十三年（1897 年）设立的中国通商银行。该行是由招商局与汉冶萍公司创办人盛宣怀氏向度支部

（即财政部）借银 100 万两仿照汇丰银行的章程合股创办的。本质上，这个银行是一个私立的商业银行。到光绪三十年（1940 年），设立户部银行，后改名大清银行，这就是现在中国银行的前身。这个银行在设立时是带有中央银行的性质的。光绪三十三年（1907 年），邮传部又设立交通银行，以为路电航邮四政款项存放及经营机关。民国三年（1914 年）修改章程，该行也带有国家银行性质。事实上，在 1928 年以前，大家也是把中交两行当作我国的中央银行看待的。自从 1928 年冬，中央银行成立于上海以后，中国银行就改变了从来的性质而成为政府特许的国际汇兑银行，交通银行也变成了特许实业银行。

中、交两行以外，在清末设立的银行，还有浙江兴业、浙江实业及四明（银行）诸家。至中国银行业之蓬勃的发展，乃是最近 20 余年来的事。而最踊跃的时期，则在欧洲大战以后的几年。当时北京政府公债发得很多，款子借得很滥，各银行因政府借债利息既高，折扣又大，在买卖抵押之中获利很多，所以新设的银行也骤然加多。又，（民国）十七年（1928 年）以后，国民政府奠定全国，政治渐趋于常轨，而公债发行达 10 万万元以上，银行因其利润优厚所诱致而成立的，亦达 80 余家。

中国的银行资本非常薄弱，拿全国 170 家银行的资本总额——355 954 833 元——和美国的大通银行（The Chase National Bank）一家的资本额——美金 148 000 000 元——比较，还是赶它不上。中国资本最大的银行是中国银行，它的资本超过了 2 000 万元（这是中、中、交三行资本未增以前的情形。（民国）二十三年（1934 年）决定中央增资至 1 万万元。（民国）二十四年（1935 年）又决定中国增资至 4 000 万元，交通增至 2 000 万元，此后情形就不同了）。其余银行，资本在 50 万及 50 万元以下的最多，100 万到 300 万元的也不少，500 万元以上的就很少了。

银行集中的地点是上海，因上海是全国最大商场，是金融中心的缘故。就银行营业的性质说，以商业、储蓄银行为最多，计 104 家，占银行总数 61%。与产业发展有密切关系之实业与农工银行，则仅 32 家。

据专家观察，我们的金融制度，在立法上虽然应有尽有，然而在事实上，大家都跑到一条路——普通商业银行的路。而所谓普通商业银行的路，还往往逃不出地产和证券的投机。我国的银行界对于经济社会的贡献，实在远不如钱庄，因为银行界平日和一般商业太隔膜了。

这是我国金融制度沿革之简略的叙述。以下当就金融机关的组织和业务加以分析。

第二节　金融机关之组织与业务

我国金融机关有新式旧式的分别。旧式金融机关包括票号、钱庄、银号等组织。新式金融机关则可分为银行、信托公司及交易所等。

旧式金融机关的组织　就营业组织而言，钱庄、银号，大概都是由少数富有的钱商合伙组织，股东负无限责任，不以所出资本额为限。钱庄、银号的博得社会信用，不单是在营业的资本及准备金的充实，尤其在股东个人的声望及财产上。钱庄或银号的内部组织都是经理独裁制，所以经理的责任很重大。经理以下设从业员若干人，各有专司，其人数视营业规模的大小而定。其分工方式，在上海的钱庄，则“经理”总揽全权；其下有“清账”，专管清理账目事务；有“汇划”，专管会计事务，如记录账目，查核票据等；有“信房”，掌理文书事项；有“洋房”，或称“洋务”，专司银洋钞票的出纳，及洋款账目的记录；有“钱行”，又称“市场员”，专任市场拆银、买卖银元等务；有“跑街”，专司在外承揽生意，兼任信用调查之责；有“客堂”，专任庄内接应宾客及一切庶务；有“栈司”，专任送银、送票、解银行、打回单等事。在广州的银号，则“司理”总理全店事务；“内柜”数人，分理店内一切账务；“外柜”数人，职司门市找换金银纸币、买卖库券公债等项以及钱银出入（此职为找换店所设）；“交收员”数人，职司一切交收及估币筛银等事务；“行街”专向各客户接洽来往生意，调查市情及雇客信用，并赴银业公市买卖。

至于票号组织，也是合伙或独资制，其资本大都比钱庄雄厚，有多到百万两以上的。股东负无限责任与钱庄同。其内部管理大权操在大掌柜手里。

新式金融机关的组织　新式银行的组织，大抵都遵照公司法，以集股方式组织有限公司。并且照（民国）二十年（1931 年）公布的《银行法》规定：“银行应为公司组织。”这便是不承认“独资”及“合伙”的组织为合法。至于内部组织，最高管理机关有股东会、董事会及监察人三种。股东会由全体股东组织之，每年开会一两次，决定行务进行方针及选举董事监察人等事项。董事会由股东选举，其职权为审核各种业务的具体计划及进退重要职员等。监察人由股东选举，以监察董事会、杜绝私弊为职务。银行行政则以经理副经理总其大纲。其下分工任事，各尽其力。分工方式，各行并不一致。大致对外营业部分，其最主要的是商业部，也有另设储蓄部、信托部的（该行必系兼办储蓄及信托业务的）。对内管理，则总务、稽核两部必不可少，故为各行所同，此外还有推广部，则视情形而有差别，有特设调查部，或经济研究室而不用推广部名目的。各部又分许多股，如商业部可分存款、放款、内汇、外汇、出纳、同业、证券、仓库等股，总务部可分文书、庶务、人事、股务（股票事务）等股之类。

信托公司的组织，和银行差不多，但其业务是执行他人经济上的委托职务，如代企业者选择投资处，代公司募集股份，代管产业等。交易所的组织，可分为会员组织及股份组织两种，前者交易的责任属于买卖人，后者则属于交易所。我国交易所是采取股份组织的。交易所的性质上差别，也有证券交易所、物品交易所两种，其与金融有密切关系的，只是证券交易所罢了（上海还有金业交易所，也和金融有密切关系）。

但关于产业证券的经营，上海华商证券交易所还不及洋商众业公所势力的伟大。

金融机关的公共组织　就钱庄（银号）及银行的公共组织而言，则钱庄（银号）向来有行会的组织，最近则均依照国民政府公布的《工商同业公会法》改组了。但钱庄（银号）仍有其保持传统的部分组织，如广东的忠信堂、上海的南市钱业会馆、北市钱业会馆等。上海汇划钱庄所组织的上海市钱业同业公会，其任务为研究及促进业务的进展。且曾为巩固全体同业基础，调剂市面金融起见，特设上海钱业联合准备库，办理联合准备事宜，如同业的存款、放款、贴现、票据交换等事项。南北市各有设立的钱业会馆，则为讨论本市同业公共事项的会所。至于钱业间的交换票据，通常在汇划总会行之；评议市价则在钱行行之。广州的银业同业公会，其组成分子包括银行（少数华人银行）银号找换店及包纸客（包纸客是代人买卖金银货币而没有店铺的），其任务不止维持增进同业的公共利益，且在会内设立银业公市，以为本市唯一的金银贸易市场。此外尚有历史悠久的忠信堂，职务也和公会相似，不过加入资格限于“做架银号”（这是专门经营存款放款的银号）。

银行业的公共组织有银行业同业公会。例如上海市银行业同业公会，其任务为举办各种有利于金融业之公共事项，如设立票据交换所及征信所，调解会员间及与非会员间之争议事项等。该会又曾组织联合准备委员会，办理联合准备及拆放事宜。

上海许多外商银行，又有一个上海国外汇兑银行公会的组织，是由几个较大的外商银行组织起来的，现在中央、中国、交通及中国通商等四银行，也加入了这个会。

以上是新旧金融机关的组织概况。现在进而分析其业务。分析的程序，则先从新式机关的银行着手而后及于旧式机关的钱庄。

银行的业务　我国银行的主要业务，不外乎存款、放款及汇兑三种。其贴现、透支各项，就其性质而言，大致不出放款范围。其附属营业，照二十年《银行法》的规定，计有（一）买卖生金银及有价证券，（二）代募公债及公司债，（三）仓库业，（四）保管贵重物品，（五）代理收付款项五种。至储蓄及信托两业务，则非经财政部之核准，不得兼营，故含特许的性质。

存款是银行实际运用的资金。银行资本为其信用的基础，通常并不借以运用，故存款一项，实在是银行的重要资源。银行主要存款，计有四种：（一）活期存款，（二）特别活期存款，（三）定期存款，（四）通知存款。

活期存款，无一定期限，存款人于银行办公时间内，可以自由存支，取款时用支票。此种存款利息较轻，在外国有不给利息的。特别活期存款比普通活期存款进出数额较小，凭折进出，不用支票。存息也略高。定期存款系有一定期限的存款，未到定期不能提款，定期存单亦不能如支票的辗转流通。此种存款利息较优。通知存款，必须在存款时预定通知期限，非在此期限前预先通知银行，届期便不能取款，这是介于活期、定期之间的一种。

此外，还有代现存票，是在银行应付的款项没有即时付现时，由银行发给取款人，以代现款的票据。又称“存款票据”，俗称“本票”。还有暂时存款，是指各种暂存性质的款项。还有同业存款，是银钱同业存入的款项，有寄存性质，无一定期限。

利用低利的存款以为高利的放款，是银行主要的生财之道，凡一切放款、贴现、透支各项，以其性质而论，都可归入放款项下。

银行对于往来户，许其于存款用完后，在约定的范围内，继续填发支票，透支款项，故透支是由往来存款发生的放款。有信用透支及抵押透支两种。通常所谓放款，是指定期放款而言，因为透支便等于活期放款，放款也分信用及抵押两种。贴现也可看作放款的一种，与普通放款不同的地方，不过是不在还款时征收利息，而于放出时预扣利息的一点。商业汇票的贴现，前章已经说及，此外还有银行票据，如远期本票等，也可贴现。

汇兑分国内国外两大类。国内汇兑，大约可分电汇、条汇、票汇及活支汇款四项。四项中以电汇为最快，条汇系以银行印就的便条，由汇款人照填，为汇款的根据。票汇，则以银行签发的汇票，为收款人取款的凭证。便条或汇票都由银行邮寄。至于活支汇款，乃便于旅行者而设。还有押汇，自商人方面说，是对于发售外埠的货物，于运输中先向本地银行抵押贴现，以获资金的周转。但银行方面在付款后，即将商人所作的汇票及提单，寄该外埠支行收款，是有两地汇款关系，故可归入汇兑。

国外汇兑，是清理国际债务的唯一良法。其汇款种类也有电汇、票汇、活支汇款的分别，而押汇一项，尤其占重要地位。不过国外汇兑因为路途遥远，制度习惯不同，货币涨落不定，以致情形异常复杂，故除资力较大的各银行外，并不为其他各银行所普遍经营。

各家银行，因其主要业务各有不同，可分为种种类别。我国银行可分为九大类：（一）中央银行，（二）特许银行，（三）省立银行，（四）市立银行，（五）商业银行，（六）储蓄银行，（七）实业及农工银行，（八）专业银行及（九）华侨银行。

中央银行是十七年十一月一日成立的。据二十四年公布的《中央银行法》，该行特权有（一）发行本位币及辅币之兑换券，（二）经理政府所铸本位币、辅币及人民请求代铸本位币之发行，（三）经理国库，（四）承募内外债，并经理还本付息事宜等项。其普通业务中如“国民政府发行或保证之国库证券及公债息票之重贴现”、“国内银行承兑票、国内商业汇票及期票之重贴现”及“买卖国外支付之汇票”等项，亦可注意。

我国的特许银行有二，一为中国银行，一为交通银行，前者是政府特许设立的国际汇兑银行，后者是政府特许设立的实业银行。

其余数种银行的性质，从其类名可以大概推知。其中专业银行一种，系侧重一业的金融机关，盐业银行，即此种银行之规模较大者。

至各类银行数量的比较，则以商业银行为最多。

以上所说为各银行的业务与类别。现在就钱庄来说。

钱庄的业务　钱庄的主要业务，以上海为例，大致可分为定期或活期存款、透支或定期放款及代理收解数种。钱业的庄票，和银行的本票相似，为可以移转的票据，在上海市面上颇流行。钱庄放款以信用放款为主，不重抵押，但最近趋势也稍有转变。票号业务向来以国内汇兑为主，近来因新式银行资本雄厚，组织完密，票号的生意被银行夺去，渐就没落了。

钱庄类别，可分为四，即所谓“元”“亨”“利”“贞”四字号。元字号钱庄，俗名挑打钱庄，原来专做现款业务，现在兼营存款放款，不过为数很少。亨字号钱庄，俗名关门挑打，大都无力收解现款，对于往来商号收入，不得不转托汇划庄，或托上等挑打钱庄代为受理。利字号钱庄，又名折兑钱庄，专做银洋辅币的买卖，也有附带经营零兑业务的。贞字号钱庄，即兑现钱庄，一名门市钱庄，又名零兑钱庄，俗称烟纸钱庄，专营兑换银洋铜元，兼卖烟纸。

钱庄中最大的，就是汇划钱庄，它不仅经营存款放款，还经营汇兑事业。它一方面代理外商银行及华商银行放款于工商业者，一方面经理上海与国内各大商埠的银钱汇兑。

外商银行的业务　华商银钱业情形，大略如是，还得说说外商银行的业务。这个大致可分国外汇兑、存款、放款及发行钞票数点。国外汇兑营业，包括外国货币的投机交易，及卖买正当的国际汇票。外商银行在这项业务上占很大势力，这与进出口贸易操在洋行手中有关系，从前已经说过。外商银行的存款来源，有洋商、华商、华银行及钱庄、中国富户或官僚军阀等的几方面。放款则有（一）洋商借款、贴现及透支，（二）借与中国政府短期借款或组织银行团作大借款，（三）借款与中国商人或钱庄等几种。至于发行钞票，只有汇丰、麦加利、花旗、正金等八九家，但目前外国银行钞票渐渐地不大流行了。

第三节　钱币革命论与币制改革

关于钱币的基础知识　钱币（即货币）的起源，由于物物交换的不便。当交换的时候，必以一定数量的甲物，表示一定数量的乙物之价值。在开始交换的时期，一物有种种不同的价值形态，比方 1 斗米，可以用 10 尺布来表示它的价值，同时又可以用 12 斤盐、5 斤肉等来表示。到后来渐渐改变，用唯一的一种东西来表示一切其他物品的价值了，这就是一般的价值形态，又名中介。比方有些文化较低的民族，使用兽皮，有的使用盐块，而我国古时则使用贝壳。这也就是初期的钱币。

社会进步到某种程度，人们就知道采用金属做钱币。这是因为用金属做钱币有几种好处：（一）有用且有价值，因钱币是价值的尺度，本身不可采用没有用处、没有价值的东西，这一点在不换纸币未能施行时，极为重要。（二）便于运输携带，因金银体积较小。（三）坚固耐久，不容易破损消失。（四）品质均匀。（五）分合容易，且不因分合而受损失。（六）价值比较稳固，不是涨落无常的。（七）便于辨别真伪。（八）可施印铸，这一点在施行铸币时代更为重要。

钱币的功用，是从历史过程中产生出来的。大概有以下数种：（一）作为流通的工具，也就是交换的媒介，这是钱币的主要功用，前面已经说明。（二）作为价值的尺度，因其本身有价值，故可表明一切商品的价值，而作为一般价值的公共尺度。（三）作为延期支付的标准，因在法律上钱币价值是假定不变的，故债务的偿还，通常以钱币履行之。（四）作为价值储藏的手段。一切商品，包括劳动力，都可以从交换中变为钱币，以后可以在异时或异地用它再购买商品，当商品变为钱币时，其价值便储藏在钱币之中了，不待说，经久不坏的钱币，是再好没有的储藏手段。

我国过去，铸币只有制钱一种。于使用银块时，常常要用秤来衡量各种大小银块的重量。近代方才仿效外国制度，铸造银币。钱币铸造的方式，各国通行的是对于主币，即本位币，采取自由铸造，对于名目币即辅币，则采取限制铸造。至于铸造权是属于政府的。所谓自由铸造，是允许人民随时拿生金（在银本位国为生银）到政府造币厂请求代铸的办法。所谓限制铸造，则是不接受人民请求而由政府独造的办法。

钱币的种类有两种，即上述的本位币及辅币。本位币是法律上特许其无限授受的支付工具（叫做无限法偿），又称法币。辅币是法律上限制于一定数额内得通用（叫做有限法偿）的钱币，其实际价值照例低于公称的价值，理由是防止铸毁与流出，又可增加国库收入。

钱币制度中最重要的是本位制度。本位制度是由一个国家所规定的法币而定。本位币（即法币）或为金，或为银，或为铜，则因各国经济发展的程度而有差别。现代各国曾采用的本位制度，有（一）金单本位制，（二）银单本位制，（三）复本位制，（四）跛行本位制，（五）金汇兑本位制等。

单本位制是以一种钱币为本位。复本位制是兼用金银两种钱币为本位，但于金银两种钱币之间，设立法定比价。跛行本位制是从复本位制改良而来，虽然仍用金银两种钱币为无限授受的法币，但银币不能自由铸造，并且限制其流通额，借此维持两种钱币的法定比价。金汇兑本位制是对国外用金，国内用银，由国家规定金银币兑换的不变比率，于国外汇兑时用之。

纸币是金属钱币的代表物，称为软币，而金属钱币则称硬币。纸币的发行必有定额的现金准备，因为纸币本身并没有票面所载那样的价值，它不过代表着现金的价值，故在使用纸币为价值尺度的时候，不能不有现金准备来维持信用。纸币有兑换与不兑换的分别，不兑换纸币中，有只对内不兑换，而对外还可以购买汇票，兑换外面的硬币的，也有完全不兑现的。完全不兑换的纸币，对内虽然能借政府力量，行使无阻，对外概不发生效力，因此现金必致大批流出而不能回复。这就是纸币本位制度。

在一定的市面情形之下，适当的钱币流通额是有一定的。纸币发行的数量，如果所代表的现金恰好适合当时必要的钱币流通额，虽不兑换，也于物价不生影响，但如果超过了这个限度，则纸币在市面上的价值必低于票面价值，而其表现方式则为物价高涨。不兑换纸币滥发后价值大跌的例子，有骇人听闻的，如世界大战时，俄国的卢布、德国的马克，都是要花几千百万，才能买一顿饭的。这是通货膨胀的极端现象。通货膨胀的目的，有的是解决财政上的困难，有的是救济经济上的恐慌。在后者的场合，通货膨胀能提高物价，增高活动资金，尤其能借汇兑率的减低以促进输出贸易。——比方美金便宜了，则美国货就容易在中国销行。通货膨胀的方法，除多发不换纸币外，还有减低钱币的成色重量等等。

钱币流通过程中，有一个“劣币驱逐良币”的法则。比方有两种成色不同的银元，公称价值同是一元，人们必然把成色高的一种留起而专门使用成色低的，结果市面上流通的将全是成色低的一种了。这一法则通用的场合，限于两种钱币，同为无限使用的法币。这个法则的发现者是英国格勒襄，又叫格勒襄法则。

由以上所述，我们已知关于钱币的许多要点，现在可以谈到钱币革命。

钱币革命论　我国首先提出钱币革命论的是孙中山先生。那时正是民国元年，民国初建，俄国侵略外蒙，政府财政非常困难，中山先生于是主张实行钱币革命，以应付非常的局面。

中山先生说：“钱币维何？不过交换之中准，而货财之代表耳。此代表之物，……在工商已发达之国，财货溢于金银之千百万倍，则多以纸币代之矣。然则纸票者将必尽夺金银之用，而为未来之钱币，如金银之夺往昔之布帛刀贝之用而为钱币也。此天然之进化，势所必至，理有固然。今欲以人事速其进行，是谓之革命。”这是他的钱币革命的理论。

至于实施方法呢？他说：“即以国家法令所制定纸票为钱币，而悉贬金银为货物。国家收支，市廛交易，悉用纸币，严禁金银。其现作钱币之兑金银，只准向纸币发行局兑换纸币，不准在市面流行。如此则纸币一出，必立得信用，畅行无阻，则财用可通矣。”他又指出，“纸币之代表百货也，其代表之性质一失，则成为空头票”，如果要使纸币确实能代表财货，“其法当设两机关：一专司纸币之发行，一专司纸币之收毁。纸币之功用，既为百货之代表，则发行之时，必得代表之货物或人民之担负，而纸币乃生效力。今如国家中央政府，每年赋税应收 3 万万元，税务处既得预算之命令，即可如数发债券于纸币发行局，该局如数发给纸币，以应国家度支。至期，税务处当将所收 3 万万元税项之纸币，缴还纸币销毁局，取消债券。如是，发行局于得税务处之债券，如数而发行纸币，此等纸币以有人民之担负，成为有效力之纸币，名之曰生币。及税务处于所收税项如数缴赎债券之纸币，为失效力之纸币，因代表赋税之功用已完，名之曰死币，故当毁之也。如收税之数溢于预算之数，则赢余之纸币效力尚在，可再流转市面无碍也。以上为国家赋税保证所发行之纸币。至于供社会通融之纸币，则悉由发行局兑换而出。当纸币之存在发行局，为未生效力之币，必须以金银或货物或产业兑换之，乃生效力。如是，纸币之流于市面，悉有代表他物之功用，货物愈多，则钱币因之而多，虽多亦无流弊。发行局发出纸币而得回代价之货物，其货物交入公仓，由公仓就地发售，或转运他方发售，其代价只取纸币，不得取金银。此种由公仓货物易回之纸币，因代表之货物去其效力，立成为死票，凡死票悉当缴交收毁局毁之”。这是办法的大概。

这种制度，一方面可以应付非常的财政需要，一方面又可以适应平时社会金融的需要。因为数量受了节制，便不致因过多而贬值。不过要实施这种制度，必须有良好的政府，其对于赋税预算不故意提高，对于失了代表性的死票立予销毁，这样严格地去执行，才能有利无弊。再则公仓货物的不容易卖出，也是一个问题。比方山西省试行的物产证券制度，就有点和此处所说的公仓相像，而他们的困难，就在于货物的不容易卖出。

总之，钱币革命如果实现，则政府可集中金银以控制国际汇兑；可有多量的金银来偿还外债；可借此来统一我国的币制；国人有充足的资本，各种实业可以发达——利益是非常之多的。目前我国所行的新币制，就是依据钱币革命的原则而变通制定的。

币制改革的经过　在说明新币制以前，首先要指出我国固有钱币制度的紊乱及金融恐慌的严重，那是币制改革的背景。

我国固有币制的紊乱情形是怎样的呢？就现洋来说，有龙洋、鹰洋、站人洋、袁头洋、总理像新洋，这许多种大洋，成色并不一律，因而市面上价格显然参差。大洋之外，又有小洋，即双角，其价格低于大洋，而且涨落不定。就纸币来说，有政府纸币、银行券、私票三大类，而纸币的区别，除银行券之外，又有银辅币券、小洋兑换券、铜元券、海关金券等。所谓政府纸币，即是国库券，此种库券，从前有作为普通钞票使用的场合，不过近来很少作为一般交换工具的。银行券的发行，我国从来是采取“多数发行制”，即多数银行都有发行权，各银行发行制度也极不统一。又同一银行钞票而采取“分区发行制”，在钞票上加以上海、汉口等字样。这是预防钞票挤兑的。假如甲地信用动摇时，则盖有甲地字样的钞票，乙地银行可以拒绝兑现。这种制度反映了中国市场的不统一。在这种发行制度之下，常常是同一银行的钞票，因地域的差异而价格悬殊。

私票在内地颇多，发行者为钱庄，地方银行，或地方军事机关——用军队名义发行的为军用票，四川从前发行不少。

我国辅币极不统一，尤其是辅币中最主要的铜元。铜元的鼓铸，以四川省为最多最滥，各县长各保卫团长也有铸造铜元的。价值 50 文、100 文，甚至 500 文的也有。湘、鄂、豫诸省又行用值 20 文的双铜元，而江、浙、赣、皖、闽、粤等省则使用值 10 文的单铜元。这些铜元都是有地方性的，在这一区域所通用的，到那一区域就不通用了。

铜元券的发行，是私票的另一形态，发行的不仅有银行、大商家，便是小商店稍微殷实一点的也有。

我国的铸币与纸币，不统一的情形固然都很显著，所谓辅币本位币的差别也就很模糊。因为造币权不统一，发行权不统一，无论银元铜元钞票，都可以任意增加，数额毫无限制，法定比价绝无从维持起来。

钱币的单位，也因为主币成色的不统一，过去在贸易上乃不以"银元"为基准，而以"银两"为基准。但市面上一般使用银元而大宗贸易则使用抽象的银两单位，这又是非常紊乱的钱币制度了。这种畸形现象，直到民国二十二年（1933 年）方才消除。

民国二十二年（1933 年）的废两改元同时确立银本位制度，是币制改革的第一步成功。这是主币的统一。但严格说来，此种统一因为市面上仍行用成色参差的旧银元，还没有充分达到，直到（民国）二十四年（1935 年）十一月新币制政策施行，方才统一于法币之下。

这次新币制产生的远因，不待说是为了解决历年来的币制不统一问题，其近因则是为了解决白银问题。自 1934 年（民国廿三年）美国实施购银政策后，我国存银在三个半月以内，骤然流出 2 万万元以上，银价高涨，通货收缩，物价与外汇跌落，因之本国产业不振，外货输入更多，经济上大呈不景气的状态。政府当局虽曾明令征收白银出口税及平衡税（如伦敦银价折合上海汇兑的比价，与中央银行当日照市设定之汇价相差之数，除缴纳上述出口税而仍有不足时，应照其不足之数加征平衡税），但实际上还不能完全阻止白银的外流，因此为了保存现金，稳定汇价，以防止外货倾销，防止经济破产，并解决财政困难计，不得不实行"通货管理政策"，即新币制。

新币制的基础是白银国有，其要点有三：（一）将中央、中国、交通三行所发行纸币，定为法币（法定纸币）；（二）禁止使用现金，凡民间所有的一切银币及银块，以面额及纯分量用法币收买之；（三）一元对英汇兑，定为一先令二便士半。

新币制的精义有四点：（一）统一发行；将从来钞票的多数发行制改为单一发行制，借此可以维持价值的稳定。同时并可利用发行的伸缩，适应社会的实际需要，促进国民经济之合理的发展。（二）集中准备；从前现金准备分散，一遇提存挤兑，便感难于应付，现在准备金集中，由发行准备委员会保管，则法币信用自然巩固，而准备金的效用也可以充分发挥。（三）保存现银；因现银既已集中保管，不得使用，则私运可以杜绝，这是对于白银外流的根本对策。（四）复兴产业；从前对外汇价，随银价涨跌而变动，特别是银价高涨时，外汇低落，使洋货倾销便利，国货输出大受打击，现在新币制明白宣示：由中央、中国、交通三银行无限制买卖外汇（供多即买，求多即卖），使法币对外汇价趋于稳定，结果自可调整国际贸易。同时法币又使筹码增加，资金流动活泼，适应于工商需要。所以生产将由此发展起来。

新币制使法币价值与银价脱离，以外汇为标准，这是外汇本位制度。但一先令二便士半的汇价，仍系根据银本位币而规定的［（民国）廿四年（1935 年）十一月四日新币制开始实行，那时国币汇价为一先令三便士又四分之一，自十二月以后，即稳定于一先令二便士半］，并且仍用现银为准备金，故又可说并非放弃银本位。新币制钞票发行，规定六成准备，显然有它的限制，而且不是仅认钞票为钱币，把金银作货物看的办法，所以又不是纸本位制。此次新币制，既没有停止发行准备，或减低发行准备金比例（从前六成现金准备的比例仍没有变更）来滥发纸币，也没有用减低本位币成色与重量的方法来增加准备金的单位，以便加发纸币（银本位币，原规定每元含纯银 23.493 448 公分，现在依新币制规定，凡所有银币生银等银类，照所含纯银数量兑取法币，其间关系，仍是纯银 23.493 448 公分，兑换法币 1 元），所以新币制并不是通货膨胀。

自（民国）廿四年（1935年）十一月实行新币制后，物价与汇兑果然由动荡而趋于安定。经济恐慌与金融枯竭的威胁逐渐减除。到了（民国）廿五年（1936年）五月十七日，政府对于新币制又有一种推进。其要点有三：（一）政府为充分维持法币信用起见，其现金准备部分，仍以金银及外汇充之，内白银准备最低限度应占发行总额25%。（二）政府为便利商民起见，即铸造半元一元银币，以完成硬币之种类。（三）政府为增进法币地位之巩固起见，其现金准备业已筹得巨款，将金及外汇充分增加。

这里应注意的有几点。第一，六成的现金准备，所包含的金、银、外汇，各占若干，原没有规定，而这次规定了白银的比例。第二，硬币原不许使用，现在新铸一元半元硬币，又可使用了，不过这种硬币是辅币性质，所谓一元并不会有本位币一元那样高的成色与重量。第三，金及外汇的准备充分增加了。又据孔财长在二中全会报告，“现又与美国接洽，由美向我购买银货，并随时由美给予我方以美国货币之便利，外汇准备既更充实，法币保障日益增厚”，可以了解币制改革新阶段的大概。

关于辅币的改革，（民国）廿五年（1936年）亦开始实施。辅币条例于一月通过，规定了辅币种类、重量、成色及法定价格，又规定“铸造权属于中央”，“以十进（位）计算”诸点。辅币以十进（位）计算的原则，民国三年（1914年）的《国币条例》虽有规定，但因造币权没有集中，始终没有实行。今后新辅币推行，旧辅币收回，是可以逐渐实现的。这样，中国币制统一的彻底完成，就为期不远了。

第六章　中国之财政

中国的财政，过去是很紊乱的，有人说是“有财无政”，并非过于苛刻的话。民国成立以后，这种情形并没有什么改变，政令不出都门的北京政府，虽然也曾想法子整顿中央和地方的财政，陆续颁布过许多关于财政的法规，但这都只是纸上空谈，因为当时各地的封建军阀都不奉行中央的政令。

国民政府统一中国以后，累次召集财政会议，逐渐统一财权，实行预算制度，改良税制，财政上方才具有相当的规模。但财政的紊乱情形，还需要继续努力，才能够彻底除去。而且今后的困难，仍然随着国难而增长，所以全国人士都应明了国家财政情形，以全力扶助国家财政政策的新开展。

第一节　预算与决算

预算的意义与类别　关于财政情形的研究，我们从国家的预算与决算，可以获得一个大概的认识。所谓预算，乃是政府根据预计的一定时间（通常为一年）的岁入、岁出，所拟定之该时间内的财政计划。近代国家所以必须施行预算的主因，是满足民权的要求，因为公共的收入都从人民手中取来，收支情形，人民当然应该过问，方才符合民治的原则。此外还有几个理由：（一）国家组织复杂，规模远大，如果不预定计划，则支出的先后缓急和多少，很难支配得当，收支也很难适合；（二）预定计划就可以免除财政上的错误，使人民不受其影响；（三）财政的得失，不能从结果上判断，因为财政的结果多半是无形的福利，故只有从原因上预筹全局，妥为分配；（四）执行财政的人，都和财政效果没有直接关系，如果不明定预算，难免怠工或贪污的毛病。

预算有种种的分类。（一）依岁入的性质为标准，则有总额预算和纯额预算的分别。总额预算，是记载一切岁入总额的预算。纯额预算，是将征收费除外，仅记载纯收入额的预算。纯额预算不能表明征收费的多少以及人民的实在担负，很难实施财政上的监督，故各国都采用总额预算。我国现行制度也是采用总额预算制。（二）依时期的先后为标准，则有假预算、本预算和追加预算的分别。假预算，是当本预算还没有议定，而年度已经开始的场合，划定一个时期，而编制的临时预算，是专行于本预算没有施行以前的。本预算，即本年度应行的预算。追加预算，是当本预算已经提出国会以后，为了补本预算所不足，或者为了应付新发生事实所追加的预算。不过追加预算应有限制，方才可避免发生流弊。故我国法律上规定了“除因必不可免之经费，及本于法律或契约所必需之经费致生不足外，不得提出追加预算”。（三）依预算范围的广狭，则有普通预算和特别预算的分别。普通预算是包含一切岁入岁出而将特别预算除外的全体预算。特别预算是关于特别会计岁出岁入的预算。我国邮电、铁路、航空等机关，现在都采用特别会计。

决算　决算是从客观的事实上，决定实际收支额的多少，从这里去看预算上的估计，是不是完全实现。预决算相辅而行，然后财政的实际状况方才明了，而财政的监督方才完备。

我国预算案的例子　预算的形式，我国所采用的是将岁入列在前，岁出列在后，又将经常、临时两项列在岁入岁出的下面。现在试举《二十五年度国家普通岁入岁出总预算案》为例。

民国二十五年（1936 年）度国家普通岁入、岁出总预算案

（一）岁入经常门

第一款　关税　303 676 073元

第二款　盐税　189 187 225元

第三款　烟酒税　16 987 395元

第四款　印花税　11 300 000元

第五款　统税　132 796 117元

第六款　矿税　3 631 862元

第七款　交易所税及交易税　1 350 000元

第八款　所得税　5 000 000元

第九款　银行税　1 600 000元

第十款　国有财产收入　5 733 129元

第十一款　国有事业收入　20 611 389元

第十二款　国家行政收入　10 888 269元

第十三款　国有营业纯益　41 397 583元

第十四款　协款收入　2 998 000元

第十五款　其他收入　6 666 113元

合计　753 823 155元

（二）岁入临时门

第一款　关税　14 297 441元

第二款　国有财产收入　58 638元

第三款　国有事业收入　590 142元

第四款　国家行政收入　12 963元

第五款　协款收入　200 000元

第六款　债款收入　125 000 000元

第七款　其他收入　96 676 111元

合计　236 835 295元

岁入经临总计　990 658 450元

（三）岁出经常门

第一款　党务费　5 029 080 元

第二款　国务费　14 842 976 元

第三款　军务费　293 014 600 元

第四款　内务费　5 198 914 元

第五款　外交费　9 229 212 元

第六款　财务费　64 141 844 元

第七款　教育文化费　35 478 553 元

第八款　司法费　2 133 015 元

第九款　实业费　3 956 844 元

第十款　交通费　4 703 934 元

第十一款　蒙藏费　2 265 624 元

第十二款　建设费　2 212 130 元

第十三款　补助费　61 481 500 元

第十四款　抚恤费　5 664 704 元

第十五款　债务费　239 037 908 元

第十六款　第二预备费　5 712 360 元

合计　754 063 198 元

（四）岁出临时门

第一款　党务费　390 000 元

第二款　国务费　692 154 元

第三款　军务费　29 004 600 元

第四款　内务费　3 677 606 元

第五款　外交费　461 022 元

第六款　财务费　373 722 元

第七款　教育文化费　8 861 409 元

第八款　司法费　1 107 883 元

第九款　实业费　269 603 元

第十款　交通费　131 800 元

第十一款　蒙藏费　55 142 元

第十二款　建设费　50 898 091 元

第十三款　补助费　44 334 500 元

第十四款　国有营业资本支出　96 337 720 元

合计　236 595 252 元

岁出经临合计　990 658 450 元

上列的表，是一个概略的预算，如果每款之中再分项列出，每项之中或者再分目列出，那就是详明的预算。比方关税一款中，可分关税、船钞、附加税等项；统税一款，可分卷烟税、棉纱税、麦粉税、火柴税、水泥税、熏烟税、火酒税等项。

预算案中一个重要的问题，就是收支适合的问题。如上述的例子，收支两方合计数字，同为 990 658 450 元，便是收支适合的表示，这样，对于全部用费的来源，都不能不列出，同时，盈余或亏短的情况也很明显。不过这还是表面上的收支适合，实际上，像上述的例子，收支相差还亏短很多，其所靠以弥补收入不足的，就是债款收入 12 500 万元了。

预算编制有一个满收满支的原则，这就是和前面所说总额预算一样的意思。严格说来，仅仅包括了征收费的总额预算，还不足以表现财政情形的实际，假使不把属于特别会计范围的国有营业盈亏，列入预算的话。现在我国预算案，是将国有营业收入列入经常预算了。

我国实施预算制度的状况　预算是财政监督工具之一。国民政府成立以来，多数人主张非有预算不可，于是成立了主计处，处里边设立岁计局，专办预算。所以自民国二十年（1931 年）以后，每年都有预算。不但中央有预算，现在连各省也都有了。像边远的青海、宁夏等省（区），最近都成立了预算。此外，像江苏、浙江、湖北、河南各省，不但有省预算，而且县预算也成立了。

过去各省财政，因内战频仍，极紊乱而且困难，遗毒到民国二十年（1931 年）后，还使各省收支大多不能平衡。后来各省当局以“量入为出”为口号，表面上似乎做到了收支相抵，但实际上，或者列出虚伪的收数，或者故意将支出数减少，或者用补助款收入来弥缝，或者拿借款收入来抵补，真能做到收支适合的还是很少。

而且，预算的实施应该以“统收统支”为原则，现在虽然由于国家与地方收支系统的划分，树立了统收统支的基础，但事实上国家收支款项，并没有完全经过国库，许多省份仍然流行着从来“坐支”“直放”“解拨”各方式的拨款制度。故现在地方财政还没有完全入正轨的时候，国家财政的处理，还只能做到名义上的统筹。

第二节　公共支出与收入

国家财政的原则　国家财政的原则，一般地说，应该是“量出为入”，因为社会愈进化，人类愈文明，则公共财政支出的数字也愈庞大，国家在编制预算时，如果支出增加，国库的收入可由增加税率以谋相适应的增加。

不过这个原则应该有它的限制。因为扩大地说，国家的支出，仍然要随国民收入的多少而伸缩。即如我国，民国初年的岁出，不过 3 万万元，目前已超过 9 万万元，这是逐渐增加的形势，可以证明国家欲望的扩张与社会的进步，但拿来和外国比较，比方日本就有 20 余万万（元），还是差得远，这就证明国家岁出不能不受国民富力的限制。

我国岁出的分析　我国国库的岁出，第一位是军务费，第二位是债务费，而各种消耗性的支出数字合计，跟非消耗性支出的数字，其所占的比例，相差也非常之大。这在上节所举的预算案中，就可以看出。

再看前两三年的财政情形吧，（民国）二十二年（1933 年）度，军务费和债务费两项的支出，占岁出总额 78.18%；（民国）二十三年

(1934年)度为64.32%；(民国)二十四年(1935年)度为62.2%。其中尤其是军费一项，所占的数字更为巨大，因在(民国)二十二年(1933年)度，军费竟占岁出总额50.14%，(民国)二十三年(1934年)度与(民国)二十四年(1935年)度，虽将一部分为着军事上建筑的费用划归建设费项下去了，而其占岁出百分数还有36.27%与33.5%之多。实际上我国支出的军费还不止预算案所列的这样多，因为军费并不是完全由国库支给，还有一部分是由地方支给的。像那些积极扩张海陆空军备的列强，除日本外，还没有一国的军费在岁出总额中占了这样大的百分数(英美军费占岁出总额14%，德国约占11%，法国约占21%，意国也不过占26%)。

我国军费浩大的原因，并不是像列强一样，他们大半在于充实武器加强战斗力。我国这方面支出的绝大部分是供养将近300万军人的薪水与公费。中国这样庞大的雇佣军队是过去多年军阀内战中产生出来的。

至于债务费，在支出总额中也占了28%以上，这一方面是因为历年来收支不均衡而不得不发行巨额公债的结果，另方面又因为过去赔款与外债的担负，虽在世界经济恐慌，各国普遍赖债的时候，也不能不忠实地如数缴付。事实上，在这巨额债务费的支出中，差不多有半数是偿付外债的本息与赔款的。

其他各项支出，多半是国家向上发展所需要的经费，目前反占了较小的比例。不过在(民国)二十五年(1936年)度预算案中，已将建设费教育文化费增加了相当的数目，足见中国的财政已在尽可能地改进中。

我国岁入的分析　现在再说到岁入。我国岁入可分三大类。第一是租税。第二则为非真正的岁入，即债款。第三是其他收入，如国营事业收入等。债款是为了平衡收支而暂时收入，终于要靠将来的租税等项收入来偿还的，故不是真正的岁入。现在就真正岁入的租税及其他收入来说，世界各国中，靠国营事业收益为主要财源的，此时还只有苏俄，其他都是靠租税作主要财源的。不过租税之中，有直接税和间接税的分别。直接税乃是直接对人民的财富而征收的，例如所得税、土地税等；间接税乃是根据其他标准，以推测人民的财富而征收的，例如印花税、关税等。间接税大概是转嫁到消费者的身上，不论贫富同等担负，是很不合理的，而且人民在间接付出租税时，并没有感觉自身和国家的关系，这也是它的坏处。所以按照贫富采用累进税率的直接税，是比较良好的制度。因为这个缘故，各先进国家早已减少间接税，增加直接税，使主要财源倚靠直接税了。英、美各国专家主张直接税应该占80%以上，间接税占20%以下。现今虽然没有办到，可是直接税已经有数个国家超过60%了。我国租税的情形又是怎样的呢？

说到中国的捐税，差不多90%以上是间接税，直接税虽然有一两种，可是像田赋和营业税（营业税是贩卖税，按照营业数额而征收的），内中还有一小部分是间接税性质。直接税如此少，间接税如此的多，实在是极不合理的。加之以征收方法又非常坏。比方过去的厘金，一种货物，经过十个地方，要征十次税，经过二十个地方，就要征二十次税，因此弄得民不堪命，并且收税人要多方勒索，可是人民的负担虽然不晓得有多少重，而政府并得不到多少，每年厘金收入，不过两三千万元而已。所以国民政府成立以后，积极进行裁撤厘金，就是其他间接税也在积极整顿。尤其注意直接税的创设，如所得税决于（民国）二十五年（1936年）双十节实行一部分开征，（民国）二十六年（1937年）一月完全实施，又遗产税也在拟办中。

目前厘金虽已裁撤，各地仍然不免有变相厘金的存在，其名目有清匪善后捐、蚕丝改进费、产销税、专税、落地税、饷捐、特种消费税等等[①]，但这也不过是暂时的事。除厘金外，各省有许多苛捐杂税，名目异常的繁杂。什么叫做苛捐杂税呢？据马寅初先生的意见，他的界说可

① 见1936年7月23日《申报》载二十一商会联电。

分六点：（一）凡与中央税收抵触，足以妨碍中央收入之来源的。例如统税是中央收入的一种，若是地方政府对于同样货物征收产销税等，无异变形的统税，这不能不说是苛税。（二）妨害公共利益的是苛捐杂税。（三）凡中央已经征收的税，地方又对之征收的“复税”。（四）妨害交通的税。（五）为一个地方的利益，对于他地方为不公平的课税。（六）各地方的物品通过税。凡地方捐税性质，有和上述六项相当的都可以说是苛捐杂税。这些税捐是应当废除的。故第二次全国财政会议曾决定把不见于法律的捐税，索性一笔勾销。现在各省已经逐渐把这些苛捐杂税废除了。

此外，国民政府对于关税、盐税、田赋等税，都有许多的改革。向来盐税的征收，把全国分成若干区，称为“食岸”，每一个税区定一种税率，为了各区盐价的悬殊，偷漏税收的私货异常之多，使公家不能不设许多缉私队，而这些缉私队恰好就靠包办走私大发其财。所以新盐法制定后，就要划一盐税税率，集中征收地点，就场征税，只在盐场设几个场警，其余的盐务缉私队，一律撤消。这样，盐税便简单化了。田赋方面，旧有税的名称很多很多，没有一定的标准。比方正税是一两银子，实际上能征收 8 元、10 元或 12 元之多。所以国家制定《土地法》规定了地价税的征收办法，以代替向来的田赋。这样，土地税也简单化了。至于关税，从前税率限于值百抽五，对中外货物毫无差别，现在我国已能自定税率，按照货物性质抽税，关税附加一律撤销。这样，关税也简单化了。不过土地税法与新盐法的实施，目前还不能完全实现，关税税率的自由增加，也常常受外力的牵掣。

我国捐税中最重要的是关税、盐税和统税，这三项税收形成中国财政上的主要收入。从数字上说，它们几乎常占每年国库岁入总额的60%以上。这几年来的百分数大约是这样的：（民国）二十二年（1933 年）度为 87.9%；（民国）二十三年（1934 年）度为 75.17%；而（民国）二十四年（1935 年）度是历年来最低的数字，也占了 52.8%。这三项税收都属于间接税，故我国目前财政还是以间接税为中心。

这种情形，就从（民国）二十五年（1936 年）度预算案去看，也是很明显的。在岁入方面，占第一位数字的，仍然是关税，再总计关于间接税项下的盐税、烟酒税、印花税、统税、矿税等六款，其总数就达 65 000 余万元之多，占总收入额的 67%。至于直接税项下交易所税及交易税、所得税、银行税等三款，仅占 8%而已。可见财政上的改进，是不能够一蹴而成的。

关税占国库岁入的第一位。而其中各项出口税与转口税，为数不多，主要的是进口税，这表示中国财政是建立于和国民经济的发展全相矛盾的基础上的。因为洋货输入原是国民经济的障碍，但对于我国的财政，则表现着有利益。然而，自从华北走私横行，从（民国）廿四年（1935 年）八月一日至（民国）廿五年（1936 年）四月三十日，九个月当中，进口税损失即达 2 500 万元之多。这对于中国财政是多么重大的打击呀！

占岁入第三位的统税，原是为了抵补厘金而创行的新税。这种税就是面粉、火柴、水泥、棉纱、卷烟、洋酒等出厂税，其中以卷烟收入为大宗，因为这是无益的消费，所以税率比别的也重一点。不过统税的来源是出于民族工业，只有使民族工业能够从困苦的挣扎中打开一条出路，这种税收才会有增无减。

至于占收入第二位的盐税，实收数字是逐年增加的。但盐税的加重，影响于平民的生计很大，在间接税中为更不好的一种。近年来盐的生产虽然增加，但销售很不旺。同时有一部分产盐区域已经与走私漏税问题渐渐打成一片。将来在实收方面也是一个问题。

各省收支的概况　以上是中央收支的大概情形。各省收支情形，自从中央地方收支系统划分以后，主要的支出可以说是公安费及债务费，其次才是一般的行政费；主要的收入是田赋，其次是营业税和契税。入不敷出的数目，大半用债款来抵补，还有用特税及“筹饷”方法的。

营业税是在裁撤厘金、废除苛捐杂税时所创设以资抵补的新税。其征收办法是：看商人每年赚多少钱，若是容易查的，就调查各商店每年营业纯收益有多少，按照纯收益的额数去抽税；若是不容易查的，就按他的资本额或贸易额来征税。现在创办的所得税，有一部分不免和营业税重复起来，将来也许废除这种多少带点间接税性质的营业税，而将所得税支配一部分归地方收入以资弥补吧！

第三节　公　　债

关于公债的基础知识　公债是什么呢？它是国家于收入不足时，以一定形式向人民或外国募集借款，附以利息，并承认于一定期间还本的债务。

公债的种类：因所依标准而有种种的分法。其最重要的，如：（一）以债务人来区别分，由中央政府发行的，叫国家公债，由省或市政府发行的，叫地方公债。（二）依债权人来区别，则由本国人民应募的为内国公债，由外国资本家应募的为外国公债。（三）依抵押品的有无来区别，则有国家财产、税收或其他确实可靠抵押品以担保公债之还本付息的，叫有担保公债，完全根据国家信用而募集的，叫无担保公债。（四）依购买公债的是否自由来区别，则在特别紧急时，政府以权力强迫人民认购的，叫强制公债，平常一般公债的发行，由人民自由认购的，这叫做自由公债。（五）依公债的时间、目的及公债条例的种类来分别，则一年以内的叫做短期公债，又名流动公债，一年以上至数十年的，叫长期公债，又名确定公债。还有永久公债，只偿付利息，没有还本期限的规定。（六）依本息偿还的方法来区别，则平时仅付利息，满期始归还本金的，叫做普通公债；其有不付利息，或付息较低，而实行分期抽签附奖还本的，叫做有奖公债；最后，还有将一定期限内的本利合并计算，逐年平均归还的，叫做年金公债。

公债发行的方式，或者由政府依照一定价格（照票面价格或者低于票面价格），分发债票于一般应募者；或者由政府委托银行代理发行而给以相当的报酬；或者由银行或银行团向政府收买全部公债，包办募集。究竟用什么方式，则要看公债性质和市场情形来决定。偿还的方式，或者抽签还本，或者由政府按时价买销。

公债票的市场价格，有高于票面价格的，有低于票面价格的，也有照票面价格平价出售的。这和政府信用及利率高低颇有关系。

公债的发行，和政治经济各方面都有影响。如内国公债发行太多，可使本国利息上涨，社会游资尽为公债所吸收，金融界将没有余力以投资于实业。外国公债虽不致影响利率，但利益落于外人，且债权国对于债务国常常不免作政治上的操纵。

以上是关于公债的基础知识。现在我们来说我国的公债。

我国公债的种类和数量　我国中央政府所发行的国币公债，截至（民国）二十五年（1936 年）三月底止，由财政部经管的有 13 种，发行金额共计 2 038 919 775 元；由铁道部经管的有 6 种，共计 105 000 000 元；交通部经管的有 2 种，共计 18 000 000 元；由建设委员会经管的有 3 种，共计 10 000 000 元。总计用国币计算的公债发行额，达 2 171 919 775 元，现未归还的本金也有 2 145 121 520 元。

在这 217 000 余万元的公债中间，有 146 000 万元是属于一项公债的，那就是（民国）二十五年（1936 年）二月所发行的“统一公债”。这项巨额的公债为什么发行的呢？因为过去内国公债名目繁多，利率又不一致，很需要把它们换成一项统一的新公债；再则过去各项公债的利率，大半是周年 7 厘或 8 厘，未免使国家担负过重，而偿还期限也有很迫促的，为解除财政困难计，也有减低利率延缓偿期的必要。因此财政部才发行统一公债，来换偿旧公债、库券、凭券，所换者共计 33 种之多。统一公债，利率定为周年 6 厘，偿还期分为 5 种，自 12 年至 24 年不等。

中央政府的外币公债，属财政部经管的有 14 种，共计英金 56 769 246 镑，美金 59 893 900 元，日金 53 608 700 元，法金 100 000 000 法郎。属铁道部经管的有 16 种，共计英金 31 300 000 镑，日金 55 000 000 元，法金 62 250 000 法郎，比金 137 743 000 比法郎，荷金 30 750 000 弗鲁令。总计全部外币公债，以（民国）二十五年（1936 年）汇价换算，约 20 万万元，其未还清的本金约 15 万万元。

原来财政部经管的外币公债，连前清政府发行的在内，共 17 种，如：（一）1895 年的俄、法借款；（二）1896 年的英、德借款；（三）1898 年的英、德续借款；（四）1912 年的克利斯浦借款；（五）1913 年的善后大借款；（六）1914 年的浦口借款；（七）1918 年的马可尼无线电话借款；（八）1919 年的芝加哥大陆商业银行借款；（九）太平洋拓业公司烟酒借款及（十）费克司公司飞机借款；（十一）1922 年的九六公债日金部分；（十二）1923 年的青岛盐田库券；（十三）1925 年的史高德借款，及（十四）中、法，（十五）中、意两项美金债券；（十六）1928 年的中、比、美金债券和（十七）1934 年新发行的民（国）二十三年（1934 年）6 厘英金庚款公债。除俄、法，英、德及中、意、美金等 3 种已经清还或收回外，仍欠本金的计 14 种。如果按照担保品分类，则由关税收入担保的，有英、德续，善后，中法 5 厘、中比 6 厘及 6 厘庚款等 5 种；由盐税收入担保的，有克利斯浦、青岛盐田及九六等 3 种；所余的 6 种，则由烟酒等收入担保之。

铁道部所管的外币公债，原有 18 种，因正太及沪杭甬两铁路公债已经清偿，只有 16 种了。如果按照路线分类，陇海路最多，计 4 种。其次是平汉、津浦，各 2 种。再次是平绥、北宁、四洮、京沪、道清、广九、湖广、胶济等 8 路，各占 1 种。内北宁、京沪、广九的全部及津浦原续两借款的英发部分，都是由英商中英公司经手订借。其由比国铁路电车公司经手的，有汴洛、陇海（1913 年），陇海比荷之比款，及陇海 8 厘短期（1925 年）等 4 种。又英商福公司经手的也有 1 种，即道清路借款。由此可见，英国资本对于我国铁路的关系，是非常之密切的。铁路债票的担保品，大概都是各铁路的财产及营业收入，只有平汉英法借款、湖广铁路借款等，是用盐税收入担保的。

这些外币公债，债票大半是由外国银行发售，本息也归他们经手付给，而承揽此种事业最多的银行，就是英商汇丰银行。汇丰银行对于外币公债的关系，正和中、中、交三行对于国币公债的关系一样。

清时代的巨额外币公债，是为支付赔款而发行。近年各国退还庚子赔款，于是又拿它作基金而发行新的公债。不待说这是要商得外人的同意的。于此可见中国债务的半殖民地性。

除中央政府所发行的公债外，省市政府发行的地方公债，亦复不少。目前（民国二十五年即 1936 年一月）省公债合计国币 209 793 879 元，市公债合计 26 504 334 元，两者共计 23 600 余万元。

我国所负内外债额，共约 39 万万元，和现代文明国家比较，并不算怎样巨大，但以近年国民经济破产的激烈和贸易入超的发展，我国在本息支付方面，自然已经感觉国家信用的维持是一桩不很容易的事情。不过外债到近年来很少借入，只有内国公债则有逐年增加的形势。这些债务的担保品，目前还可以维持国家的信用而有余。

我国公债的特征　然而，过去我国的公债，有几个和一般国家不同的特征。第一点，自民国初元以来，我国政府所发行的公债，大部分是用在内战方面，只有很少数是用在建设方面的。其中有些为了调剂金融或整理财政而募集的，也间接地和军事有关，因为平时军费支出或军事透支过多，便使金融不得不调剂，财政不得不整理了。第二点，中国国家支出一年一年地增加，但因为国民经济衰落，不能大量地加税，以致入不敷出，就是对于旧有公债的本息也不能清偿，所以继续不断地发行新公债，就成为不可免的现象。第三点，因为人民贫穷，不能很踊跃地购买公债，所以每当发行新债的时候，政府总是向银行抵现，而且为了推销有效，还把债息提得非常高。这件事和国内工商业的一般不振相配合，就使公债成了银行业的投资唯一对象和一般投机家的活动目标。这几点，是很值得我们注意的。今后国家的财政，除开增加税收外，仍然不能不发行公债；公债不是什么坏的东西，只要能用在发展国民经济的方面，它正是理财的必要工具。国民能认识这一点，也就会踊跃地购买国家公债了。

第四节　主计与会计

我国过去财政上的毛病是不能严格地执行预算，尤其是一般官吏的贪污中饱，成了普遍的现象。自从国民政府成立以来，为了整理财政上的积弊，设立了主计处及审计部，采用严密的主计制度与审计制度，厉行会计独立，方才逐渐把财政紊乱与官吏贪污的毛病纠正起来，不过这些办法暂时并没有完全做到。我们对于这种新的制度，应当了解它的作用。

预算会计及统计　第一，良好的财政监督制度，是可以防止滥费与贪污的，而监督财政的工具，最主要的有三种，即（一）预算，（二）会计制度和（三）统计报告。国民政府主计处里面设有岁计局、会计局和统计局，分掌上列三种工具。

关于预算的重要性，前第一节已经有所说明。现在要说的是预算的编制程序。我国规定，每年 7 月 1 日起至次年 6 月 30 日止，为一个会计年度。国民政府应于每年 7 月，决定下次会计年度的施政方针，令行全国各机关，依照施政方针，各自拟定其收支概算。同时主计处也于每年 7 月通知各机关拟编次年度概算。中央政府概算的拟编，自最下级单位开始，依次递至最高级机关单位。上级机关对于所属各机关的概算各数额假决定后，应连同本机关的概算，拟编其机关单位的全部概算，呈送再上一级的机关。岁计局汇集各第一级机关单位的概算，编造中央政府总概算书，呈国民政府委员会，转送中央政治会议，核定其概数。中央政治会议核定概算后，各机关单位即依据这项概数，编成拟定预算，仍依编制概算程序，由主计处汇集各机关拟定预算，编成拟定总预算书，送经行政院会议核定，核定后咨送立法院审议。但立法院审议预算，不能超越中央政治会议所决定的范围。这是目前预算成立的程序，将来实行宪政后，中央政治会议核定概算的职权，也许是由国民大会来代替，也许即由行政首长来执行。

关于会计制度，向来各机关都是由会计人员自己随便去记的。所以各个机关的账簿，只有各个机关的会计人员自己晓得，而审查账目也就无从着手。所以主计处会计局编制了统一的会计制度，要求普通公务机关一律实施。后来立法院通过《会计法》，更规定了较好的方式，今后官厅会计的改革，都要以此为张本。

至于统计，向来各地方都是随意填写的，所以极不可靠。自从主计处统计局接收之后，对于各机关办理统计人员，都认真去调查，如果查出有捏报假造的情事，依照《统计法》的规定，是犯了罪，要受处分的。这样，有负责机关认真地去督促，以后的统计数目字，应当比较可靠一点。

行政监督及审计监督　其次，财政监督制度，在组织方面也有其可注意的地方。这就是财政上的行政监督与审计监督。

什么叫做行政监督呢？一个行政机关，无论大小，它的事务，总是具有两种不同的性质：一是行政的，一是非行政的。例如一个公立学校，校长负学校行政的全责，他的主要职务是设施教育计划，聘请教职员，监督教学，管理及扩充校舍及其他教学设备等等。这些职务是行政职务。可是为了执行这些职务，就不能不用钱，用钱就会发生银钱“出纳及保管”的职务和“登账及结算”的职务。前者可以说是金库职务，后者可以说是会计职务。这两种职务都是非行政的。如果把这两种职务从校长手里分离出来，不但不会减少他的行政效能，还要增加他的办事上的便利。如果不把它们分离出来，则不仅不便利，而且可以发生弊端。因为任何机关的长官，即使有严格的预算制度经其他权力机关批准，假如在实施时出纳由他任意左右，登账也由他任意上下，他对于收入自然可以以多报少，对于支出可以以少报多，这样，账簿上所写和预算所定，表面上可以完全相合，上级机关又从哪里看得出来呢？所以要使财政监督有效，非使行政首长、管钱人和管账人三种人员各自独立不可。这三种人员隔离，已经成为现代大企业管理的铁则，也就是现代政府实施财政监督的良规。隔离的方法，就是各机关的出纳人员及会计人员，不由本机关长官任用，而由另一独立统一的机关任命，并各自对其任命机关负责而独立行使其职权。这样，在机关长官守法的时候，出纳员和会计员当然秉承他的指挥而服务，但在违法的场合，出纳员必须拒绝支付，会计员也必须拒绝登账，而同时各自独立报告其上司。这就是所谓独立会计与统一金库的办法，而这种牵制办法与岁计事务的统制，常常合称为财政上的行政监督。

什么叫做审计监督呢？因为看到行政人员和出纳、会计人员仍然有串通作弊的机会，认定单用钱囊账簿的隔离方法还是不够，还需要在消极方面实施审计与稽查制度。审计有事前审计和事后审计两种。比方行政长官的收支命令，事前非经审计员的审查签字，会计员不得登账，出纳员不得执行，这就是事前审查。等到开支之后，审计机关还可以派事后审计人员，去检查会计员登账及结算等事务有没有违法或错误等情形，这就是事后审计。此外，还可以派稽查人员，去就事实上作独立的调查与证实，这是和事后审计相辅而行的。稽查人员对人对事对物，都是有权稽查的。比方某一个机关，报告用有 120 人，其实他只用了 70 人，像这种情形，审计机关就可以派人去调查。这是对人的稽查。又如从前北京政府时代，曾拨了一笔款子给盐务缉私队，购买缉私用的火轮，每年还有轮船修理费及船员的开支，但实际上是没有这一只船的，要是早有稽查制度，就不会虚糜公款到十几年之久了。这是对事的稽查。又如军事机关购买皮鞋，一买就是几十万双，经手人如果对于每一双鞋只赚一角钱，数目也就不少了。以后可以派人调查，究竟有没有折扣回佣的情形。这是对事的稽查。总之，审计和稽查的监督职权，是由行政机关以外的独立机关行使，而对民意机关负责，在欧西各国称为司法监督，在中国目前这几种职务，是由监察院的审计部执掌，所以可称为审计监督。

财政上的行政监督和审计监督，在现代国家中都有严密的组织并且严格地执行。我国过去各行政机关，现金出纳，各自为政，并没有统一的管理，而现金出纳和登账职务又混合不分，故各机关长官对于其他职员也许还可公开任用，而对于会计庶务员，则非用私人不可。因此贪污便不能免。近年来国府既有主计处和审计部的设立，而《会计法》《审计部组织法》的规定，也都注意到“独立会计”、“联综组织”以及审计稽查各项监督的实施。而独立金库的原则也早已确定。今后的目标，是要完全做到“管钱的专管钱，管账的专管账，查账的专查账”的原则。管钱的一部分，由国库统一管理；管账的一部分，由主计处掌管；查账的一部分，由审计部掌管。至于每一个机关的会计、统计人员的任免、迁调、训练、政绩，以后都要归主计处管理。这样，贪污作弊与滥费公款的情事，就可以大大地减少了。

第七章　中国经济之改造

综合以上几章所述，可见我国经济正在转变的过程中，这一个转变，是从农业国转变到现代化的工农并重国，是从半殖民地半封建的经济转变到独立自由地发展的国民经济。不待说，这一个转变，是一项非常艰难伟大的事业，因为种种障碍充塞在进展的道路中。因为这样，所以中国经济的改造，不能不根据一种适合国情而精密周到的计划，经过大规模的运动，动员全国的物力人力，去作有组织的埋头苦干。中山先生《实业计划》给了经济改造一个基本的指针；国民经济建设运动便是推动经济改造的动力。再加以西方计划经济的借镜及合作组织的运用，则中国经济的改造，是不难获得圆满成功的。以下分节加以说明。

第一节　中山先生《实业计划》

中山先生拟定《实业计划》，是在欧战告终的时候。当时欧、美各国的工业，骤然间从军需生产转变到正常的生产，而一般人民则因战争而穷困，失去了购买力，如此，难免发生生产过剩的毛病。同时，中国却正需要输入大量的机器，来建立工厂，经营农业，开采矿产，扩张运输，及发展公用事业。假使欧、美各国把他们过剩的生产工具供给中国，如中山先生所说："造巨炮之机器厂，可以改制蒸汽辘压以治中国之道路；制装甲自动车之厂，可制货车以运输中国各地之生货，凡诸战争机器，一一可变成平和器具”，既可以消纳外国工厂的剩余生产品，又可以开发中国潜藏的财富，岂不是两全其美吗？所以中山先生主张国际合作开发中国实业，同时拟定具体的《实业计划》，分送国内外当局，征求意见，并向民间作广大的宣传。现在虽然时过境迁，国际合作的机会有所改变，但国际合作的原则，即利用外国资本及技术的原则依然适用。尤其是《实业计划》本身，规模宏大，擘画精详，今后的经济建设，仍不能不奉为基础的方案。

本来中山先生的计划，虽然提出于欧战告终的时期，实际是早已成竹在胸的了。因为这个计划是他的民生主义的具体化。他在《民生主义》第二讲说过：“我们在中国要解决民生问题，想求一劳永逸，单靠节制资本的办法是不足的。……因为外国富，中国贫，外国生产过剩，中国生产不足，所以中国不单是节制私人资本，还是要发展国家资本。”他的伟大的《实业计划》，不待说是为了发展国家资本而写的。

中山先生《实业计划》，全部包含十种事业，即：（一）交通之开发；（二）商港之开辟；（三）铁路中心及终点并商港地设新式市街，各具公用设备；（四）水力之发展；（五）设冶铁制钢并造士敏土（即水泥）之大工厂，以供上列各项之需；（六）矿业之发展；（七）农业之发展；（八）内蒙古、新疆之灌溉；（九）于中国北部及中部建造森林；及（十）移民于东三省、内蒙古、新疆、青海、西藏。这十种事业分见于六大计划中。现在依六大计划的次序说明。

第一计划　第一计划是以北方为对象的，包含五部分。

（一）建筑北方大港于渤海湾。地点在大沽口、秦皇岛两地的中途，青河[①]、滦河两口之间，沿大沽口、秦皇岛间海岸岬角上。该地海水最深。若将青、滦两河的淡水远引他去，便可成为深水不冻大港。附近为产盐区域，又有开滦煤矿，繁荣已有基础。将来西北铁路干线以此地为起点，如果完成，则满、蒙、新疆及黄河流域的输出入贸易，都会要集

① 青河，今作大清河。

中此港。

（二）建筑西北铁路系统。由北方大港起，经滦河谷地，以达多伦诺尔，再由多伦诺尔分三线，第一线向北偏东以达漠河，第二线向北偏西北走，以与赤塔附近的西伯利亚相接，第三线向西行，以达迪化、伊犁、疏纳（勒）与于阗，并有到恰克图及经乌里雅苏台到俄国边境的一线。全路长 7 000 余公里，经过地方极为广阔。如果完成，则由太平洋岸前往欧洲，以此一路线为最近，当成为欧亚铁路系统的主干。

（三）移殖人民于内蒙古、新疆。这一点与铁路计划有相互为用之妙。内蒙古、新疆气候不良，将来可用科学方法，施以人力的补救，使垦殖发展，所容人口必多。

（四）开浚运河以联络中国北部中部通渠及北方大港。此项工程，包含整理黄河及其支流，陕西的渭河，山西的汾河及相连诸运河。黄河两岸筑堤，使航运可达兰州。天津至杭州的运河应加疏浚，并在北方大港至天津之间筑一新运河。

（五）开发河北、山西煤铁矿源，并设制铁、炼钢工厂。

第二计划　第二计划以长江流域为对象，包括五部分。

（一）建筑东方大港，地点在杭州湾中乍浦岬与澉浦岬①之间，两点相距约 15 英里，应自此岬至彼岬筑一长堤，堤中开一缺口，以为港之正门。该处水量很深，且近旁并无挟泥之水，日后不会填满此港及其通路，加以该地原来没有开辟，发展十分自由，又不需用高价购买地皮，故比较上海便于建设。同时中部铁路干线以此为起点，又将运河联络此港与芜湖，使与长江上游交通便利，其繁荣自当超过上海。不过对上海也当救济，其方法即改良上海港本身及整理扬子江。

（二）整治扬子江水路及河岸。由上海至汉口，分六段进行。

（三）建设内河商埠。分“镇江”“南京及浦口”“安庆及其对岸”“武汉”“长江与鄱阳湖间应行添设的鄱阳港”等处。

---

① 亦称澉浦镇，在今浙江海盐县。

（四）改良现存水路及运河。如北运河、淮河、江南水路系统、鄱阳系统、汉水、扬子江上游，都在修浚的范围内。

（五）创立大士敏土厂。长江沿岸富于水泥原料，故可建立无数士敏土厂，以供给现代建筑的需要。

第三计划　第三计划也分五部分，是以南方各省及海岸线为对象。

（一）改良广州为一世界港。广州通大洋的水路大概甚深，只有两处较浅，可筑堤防，加以浚深，使航海大船可以达到广州城下。广州既然是南方内河水运的中轴，又为海洋交通的枢纽，如果西南铁路系统完成，则广州港将和东方北方两大港有同等的重要性。

（二）改良广州水路系统。如广州河汊，西江、北江与东江，都要加筑堤防及疏浚。

（三）建设西南铁路系统。共分七线。（1）广州、重庆第一线，经由湖南；（2）广州、重庆第二线，经由湖南、贵州；（3）广州、成都第一线，经由桂林、泸州；（4）广州、成都第二线，经由梧州、叙府；（5）广州、云南、大理、腾越线，至缅甸边界为止；（6）广州、思茅线；（7）广州、钦州线，至安南界东兴为止。

（四）建设沿海商埠及渔业港。如营口、海州、福州、钦州，可作二等海港；葫芦岛、黄河港、芝罘、宁波、温州、厦门、汕头、电白、海口，可作三等海港；至于渔业港则有 15 个，即北方海岸的安东、海洋岛、秦皇岛、龙口、石岛湾，东部海岸的新洋港、吕四港、长涂港、石浦、福宁、湄州港，及南部海岸的汕尾、西江口、海安、榆林港。

（五）创立造船厂。至少造成航海商船 1 000 万吨，及大队内河浅水船及渔船，方可满足运输的需要。

第四计划　第四计划包含六部分，都是关于铁路方面的。铁路计划，前在第一、第三计划中，已经提出了西北及西南两大系统，本计划中则于“西北”“西南”外，把全国铁路网全部拟定。

（一）建设中央铁路系统。此系统包括长江以北的中国本部，及内蒙古、新疆的一部分，计24路线，共长约 16 600英里。

（二）建设东南铁路系统。计13路线，共长约9 000英里，纵横于长江、珠江两大流域之间。

（三）建设东北铁路系统。计20路线，共长约9 000英里，纵横于东北四省而联结于北方大港。

（四）扩张西北铁路系统。计18路线，共长约16 000英里，构成内蒙古、新疆各地的脉络。

（五）建设高原铁路系统。以西藏为中心，计16路线，共长约11 000英里。

（六）设立机关车、客货车制造厂。因本计划所预定的路线，约共长99 800公里，前面第一、第三两计划所预定的路线，约计32 500公里，其中多数干线，又应该铺设双轨，所以合计各计划的路线，至少应有161 000公里。假定这161 000公里铁路，在10年内建筑完成，则所需要的机关车客货车自必不少，所以有自行设厂制造的必要。

第五计划　前四种计划，专论关键及根本工业的发达方法，第五计划则进而阐述工业本部的如何发展。工业本部是以生产消费资料为目的的，凡属生活的物质要件，如衣食住行及印刷，都属于本部。本计划也分为五部分。

（一）粮食工业，如关于（1）食物的生产，（2）食物的储藏及运输，（3）食物的制造及保存，（4）食物的分配及输出等工业。特别注意用机器以增加农业生产。

（二）衣服工业，即丝工业、麻工业、棉工业、毛工业、皮工业、制衣机器工业等。

（三）居室工业，即关于建筑材料的生产及运输，居室的建筑，家具的制造，及家用物的供给等工业。

（四）行动工业，即制造自动车（即汽车）的工业。全国应建筑碎石大路100万英里，通行各种自动车，如农用车、工用车、商用车、旅行用车及运输用车等。

（五）印刷工业，除在一切大城乡中设立大印刷所，由公设机关管理外，还要同时设立其他辅助工业，其最重要的是纸工业。除纸工厂之外，如墨胶工厂、印模工厂、印刷机工厂等，都要次第设立，归中央管理，产出印刷工业所需诸物。

第六计划　第六计划是矿业计划，分七部分。

（一）铁矿。除河北、山西经拟开采的铁矿外，其余各地铁矿，也应次第开采。并多设钢铁工厂于各处内地，以便利经营钢铁工业者的需要。

（二）煤矿。北美合众国每年采煤约 6 万万吨，中国依人口比例，则产出之煤应 4 倍于美国。中国各地发见煤矿很多，产额可以预定。

（三）油矿。我国四川、甘肃、新疆、陕西等省，已发见有油源，不能开采应用，以致外国人口的煤油、汽油等，年年增加，未免可惜。故须从速自行开采油矿。

（四）铜矿。四川、云南与扬子江一带，都是产铜很多的区域。将来工业发达，铜的需要必增加百倍。不可不适用近代机器，使有大宗的出产。

（五）特种矿的采取。如云南个旧的锡矿，黑龙江的漠河金矿，新疆的和田玉矿等。

（六）矿业机械的制造。政府应设厂制造矿业机械，以供给矿业的需要，从小规模开始，逐渐推广。

（七）冶矿厂的设立。这个应仿合作制度组织，获得纯利按各种工人的工资，及各资本家所供给于铸炉生矿的多少加以分配。这样，对于私人矿业者可以鼓助，而工业的基础也可以成立。

实业计划的原则　实业计划是使中国全部工业化的伟大计划，从上述各点可以明白。中山先生于作这个计划时，曾依据了四个原则：（一）必选择最有利之途以吸外资；（二）必应国民之所最需要；（三）必期抵抗之至少；（四）必择地位之适宜。他又曾指出利用外资发展之权，须操之在我。延揽外国专门技师，其条件必以教授训练中国的佐役，使能将来继承其乏，为应尽义务之一。

第二节　国民经济建设运动

国民经济建设的事实，自从国民政府定都南京以来，即由建设委员会、实业部、交通部、铁道部等机关，开始进行。加之，和国联有技术合作的关系，各项新兴事业的设计，所得裨益不少。近年来，我国农业、交通、水利、币制、税捐……各方面的改进，都有可观的成绩，无不直接间接予中国工业化以推动力。不过这些事实，仅仅是政府方面的设施，力量还是不够，所以要造成一种举国上下的经济建设运动。

国民经济建设运动的开展（民国）廿四年（1935 年）十月，蒋介石先生发表了《国民经济建设运动之意义及其实施》一文以后，国民经济建设运动方才开展起来。经过几个月的宣传，到（民国）廿五年（1936 年）六月，于是有国民经济建设运动委员会的组织。

据六月三日的通电，该会除总会外，各省又设分会，各县设支会。其主要目的分为五项：（一）协助推行中央地方经济计划；（二）研究并建设各地方应办经济建设事项；（三）养成经济建设人才；（四）对各地方工农副业及特殊产品，加以扶植与奖励；（五）提倡节俭，奖用国货。因为中央对各地方应办事项不尽明了，故有第二项的规定。至于第五项的用意，也不是绝对排斥外货，实在是对生产工具的输入表示欢迎，不过纯粹消费用品则须提倡改用国货罢了。

国民经济建设运动的意义　国民经济建设运动的用意，是促起人民去自动改善国民的经济，也就是集合全国社会与生产机关各部分的努力，来建设健全的国民经济，政府则拿所有的力量，替他排除障碍，而且给以种种的助力和便利。国民经济建设运动，以建设国民经济即解决民生问题为目的，与国家经济政策范围有广狭的不同，因为国家经济政策于“民生”而外，更须注重于“国计”，而国民经济建设运动的本位却是国民，它的对象则是“民生”。中山先生以民生主义为三民主义的中心，国民经济建设运动，是实行三民主义的基点，也就是民生主义实现的初步。

国民经济建设运动产生的原因　从上面所说的意义，我们就不难推知这一运动产生的原因。有的人以为振兴国民的经济，救济人民的生活，都是国家政策中应当包含的内容，只要政府努力实行就够了，何必另外作一种运动呢？却不知道中国国民经济枯竭疲敝的由来，就是人与物的脱节，是人与事的脱节，是生产要素与生产事业间的脱节，也就是生产各部门间的不相调整，不相联系，而形成整个的脱节，社会不明白生产的重要性，产业不能得到良好的环境，来成就其发展。所以想要使中国国民经济更生起来，不可不首先唤起广大民众的自觉心，不可不使人才或人力与天然资源发生极密切的关系，不可不使各种人力与生产要素为全体适当的配置，与全民为共同的结合而达到有效的发展，不可不改变一切旧观念而消除有形无形的障碍，尤其是不可不调剂供给和需要，使生产状况和消费状况互相适应。在这一运动中，政府固然有种种应做的事，但是特别紧要的是使人民积极参加，成为这一运动的主要推动力。另一方面，这一运动又不是和其他的社会运动一样，仅仅由人民团体鼓吹提倡，或者那些团体的分子遵守约束，各自努力，便可以收效的，因为它常常关联到国家的法令和政策，并且当中有许多事项，又必须依赖国家机关的政治力量去推行。所以必须集合政府人民各种公私集团一切的力量，方才能够推行到十分有效。

国民经济建设运动应有的目标　这一运动的总目标是“尽人力，辟地利，均供求，畅流通，以谋国民经济之健全发展”。分开来说，则在积极方面，是（甲）增加生产总量，解决生活需要；（乙）增加工作机会，解决失业问题；（丙）增加输出产品，促进贸易平衡；（丁）保障投资安全，鼓励生产活动等数点。在消极方面，是（甲）解除阻碍生产发展之方面的原因（如捐税、产业法规、劳资关系等）；（乙）解除阻碍经济发展之内在的原因（如缺乏经营方法与人才等等）；（丙）解除阻滞货物流通的障碍（如交通、金融、运销制度等）；（丁）解除妨碍生产建设之心理的因素（如愚昧、迷信、保守、缺乏劳动习惯及忽视经济等等）。

在上述各点中，首要的急务是使“人尽其才”。这就是说，一方面使专门人才有机会贡献能力于经济建设，一方面使有劳动能力的国民，尽量发挥其劳动能力于经济建设，同时还要培养中级人员，使他们有实务的经验和指导的能力。因为必须“人尽其才”，然后可以“地尽其利”。这是我国实行国民经济建设时所不可忽视的一点。

国民经济建设运动的实施要项　这一运动的实施要项可分八点：

（一）振兴农业　对于农业，尽量增加生产。关于肥料制造，种子选择，农作方法的改良，农业金融的活泼化，农产品运销的流畅化，都由合作社做基础，来实施指导和改进。初步目标要达到粮食的自给自足。同时增加工业原料的生产量，并且提倡农产的就地加工制造。

（二）鼓励垦牧　这里包含的是鼓吹大规模的移民垦荒与经营畜牧，实施军区屯垦制，利用集团劳力开发农村，恢复并增进牛羊马匹与农村各种副产物（如猪鱼鸡鸭之类）的生产，同时提倡各省所有荒废土地的开垦与耕作，以“地无旷土”为目标。

（三）开发矿产　中国过去矿业，地方官吏与人民往往加以阻碍，此后务须采用积极的保护与奖励。实施事项是调查矿业状况及摧残束缚矿业发展的原因；建议政府改善矿业法规；鼓励矿产投资，扶助矿商的独立经营与自由发展。

（四）提倡征工　筑路、浚河、筑堤、植林、垦荒等等，都是开发天然富源的必要条件，而且需要多量的劳力，采用征工制度最为适宜。所以全国成年民众应当有对国家对地方服工役的义务。关于这一点，本运动的实施事项，是赞助政府实施征工制度，鼓励民众参加义务劳动。

将来要由政府明定每个人民一生对国家服义务工役若干月的期限，和每年为地方服义务工役若干日的期限，前者从事于较大规模的公共工程，后者则为着他的本县区域所在农村，作有关于农田水利道路卫生公共建筑等等的工作。在实施征工以前，必须给予民众以宣传与训练，并替他们把食物住所工具等准备得很周到，然后指导他们去实施。除一般征工外，同时实施兵工政策，以军队补助各地征工的不足，并且作为建设地方公共工程的倡导。

（五）促进工业　对农村简易工业及农产品加工制造的简单工业，提倡就在农村或其附近，按照合作系统去经营。对于一般工业，由政府分别加以保护或者奖励。一方面设立劳资调节机关，遇着劳资纠纷即给以公平的调处。并且要赋予该机关以最后的强制执行权，借此保障企业的安全和劳动者的工作。

（六）调节消费　统计各地特别是农村的消费品种额与数量，努力使供给需要互相调剂，对于必要的消费品，尽量由自己来生产，不能生产的，要尽可能节约其消费。此项工作要由当地职业团体及合作社协力进行，并且要取得进口业同业公会的赞助，同时解除输出品的困难，也是本运动的任务之一，应当征求出口业同业公会的协力赞助。

（七）流畅货运　一方面尽可能发展各县各省区间的道路交通，改进水陆货运，努力设法增进货物流通的便利；一方面为各重要地区的主要农产品，如棉、麦、米、丝、茶等，设立公共仓库与运销机关。

（八）调整金融　鼓励民间的储蓄，活泼资金的融通，由政府执行健全的货币政策与汇兑政策，而人民则忠诚地加以拥护。

国民经济建设运动的初步工作步骤　初步工作的步骤，约分五点：

（一）关于调查统计的　凡是和本运动有关系的各种材料，由总机关搜集统计之，并征求全国公私机关的赞助。各地所需要材料由总机关供给。

（二）关于集中人才的　设立专门人才的调查登记机关，按照各产业机关的需要，分别介绍，如国内专家不足，则介绍国外的专家担任。

（三）关于研究及设计的　如军区屯垦制的实施，征工制度的改进，输出入贸易平衡的促进，合作社系统的扩大运用等等，都应加以实地的研究。此项研究工作由总机关主持，或委托相当机关办理之，并且征求主管机关及公私团体的协作。

（四）关于训练人才的　招收国民经济建设运动志愿服务员，施以短期训练，使他们担任初步宣传调查及指导的工作。至于继续进行本运动所需要的服务人员，则委托各大学训练之。

（五）关于宣传及指导的　除技术上的指导，需供给专门人才及曾受较高训练的人员外，关于本运动的初步宣传指导工作，应当由下列人员担任：(1) 各地中等以上的学校员生、社会教育机关人员及小学校校长教员，(2) 各地农工商会进出口同业公会，及其他地方团体的主持者，(3) 各地已成立合作社的职员，(4) 各地驻在军队的高级长官及 (5) 各地方政府及各级自治机关职员。

此等初步宣传事项，包含改变人民漠视生产的习惯，扫除迷信苟安的旧观念；阐明各种地方经济建设及接受国家关于经济建设政策的必要，以及义务工役的意义；生产方面及经营方法的改进；其他有关于促进生产调节消费诸事项。又，已在进行中有关国民经济建设的事项，也要同时解决关于他们的疑问，并指导其进行。

第三节　合作运动

近代企业有集中的趋势。集中的利益，在于增加生产效率，鼓励专精，减少运费和推销费，减轻资本贷借的息金，使供求比较易于调剂，而且能操纵定价，惟己所欲。这对于少数资本大王，诚然有很大的利益，但中等以下的小农、小工、小商等，就不免受少数人的压迫而无立足之地了。小农、小工、小商等为了对抗少数资本大王而求生存，就不得不互相团结而有合作制度的产生。我们中国没有独占性大资本家，而小农、小工、小商占生产界的绝大多数，他们在帝国主义经济势力压迫之下，生存感受威胁，也非常需要互相团结起来，以资抵抗。同时凭借团结的力量，可以作大规模经济事业的设施。故合作运动是国民经济建设组织方面的主要基础。以下就合作的一般内容及我国合作运动的现状分述之。

合作事业的主要原则　合作社成立的初步，每个社员的加入，都是为了本身的利益，可说合作社是为个人谋福利的机关。但是合作社和别的为个人谋利益的机关不同，它并不限制任何人的加入，只要他了解合作的利益，即可入社。社务发达起来后，合作社又需经营许多教育的、生产的、利用的各种事业，以为大家服务。所以谁加入了合作社，使社务发达，不但是在为个人谋利益，而实际也在为大家谋利益。合作事业实在具有“人人为我，我为人人”的精神。合作事业有三条主要的原则，是承袭1844年英国罗赤得尔（Rochdale，地名，今译罗虚代尔）合作社而来，那三条是：

一，社员无论认股多少，每人只有一投票权。

二，向合作社投资假使是有利息的，这种利息不得超过最低的通行利率。

三，赢余除提出公积金及教育金外，其余按各社员在该社的购买额比例分配。但有时雇用者也得依照工资大小享受赢余的分配。

这几条原则都有很深的用意。如第一条，是防止大股东的操纵，普通以利润生产为目的的工商组织，所有主权全为大股东所垄断，因为投票权是随股款多少而定的。合作组织就纠正了这个毛病，而合于民主精神。第二条的用意，则在限制财产的所得。合作社的股本和借款性质同样，故其利率应该以市场利率为标准。第三条非常重要，因为一个公平的价格，绝不应超过成本太远，现在把赢余摊还于购买者，便是求价格的近于成本而表示公平。有人说这是根本打消利润制度，这句话似乎是有条件的，但在一定范围内打消了利润的独占，却是毫无疑问的。

再有一点要注意的，就是社中物品售价应与市价相等，这是避免和一般商人的直接冲突。

合作社的种类　合作社可分为消费合作社、生产合作社、贩卖合作社、信用合作社等数种。不过一切合作社，都可以说是广义的消费合作社之简称。因为消费合作社是所有合作社的基点，也是合作运动的初步。合作社的社员固然不排斥有钱的人，但有钱的人并不感觉合作社的必要。只有穷苦的人是合作社的主要社员，他们最需要的是购物省些钱，故消费合作社就适应他们需要而首先产生。加以消费合作社，资本大小最可伸缩，营业又比较安稳，也是消费合作首先成立的原因。消费合作初步业务，不过是购买大批货物供给社员，等到业务发展以后，合作社又可以自己设立工厂、农场，自己制造物品；甚至进而创办银行，建设铁路，置办轮船，一切经济生活都由合作社来经营。这样一来，由消费合作为基础，不是可以包括贩卖、信用、生产等事业在内吗？不过，上述的方法，虽然是合作运动的正轨，但因各地方特殊情形，不能从消费合作做起而先就一种特殊业务开始，也是常有的事。所以合作社的分类，仍有必要。

狭义的消费合作社，也可称为购买合作社，业务的中心全然是供给社员以需要的物品，和普通的零卖商店一样。所不同的是，商店以营利为目的，所有利润都归了商店主人，而消费合作社的盈余则分还给消费者。此外消费合作社还有种种事业给社员服务。

生产合作社，也可称为制造合作社，对于小生产者最为合宜。在资本主义社会，大资本势力比小资本优越。一般小生产者只有结成生产合作社，才可以救济资本及其他能力的不足，并抵抗大资本的压迫。

贩卖合作社，和购买合作社恰恰立于相反的地位。贩卖合作社是把社员所生产的物品直接贩卖到消费市场去，以避免中间商人的剥削，并获得集合贩卖的利益。这对于一般小生产者功用最大。因为小生产者的生产品数量不大，自己没有力量直接贩卖到消费市场，非经过许多中间商人的手不可，结果所有的利益大部给商人剥削，生产者常常收不回成本。贩卖合作社便可以补救这种缺陷。

信用合作社，作用和银行、钱庄相似，而性质不同。信用合作社的业务，是放款给社员，或吸收社员的存款，这和普通的金融机关相同；但普通金融机关以谋利为目的，放款的利率很高，并且常常要求很苛刻的抵押，而信用合作社则全以服务为目的，利率很低，往往凭社员的信用，不需要抵押，即使需要抵押，那条件也平和。

合作事业的起源和发展　合作社的起源是在工业最先发达的英国，1844 年英国罗赤得尔地方，有 28 个纺织工人，他们看到物价的高涨，中间商人的剥削，以及市场商品的多属劣等货诸点，于是各人出资 1 镑，集合 28 镑资本，在 11 月 21 日开设了一个小小的店铺。他们把本来要给商人侵蚀去的利润省了下来，在一年之内竟至积蓄了 140 金元。这使他们的信念更加坚定下来，于是他们具体地订立了合作社的三个原则。这三个原则不久即为各地所采用，奉为合作主义的信条。

自从罗赤得尔合作社成功以后，英国的合作社便增加了很多。在 1863 年，各合作社联合起来，组织了批发合作社。1913 年，批发合作社举行 50 周年纪念时，其势力差不多支配了大部分英国人的生活，现在英国全国有一千三四百个合作社，社员达 500 万以上，英国 1/3 的家庭都已成为合作社的社员。

合作运动虽然开始于英国，但英国并不是合作社最发达的国家，现在丹麦、瑞士、德国、捷克斯拉夫、芬兰、苏俄等国的合作运动，比较英国更为发达。

即如华伯士《什么是合作》一书所载，一个小小的瑞士，合作社员共有三四百万人，全国合作联合会所属消费合作社有六七百所，还有许多的合作自来水厂、电气厂、合作银行等。德国有消费合作社二千四五百所，合作银行 2 000 多所，居住合作社 4 000 多所，社员总计 500 余万人。奥国仅维也纳一处，已有合作社数百所，社员近 20 万人。捷克的合作社种类很多，有一个消费合作社设有 200 所以上的合作店铺。丹麦以农业合作著名，丹麦合作运动起源于农产运销供给社，现在丹麦全国合作协会所属合作社约 2 000 所，社员 30 余万人，依照人口计算，合作社社员的人数比率，要占各国最高额。苏俄的农业合作社也很发达，此外还有消费合作社、工业生产合作社很多。单就 1933 年合作社生产的工业品价值而言，即有 500 800 万卢布之多。

中国合作运动的发展　中国合作事业的历史并不很久，大概在五四运动的时候，合作运动的思想传入中国，有许多著作家时常提起它，方才为一部分中国人所注意。中国合作运动的初期，薛仙舟先生在宣传鼓吹与组织的方面尽了许多力。中国的第一个合作社，上海国民合作储蓄银行，便是薛先生所创办的。1920 年间，复旦大学诸合作同志在薛先生领导下，组织了一个平民周刊社，是初期合作运动的有力宣传机关。1921 年，该周刊社改组为平民学社，进一步进行实际的合作运动。于是各地的合作社逐渐产生。

自从国民政府定都南京以后，因党国的提倡，合作运动颇有迅速的进展。据中央农业实验所调查，在（民国）二十一年（1932 年）八月卅一日，全国有 3 069 所合作社；到（民国）二十二年（1933 年），增至 5 335 所；到（民国）二十三年（1934 年），计 9 341 所；于（民国）廿三年（1934 年）底，共有 14 649 所之多。又据该实验所第二次全国合作社调查统计，截至（民国）廿四年（1935 年）十二月止，全国共有登记备案的合作社 26 224 社，社员 1 004 402 人，平均每社有社员 38 人，此外还有预备社及互助社 332 社。（民国）廿四年（1935 年）一年内新增的合作社共 12 517 社，社员 486 290 人，但合作社的被解散者也有 1 084 社之多。

就我国现有的各合作社按质分类，则信用合作社最多，占 59%；运销、生产各占 9%；利用占 4%；购买占 3%；兼营占 16%。

信用合作社，多半是从各银行借款，借给社员，廿四年内放款金额共 9 956 674 元，平均每社员的流通资金为 9 元 9 角。

合作社又有兼营食粮储押的，即由合作社设置农业仓库，凡农民借款，可以粮食为抵押品，储存仓库中。山东邹平实验县还有“庄仓合作社”的名目。银行投资经营粮食储押的颇多，许多农仓是由银行直接办理的。

运销合作，也多由银行投资办理，以棉花运销为最显著。此种合作社大抵在生产时期社员需款的时候，放款与社员，凡加入合作社的农民，须将全部生产物（例如棉花）交与合作社，可向社中预支物价，社中则将产品向银行抵借以为支付社员之用。银行放贷款前，可先将收得的农产纳入仓库，到借款偿还时拨出。由此可见，运销合作和农业仓库粮食储押也有关系。运销合作社必须取得市场的相当联系以及运输上的各种方便，才能够以有利的条件销售其产品。

利用合作社的用意，是想就我国小农制情形之下，而获得集体农场及逐渐改善农村土地制度的实效。其要旨，即合业主、佃户、自耕农为一体，凡属各该农村整个的土地，由利用合作社社员分别经营，社中多替他们整理土地，以增进耕作的便利。凡耕作器具、耕作技术及一切防灾防虫的设备，不是农家所能独力举办的，都由合作社统顾兼筹，代为购置，并替他们经营管理，以供社员共同利用或分别利用的需要。

互助社是灾荒区域的组织，可以不必在政府登记，其主要业务在于承受农赈贷款，分配使用，以便恢复农事。这是华洋义赈会指导农民创办合作事业的一种组织。但也有比这个稍微不同的互助社，即如江苏省的生产互助会，是一种平常的借款团体，不限于灾荒区域，其组织由农民 7 人形成，彼此负连环保证责任，无须指导及登记，每次向农民银行借款，最长不得过 1 年，每人借额不得超过 50 元。

中央农业实验所统计中所谓购买合作社，包括农业供给及消费两种合作社，而供给合作社，也就是着眼于节省农民消费，使日常消费获得低廉的供给。至于生产合作社，则包括农业、垦殖、养蚕、养蜂、养鱼、森林、畜牧、储藏、盐业、渔业等合作社。

我国合作社的缺点及其改进　据郭午峤氏说（见 1936 年 8 月 7 日《时事新报》）：我国合作社有几个重要缺点：（一）组织不健全，多为一时的补救设想，而没有根本的计划，信用合作社占大多数的原因，也是因为一般农民利用合作社作事后的补救，而不是求生产的发展。因此，就常常不能维持永久的生命。（二）豪绅操纵，如山东菏泽的农村互助社，社员须有 10 亩以上的田产，贫农没有加入的机会。定县各合作社，其经理大半是富农或村中有最大势力者，故银行的低利借贷，常常被土劣自借，冒名借出，转以高利贷剥削贫农。（三）借贷限制，如浙江兰溪县合作社，农业仓库抵押品必须价值 20 元或 50 元以上的物品，中小农民没有此种价值的物品，大概都把农产品以最廉价格卖给经理仓库者，经理仓库者收集后，等待价值上腾时，再行出售。（四）人才缺乏，办理合作社的人，多半不是专门人才，既没有整个计划，而办理上又多违背经济原则，故我国合作社数量上虽发展得快，而质量则不进步。

据信用合作专家英人史脱兰氏说："中国合作运动的特征，是发展过于迅速，而且趋向于竞争的道路。但对于社员合作教育的灌输，则不大理会。所以，健全的合作社，很难产生。"不过他又指出"中国农民对合作事业最有希望，因其重信用，能刻苦节省"。此种观察，由河北华洋义赈会办理合作放款，及湖南棉业试验场办理农村贷款的经验，可以证明其正确。我国农民有如此的道德观念与经济意识，合作前途大有希望。不过进行时应注意数点：（一）合作社须保持独立性，不可完全依赖政府的指导，或银行方面的贷款，因合作社是自助互助的团体，不应变成合借社。（二）合作社的指导机关应有联络，全国合作社应有一个总的组织，使工作计划能互相一致，工作经验能互相交换。（三）信用合作应尽可能兼营其他合作业务，使社员与合作社有经常密切的关系，因而对合作社发生兴趣，而合作社的实力也可以因此增大。此外对于社员的合作教育，也要极力注意。至于豪绅操纵，借贷限制诸点，只要组织健全，有统一的计划与指导，自然可以消灭。

第四节　计划经济

中国经济的改造，是非常艰难而巨大的事业，必须用国家力量来担负，才能够有成就。加之中国以三民主义立国，不能不朝着民生主义的目标迈步前进，所以中国必须实行计划经济。

中山先生的《民生主义》演讲，明白地指出："资本主义是以赚钱为目的，民生主义是以养民为目的。"从这个目的上的差别而发生的特征，在前者则是无计划的生产，其结果必至对内经济恐慌，对外经济侵略；后者是有计划的生产，则不至于有恐慌与侵略的事实发生。

中山先生的《实业计划》，则是民生主义计划经济的基本方案。

计划经济在理论上固然是新中国建设必由之路，而在事实上也不得不这样做。因为中国经济落后，想要迎头赶上先进各国，需要很经济很迅速的方法，此其一。中国在帝国主义经济势力压迫之下，如果不用整个力量来建设，则不能打破种种的阻碍，此其二。现在各先进国家，如苏联则有两次五年计划的实施，如德、意、美都有统制经济的成绩，有计划的经济成了时代潮流，我们中国决不能违反大势，甘于落伍，此其三。

以下再就计划经济的理论与实际加以剖析。

计划经济的概念　什么叫计划经济？第一，计划经济是有组织的经济；第二，计划经济是非个人的经济。严格说来，只有社会主义的生产关系下之经营方式，才算得计划经济。因为只有社会主义经济，才是彻底地非个人的，也才是完全地有组织的。资本主义是立足于私有财产的基础之上，盲目地为市场而生产，这就是以"个人的"及"无组织的"为特征，自然没有完全实现计划经济的可能。但是资本主义发展到最高阶段，独占渐渐代替了自由竞争，有计划的生产也产生了，这就是由各资本家间的协定，以维持价格绝灭自由竞争为目的而行的统制。虽然这时候，资本主义的统制本质上仍然维持私有财产制，但所谓独占者并不是个别的企业家，那是比之资本主义初期无政府状态合理得多了。同时，这时候国家自身成为一大资本家，许多产业收归国有，虽然由此所得的利益仍然大部分归到资产者方面去，可是产业社会化的基础是确立了。故就计划经济的广义说，我们不能不承认资本主义后期也有其计划经济。

有些学者以为社会主义的计划经济，就应当叫做计划经济，至于独占资本主义的计划经济，就应当叫做统制经济。这样的设定区别，在本质上诚然必要，但在形式上统制经济也是有计划的经济。另一方面，实行计划经济的苏联，它也模仿资本主义的“新狄加”“托拉斯”等组织形式，可见在形式上是没有什么分别的。

我们中国一方面没有独占资本主义，另方面又不能即时实现社会主义，我们民生主义的任务，是从扫除资本主义发展的障碍出发，而朝着非资本主义前途迈进的一个长远的过程，故在本质上，不能和上述两种范畴中的任何一种作机械的比拟。我们只要把握着计划经济的形式，使它成为民生主义的工具而已。

计划经济流行的动因　计划经济为什么流行于世界各国，这并不是偶然的，考其动因，约有七点：（一）资本主义本身缺点的暴露，不得不采用计划经济去弥缝；（二）世界经济大恐慌的困扰，如生产减少1/2，物价跌落一半以上，国际贸易减少2/3，失业人数增加五六千万，这种严重局面，非用计划经济的力量是不能打开的；（三）欧战中战时计划经济的经验，比如为总动员全国资源及劳动力起见，对于各自的国民经济采用集权制，管理农工业及贸易；分配消费则设摊分制（Ration System），对有关军需的资料执行更为严格；又颁布劳动非常法令，不论在作战方面、运输方面、生产方面，都受严格的统制等；这些经验在目前非常局面，即经济危机与战争威胁的局面下很可以利用；（四）产业合理化即科学管理法，从德国开始后，各国仿行，企业上颇获利益，这种科学管理本来仅属于一个企业单位以内，现在既有成效，则不妨推广应用到整个国民经济；（五）苏联五年计划的成功，如第一次五年计划以 4 年 3 个月完成，结果工业生产增加 2 倍，重工业则增加 2.5 倍，比之战前，工业增加 3 倍的生产，而重工业则增加 4 倍以上；播种面积，比之 1927—1928 年度，增加 2 100 万公亩，用机器耕田，用飞行机播种，数秒钟内播种数千万顷；国民经济工业化，农业人口比较减低；社会化生产的投资额，从前占总投资额 41.9%（1923—1924 至 1927—1928），而在此 5 年间占 87.5%，即增加 5 倍。这种成功的刺激，使各国都觉得要在资本主义机构下仿行计划经济的办法；（六）美、德、日、意等国，独占资本压倒一切的势力，都已形成，他们迫切地要求对国民经济的统制，要使得他们的经济统治完满无缺；（七）近年来世界上几个强大国家，用关税政策、货币政策等，各自团结其殖民地及其经济势力支配下的国家，形成了几个大的集团，这种集团经济的发展，便使自由放任政策归于没落，而统制政策抬头。

计划经济运动的发展　计划经济的开始实行是在欧战时期，其发展可分三个阶段：

第一阶段是战时计划经济试行时期。其实施事项包含国民总动员，产业总动员（优先制度、原料统制、价格统制、农业统制、摊分制度），交通总动员（陆上运输、海上运输与贸易、船舶的统制），金融及财政的统制（债务延付令、纸币增发、维持贴现、管理汇兑、集中现金）。

第二阶段是产业合理化运动时期。科学管理是美国泰罗（Taylor）氏于 1916 年所创设，至 1924 年方才具有世界的意义。首先厉行此制的是德国。德国设有经济管理局来执行，其任务有两方面：（一）在生产过程上，采用自动工作机，传送制度（Conveying System）等；（二）在流通过程上，扩大贩卖部，完成独占组织等。产业合理化的结果，使资本主义曾有暂时的（1924—1928）稳定。

第三阶段是国际的风行时期。这个时期，不仅以国家为单位的计划经济，以经济集团为单位的计划经济，成为普遍的运动，而且以世界为单位的计划经济，也提出于议事日程了。1933 年 8 月，居然有所谓“世界计划经济会议”，开会于阿姆斯特丹，不仅英、美、德、法、日、意等国参加，即苏俄亦有代表参与。在会议中，美国代表主张在资本主义经济制度之下实行计划经济，并且参加世界经济的计划统制，而苏俄代表则认为不可能。虽然此次会议，对于计划经济毕竟没有什么贡献，但也足以证明计划经济运动的国际化了。

计划经济实施的前提　苏俄代表奥新斯基在“世界经济会议”中，曾经否定资本主义制度下施行计划经济的可能性。他的理由是：计划经济的基础，在于生产的计划化；各种生产品都有其生产计划，同时分配及消费的计划化，也是应有的。而“供给对需要之适合，是社会主义经济制度的特色”。在资本主义则与此相反，常常供给超过需要。在资本主义底下，利润的追求与市场的无政府，乃是必然的形态，所以资本主义经济制度底下，计划经济不能成立。我国有些学者也认为，计划经济实施的前提，须具备（一）劳动独裁，（二）生产手段及分配机关的社会化，（三）废除阶级差别，（四）提高经济及文化水平，（五）指导集中，生产集中，（六）消灭都市与农村间的矛盾，（七）消灭民族间的不平等，及（八）发展文化及科学各点。此外还有三大原则，即：（一）参加的人，其社会的经济的条件都要平等；（二）实行者和计划者须具有同一的人格；（三）直接生产者须是站在主人的地位。

究竟计划经济实施的前提，果然必须像他们所说的那样吗？这是尚待讨论的。不过我们可以拿他们的话作一种参考罢了。

我国实施计划经济的必要　我国何以必须实行计划经济，前面已将理论及事实上的要点说明，现在再将经济专家马寅初氏的指示摘述于下。马氏以为我国必须采用统制经济（即计划经济）的理由，有七点：

（一）今日中国正当危难之秋，人人都想团结御侮，其向心力甚强，政府正可利用人民的心理，而领导其组织。（二）今日的生产者，其动机无不为自私自利，若无社会以制裁之，则彼等剥削劳工与消费者，将无所不用其极。统制者即所以约束彼等的行为。今日中国的商业道德极为堕落，故亟有统制的必要。（三）我国煤虽多而铁少，煤矿又过于分散，其大者则又落于外人之手，重工业的基础已失，故中国不能从资本主义而成大工业国。（四）即国家可以支配的煤矿，距离海岸太远，运费昂贵，沿江铁矿，大都抵押日本，一时又不易收回，因此大工业的集中发展，不容易办到。（五）工业幼稚，不堪与外货竞争。日本维新之际，各国正忙于非洲、南美、澳洲等殖民地的争夺，无暇东顾，所以能够从容布置，中国现在已没有从容布置的优势，决不能走自由经济的路。（六）从前资本主义国家，只用关税政策，拒绝外国货物进口，现在加上一个货币政策，鼓励大量的国货及资本出口，以侵略弱小国家的经济。故今日保护幼稚工业，除保护税外，尚须通力合作，用统制的方法，发展国内工业，以与之相抗。（七）倾销政策，或与货币政策相联系，或单独施行，总之是今日经济竞争的武器，贫弱的国家，除统制外，无法抵抗其潮流。

马氏又指出货币政策与倾销政策，中国不能仿行，因中国还不是自由独立的国家，有不平等条约的束缚。

我国实施计划经济的可能性　有一部分人对于中国实施计划经济的可能性，估计得很低，他们的理由，不外下列三点：（一）中国产业没有现代化，不仅金融资本的脉络没有深入产业界中，连产业界的组织基础也没有，凭空实施统制经济，一定失败。（二）中国政治及社会的机构，都是一盘散沙，没有实行统制经济的集中力量。（三）帝国主义的资本侵略，已经深入中国的领域，不许中国自由自在地从事建设大业。

但是主张实行计划经济的学者们，就说计划经济是金融资本主义世界的产物，不是国家的产物，我国金融资本虽然幼稚，并不能妨碍计划经济的实施。至于中国社会机构的涣散，未必不正是民间希望国家实施统制的基点，而且像那些资本国的阶级对立及产业界对立的深化，常常增加统制上的困难，中国是没有的。可见弱点所在，同时也有强点。再检讨帝国主义对中国实施计划经济将具如何态度，则当知帝国主义的侵略有其本身的必然性，决不因中国的实施计划经济与否而有所不同，也许他们因为“投资的安全”起见，还相当地希望中国经济建设的计划化。

马寅初氏更说得明显，他说：“中国容易实施统制经济之理由：（一）中国实业界领袖，其资力远不及美国之所谓钢铁大王、煤油大王者，尚属易于制裁。（二）中国政府除理应归国营之事业，如电气事业等外，并无收私产为国有，而亦无与民争利之意，不过领导私人之组织（按，系指各业联合会），使其为有计划的行动，反对者自属不多。（三）统制经济，世界各国，均雷厉风行，中国则实行温和的统制，外人（按，系指帝国主义者）当不能如反对苏俄者之态度加之于我，友好者或且赞成而扶掖之也。”

由此看来，我国实行计划经济的可能性是很大的，不过不能操之过急，而应遵守“温和的统制”原则罢了。实施此等“温和的统制”，不但不能仿行俄国式的计划经济，也不能仿行德、意式的统制经济。俄国式的不能仿行，理由虽然很多，而主要的是主义不同，这是无需多加解释的。至于意、德两国，虽其资本主义与我国的民生主义，目的相反，究竟社会经济的体制，实际上并不怎样悬隔，然而仍然不能机械地仿行者，则因为他们是自由独立的强国，而我国是在不平等条约束缚中的弱国，两者的国际环境大不相同。

我国实施计划经济的实际　以上所说，是我国应当实行计划经济的理论检讨。现在且看我国实施计划经济的实际情形如何。本来，如果要彻底地施行计划经济，则不能不首先废除不平等条约，及实现中山先生“耕者有共田”的主张，借此排除帝国主义及封建残余的两大障碍。但我们现在既然处于不得不采取“温和的统制”原则的地位，则排除障碍的工作亦不必过于急进。不过无论如何，所谓计划经济，一定是要有一个全盘的计划。所以，目前我国虽有某些“省计划经济”、“中央实业部四年计划”以及局部的产销统制，如蚕茧统制、红茶统制等，仍然是枝枝节节的，还不能算做真正的计划经济。特别是“省计划经济”，如果不是在全国总计划底下形成有机体的一部分，而仅仅以“省”为本位，则不仅无补于整个国民经济，有时反要妨害它。至于中央一部的计划，虽可作计划经济的萌芽看，当然也是不够。今后应当有一个更周密而包括一切部门（如交通、财政、水利以及农工商业等）的计划，而这种计划，只有由一个最高的计划机关来统筹，才能实现。